贵州高校人文社科基地贵州财经学院中国西部现代化发展研究中心驻所研究成果并受中心资助出版

教育部人文社会科学规划项目

经济发展中的大国城市化模式比较研究

徐和平／著

人民出版社

目　录

前　言

　　工业革命以来,城市化就成为人类社会必经之路。进入 21 世纪后,中国庞大的农村人口涌入大城市,制造业和服务业也向城市及附近聚集,城市化继续呈加速之势。城市化聚集给中国城市经济带来巨大的机遇,推动经济快速发展,同时也带来了巨大的挑战。国外城市化加速时期一系列十分棘手的问题正在中国重现:大城市膨胀、人口拥挤、道路拥塞、污染严重、犯罪活动猖獗、房地产价格攀升、耕地大量消失等。这些问题困扰着城市发展,降低了城市居住质量。大城市过度集中还强化了城乡二元结构,拉大了城乡差距,加深了农村贫困,引起城乡间的冲突。中国城市化方向与模式面临转型,城市化及城市功能由聚集走向分散在所难免,城乡协调及一体化也势在必行。

　　他山之石,可以攻玉。中国城市化转型过程中,有必要对国外城市化模式及成功经验进行比较研究。中国是经济快速发展中的大国,大国城市化模式比较与研究更能提供我们需要的经验。本书选择美国、欧盟、日本、俄罗斯及印度等国或区域进行比较,它们是今日世界最大的经济实体或人口大国。

　　今日中国城市化进程中出现的一系列棘手的问题,正在或已出现过,问题也十分复杂。工业化后,美国、欧盟、日本等城市化迅速地推进,出现了诸多棘手的问题。进入第二次世界大战后的城市化成熟阶段,城市化初期的问题大多得以解决,但产生了新的问题。战后长期进程中,各国城市化模式差异增大,产生的影响也不尽相同。经济转轨中的俄罗斯及印度的城市化模式和面临的问题与我国亦有诸多相似之处。大国城市化模式的选择有成功的一面,给我们提供了极其宝贵的经验,但也存在着一些需要回避的沉重代价。中国城市化迅速推进,需要吸取别人的经验与教训。

　　本书首先从非经济因素及经济因素两个方面展开对大国城市化模式的研究。非经济因素在城市化模式选择上具有十分重要的影响,也是形成差异性的重要因素。纵观上述大国的城市化历程,城市化模式选择与各国历史、民族价值观念、自然资源禀赋等因素有着密切的关系。从人口学角度,流动是城市化基本的内容,民族价值观念、社会结构等因素影响着流动,也影响到城市化政策。从社会学的角度,多元市政组织、自由与平等的价值观念形成一个开放的社会,有利于人口与社会的流动。有丰富自然资源的国家在城市化模式的选择上具有较大的空间,更趋于采取分散型城市化。在权力集中及精英模式主导政府组织的国家或区域,人口与社会的流动性受到一定限制。自然资源贫乏的国家多选择集中有限的资源发展关键性大城市,城市化分散受诸多限制。这些因素影响各国的城市化模式的选择。

在城市化进程中,经济发展水平、经济模式对城市化模式选择起着更为重要的影响。伴随着经济快速发展,城市化也出现加速趋势。发达国家经济实力雄厚,城市化模式的选择具有巨大空间,能为城市化向极其广阔空间扩散提供巨大的经济支撑。经济落后的国家在选择城市化模式时就受很大的约束。在各大国城市化进程中,作为自由市场经济的美国具有十分宽松的城市化公共政策,且经济实力雄厚,有利于城市化从集中的状态走向分散的状态,推动了城市化向极其广阔的空间扩散及农村腹地的发展。在城市化空间选择上,欧盟国家次之。俄罗斯、印度经济模式及落后的经济长期束缚城市发展及城市化模式的选择。

政府的城市化政策在相当程度上决定了城市发展及城市化模式。在诸多政策中,城市土地规划与配置、交通工具的选择、经济资源配置与住宅政策起着极其重要的作用,影响到各等级城市发展及城市化模式。各国国情及市场经济模式不同,城市化综合政策存在着很大差异,也影响城市化模式演化。相比之下,美国城市化政策最为宽松,政府在城市化聚集与分散过程中基本扮演"守夜人"的角色,欧盟国家城市化政策宽松度稍次,俄罗斯与印度的城市化政策仍主要是推动城市的聚集。

从第二次世界大战后城市化历程看,笔者把六个经济体的城市化模式分为三大类型,即美国、欧盟与日本、俄罗斯与印度。同属性大类的国家或区域的城市化模式也存在着一定差距。城市化模式及城市系统的选择反过来影响到各国的发展。第二次世界大战后,美国城市化进入了成熟阶段,城市化由聚集走向分散,城市化重心转移到大城市外围,制造业、服务业及人口也向外围地区转移,最终形成多中心的分散型的大都市,并将小城镇及广大农村纳入城市化的影响之下,但美国模式是以巨大资源消耗为支撑的。欧盟国家在支持大城市中心繁荣之时,也十分注意中小城市及农村的协调发展,对于人口多、资源短缺的国家而言,这种城市化模式具有很强的借鉴作用。日本的城市化模式与欧盟国家有一定相似之处,日本在超先发展关键性大城市的同时,对小城市、小城镇及农村的支持力度不够。俄罗斯、印度的城市化模式较为复杂,城市化政策充满着矛盾,影响也有所不同,尤其是印度在大城市迅速膨胀之时,绝大多数人口仍滞留在农村,远离城市化的影响。

各大国城市化对其经济与社会的影响都有积极的一面,但程度有很大的差异。各国的城市化对各等级城市及整个区域的经济产生不同的影响,最终也反映到国家层面上。各大国发展目标不尽相同,其选择的城市化模式的正效应具有很大的差异性。城市化推动了各国的经济与社会发展,不同程度上提升了整体经济发展水平,提高了民族的生活质量。美国城市化目标是经济活力及持续发展,欧盟、日本在推动经济发展之时也需要考虑到资源的可持续性,而俄罗斯与印度的期待值又有所不同。各国的城市化模式在既定目标上推动社会经济的发展。

世上没有免费的午餐,城市化也带来一些负面影响,有些负面影响甚至是长期而巨大的。城市化模式的差异性使其对各国的负面影响也不尽相同。尽管美国郊区化带来巨大的社会经济效益,但郊区及小城镇发展却是以牺牲大城市中心区为代价的,导致城市经济空洞化,许多大城市因此衰败不振,而且还造成资源的巨大浪费。欧盟国家限制郊区城镇的发展政策,在相当程度上限制了经济活力。在战后长期发展进程中,欧盟国家整体创新与开拓精神远不如美国。日本、俄罗斯、印度等国的城市化模式也给其乡村地区带来不同程度的消极影响。

大国城市化模式给后发展国家与地区提供了极其宝贵的经验与教训。在借鉴大国城市化的经验时,需要对其带来的正负面影响进行综合评估,总的原则是趋利避害。城市化模式的选择受到诸多要素的影响,最终又对各自的社会经济产生不同的影响。各国城市化模式的选择与社会经济发展、市场经济机制、资源禀赋、人口规模等有着十分密切的联系,同时也要考虑社会公正等问题,要注意区域和谐及城乡经济一体化。各大国城市化模式的影响也是极其复杂的,应优先考虑社会经济的长远发展,通过向城市化成熟的方向推进,进而促进城乡一体化的实现,使城乡社会趋于和谐,同时也要使发展具有可持续性。

中国城市化应借鉴其他大国宝贵的经验,在推动社会经济快速发展之时,应根据国情避免其沉重代价,推动城市化健康发展,促进城乡一体化实现。中国各区域大城市的摊大饼似的蔓延与膨胀已带来严重的问题。各区域要顺应城市化演进的规律,将城市化由大城市中心向其郊区、次级城市及农村腹地的小城镇推进。在这一进程中,依次推动大城市的郊区、区域城市群、区域城市网络系统的形成。对此,中国城市化理论需要重构,政策也应作调整,政府应对整个区域进行强有力的规划,制定合理的产业政策,通过土地经营及资源的配置实现这一目标;在进一步发展交通的同时应有效地利用现有交通设施,大力发展轨道交通及公共交通,节约土地与矿产资源,促进交通沿线的土地升值及发展走廊的形成。通过这些政策强有力地推动区域乃至整个国家城市化。

本书研究就是针对上述问题而展开的,研究具有鲜明的实用性,针对中国城市化进程中急需解决的问题及理论所面临的挑战,本书通过城市化演变规律的研究,借助大国城市化的经验,希望能给今日中国特色的城市化理论及政策提供重要的参考。

1 导　　论

1.1　选题背景及研究意义

国外一些学者认为,城市成功之时也是区域或国家成功之时,在我国未来经济发展进程中,城市化健康发展具有极其重要的影响,也是本书研究的核心。进入 21 世纪之后,经过长期发展后我国经济进入了快车道,我国城市化也进入加速时期,城乡地区出现了诸多十分棘手问题,影响到我国经济及城市化的健康发展,妨碍了城乡社会和谐与可持续发展,我国各区域的主流城市化模式面临巨大的挑战,城市化理论也需要重构。基于这一现实背景,本书目的在于为今日中国城市化理论与政策服务。

20 世纪 80 年代后期,我国各地普遍采取大城市偏向的城市化政策。这一政策深受这一时期增长极理论的影响,突出的理论代表是美国经济学家赫尔·希曼。赫尔·希曼认为,经济增长并不是出现在所有地方,为数不多的几个区域实力中心易于引起较高水平的经济发展;而在发展过程中,增长点的出现则伴随着区域不平衡增长。

增长极理论不仅运用于政府宏观政策中,成为各区域大城市偏向的城市化政策的重要理论依据。在 20 世纪 80 年代经济起步的前提下,各区域普遍认为由于经济水平低、资源有限,将有限的资金、资源投到关键性的大城市,在大城市的获得优先增长并形成增长极核之后,再通过大城市带动中小城市及农村地区的发展。

在经济模式方面,我国由计划经济向市场经济过渡,政府的作用仍十分重要。与今日世界大国相比,我们的市场经济的东方色彩十分浓厚,应视为政府主导的市场,政府肩负起领导经济的责任,与西方的自由市场经济有着明显的差异。在这种市场模式下,地方政府充分地利用其资源进行重点发展。

20 世纪 80 年代之后,各省区都制定了大城市优先发展的战略。地方政府将有限的资源投入到大城市。政府将大的工程项目布局在大城市地区,为其带来大量的经济机会。大量的投资还促使大城市基础设施迅速发展,通往区域主要城市的高速公路网、跨省区的快速铁路网逐渐形成,大城市通往遥远地区的交通可达性大幅度提高,物流、人流大幅度增加。

大城市形象也得到进一步提升。20 世纪 90 年代起,我国大城市也热衷于大规模的形象工程建设,各地城市重建与更新的步伐加快。在这一进程中,成片成片的衰败地区被夷为平地,代之而起的是耸立的高层建筑群,宽阔而笔直的景观大道,绚丽多彩的街心花园及宽阔的广场。众多的经济机会吸引资源进一步向大城市地区汇集。80 年代之后,大量的厂商向大城市及周边地区汇集,同时商店及各种机构也向城市中心集中。市中心区高楼林立,商店鳞次栉比、窗明几净、商品琳琅满目,大城市繁荣的景象甚至超越了发达国家的城市。

大城市繁荣显示出强烈的示范效应,吸引中小城市及农村人口蜂拥而入。受大城市的繁荣与经济机会的吸引,我国中小城市、小城镇的人口不断地向大城市及周边地区流动,而相对贫困的农村人口也把流动的目的地指向大城市。20 世纪 80 年代起,我国数以千万计的农村人口向城市流动,他们与中小城市、小城镇的人口一道汇成人口流动的洪流,向大城市及周边地区滚滚而来。

人口迁移的洪流导致了我国各地大城市无止境地向周边蔓延,大城市变得硕大无朋。北京市是我国城市摊大饼扩张的一个典型范例。20 世纪 80 年代起,北京市从城市中心向外扩延的速度加快,北京市区越过了二环线到三环线,到 21 世纪初已发展至五环、六环了。这种同心圆的城市布局使北京市区无境地向四周蔓延。

我国城市化带来的经济与生态环境也不容乐观。在大城市优先发展之下,20 世纪晚期起,我国大城市普遍患上了"巨大症"。我国各地百万人口的大城市不断涌现,500 万人口以上的城市不断增长,广州等省会城市人口逼近1000 万,2008 年初上海全市常住人口总数达 1888.46 万人。① 大城市持续膨

---

① 《2008 年上海市国民经济和社会发展统计公报》,网址:http://www. wxrb. com/szb/wxrb/html/2009-02/16/content_136196. htm。

胀之时,"城市病"日益严重,城市拥挤不堪、交通拥塞,环境恶化、城市房地产价格不断攀升、用工成本大幅度增加。日益严重的城市病意味着大城市已趋于饱和,极大地增加了城市厂商的成本,同时也增加居民的生活费用,可持续发展问题日益突出。

大城市功能的过度集中,在一定程度上妨碍了区域内其他地区的发展,拉大了城乡差距。经济资源及较高素质的人口向大城市中心聚集,大城市的郊区、中小城市、小城镇发展缓慢,经济功能不足,从而降低了这些等级的市镇吸纳农村地区溢出的人口的能力。而且中小城市、小城镇是大城市与农村的中介地,发展的滞后也抑制了大城市通过这些地区向广大农村的辐射及带动能力。农村地区发展缓慢、贫困现象突出,城乡差距逐年拉大,"三农"问题十分突出,引起了政府与社会的高度关注。

时至今日,我国城市化仍保持在一个相当低的水平。大城市的扩张令世人瞩目,但为数不多的大城市的容纳空间却十分有限,中小城市发展滞缓也制约着城市容纳空间的扩大,目前我国大部分人口仍生活在农村。2005 年我国人口超过 13 亿,中国城市化水平约为 40%。农村土地及经济资源短缺,发展缓慢,庞大的农村剩余劳动力不可避免地要向外转移,农村地区及农村人口的城市化在所难免,城市化及经济发展面临巨大不确定性,机遇与挑战并存。

我国城市化进程中出现的棘手的问题,在发达国家的大国早期城市化中已经历过,在今日发展中国家的大国也正在出现。在经济发展中,发达大国通过城市化的转型在很大程度上化解了这些问题,但由于各国城市化模式的差异,它们的城市化模式也带来了一些负面影响。发展中国家的大国的城市化模式使问题更为复杂,甚至导致其陷入一种恶性循环的困境。针对我国城乡经济发展及城市化出现的棘手问题,我国城市化面临转型,认真研究今日世界大国城市化模式并吸取其经验教训,显得异常重要。

本书所选择大国依据经济影响而定,但也结合我国庞大的人口的现实。21 世纪初,我国正由人口大国走向经济大国,本书研究选定的大国需满足两个条件之一:一是经济大国,二是正向经济大国转型的人口大国。经济大国是指经济总量排列世界前列的国家或区域一体化的国家组织。转型中的人口大国的国情应与今日我国的大体接近。通过此研究能为我国城市化提供极其宝贵的经验与教训。

　　基于这两个条件,本书界定的大国则是美国、欧盟、日本、俄罗斯及印度五大经济实体。本书将一体化的欧盟国家作为一个整体来研究,由于欧盟名称出现较晚,本书中也常因时间关系而用欧洲或西欧代替欧盟。美国、欧盟、日本既是经济大国,也是人口大国。俄罗斯是一个人口大国,是经济转轨中的国家,经历了"休克疗法"后的阵痛,经济正迅速恢复与增长,有望进入经济大国之列。印度的情况与我国的十分相似,是一个人口大国,近一二十年经济强劲增长,正由人口大国走向经济大国,同样面临相似的问题。

　　过去半个多世纪,我国城市化实践与理论处于不断重构之中。尽管我国城市化在社会经济发展中具有十分重要的作用,但新中国成立后相当长的时期内我们城市化模式与苏联十分相似。20世纪80年代之前,我国的城市化理论的研究受到过去长期的"非城市化"理论及政策的一定影响。时至今日,"非城市化"理论影响在一定程度上仍然继续,影响到城市化理论的重构及城市化的转型。

　　20世纪80年代以前,非城市化的理论在我国城市化进程中起着主导作用。这一理论的制定并非是我国经济发展水平的产物,它深受苏联计划经济及其非城市化理论的影响,包括以下几个方面的因素:

　　第一,缩小城乡差距的思想。1949年之前,我国城市布局带有典型的殖民地色彩,城乡地区二元经济十分突出。处于沿海开放地带的港口是一批我国最早近代化的城市,集中了我国绝大部分近现代工厂,工业较为发达,财富异常集中。这一时期,我国90%以上人口居住在农村地区,经济异常落后,农民贫困不堪。

　　面对新中国成立初期巨大的城乡差距,当时理论界试图从经典著作中寻找到解决这一问题的答案。19世纪中叶前后,恩格斯曾经在前人理论的基础上提出了缩小乃至消灭城乡差距的设想。18世纪晚期起,在西欧国家城市日趋繁荣之时,乡村地区却走向了衰退和贫困。19世纪中叶,恩格斯考察了工业化之后英国城乡所存在的巨大差距,提出了计划经济与缩小城乡差距的设想。① 这一理论与实践对我国经济与社会发展产生了十分重要的影响,我国理论界在新中国成立初期提出了缩小城乡差距的设想与计划,这一思想成为

---

　　① R. Kirkby, *Urbanization in China*, Columbia University Press, 1985, p. 12.

我国长期的城市化的主流理论的依据,其核心是城市支援农村,并要求动用城市大量的人力和物力支援农村地区的发展。

苏联城市化理论与实践对我国的城市化理论与实践也产生重大的影响。由于工业化和城市化导致城市内部的财富分化,扩大了城乡差别,早期空想社会主义者对此忧心忡忡,他们幻想一个人人参与劳动的社会,在这样的社会中有的从事农业,有的从事手工业,从而达到消灭私有制的目的,其实从现代工业化的角度看,这是一种根深蒂固的反城市的乡村价值观念。苏联的城市化理论从这里得到了启示。苏联人曾把计划经济和消灭城乡差别的思想用于国家的决策中。在斯大林时期,大量的城市人口被强行迁往西伯利亚、远东等边远的农村地区从事农业开垦。

恩格斯缩小城乡差别的思想被我们理论界误解了,并从中发展了独特的非城市化理论。恩格斯缩小城乡差别的设想并不是抑制城市来发展农村,但为了缩小我国的城乡差别,我国城市化的主流理论则要求城市支援农村,要求动用城市大量的人力和物力支援农村的发展。新中国成立初期,我国最大的城市上海市长说:"我们必须有秩序地把城市人口和工厂迁到西部。"[1]上海市政策在我国非城市化政策中起到领头羊的作用。在城市制造业还没有获得充分发展的条件,聚集仍然是城市化的主要趋势,此时进行城市制造业与人口的分散于整个发展不利。

第二,我国占主流的非城市化理论还把"城市病"与大城市发展联系在一起。工业化之后,西方发达国家人口、工厂、商店等向城市中心及其附近聚集之时,城市却拥挤不堪,诱发了严重的"城市病",诸如住宅拥挤、贫民窟蔓延、污染严重、犯罪猖獗等。西方城市社区改良主义者认为,城市化所带来的这些问题使城市犹如经历了一场噩梦。

新中国成立初期,我国理论界对这种现象进行了研究,认为城市病是资本主义特有的现象,经济的无计划性,造成大城市人口膨胀,诱发了严重的城市病。为了遏制大城市的膨胀,必须抑制城市人口的增长,并有计划地把人口从大中城市疏散出去,以减轻大城市人口的压力。这一理论就成了20世纪50年代至70年代中期我国城市人口乃至制造业"逆向"流动的重要理论依据。

---

[1]　R. Kirkby, *Urbanization in China*, Columbia University Press, 1985, p. 44.

苏联时期,人口大规模地从西部城市向东部的边疆农村迁移亦有重要的影响。在我国今日农村人口大规模向城市流动之时,这种思想仍然使许多城市居民及大城市当局深感恐惧。

第三,新中国成立之后,非城市化理论与之相联系的公共政策在城市居民中拥有广泛的基础。从某些侧面看,我国城市市民的心理上也对非城市化的公共政策有利,为非城市化的理论与实践提供了一定的依据。在不少发展中国家,由于城乡地区二元经济的存在,城市具有较多的经济机会和福利,城市居民把城市视为自己特有的"领地",顽强地抵制农村人口的"入侵",使城市变成了自我封闭的社会。这种现象在发展中国家普遍存在着。

20世纪50年代以后,这种现象在我国城市社会中也普遍存在,直到今天这种思想仍在城市居民中根深蒂固,在大城市表现得十分突出。城市居民的"优越"感、自豪感与农村居民的"卑贱"感长期并存。农村人口眼光盯住富裕的城市,渴望着"跳龙门"成为城市人。但不少城市居民对农村人抱有"敌意",尽可能阻止农村人口大规模地向城市涌入而降低其福利水平。时至今日,城市居民的态度仍在相当程度上影响到城市政府的政策,农村人口向城市流动仍受到一定限制,如户籍制、就业、子女上学等。

上述三个方面构成了20世纪50年代之后我国非城市理论的依据,成为长期非城市化公共政策的基础。从50年代起,我国城乡地区实施了积极的与消极的"非城市化"的公共政策。这些政策不仅使农村人口向城市迁移受阻,而且城市和城镇人口及工厂等还向农村地区逆向流动。时至今日,这些政策仍然对农村、小城镇人口向城市尤其是大城市流动产生不利的影响。

与此同时,欧美发达国家实现了城市人口、工厂等向大城市的郊区及非城市地区逆向流动,但是这一逆向流动是建立在其高度城市化和经济社会高度发展的基础之上。在20世纪初,发达国家大多已实现了由乡村的农业国家向城市的工业国家的转变,在20世纪中叶前后则已经高度城市化了,城市人口已占整个人口的70%左右,大城市已趋于饱和。在此前提下,政府依靠市场的力量通过一系列的公共政策实现了人口、工厂及机构等的分散,从而将城市化推进到小城镇及广大农村地区,促进了城乡社会的统筹、协调发展。新中国成立初期,我国城市人口仅占总人口的10%,在此很低的城市化水平下,我们推行城市化的分散政策,非但不能推进城市化的进程,反而通过减少城市人口而降低了整体的城市化水平。国外一些学者把 20 世纪 80 年代以前的我国非城市化政策分为积极的与消极的两种类型。

在积极的非城市化的公共政策方面,政府大力实施发达国家逆城市化阶段的分散政策。欧美发达国家城市分散的动力主要来源于市场力量,政府在分散过程中也制定了一系列的公共政策,客观上推动了人口、制造业、服务业的分散。20 世纪 80 年代之前,我国并不具备城市人口及产业分散的条件,这一时期的分散政策与市场力量背离,政府的行为就不可避免地具有强制性。在这一政策的长期推行过程中,大量的人口从城市乃至小城镇迁移出去,其中不少人口迁移到农村地区定居。与此同时,大城市的工厂也大量迁往小城市及小城镇,有的甚至在远离城市的农村地区重新选址。这一分散政策一直持续到改革开放之前,这一时期我国的城市化本该大幅度上升。在消极的非城市化方面,人为地设立城乡之间隔离的"结构墙",阻止农村人口大规模地向城市流动,今日这种"结构墙"仍在一定程度阻碍了人口的流动。1958 年,我国开始实施户籍制度,从法律上将城市居民和农村居民两大群体严格地分离开来。

在 20 世纪 80 年代之前的长期历程中,非城市化的公共政策产生了巨大的负面影响。在新中国成立后近 30 年的时间里,中国城市化进程十分缓慢。1949—1976 年间,中国城市化水平从 10% 上升到 17.7% ,在一代人的时间内仅增长 7.7 个百分点。实际上,这一时期中国工业化正处于加速发展时期,工业化与城市化应互相推动,在推进城市化进程之时,共同推进经济的发展。在西方国家工业化快速发展的历程中,不少国家在一代人的时间里使城市率迅速地上升到 50% 以上,从而实现了从乡村的农业社会向城市的工业的转变。

问题还远不止于此,城市人口逆向流动所导致城市化滞后,极大地增大了我国后来城市化推进及演变的困难。这一时期我国城乡人口增长都十分迅速,大城市人口膨胀,农村地区人口更是爆炸性增长,农村人口基数也因此变得十分庞大。农村人口的基数庞大,是后来农村人口增长过快的远因,今日我国庞大的农村人口流动仍十分困难。

产业选择与布局也对城市化产生消极的影响。欧美国家工业化首先起源于劳动密集型的产业,如轻纺工业,随着工业化的推进,城市工业吸纳了大量涌入的农村劳动力。与苏联工业化一样,我国走的是重化工业为主的工业化道路。这一时期我国经济十分落后,重化工业是资本密集型的产业,对农村劳动力的吸纳能力十分有限。工业的布局也在一定程度上妨碍了城市化的进程。20世纪80年代之前的长期进程中,政府对城市制造业进行了一定程度的分散。从50年代起,我国一些大城市的工厂被迁移到中小城市、小城镇乃至农村地区。

尽管这一时期发达国家制造业出现分散趋势,但这种分散是建立在城市制造业及城市经济高度发展的基础上。通过工业化与城市化初期大规模的城市聚集,大城市日益膨胀并趋于饱和,大城市核心地区聚集经济效益呈下降趋,甚至出现了聚集的不经济。在这种情况之下,昔日推动大城市聚集的区位优势逐渐丧失,城市制造业及城市功能的分散则是必然趋势。

20世纪80年代之前,我国各地区的城市制造业发展还没有达到这样的程度。50年代,我国仍处于工业化与城市化初期,城市经济十分落后,制造业发展严重不足。这一时期,城市化与城市经济仍然处于聚集阶段。在这一背景下,制造业仍需要向城市及其附近聚集,而不向城市之外的地区分散。

进入20世纪80年代以后,理论界开始重审城市化与经济增长的关系,一些学者开始研究国外城市化模式,这一研究对政府公共政策的转变开始产生较为重要的影响。80年代前后,政府的公共政策重新回到城市化初期阶段——城市聚集上面来。政府果断地停止城市人口向农村地区迁移的"积极"的非城市化政策。与此同时,"上山下乡"的青年学生大量返城,过去迁移到农村地区的城市人口也纷纷返回城市,城市化水平开始回升与提高。

但是消极的非城市化的公共政策却很难在短期内消除。不少学者仍认为,我国城市容量十分有限,城市服务设施落后,没有为农村人口大规模涌入城市做好充分准备。因此,面对农村人口大规模向城市迁徙,城市政府仍深感恐惧,户籍开放仍十分谨慎。尽管户籍制在中小城市有一定的松动,但在大城市仍被小心翼翼地维持着,这道城市"隔离墙"仍然在一定程度上阻碍着农村人口向城市流动。

实际上,这种限制并不是很成功。80年代之后的长期进程中,大城市优先发展政策下,各省区的中心城市发展迅速,创造了众多的机会。小城市、小城镇及农村经济相对呆滞,居民收入低,居民选择向城市流动。我国农村、小城镇、小城市,甚至中等城市人口开始突破户籍的屏障,大规模涌入大城市,致使大城市迅速膨胀,城市问题日趋严重。

不仅如此,我国农村地区问题更趋突出。我国农村经历了持续数十年乃至上百年的人口高速增长,农村人均耕地面积不断减少,到20世纪90年代中期全国人均耕地面积下降到1.3亩。进入21世纪之后,农村耕地面积仍继续大量减少,人口则继续增加。今日我国13亿人口中仍约7亿人口生活在农村地区。20世纪80年代初起,我国农村改革使农业劳动生产效率提高,数以亿计的剩余劳动力问题凸显。农村居民的生存与农村发展问题日益突出。

在外部迁移受阻的情况之下,农村不得不依赖于自己的力量解决自己的问题。20世纪80年代初,乡镇企业在沿海地区兴起,并获得了很大成功,其中以长江三角洲最为突出。在长江三角洲,乡镇企业产值曾经占整个地区工业总产值的一半,苏南地区甚至超过60%。90年代中期,苏南地区乡镇企业年增长率超过30%,代替了国有企业成为经济增长的火车头。20世纪八九十年代理论界对长江三角洲乡镇企业的成功寄予厚望,认为通过这种方法可以达到振兴农村经济的目的,同时也可以使农村人口"离土不离乡"。

然而,乡村工业化道路实际上是没有城市的工业化,与城市经济理论相悖。从国际视野的角度,城市化初期,乡村的工业化对经济的推动也十分缓慢。早期英国所走的工业化道路实际上是一条乡村工业化道路,这种内生型的工业化发展缓慢,英国工业化经历相当长的时间在重心转向城市后才得以完成。后发展的国家或地区的工业化一开始就与城市化密切结合起来,工业化发展十分迅速,如美国、德国、日本及一些新兴工业化国家等。

20世纪80年代起的乡村工业化的确带来了许多问题。乡镇企业具有规模小及分散性的弱点,缺少规模经济效益与聚集经济效益,束缚了自身的进一步发展。乡镇企业的分散化,造成土地资源的巨大的浪费。与城市企业比较,乡镇企业以大量的土地投入代替资金的不足,就我国人多地少的国情而言,犹如雪上加霜。乡镇企业不可避免地与城市大中企业争夺资源,使城市许多企业原料严重短缺,而乡镇企业技术落后,资源利用率低,浪费严重。乡镇企业实际上是以兼业形式把农民束缚在土地上,阻碍了农村人口的城市化。乡镇企业效率低,职工收入难以同城市工厂工人比较,农民贫困状况难以从根本上改变。

20世纪90年代后,我国各地区乡镇企业发展中所出现的新问题,引起政府和理论界在城市化思维方面的转变。乡镇企业对农村剩余劳动力的吸纳及对农村经济的发展的影响力已大为下降,乡村工业化的道路似乎越走越窄。理论界及各级政府降低了对乡村企业发展而吸纳农村剩余劳动力的期待值,它们在推进城市化上达成共识。但时至今日我国理论界仍在城市化道路选择上围绕着那一类城市为主继续争论,现行主要理论观点有以下几种:

第一,大城市重点为论。20世纪80年代,我国一些学者提出了这一理论,其主要论点是:大城市具有规模经济,公共投资资金节约。从发达国家的经验上看,在城市化进程中,大城市首先获得迅速发展,而中小城市、小城镇则是在大城市获得充分发展之后才开始兴起。与发展大城市相比,中小城市和小城镇的发展有着诸多的浪费,特别是基础设施的投资缺乏规模效益。但是,大城市的发展不是无止境的,在经济、技术特定的的条件下,大城市容纳空间是有限的,过度聚集不仅不能带来效益,反而带来聚集不经济及众多社会问题。进入21世纪之后,大城市重点发展更是问题成堆,引起了政府及理论的有识之士的高度重视。

第二,小城镇重点论。其主要论点是:中国城市化应吸取发达国家城市化的经验教训,不要对大城市进行盲目扩张,应越过发达城市化历程中所走的弯路,走出自己的城乡协调发展的城市化道路。在我国具体国情下,发展小城镇具有以下作用:①减少乡村人口,降低农业生产的"人地比例",最终提高农业生产率及提高农民收入水平;②降低全社会的人口出生率;③增加全社会经济效率,提高全社会的产出水平;④降低农村犯罪率,有利于社会稳定;⑤改善宏观经济运行条件,提高政府调节经济的能力和效率。⑥推动小城镇及农村地区的发展,缩小城乡差距,使城乡和谐发展。无疑,这一理论是正确的,也符合中国农村人口庞大的国情。2008年亚洲金融危机后,我国沿海及大量的外向型企业关闭,大量农民工返乡,小城镇、小城市及农村地区的发展就显得十分重要。关键问题是小城镇发展障碍太多,怎样推动其快速发展。

第三,中等城市重点论。这是对大城市重点和小城镇重点的折中的观点,其主要论点是:城市规模太大会降低居民的生活质量,产生严重的"城市病",而小城市规模过小,缺乏规模效益,也不利于经济的发展。20世纪90年代中期,我国一些学者认为城市规模应该在20万至50万人之间为宜。他们认为中等城市可以成为区域经济中心,可带动区域协调发展;而且,中国中等城市发展具有巨大的空间。中等城市重点发展亦有一定难度,一是与城市化演进规律是否一致;二是中等城市的优先发展很难获得利益集团认可而得到政府的支持。中等城市重点发展也不能割裂整个城市系统的协调发展。

第四,大中小城市并举论。我国各地区经济发展具有很大的不平衡性,随着社会经济的进一步推进,一些学者提出了这一理论模式。其主要论点是:不同的等级的城市有不同的功能,大城市可以是大范围的政治、经济及文化中心,应该适度发展;中等城市往往是区域经济分工体系的枢纽,也应该大力发展;小城市则会配合大中城市的功能发挥,承接大中城市在区域经济中的辐射作用,体现小区域的经济特色。① 这一理论应与城市化演进及城市系统发展的规律结合起来。

上述这些理论的论证都很充分,但在城市化动态发展过程中问题不少。在经济快速发展过程中,城市化实际上更为复杂,从世界大国城市化历程看,城市化演变有自身的规律性,城市规模结构体系是以经济发展水平相适应。进入 21 世纪之后,我国正由人口大国走向经济大国,我国经济发展面临诸多机遇与挑战,尤其是 2008 年开始的金融危机,使问题显得更为复杂。我国城市化中所出现的问题在世界大国城市化进程中已出现,政府与学术界越来越重视城市化理论的比较研究。我国城市化的向前推进,需要借鉴前人成功经验,尤其是与我们国情大体相似的国家与区域,避免为其付出沉重的社会经济代价。研究经济发展中大国城市化模式及其公共政策,无论是理论上还是实践上都有着极其重要的意义。

1.2　文献综述

本书研究是建立在国内外学者的众多研究成果的基础上的,重点取材于英文原著,同时也参阅了国内一些学者的城市化论著,将参考文献与资料进行整理、思考及加工,从而对大国经济发展中城市模式进行系统性的比较研究。研究拟以经济理论为主,同时也在一定程度上借用其他学科的理论,参考文献分为以下几个方面。

---

① R. Kirkby, *Urbanization in China*, Columbia University, 1985, p. 34.

第一,大国城市化模式的有关论著。本书的资料主要选自英文的城市化原著。

1. 城市化的经典著作。1982 年,Leo van den Berg 出版的"Urban Europe A Study of Growth and Decline"是发达国家城市化演变的经典性著作,该书将城市化分为城市化、郊区化、逆城市化等阶段,更多学者则分为城市化与郊区化两个阶段。这种分类是从城市化演进的角度,将城市化分为两个或三个阶段,今日发达国家与发展中国家城市化处于不同的阶段。该书还对发达国家城市化向郊区化及逆城市化演变的原因、城市增长与衰退进行了较为系统性的研究。Arnold R. Hirsh 的"Urban Policy in Twentieth Century"、Dennis R. Jueld 的"City Politics "、James Q. Wilson 的"City Politics and Publicy Policy"、James W. Hughes 的"Uburbanition Dynamics and the Future of the City"等书从公共政策论述了城市化的演变及模式。本书城市化模式研究的主线借鉴了这些学术著作的研究成果。

2. 城市化国别研究论著。重点选择各大国城市化研究的专著及论文,尤其是外文原著。①Jon C. Teaford 的"The Twenty Century America City"一书系统性地介绍了整个 20 世纪美国城市化演变,并研究了城市化转型过程中的公共政策、交通与技术革命。John M. Levy 的"Urbanization of Rural America"是一本论述美国乡村地区城市化学术专著,该书叙述了农村人口的城市化及农村地区的城市化对城乡协调发展的影响。②Croom Helm 的"Suburbia"、Becky M. Nicolaides and Andrew Wiese 的"The Suburb Reader"等书详细地叙述了美国的郊区化与逆城市化的进程对城市本身的负面影响,同时论述了对整个区域、整个国家的综合性影响。③在发展中国家大国方面,Evelin Hust 的"Urbanization and Governance in India"、Pritirekha Daspattanayak 的"Urbanisation and Economic Development in India"等书对印度和亚洲其他国家城市化及政府政策进行了较为系统的研究。④日本城市化研究的英文原著较少,Carl Mosk 的"Japanese Industrial History: Technology, Urbanization, and Economic Growth"是不可多得的日本城市化研究的专著。⑤俄罗斯城市化研究的资料更为缺乏,本书重点参阅"Conference on Demography and Urbanization in Eastern Europe"所收集的有关俄罗斯的城市化政策。这些文献作为本项目的国别城市化模式研究的重点参考书。⑥欧盟城市化的资料较为丰富,Yuri Kazepov 的"Cities of Europe"、

Donald B. Rosenthal 的"Urban Revitalization"等研究了欧洲城市发展与城市化模式。当然在比较研究过程中,查阅的资源要多得多。

3. 大国城市化比较的论著。大国间城市化模式比较所涉及资料范围较为宽广,目前国内这方面的系统性的资料较为欠缺,但仍有不少资料可资参考。①Anita A. Summers 的"Urban Change in the United States and Western Europe"等书对当代美国与欧洲城市及城市化进行了较为全面的研究。②Ashok K. Dutt 的"Challenges to Asian Urbanization in the 21st Century"则对亚洲国家城市化进行比较。

第二,经济学理论。本书研究的学科理论以经济学为主,尤其是世界经济、城市经济、区域经济及公共政策经济等。由于城市经济学及公共政策经济尚属新兴的经济分支学科,本书注重直接吸取国外学者的有关理论。

1. 经典期刊。①University of Glasgow 的"Urban Studies"是国外城市经济研究的影响最大的刊物,上面刊登了大量的第二次世界大战后世界各地区城市经济发展的论文,文章从经济学上分析了当代城市化模式及影响,作为本项目研究参阅资料。②城市化的研究与区域经济有着密切关系,Regional Studies Association 的"Regional Studies"刊登了大量有关的区域经济的论文,这些论文还涉及城市产业布局及区域经济政策等。③国内的《城市发展研究》、《开发研究》、《城市开发》、《经济地理》等刊物亦有不少可供参阅的文章,本书也重点关注。

2. 城市经济学。对于该学科理论本书首选英文原著:①John M. Levy 的"Urban and Metropolitan Economics"一书中运用了城市经济学有关理论对当代大都市发展与衰退进行了系统分析,为本书提供重要思路。②R. W. Vickerman 的"Urban Economic"一书对企业患上"巨大症"后的选址进行了较为详细的分析,企业组织的变化很大程度上决定了整个 20 世纪城市发展及城市化的方向。③Robert A. Beauregard 的"Atop the Urban Hierachay"全方位分析了大都市核心区与郊区城镇以及各等城市产业布局及经济发展。④Beni Chibber Rao 的"Urban Economic Development"、Richard D. Binghan and John P. Blair 的"Urban Economic Development"、John M. Levy 的"Urban and Metropolitan Economics"也是城市经济的代表性著作,本书在撰写过程中参阅了有关理论。⑤80 年代之后,城市经济的一些译本在国内获得了较大的影响,赫希的《城市经济学》、A. W. Evans 的《城市经济学》及 J. K. 巴顿的《城市经济学》等亦有一定的参考价值,只是这些资料已经被国内学者过度挖掘了,很难找出创新性的东西。

3. 公共政策经济学。公共政策对各国城市化模式选择有着十分重要的影响,本书中不可避免地需要研究政府公共政策及其导向。①Dennis R. Jueld 的"City Politics"和 Arnold R. Hirsh 的"Urban Policy in Twentieth Century"等是研究当代欧美城市政策的专著,主要研究了第二次世界大战后各国在公共交通、住宅、城市税收等一系列政策。②James Q. Wilson 的"City Politics and Public Policy"的研究内容不仅涉及发达国家,而且包括了发展中国家。③ John B. Rae 的"American Automobile"较为系统地研究战后高速公路及汽车文化对城市发展及城市化的影响,实际上今日世界各国城市化的演变与汽车文化有着非常密切的关系,该书是研究汽车文化对城市分散及城市化影响的不可多得的学术性著作。

4. 经济学其他学科。本书研究过程中还参阅了经济学其他学科的理论,参阅了 James W. Hughes"Uburbanition Dynamics and the Future of the City"、魏后凯的《现代区域经济学》、臧旭恒的《产业经济学》、季铸的《世界经济导论》、夏普、雷吉斯特、格里米斯等的《社会问题经济学》、王克强的《土地经济学》、舒惠国的《生态环境与生态经济》等。这些学术著作从不同的领域涉及城市化的研究。

第三,其他学科理论。城市化是一个新兴的边缘学科,城市化的分析不仅涉及经济学理论,而且还涉及社会学、人口学、地理学等一些相关学科,因而本书研究过程中,也需要适当借助于经济学之外的其他学科。

1. 社会学。社会学者也从社会发展、人的行为等角度研究城市化,如政府组织、城市居民行为、城市生态理论等。Mark Adraban 的"Urban Socielogy"、Mark Gottdiener 的"The New Urban Sociology"、Albert N. Cousins 的"Urban Life"、Claude S. Pischer 的"The Urban Experience"、Martin Joseph 的"Sociology for Everyone"、Robert A. Wilson & David A. Schulz 的"Urban Sociogy"等书从社会学角度分析了当代城市化演变的原因及影响。

2. 规划学与地理学。研究城市化模式,还需要研究城市规模结构体系及城市布局等。Javier Moncclus 的"Culture Urbanism and Planning"、Daniel J.

Elazar 的"Building City in America"、Robert A. Beauregard 的"Atop the Urban Hierachay"、Ray M. Northan 的"Urban Geography"等书从规划学、地理学的角度研究城市发展及城市化,为本书的研究提供了当代发达国家城市结构及布局变化的重要理论与资料。

本书通过上述文献从不同角度、不同侧面对当代大国经济发展中的城市化模式进行比较研究,研究是以众多中外文资料的综合研究为基础的。在城市化的诸多力量中最重要的力量是聚集经济;在各国城市化演变的研究中,聚集经济的得失,是本书所依托的经济理论的核心。同时,城市化研究是一个综合学科的研究,涉及社会学、人口学及地理学等学科的理论,本书在研究过程中也需要汲取其他学科的理论,使研究成果更符合实际,同时在经济社会发展过程中更有借鉴性。

1.3　框架结构与主要思路

本书研究分为六个部分共十章,对城市化模式的因素、政策及影响进行研究。第一部分由第一、二章构成,主要是本书的导论及对当代城市化主线进行理论分析。第二部分由第三、四、五章组成,研究城市化模式的非经济因素、经济因素及政府的综合政策,这些因素及政府的公共政策的差异影响到各国城市化模式的形成。第三部分由第六章构成,本书把大国的城市化模式分为三大类型,即美国、欧盟与日本、俄罗斯与印度。第四部分由第七、八章组成,分析大国城市化的积极与消极的影响及差异性。第五部分是第九章,综合分析大国城市化模式提供的宝贵的经验与教训,即在汲取大国经验时,需要对其城市化带来的正面与负面影响进行综合评估。第六部分则由第十章构成,本书认为中国城市化应借鉴其他大国成功的经验,同时也要尽量避免城市化带来的沉重代价。根据上述思路,本书分为十章概述主要内容:

第一章为导论,主要内容是提出研究的问题,阐述选题的目的和意义,并提出分析问题与解决问题的基本思路、研究方法等。

第二章对当代城市化主线进行理论分析。本章从聚集经济聚集效益得失的角度,分析城市化的聚集与分散。工业化后,随着交通与生产技术的进步,聚集经济效益在城市骤然兴起,从厂商与居民利益最大化及效用最大化的角度趋向于城市中心及附近选址。城乡间差距日益拉大,城市繁荣对贫困的农村地区产生巨大的拉力,像"明灯"一样地产生强烈的示范效应,吸引农村人口及资源不断地向城市流动。流动推动城市工业市场的形成,促进了城市化的发展。农村人口潮水般地涌入城市,带来了日益严重的大"城市病",增加了城市厂商的外在成本,也增加了城市居民的成本费用。聚集产生聚集成本,进而带来了聚集的不经济,促使厂商及城市居民的再选址,城市化由聚集走向分散,从而改变了城市化的方向。

第三章分析影响大国城市化政策的非经济因素,包括历史沿革、民族流动性、民族价值观念、自然资源禀赋。各国历史沿革的是的政府组织形式通过政策导向而对城市规模结构有一定的影响;民族价值观念不仅影响民族的流动性,而且影响政府、社会城市化的态度;自然资源禀赋对城市发展、城市化政策及模式也具有影响。各国在这些要素的差异,是政府在选择经济模式时不得不考虑到这些因素,而其经济模式的选择必然影响到各大国的城市化模式的选择。本章对大国历史沿革、民族价值观念取向及自然资源禀赋进行综合比较,分析其对各国城市化政策与模式选择的影响。

第四章是大国经济发展水平、经济模式对城市化模式的影响比较。基于历史、民族价值取向及资源禀赋等因素,在工业化及其后长期的经济发展中,各大国经济发展水平具有很大的不平衡,经济模式取向也具有很大的差异,从而对城市化模式及进程也构成不同的影响。

美国城市化发展空间十分广阔。美国经济高度发达、高度的自由市场经济,政府在确保公共物品供给的条件下,给予企业活动宽松的环境,对企业及居民的自由选址产生重要的影响。美国辽阔的国土,丰富的自然资源也为城市化的扩散提供了巨大的空间,郊区在美国得以充分地发展。

欧盟国家城市化发展空间稍次于美国。欧盟国家经济发达程度虽不如美国,但同样是最发达的国家,自然资源较为贫乏,其经济基础自然资源禀赋不能支撑像美国那样自由放任。欧盟国家采取了社会市场经济或福利市场经济,政府在鼓励和发展自由竞争的前提下,通过立法和经济政策等干预实现大众福利最大化,从而不可避免地对城市化发展进行约束,郊区在欧盟国家受到了一定的限制。

日本城市化发展空间限制比欧盟国家更多。日本也是一个经济高度发达的国家,但日本来到工业化社会大大晚于欧美,加之其资源十分匮乏,政府实施赶超战略,采取了政府主导的市场经济,日本的城市化模式也是在政府主导下发展的,不可避免地采取大城市偏向的城市化政策。

　　俄罗斯的城市化模式很特别,而且充满曲折。俄罗斯经济不发达,在苏联时代权力尤为集中,采取计划经济的经济制度,城市化是政府计划下推进的,而政府的城市化政策则侧重于开发边疆与农村地区。1991 年之后,新面孔的俄罗斯转向了市场经济,俄罗斯的城市化重新回到聚集方向上。俄罗斯的中央集权仍然十分强大,政府城市化政策也不可避免转入大城市偏向政策。

　　印度城市化模式是典型的发展中国家的模式,城市化水平低,但大城市却迅速膨胀,城市硕大无朋。印度是一个十分贫穷的大国,落后的工业化及自然资源的短缺,使其经济发展与城市化模式的选择余地很小,与其他大国相比,它的城市化模式选择十分独特。

　　第五章对大国城市化的综合政策进行比较。政府是通过一系列的政策影响城市化及其模式,这些政策包括:土地规划与使用、基础设施导向、城市分区制与厂商选址、区域经济资源的配置等。各大国土地、资源禀赋、经济发展水平、经济模式等具有一定的差异,在制定政策时所选择空间不同,因而政府制定的城市发展及城市化的综合政策又具有很大的差异性,对其城市化模式的选择产生十分重要的影响。

　　第六章对比、分析大国城市化模式选择。在经济运行及公共政策的作用之下,各大国城市化模式的选择存在着一定的差异,有的甚至是不同类型的城市化模式。美国、欧盟、日本等发达国家经历了城市化聚集阶段转向了分散阶段,即郊区化或逆城市化阶段;但它们的城市化模式仍有很大的差异。美国城市化十分成熟,已完全转向郊区化或逆城市化,经济发展重心及城市化的重心完全转移到大城市的郊区,甚至小城镇,从而推动了大城市外围及广大农村地区的城市化进程。在分散过程中,欧盟大城市核心地区已停止了增长,但与美国仍有所不同。欧盟大城市中心继续保持着繁荣,其中心地位得以小心维持。尽管日本城市化出现了分散的势头,但大城市偏向政策所导致的城市膨胀仍然突出,中小城市、小城镇没有得到充分的发展,城市化对农村地区的经济推动受到很大的限制。

　　俄罗斯、印度的城市化历程与模式与上述发达国家具有很大的差异,实际上所走的城市化道路迥然不同。时至今日,经济转轨过程中的俄罗斯仍然没有走出城市化聚集阶段,计划经济时代在城市化聚集的同时也进行了非市场化的城市分散,现阶段的城市化模式的选择实际上是对城市化聚集阶段的回归,城市化这一回归是对过去城市化非理性的修正,也是迫不得已的选择,所带来的问题颇多。经济落后的印度的城市化仍处于初期的聚集阶段,尽管城市化水平很低,绝大多人口仍然居住与生活在农村地区,城市化严重滞后,但在少数大城市持续膨胀,显示出过度城市化的诸多特征,这种城市化模式与拉美的完全过度城市化具有很大的差异,后者绝大部分人口已经生活在城市。

第七章是各大国城市化对经济与社会的积极影响的比较。城市化是社会经济发展的必然产物,也是现代社会的必由之路,但各国城市化模式的选择对经济、社会发展的影响也不尽相同。城市化对社会经济的积极影响是相对而言,应视各国的经济发展水平、自然资源状况等而定。总而言之,城市化应有利经济的快速发展,同时也要考虑经济的可持续性。美国是一个典型的郊区化国家,城市化发展得十分成熟,战后长期推动经济强劲增长,促使城乡经济、社会一体化。从这一角度看,城市化模式选择经济、社会利益的最大化,但这种模式的选择是建立在经济高度发达、自然资源丰裕的基础上的。经过了长期的工业化,欧盟国家土地、矿产资源相对短缺,它的城市化模式的最大效益则是同时兼顾社会富裕及社会经济发展的可持续性,因而它的积极影响则表现在:欧盟城市化扩散之时,确保了大城市核心地区的繁荣,促进城乡协调发展,并且最大限度地节省石油、钢铁等矿产资源及土地资源,使社会经济发展具有可持续性。同样日本、俄罗斯、印度等国的城市化对其经济积极影响也不尽相同。俄罗斯、印度对城市化最大的期望是推动经济的快速发展,而日本国土面积狭窄、自然资源极度匮乏,日本还考虑对境外资源的利用及可持续性发展问题。可以说,城市化对它们经济发展是功不可没的。

第八章分析与比较大国城市化进程中的消极影响。天下没有免费的午餐,城市化有对经济发展积极影响的一面,同时也带来一些负面的影响,由于各国的城市模式具有一定的差异性,其负面影响也有所不同。

尽管美国的郊区化带来了巨大的社会经济效益,郊区化的负面影响受到普遍的关注与斥责。在这一进程中,郊区及非大都市区的小城镇的发展却是以牺牲大城市中心区的发展为代价,导致大城市经济空洞化,许多大城市因此而衰退不振,而且郊区化还造成经济资源及自然资源的巨大浪费,对美国乃至世界的可持续性及生态系统产生严重的影响。

欧盟国家限制郊区城镇的发展政策,也限制了欧洲城市的经济活力。基于资源及经济的可持续性发展的考虑,欧盟国家对大城市外围地区的开发十分谨慎,从而在一定程度上限制了郊区化的发展,对整个经济的继续发展也构成不利的影响。在战后长期发展进程中,欧盟整个社会创新与开拓精神没有很好地发挥出来,经济发展缓慢。

日本、俄罗斯、印度等国的城市化模式也有其不同的消极影响。这些国家的城市化负面影响都有一个共同特点,就是城市化给乡村地区带来不同程度的冲击,农村贫困引人注目,甚至可以认为是触目惊心,城乡间差距很大。不仅如此,作为发达国家,日本国内市场却十分狭窄,严重依赖于国际市场,在20世纪晚期全球经济保护主义日益盛行之下,其经济发展阻碍日益增大。俄罗斯的城市化模式使其经济发展走了很大的弯路,今日的农村经济仍然显得萧条。印度的城市化可谓是一种畸形的城市化,在少数中心城市无止境地膨胀而城市病异常严重之时,而绝大部分人口仍然居住在广大农村地区,农村地区十分贫困,而向大城市迁移的压力十分巨大的。

第九章是大国城市化模式述评,全面分析大国城市化的经验与教训。各大国城市化模式是根据各国人口、自然资源禀赋、社会经济发展水平等因素决定的,但政府的公共政策亦有相当大的影响。根据各国的国情,不能简单地说明什么样的城市化模式优越、什么样的不优越。城市模式的选择应充分考虑其对各国社会经济的长期的发展及可持续等一系列的因素。基于这一点,对大国城市化模式的述评应建立这样因素之上:一、经济活力及经济持续发展;二、资源的节约及可持续性;三、城乡社会协调发展及一体化;四、城乡人口均衡发展及人口增长的控制等。城市化模式的选择与上述这些基本因素联系在一起,总的原则是推动社会经济又快又好地发展。

第十章是大国城市化模式的启示与中国城市化道路的选择。大国城市化模式的比较研究,在于从中探讨其成功的经验与失败的教训,在于为我国城市化道路的选择提供重要的启示。在过去的岁月中,我国的城市化道路充满着艰难与曲折,其代价是极其高昂的。实际上,我们城市化道路在一定程度与俄罗斯相似,近一二十年的城市化模式及城市化进程中所出现的问题则与印度十分相似。我国正从一个人口大国走向一个经济大国,今日城市化正面临转型。在这一转型中,我们不能继续类似印度、俄罗斯的城市化模式,尤其是类似印度的城市化模式所带来的问题具有持久性,其消极影响是深远的。发达国家城市化经历了聚集阶段后走向分散阶段,其成功的经验很值得我们借鉴。这种模式使城市化与经济互动与协调发展,有力地推动城乡社会经济的发展。我国人口众多、资源相对短缺,城市化需要良性推进,需要实现城乡社会经济的良性互动发展,我们的城市化进程中公共政策应十分谨慎,避免城市化进程中重犯前人的错误。

1.4 研究方法

大国城市化的诸种模式比较在我国未来城市化理的论构建及实践中都具有十分重要的影响,我国学者的研究过程与研究方法的完善是一个渐进的过程。与国外相比,我国学者的城市化模式比较研究起步晚,对大国城市化模式研究的成果也不多。早期城市化比较研究影响较大是高佩义的《中外城市化比较研究》、李庆余的《美国现代化道路》著作,近年来这一方面的成果逐渐增多,如张鸿雁的《成功与代价——中外城市化比较新论》等,这些学者从不同的侧面对各国的城市化模式进行比较研究。

我国最初的研究主要是国别城市化研究,而且介绍性的居多。进入 21 世纪之后,国内对国外城市化比较的研究也逐渐增加,但总体仍然显得较为零散,对世界各国综合性的比较研究仍不多见。国内一些学者还对当代发达城市化的最新发展进行了研究,如王旭《美国城市史》一书对美国最新城市发展进行了深入的研究。但在研究当代发达国家的郊区化时,我国学者易受国内各种因素强有力的影响,难以接受西方人研究的价值观念及思维方法,大多片面强调郊区化带来的负面影响,从而忽视郊区化的效益及正面影响。

郊区化及其分散化的确带来了一些重要的负面影响,但第二次世界大战后发达国家城市化转向成熟的郊区化有其合理性,也符合城市化演变的规律,今日我国一些地区的城市化也正向郊区化方向演进,不管我们提出诸多反对理由,我国大都市的郊区化、郊区及农村地区的发展也是必然趋势。实际上,城市化经过聚集阶段向前推进,中心城市问题日益严重,需要在外围寻找空间进行部分功能的分散,以减轻城市本身的、经济、人口及生态的压力。另一方面,城市的聚集反而带来郊区及农村地区的经济凋敝,导致了城乡经济差距日益拉大,战后发达国家的郊区化及城市功能的分散强有力地推动郊区及乡村地区的发展,使城乡社会经济趋同,这是有目共睹的。因此,大城市中心向外扩散是其必然趋势,郊区及农村地区城市化势在必行,郊区化也就成了城市化成熟的标志,其社会经济的影响利远大于弊。

西方学者对城市化的研究较早,实际上在对早期工业化的研究时就产生了,并随着城市化的推进而不断深入,其研究理论也不断发展。早在 20 世纪初,芝加哥学派的城市化及相关问题研究影响到整整一个时代。芝加哥学派的社会学家 R·E·帕克、伯吉斯等人对芝加哥市的城市空间布局与功能结构进行了研究,通过人口、产业分布研究城市化演变的关系。芝加哥学派的研究对后来城市化的有关理论与研究方法影响很大。霍伊特、哈里斯和乌尔曼等人继续沿用其研究方法,提出城市空间布局及功能结构的新理论,更为客观地反映了现代城市及城市化演变的趋势。时至今日,人们在研究城市化时也经常提到芝加哥学派的研究方法及其成果。

第二次世界大战后,欧美发达国家城市化进入郊区化阶段,日本在 20 世纪七八十年代城市也出现分散趋势,尽管不少学者持否定态度,但城市分散——郊区化成了城市化的主要潮流,城市化日益走向成熟。郊区化带来重要的发展机遇,同时也产生一些新的现象及新的问题。现代城市及城市化以全新形式出现。在城市化最为成熟的国家或地区,旧的空间狭窄的中心城市相对走向衰退,郊区城镇获得了迅速发展而成为大都市区的次级中心,郊区次级中心取代城市核心地区而成为大都市区的经济增长中心,而空间狭窄的中心城市则为幅员辽阔的多中心、分散型的现代大都市地区所取代。在美国一些分散化程度高的地区,整个大都市区支离破碎,并在 20 世纪晚期趋于无中心化。20 世纪晚期,随着城市的进一步分散,一些学者运用新的理论对城市空间结构及城市化进行研究。

随着城市对外扩散,郊区及乡村辽阔的地区也逐渐纳入城市影响之下,这一演变在带来了巨大的发展机遇的同时,也产生了众多的新问题。制造业不断地从大城市向外围地区迁移,富裕的人口也大量随之迁往郊区及小城镇;随着制造业与人口的外迁,零售及办公服务业等也向大城市外围地区分散,大城市经济日益空洞化、税基缩小,城市出现衰退、衰败趋势。同时,城市设施低效益且大量放弃,工作与住宅错配,土地及矿产资源大量浪费。城市化模式变化及所带来的问题需要对城市化理论进行更新。

针对第二次世界大战后城市化演变及带来的一系列的变化,学者在城市化的研究内容与方法上也发生了相应的转变。针对城市化进程中的热点问题,研究内容表现出鲜明的实用性,与政府决策密切结合,不少成果对政府的公共政策产生重大影响。在城市化的研究中,发达国家学者引入了多学科交叉研究方法,并广泛地使用计算机进行数理分析。这些学者对郊区化及影响、非大都市区的小城镇发展等问题进行了系统性研究,其成果在很大程度上影响到政府的决策。

在研究过程中,本书对国内外学者的研究方法进行了借鉴。在经济发展过程中,城市化研究实际上是一项十分复杂的系统工程,需要运用多学科理论进行交叉研究,本书注意吸收边缘学科及交叉学科的理论与方法。因此,本书在研究中主要运用世界经济、城市经济学、产业经济学理论,同时也借用社会学、地理学及人口学等学科理论,力求研究结果与实际更为接近。

本书的研究也具有鲜明的实用性,目的在于对通过美国、欧盟、日本、俄罗斯、印度等大国城市化模式的比较与研究,为我国未来城市化决策提供重要启示。在研究城市化道路及政策时,在重点对大国城市化进行文献研究的同时,本书采用了实证研究方法。在本书的写作过程中对我国城乡进行一定范围的调研,并选定一些地区作为个案进行分析,较为全面地调查、了解、收集所需要的一手资料,从而研究城市化的延革与问题,结合大国城市化模式的经验与教训提出我国城市化的政策演进。

社会经济是发展的,中国城市化动态研究的背景下。本书力图从功能上动态分析经济制度、市场经济取向及其公共政策对城市化模式的影响。毕竟,我们已进入了 21 世纪,我国社会、经济已较改革开放时有了很大发展,城市化也处在不断发展与演变之中,我国的城市化及政策也应置于动态研究之下,注意国外最新城市化理论与政策。

1.5 创新与问题

在大国城市化模式比较与研究上,国内相当程度上尚属填补空白。本书力求从社会经济全面发展及城乡统筹的战略高度,在新的历史起点上重新审视大国城市化历程,综合比较利弊得失,从中概括可资借鉴的经验与教训,从科学发展观的角度探索我国城市化健康发展的道路。本书研究认真汲取国内外学者的研究成果,并在此基础上有所创新,表现在以下几个方面:

第一,传统城市化模式评估问题。城市化演变是有规律的,在经历聚集阶段之后大城市趋于饱和,农村发展滞缓,引起城乡地区十分棘手的问题,城市化面临方向性演变。国内学者对国外城市化研究主要着重于国别城市化,也有国际间的横向比较,这种比较研究易于割裂城市化演化的主线,忽视了城市化的规模。从大国的城市化的历史沿革看,城市聚集及大城市崛起,引起了城乡之间十分棘手的问题,对城市化的方向性演变产生了重要的影响。无论发达国家还是发展中国家的新兴工业化国家,20世纪后期城市化由聚集走向分散的轨迹是十分明显的,进入21世纪之后,中国一些发达地区的城市也正面临这一转型。

第二,经济活力与统筹城乡一体化发展问题。城市化对经济的推动是选择城市化模式的基本条件,城市化通过刺激经济活力而协调、统筹城乡经济、社会的发展,同时也要注意经济、社会发展及环境的可持续性。在汲取大国城市化模式成功的经验之时,更要重视相似的负面影响;对城市化进程中美国资源浪费大、欧盟经济活力不足、日本与印度及俄罗斯等农村发展相对落后等都要引以为戒。

第三,建立新型的城市系统问题。这一问题就是我国理论界所主张我国城市化以哪一类城市重点发展的争论,进入21世纪之后争论实际上意义也不很大。20世纪80年代,我国省区普遍推行大城市的优选而形成增长极核,但各区域大城市趋于饱和而城市病则日趋严重,大城市环境承载力及经济承载趋于极限,与此同时,全国大部分人口仍生活在相对贫困的农村。鉴于此,中国城市化应遵循城市化的演变的规律,由聚集走向分散,通过大城市的郊区及广大农村的城市化,促使城市经济功能及城市化向极其广阔的空间扩散,使城乡社会和谐发展。在城市分散及农村城市化进程中,不可避免地出现一些负面影响及代价,需要借鉴欧美等发达国家城市化成功的经验,通过立法、资源配置等公共政策加以遏制。

第四,城市化的个人决策与行为问题。传统的观点认为,城乡间巨大的差距推动农村人口向城市流动,而城乡差距各国经济发展中都不同程度地存在,但其人口流动及城市化却存在着很大的差异。基于此,除经济因素外的分析外,我们研究还侧重于民族流动性、市场经济取向等非经济因素。这些因素国内学者涉及不多,但对城市化及其模式具有重要的影响。此外,对政府公共政策、我国城市化道路的借鉴等内容的研究上亦有自己的独特见解。

第五,对印度城市化模式的观点。本书认为印度城市化模式是一种畸形的城市化模式,这与印度是滞后型城市化的传统观点略有不同,理由是印度城市化的政策充满着矛盾,其工业化政策反映在城市化上则是大城市偏向的政策,同时又阻止农村人口的城市化,结果导致少数大城市膨胀而城市病异常严重,而绝大部分人口仍滞留在农村,城市化局部过度与整个国家城市化滞后并存。

尽管本书在研究中做了大量的工作,但这项研究尚属填补空白性,而且汲面大,仍会有一些缺憾,表现在这样几个方面:

第一,资料收集困难,但仍感不足。由于选题大,涉及知识面很宽,需要资料很多,全面地选取所需资料有一定难度,本书资料可能不够全面。

第二,视野仍有一定的局限。城市化的研究是一个系统性工程,本书研究主要以世界经济及城市经济为主,研究过程中的学科视野仍有一定的局限性。

第三,研究方法可能存在着一定的不足。本书研究主要运用大国城市化比较研究,资料主要是来源于中英文文献及调研,通过其他手段所获资料较少,研究方法受到一定限制。

综上所述,本书研究具有鲜明的实用性与对策性。通过与我国诸要素相近的大国城市化模式的因素、政策及影响等的综合比较研究,期望为我国城市化的理论与政策提供宝贵的经验与教训。在研究过程中,直接选用了大量的英文论著,同时也参考了我国学者的最先研究成果。研究方法也尽可能有所突破,采用多学科的交叉研究。研究以经济理论分析为主,尤其是城市经济学的分析方法,同时也汲取了社会学等学科理论方法。本书希望更好地贴近实际,更好地为我国城市化理论与政策服务,并对我国社会经济持速发展、对城乡协调的理论与政策产生一定的影响。

2 聚集经济与城市化环境的演变

工业化以后,城市化就成为现代化的重要标志之一。工业化与城市化构成了现代化的核心内容,它们相互作用,推动社会继续向前发展。城市化发展有自身规律,综观发达国家城市化历程,城市化分为聚集与分散两个重要阶段,后者也称郊区化阶段,有的学者则把郊区化进一步分为郊区化与逆城市化。① 工业革命后,在交通及技术革命之下,聚集经济效益在城市骤然出现,推动了人口、工厂、商店及各种机构向城市流动。人口与厂商向城市迁移,大城市勃然兴起。城市继续沿地平线蔓延,城市病日益严重,聚集成本增加,导致聚集的不经济,使人口与厂商由聚集走向分散,环境的变化使城市化面临方向性的转变。

2.1 聚集经济效益与城市化

2.1.1 城市聚集经济效益

工业革命后,城市聚集经济出现并成为城市发展极其重要的条件,也是城市化最为重要的力量之一。尽管现代城市形成因素极为复杂,但从经济理论角度看,城市经济学家认为,三种重要的力量导致现代城市形成与发展。它们是区域比较利益、生产规模经济和聚集经济,其中聚集经济是决定性的因素。没有聚集经济利益,即使有其他条件存在,经济活动也不必集中在城市。正是聚集经济的存在,才吸引人口和资源的空间聚集,最终形成现代城市。聚集经济是工业革命后城市发展及城市化最为重要的力量。②

---

① Leo van den Berg, *Urban Europe A Study of Growth and Decline*, Oxford, 1982, pp. 25 - 39.
② 吕玉印:《城市发展的经济分析》,上海三联书店 2000 年版,第 49 页。

20 世纪初,德国经济学家 F·韦伯等人提出了聚集经济,后来的学者对这一理论进行了大量研究。埃兰·W·伊文斯在《城市经济学》书中写道:"所谓聚集经济,就是指一批企业彼此位于附近,而可能产生的经济效果或费用的减少。"①从成本费用角度,聚集经济是指劳动和资本等生产要素集中所带来的高效益。因此,聚集经济是整个大都市区的规模扩大所产生的空间集中而带来的效益,而非个别企业的规模经济。综合伊文斯和赫希等人的观点,有以下几种情况:

第一,大规模的本地市场的形成有利于本地厂商生产的专业化与协作,从而降低生产成本费用。厂商成本费用的降低包括:厂商间产品交易中运输成本的降低,使用共同的基础设施所产生的投资节约、交易成本的节约等。成本费用的降低可降低厂商产品的价格,有利于提高其对外竞争能力,对厂商的生存与发展有着极其重要的影响。

厂商的存在与发展需要一定的市场作为支撑,也就是城市经济的最低临界值原则。最低临界值原则指新建一个工厂需要一个最低销售额支持,城市只有达到最低临界规模时,才有可能为工厂提供最低销售额的支持,工厂修建才有利可图,聚集区居民才有可能从中获得比较利益。同样,文化娱乐公司的发展也需求最低临界市场规模,否则无利可图。大城市超前增长,正是依赖于一定规模的市场支撑制造业与服务业的发展。最低临界值提出的重要条件就是规模经济较大的城市市场容量大,为本城企业扩张提供有利的条件,企业扩大,边际成本下降,企业生存与发展才有保障。城市的一定规模是厂商选址的必要条件。城市空间规模的扩大及人口数量的增加,导致厂商市场与生产规模增加,从而产生经济利益,增加厂商利润,这是厂商空间聚集的重要原因。

第二,城市规模扩大,为城市企业家群体的形成奠定坚实的基础。企业家被称为工业化的引擎,企业家群体的形成在城市经济发展进程中扮演着极为重要的角色。城市规模扩张,吸引熟练劳动力汇集,进而吸引富有雄心与才干的企业家集中。城市规模的扩大产生规模经济,引起企业集中与需求增加,扩大市场规模,为企业增加了众多经济机会,从而吸引外部更多的企业家向城市迁移。国外一些学者认为企业家群体的存在,是制造业发展重要条件,同时也

① A. W. Evans:《城市经济学》,上海远东出版社 1992 年版,第 43 页。

促进创新及社会进步。城市企业家群体的出现在城市经济发展过程中具有极其重要,甚至是决定性的影响。

第三,城市规模的扩大促进发达的金融市场的建立,为城市经济的长期发展提供重要的经济支撑。城市规模扩张,人口及机构的增加,成为金融机构业务开展及完善的基础,有利于城市商品流通及资金周转。城市规模的扩大可为金融服务业提供市场,有利于金融机构业务的往来,城市发达金融服务业则有利于厂商资金周转及融资,城市发达的销售渠道则有利于厂商的商品流通。这些业务往来对于厂商和城市经济的发展有着极其重要的作用。

第四,城市规模的扩大提供众多的机会,有利于高素质的人口集中。城市人口规模的扩大,为文化、娱乐、教育等设施的发展提供巨大的市场空间,从而形成城市发达的文化、娱乐系统。发达的文化、娱乐及教育系统是城市高质量的生活的重要部分,营造一个舒适的环境。在城市社会开放的条件下,这种高质量的城市生活吸引高素质的人口源源不断地向城市流动,这些高素质人口富有活力,对于现代城市经济的发展意义深远。

第五,厂商高度集中的大城市,厂商较容易获取所需要的信息。工业化之前,工厂厂商处于分散状态,厂商经营者之间交易十分不便,市场信息不灵,信息获取成本与交易成本很高。工业化之后,众多厂商与厂商向大城市聚集,厂商可以面对面地直接打交道,极大地减少了信息获取与交易的成本。城市信息量的增大,有利于城市厂商快捷地获得所需要的信息,从而有助于扩大其市场份额。

第六,人口及厂商空间的聚集有利于厂商本身的创新及技术进步。大量的人口聚集与接触,相互之间的影响便于产生新的思维,有利于创新精神的产生。在农村地区,封闭所产生的传统价值观念造成农村地区安贫守旧、知足常乐、不思改革,排斥竞争和进取的商品意识,保护着低水平的小农经济的封闭循环。而在大都市区,人口大规模的聚集,竞争加剧,新型的经济关系使价值观念发生了变化,竞争与开拓的厂商精神兴起,成为社会经济发展的发动机,刺激整个社会奋发向上,新的技术不断产生。

厂商的聚集对技术进步的推动的例子比比皆是。工业化革命之所以最早发生在英国,与该国的纺织工业等的聚集有着密切的关系。英国纺织工业最早集中在具有丰富水力资源的河流地区,稍后向兰开夏郡转移,纺织工业的聚集使这一行业技术革新不断涌现,从而开启英国工业革命,将世界带入新时代。后来世界各地出现的钢铁城市、汽车城市及硅谷等客观上都促进了这一产业的厂商聚集,新兴技术不断涌现,推动了城市及区域经济的发展。

聚集经济的这些作用是现代城市兴起与发展的必要条件。城市经济的发展,依赖于合理的产业结构,制造业是城市经济增长的最为深厚的基础,在城市经济发展过程中扮演发动机的作用。城市制造业的发展取决于吸引熟练劳动力、资金及资源等生产要素的能力。城市规模扩大,产生众多经济机会,吸引大量劳动力向城市汇集,加之城市聚集所产生的诸种利益,吸引富有创新精神的企业家到城市投资设厂,从而吸引其他资源向城市进一步汇集,有力地推动城市经济的发展。

在整个宏观层次上,空间的聚集则为城市长期发展带来巨大的利益。由于厂商、居民空间选址的接近而导致经济和成本节约,使得整个城市经济具有"聚集经济效果"。因此,城市聚集经济的存在,吸引厂商和居民聚集,这种厂商和居民进一步聚集又将吸引更大的聚集,从而影响着整个大都市区的发展。城市聚集经济利益的作用是全面的、动态的,一波接一波地推动城市及城市化向前发展。

2.1.2 聚集效益下的厂商聚集与专业城市及综合城市

制造业是城市经济的基本组成部分,是服务业及城市经济运行的基础。城市制造业的存在与发展需要大都市区拥有大量的制造业厂商,而众多工厂在城市及邻近地区选址是城市制造业发展的关键所在,厂商向城市聚集则成为城市化的核心。工业化之后,随着城市发展及规模的扩张,城市聚集利益促使厂商纷纷在城市选址。

聚集经济内容较为复杂,在城市经济学中也有一定的争论,传统上被区分为三类:内部规模经济、区域化经济、城市化经济。[1] 美国一些学者对 1860—1910 年间美国城市化与工业化研究后认为,制造业发展是美国城市增长的基

---

[1] Frank Moulaer and Falaridah Dellal, *Information Technology Firms: Economies of Agglomeration from a Wide-area Perspectictive*, Urban Studies, Vol. 32, No. 1, 1995, p. 106.

础,而这一时期城市所产生的聚集经济利益有力地推动制造业向城市集中与发展。① 在欧洲国家工业化初期,聚集经济也对制造业厂商向城市集中起到类似的作用。城市聚集经济利益吸引大量的工厂城市集中,为城市经济与城市化的发展奠定了深厚的基础。

内部规模经济是聚集经济利益中最为常见的。当位于某一特定区域的企业扩大生产规模并降低企业单位生产成本时,就存在内部规模经济。在城市经济学著作中,有这样一个经典的例子。史密斯缝纫机针厂(1776 年)扩大了生产规模,从中享受到分工的利益。通过重复作业,工人技能提高了,随之降低了生产成本。类似的例子也出现在某一地点大批量的采购及专业化的生产中,厂商中获得规模经营所带来的利益。因而,内部规模经济使大企业的定价低于同类竞争的小企业,促进现代工业城镇(或公司城镇)的产生。②

从区域化经济的角度,在特定的区域某一产业内的厂商因整个产业的扩大而出现成本节约。换句话说,当一个企业位于同一产业部门里很多企业集中的城市区域并降低单位成本时,就产生了区域化经济。规模经济对企业是来说是外部的,对某一产业部门来说是内部的。同内部规模经济一样,较大的城市规模可使某一产业部门的企业集中生产一种类型的产品,因而形成专业化生产,这又使区域化经济形成。

美国学者汤普森(W. Thompson)研究美国中西部城市的发展时发现:这些厂商集中在一起,结果增加了需求,可提供的用品或服务使其他厂商获得发展且发展得更大。汤普森举了这样一个有趣的例子来证明。由于适应周围农村社会交易的需要,假定已经存在一个小城镇,如果肉类加工厂在这一地区设置,可能选择这个城镇。因为那里已经有劳动力的供应。如果第二家肉类加工厂也准备在这一地区设置,也可能安置在这个城镇。因为,它可以从已有工厂中招收已受过必要技术训练的劳动力,比从头开始训练他们更为便宜。③

不仅如此,同类厂商的集中还带动相关产业的发展。汤普森继续引用肉类加工厂的例子说明。在当地只有一家厂商时,某些用品,例如肉类切割

---

① Ivan Light, *City in World Perspective*, New York, 1983, p. 101.

② 保罗·切希尔等:《区域和城市经济学手册——应用城市经济学》,经济科学出版社2003 年版,第 120 页。

③ A. W. Evans:《城市经济学》,上海远东出版社 1992 年版,第 44 页。

工具可能从外地运来。如果城市出现两家或更多的这类厂商,共同的需求可能使一家肉类切割工具制造厂在当地设置而有利可图。肉类切割工具制造厂的出现,以及已经存在熟练劳动力供应,构成了外部经济,使该镇对打算在这一地区选址的其他肉类加工厂更具吸引力,又对新肉类切割工具厂商构成影响。① 如此一波接一波地延续下去,城镇的吸引力继续增加,导致城市规模的扩大。上述分析可见,区域化经济是外部经济,是因城市同类厂商聚集而形成的产业扩大所带来的利益。这是城市空间聚集的另一重要的经济力量。

工业化时期,外部经济的影响城市聚集的例子很多。例如美国芝加哥的屠宰业、食品罐装工业及农业机械加工业等的出现与发展,就是建立在外部经济一系列的连锁反应的基础上的。底特律的汽车工业、明尼波里斯的面粉加工业等工业的发展同样如此。这些城市都依赖于聚集经济的影响,吸引一个个的同类厂商,并带动相关产业的发展。

根据兰德尔·W·埃贝茨等人观点,劳动力市场经济是区域化非常重要的源泉,并列举了加利福尼亚的硅谷的例子。硅谷的软件公司的规模一般都很小,不存在内部规模经济。由于集中在克拉拉县的区域内,公司很容易找到新建公司所需要的熟练劳动力。产业集中在某一个区域时,所需要的匹配成本是很低的。②

城市化经济与区域化经济有一定的联系,同时也存在一定的差异。美国学者艾沙德认为,城市化经济是某一类特殊工业厂商彼此位于附近而取得的经济,而区域化经济指许多工业的厂商设在同一地区而取得的经济。③ 但美国学者伊文斯却认为,这种区分虽然在理论上十分有用,但实际上很难把两者区别开来。

城市化经济是经济对企业及行业外部性所产生的效益,即经济对企业及行业都是外部经济时,就出现城市化经济。戈尔茨坦列举了城市化经济

---

① A. W. Evans:《城市经济学》,上海远东出版社 1992 年版,第 45 页。

② 保罗·切希尔等:《区域和城市经济学手册——应用城市经济学》,经济科学出版社 2003 年版,第 121 页。

③ A. W. Evans:《城市经济学》,上海远东出版社 1992 年版,第 44 页。

在大城市区域的专业服务业为例。在乡村一个具有卡车队的企业,必须拥有自己的机械师。在大城市,企业则可以获得专门维修卡车服务。他认为城市起了"仓储系统"的作用。①公共设施是城市化经济的另一个源泉,它提供了道路、信息等服务,城市区域因此有效地降低了区域内所有企业的经营成本。

基于聚集经济三种类型,自工业革命起,工业化国家聚集经济最有代表性的影响是专业市镇的形成。专业城市、专业城镇在英国最先出现,如19世纪初的纺织工业城市兰开夏。其后,专业市镇传播到欧洲大陆,法国的里昂、洛林、德国的鲁尔等地一大批专业市镇出现。

专业市镇在美国发展最具典型性。19世纪晚期,美国中西部的匹兹堡大量钢铁厂商聚集,发展成为世界著名的钢铁城市。匹兹堡周围蕴藏着丰富的煤铁资源,吸引单个厂商到匹兹堡地区设厂,这些厂商围绕着钢铁加工这一主导产业进行分工与合作,在周边地区形成一系列的钢铁城镇,这些城镇分别从事矿山开采、冶炼、板材加工、机器标准零部件等生产。匹兹堡地区同类厂商的聚集,厂商间近距离互补,节约了运输与交易成本,使其钢铁工业在全美乃至世界具有很大的竞争力,单个厂商也从聚集中受益匪浅。美国工业化时期,美国汽车城、石油化工城、面粉加工城等专业市镇大量涌现,成为制造业发展的一种典型模式。

在综合城市形成与发展过程中,聚集经济作用更为明显。从城市化经济的角度,整个大都市区产出扩张会带来厂商经营成本的节约。在这一条件下,城市化经济成了吸引各类经济活动向城市集中的重要经济力量,推动整个城市经济扩大而形成规模经济,它使大城市厂商及居民受益。这种现象在工业化后的综合性城市形成过程中表现得尤为突出。工业化时期,一些区域型的大都市各类经济活动聚集,进而带动人口的集中,厂商因经济活动的集中而相互间获得补偿。经济活动的增加与产业结构的复杂化,最终导致综合性大城市的形成,如19世纪末的纽约、芝加哥等典型的综合城市。进入20世纪之后,世界各地综合城市逐渐增加。

---

① 保罗·切希尔等:《区域和城市经济学手册——应用城市经济学》,经济科学出版社2003年版,第122页。

    基于上述分析,聚集经济是厂商在城市选址的主要力量之一,也是城市发展的主要经济力量之一,城市也因此成了厂商的"孵化器"(incubator),成为新的厂商及新经济发展的孵化器。城市的孵化器功能是指城市的环境有利于培育新生厂商的功能。在城市核心地区及附近,厂商可容易地租用所需场地,可雇佣熟练工人,可从其他厂商得到必要的服务,同时还可以利用城市发达的基础设施等。所以城市核心地区各种活动的聚集,不仅节约新建厂商的经营成本,而且为其生存与发展提供了良好的条件。

    在聚集经济的作用下,工业化之后厂商倾向于向城市集中。在同样技术约束下,聚集于城市的厂商比分散的厂商有更高的产出,单位产品成本降低,利润相应提高。因此,生产者均衡将趋向于更大的规模。图 2-1 是聚集效应对厂商行为的影响。在既定的技术条件下,厂商面临的生产集是既定的,因而一定的投入可以得到的最大即生产集的边界线是既定的。如图 2-1 所示,曲线 E0 即为既定技术下的生产边界线。在聚集效应作用下,区位的不同,即使生产投入不变,等量的投入也可能得到不同的最大产出。显然,因区位上的接近而得到的外部经济效果,也会扩大生产集的边界线,即 E0 向 E1 方向移动。因此,聚集经济成为厂商在城市选址的极其重要原因。

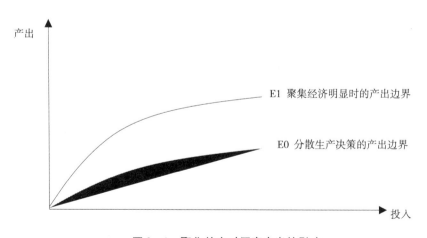

图 2-1　聚集效应对厂商产出的影响

2.1.3　聚集效益与居民城市流动趋势

聚集经济不仅对厂商而且对居民的选址产生重要的影响,也是工业化时期居民从分散走向集中及农村人口城市化的极其重要的因素。聚集经济对居民流动的影响主要是家庭聚集经济。家庭聚集经济是指因城市聚集规模的扩大而为居民所带来的外部利益,这些利益包括正向消费外部性、邻里效应、就业机会的增多、社会文化环境质量的提高等各个方面。这些利益推动居民向城市核心地区流动,表现在以下方面:

第一,空间集中所产生的交易成本的节约,有利于提高城市居民的支付能力。在收入既定的条件下,空间集中可节约居民上下班及出行的交通费用,可将路途耗费的时间用于增加工作的收入,从而提高居民其他消费的能力。在工业化时期,大量的人口向城市中心区工作地点附近聚集,与这一经济利益有关。在工业化时期的同心圆结构的城市中,工人及其他低收入者聚集在城市核心商业区及工业区附近,目的是接近工作地点,减少交通时间及费用等方面的支出。

工业化时期,居民趋向于城市中心附近选址,也可以从其住宅位置证明。这一理论也称为住宅区位"互换"(trade off)论,"互换"论认为,居民在选择住宅时,需用进行住宅费用与交通费用的"交换",具体表现:随着城市中心距离的延长而趋于下降的住房费用,与随着城市中心的延长而趋于增加交通费用间进行"交换"。

19世纪晚期,尽管欧美铁路交通已得到相当程度的发展,但铁路交通是远距离运输工具,城市短途交通设施总体落后。如果居民选择居住在城市边缘或郊区,希望增加交通费用的方式来降低住宅费用,这种方法是得不偿失的,因为落后的交通不仅使交通费用增加,而且路途上通勤时间大量增加也增加了工人的通勤费用。在这种条件下,普通工人必然选择在城市中心附近居住,尽管城市区住房十分拥挤、环境十分恶劣。

19世纪欧美国家的城市化进程中,大量的农村移民或外国移民迁入城市后,直接向城市核心地区附近汇集。新来移民经济困难,节约开支、接近工作地点是其首选。而且,新来者集中于城市中心工作地点附近,城市中心提供工作的信息量大,移民可更为便利地获取信息,减少获取工作的时间损失及降低机会成本。工业化时期,欧美各国大城市的农村移民比重很大,其个人决策多出于聚集利益的原因考虑。第二次世界大战后,在发展国家的农村人口向城市流动的决策过程中,聚集经济的影响也是巨大的。

第二,作为外部经济效果,聚集利益直接为居民带来额外的效用。城市便利的交通、发达的文化设施、舒适的生活条件,作为一种非支付性品,为居民带来额外的效用。由于城市特有的异质性,各类厂商、居民集中在一起,相互影响,由此产生多种形式的外部经济利益,各种思想、知识及文化的交流,为城市居民提供丰富多彩的文化生活。城市异质性所产生的这些外部效果,对居民向城市聚集也产生重要影响。

工业化初期,不少农村人口向城市流动,也是源于城市的这种外部效用。城市丰富多彩的文化生活,博物馆似的百货大楼、高层建筑群等城市风光,使城市的旅游者流连忘返。随着城市文化向农村传播,对农村居民产生强烈的示范影响,城市像磁铁石一样地吸引农村人口向城市不断地流动。在19世纪西方作家的笔下,农村青年大规模地向城市流动,许多并非仅是去"淘金",有的是去猎奇,去分享城市文明成果。进入20世纪,世界各地的农村人口向城市蜂拥而来,尤其在发展中国家,城乡文化差距巨大,农村人口更是潮水般涌向城市。

第三,城市聚集经济有利于居民收入的提高。城市拥有发达的教育与文化设施,城市居民比农村居民能接受更好的教育,有更多的机会接受高等教育及其他职业训练,城市居民拥有较高的劳动技能。加之城市制造业、服务业等工作岗位集中,城市居民获得相应的就业机会多,收入也远较农村地区高。

工业革命后,大量人口向城市流动,其中最重要的原因是为城市较高的收入及更多的就业机会所吸引。19世纪欧美国家进入工业化之后,城市制造业获得迅速发展,城市经济日益繁荣,城乡之间差距日益拉大,农村人口源源不断地向城市涌来。在欧美国家工业化时期,城市厂商向农村移民提供了大量的工作机会,同时也提供了更多的收入。

这种情况在20世纪中叶后发展中国家更为突出。由于各国选择大城市偏向的发展政策,将有限资源优先用于大城市工业发展,城市显示了畸形的繁荣。随着医疗条件改善,农村人口迅速增长,同时农业生产效率较快提高,农村溢出的劳动力大幅度增加,农村经济机会呈递减趋势。源于经济机会及城市较高收入的预期,发展中国家大量农村人口潮水般涌入城市。

移民及后代教育也是农村人口向城市化流动的重要原因。欧美不少厂商为移民提供职业培训,使之能够获得比农村更高收入。进入城市的移民也很重视后代教育,移民的第二代在城市学校接受较高质量的教育,他们中许多人还接受了高等教育。良好的教育使移民后代获得未来较高收入的潜质,并获得更多的向上流动机会。今日发展中国家,农村地区的教育仍然十分落后,不少农村人口向城市迁移也考虑城市良好的教育对他们自己、对后代所带来的机会。

基于上述这些原因,聚集经济利益从支出、消费、就业等方面提高了城市居民的收入,提高了居民总效用水平,使农村居民做出了向城市迁移的个人合理的决策,成为农村人口城市化的重要的内在动力。

2.2 移民理论与城市化

2.2.1 推力与拉力理论

进入工业革命之后,社会流动加快,尤其是人口的地域流动加速。城市化是城乡地区社会经济内外因素作用的综合结果。农村固有的贫困、封闭及文化生活贫乏,对农村居民产生巨大的推力。工业革命之后,聚集于城市中心的工厂创造了无穷无尽的物质财富,产生了一个繁荣、富裕的城市社会,在此条件之下,城市文化生活丰富多彩,由此而形成巨大的拉力。在城乡综合力量的作用之下,人口源源不断地从农村向城市流动,乡村的农业社会也向城市的工业社会转变。但是在城市化进程中,各类国家农村推力与城市拉力间存在一定的差异性。

纵观人类社会发展历程,城市化是城乡内外因素所形成的合力作用的必然结果。就此问题,各国学者进行了长期的研究,提出了众多的理论,其中影响最为深远的是唐纳德·博格等人 20 世纪 50 年代提出的"推力—拉力"理论。在早期欧美学者分析农村人口向城市流动的论著中,推力与拉力理论运用得最多,影响也最大,这一理论正确地解释了农村人口向城市流动的合理性。这一理论侧重研究人口迁移的原因,即迁出地的消极因素所形成的推力与迁入地的积极因素所形成的拉力,迁移者通过比较两地消极因素与积极因素、迁移预期的正负效应,进而权衡利弊来做出个人及家庭迁移的合理决策。

这一理论是后来其他诸多迁移理论的之源。在发展中国家,农村所固有诸多消极因素所形成的推力显得更为突出。

在欧美工业化初期,在农村的确存在着诸多消极的因素,形成了农村巨大的离心推力,在后发展的日本、俄罗斯及今日发展中国家印度等,这种离心推力更为突出。各国共性的不利条件成为农村人口向外迁移的重要原因。农村地区的消极因素表现在:农村存在着普遍的贫困,生存不易;农村环境封闭、孤独、文化生活单调,与现代文明格格不入;农村教育设施落后,居民缺乏教育,人口素质惊人低下,造成普遍的愚昧。

第一,工业化前后,农村生活没有明显的改善,最显著的特征是农村存在着普遍的贫困,有的学者认为这是农村居民各种不幸中的最大的不幸。在工业化前夕的英国农村,节约劳动力的农业机具改变了农业耕作方式,但却给农村居民带来更大的痛苦,成千上万的家庭被从小的农场中赶了出来,他们生活更加贫困不堪。① 工业化时期,英国农村圈地运动继续推进,更多的农民失去了土地,加剧了英国农村的贫困。

进入工业化后,农村的贫困依旧是一个全球性的通病。19 世纪晚期,美国大规模的工业化到来后,城市发展日新月异,而农村的变化却十分缓慢。美国的情况与欧洲具有相当大的不同,工业化时期的美国农村问题不是耕地面积的不足,而是农民开垦处女地时的艰辛与贫困,而且农村的贫困还因国际谷物市场价格的动荡而加剧。

工业化时期,美国农村地区很贫困。这一时期,农业机械化在极大地提高农业生产效率的同时,却对农村地区造成猛烈冲击。农业机械化使农业生产竞争加剧,同时世界各地谷物种植面积大幅度增加,导致国际谷物价格大幅度下跌,美国农村汪洋大海似的小农场生存十分艰难。一直到第二次世界大战后,美国城乡收入仍然保持巨大的差距。表 2 - 1 是 1959 年大都市与非大都市居民人均收入对比。由表中可见,到 20 世纪 50 年代美国城市与乡村之间的差距仍很大,南部非大都市区的居民人均收入不到西部大都市区居民的一半。

---

① 海斯等:《世界史》,生活·读书·新知三联书店 1975 年版,第 882 页。

表 2-1　1959 年美国大都市与非大都市居民人均收入

单位:美元,%

	地区人均收入	大都市人均收入	非大都市人均收入	大都市收入高于非大都市数额	大都市收入作为非大都市的比例
美国	1850	2113	1388	725	152.2
东北部	2086	2182	1675	507	130.3
北中部	1405	2176	1480	696	147.0
南部	1420	1771	1130	641	156.7
西部	2121	2282	1700	582	134.2

资料来源:Arlene Zarembka,*Urban Housing Crisis*,New York,1990。

农村的贫困问题在日本、俄罗斯也表现得很突出,而发展中国家的印度农村的贫困现象更为严重。据 2003 年世界银行统计资料,印度当年人口为10.64 亿,约 65% 的人口居住在农村地区,农村贫困人口多达 2.22 亿。贫困人口中 3/4 的人靠每天不足 1 美元为生,处于赤贫状况。[①] 印度农村贫困人口多为无地农民和少地的农民,随着工业化与城市化的推进,失地农民仍继续增加。这些贫困人口遭到社会歧视和排斥,他们游离于主流社会之外,而且在农村的就业也十分困难,同时也缺乏必要的生活保障。农村贫困无形中成为农村人口向外的巨大推力。

第二,工业化之后相当长时期内农村仍然显得很封闭,其居民文化生活单调,生活质量低下。与繁荣的城市相比较,农村处于十分封闭的状况。尤其是工业化之后,农村地区青年男女开始大规模地向城市迁移,农村地区更显得荒凉。19 世纪初,英国工业革命开始在全国推进,机器制造业开始出现于城市与城镇,曼彻斯特、利物浦、利兹、伯明翰等城市工厂的产品潮水般地涌入世界各地,显示出英国城市的富有,并产生了大量的就业机会。英国农村受城市强有力的冲击,农村居民日益贫困化,许多农村不得已而出售自己赖以生存的土地,最终被迫离开世代居住的农村,大量村庄荒芜下来。英国诗人戈德史密斯在其《荒凉的村庄》一书中描述了这一时期工业化对农村冲击的悲惨情景。

工业化之前,美国农村地区也十分荒凉,尤其是中西部及西部辽阔的地

---

① 网址:www.ruralpovertyportal.org/english/regions/asia/ind/index.htm-15k-。

区。随着"西进运动"向前推进,移民在辽阔的农村土地上建立了一个个的农村定居点,定居点四周的荒原上出现了一个个的农场。农民们为了工作的方便,直接把农舍修筑在巨大的农场上。在辽阔的西部地区,农场四周数十英里内荒无人烟,巨大的农场上孤零零的农舍显得十分凄凉与封闭。不仅在农村地区,就是小城镇文化生活也显得十分单调。

工业化之后,农村青年男女开始大规模地向城市迁移,美国农村更显得荒凉。据这一时期资料记载,在美国东部及中西部乡村州,不少农场主破产后纷纷向城市流动,一个个的农场被放弃,一个个的农舍被抛去,结果一个个的村庄荒无人烟,甚至一个个的乡村小镇被放弃。白天,一望无垠的荒原上残存的农舍显得十分凄凉;夜晚,城市人已开始利用现代文明的成果电灯、电器来为自己服务,而农村地区似乎仍然沉睡在中世纪的黑暗中,烛光一闪一闪地,像幽灵一样地颤抖,封闭与落后状况依旧。

农村地区文化生活极其单调、贫乏,缺少吸引力。文化娱乐设施需要一定人口规模及密度作为市场支撑,否则连生存都会成为问题。农村地区人口密度低,农村聚居点的人口规模不足以支持文化设施的发展,而且农村的贫困也制约着文化设施的建设,城市文化生活移入农村地区十分困难。尤其是在经济发展初期,农村文化生活是极其匮乏的,农村居民文化生活根本无从谈起,农民除进行繁重的体力劳动之外,没有时间进行闲暇消遣,同时也没有娱乐的场所。这种现象在各国工业化初期不同程度地出现,在今日发展中国家也很普遍。

美国学者约翰 M·布卢姆(John M. Blum)在《国家的历程》(*The National Experience*)一书中写道:乡村的不幸及城市的幸运使农村居民对其严酷的环境、孤独不能忍受,许多农民因此而向城市流动。[①] 布卢姆客观地描述了工业化之后世界各地农村的孤独与不幸,这种现象在今日发展中国家很普遍,当年轻人进入城市打工后,农村仅剩下留守的老人与儿童,其孤独之感在农村弥漫。农村孤独生活与现代化格格不入,成为农村向外迁移的重要推力之一。

第三,农村教育极其落后,人口素质低下,妨碍了农村居民的发展。从社会的角度,农村居民也对其贫困世代相袭的状况十分不满。为了自身的发展

---

① John M. Blum, *The National Experience*, New York, 1977, p. 445.

与子女的向上流动,农村居民也会做出向城市迁移的决策。文化教育尤其是高等教育是现代社会向上流动的阶梯,是人们获取较高地位并摆脱贫困的重要手段。农村地区人口分散,无规模效益,办学成本高昂。加之农村存在着普遍的贫困,其居民也难以支付昂贵的教育费用。而且更为严重的是,缺乏文化的农村人普遍还把儿童视作一种特殊的投资,希望尽早地从这一投资中获利。在农家小孩很小的时候,他们就往往被当作劳动力,被驱使从事农业生产劳动,从而为家庭带来一定的收益,因而不少农村居民没有送子女去学校接受教育的兴趣。

工业化前后,欧美各国农村教育是十分落后的。由于在分散的农村修建学校成本过高,农村缺乏应有的中小学及设施。农村小孩多以寄宿和寄膳等形式在小镇及城市接受教育,城市与城镇提供寄宿与寄膳服务的学校也十分普遍,这些学校招收远离城镇的农家子弟。农家子弟上学成本费用高,但农村居民收入低下,致使大量的农村青年只有接受十分有限的教育,农村辍学率很高。这种现象在今日发展中国家十分普遍。

农村儿童缺少教育,意味着他们长大之后难以从事现代工业化社会所提供的高收入职业,这就决定了农家子弟的职业地位的世袭性,这也是农村地区贫困的重要原因之一。农村人口文化素质低下,从而使农村地区贫困则带有世袭性。美国人类学家刘易斯把这种世代相袭的贫困现象称为"贫困文化","贫困文化"形成了贫困的心态,影响到贫困阶层的价值观念,养成了这一阶层的惰性。大量资料证明:农村地区的贫困具有世袭性,乡下人世世代代生活在贫困与绝望之中。

在各国工业化时期,农村地区贫困相袭的现象十分突出。工业化之后相当长的时间,美国农村居民还处于贫困状态。一直到第二次世界大战后,因本地封闭及教育落后,美国南方的拉巴拉契亚地区的白人小农场主保持着整体贫困的状况。尽管日本已进入高度发达的国家,但不少农村地区仍保持着贫困相袭的状况。在今日印度农村,贫困世代相袭的现象更为突出,尤其是在低等级的民众中,子女很难拥有向上流动的机会。农村的贫困及其世代相袭加剧了城乡社会的冲突,引起发展中国家整个社会的动荡。

上述诸多消极因素形成了工业化之后各大国农村巨大的推力。国外一些学者认为,发展中国家农村人口移入城市主要是农村的推力的作用。他们认为农村地区的贫困状况,使农村居民处于不幸与无望之中,尤其是在农村失去土地或土地不足的居民,绝望所产生的强大推力迫使他们向外迁移。绝望的农村人迁移的机会成本为零,他们一无所有,迁移过程中成本也几乎为零,易于做出向外迁移的个人决策。

贫困的农村居民,眼光盯住外部世界,为了他们自身及后代的教育,为了进入一个富裕的社会,他们随时准备离开其栖息之地而向外流动。欧美国社会具有高度的流动性,农村居民能够较为容易地做出向外迁移的家庭或个人决策。一遇时机成熟,农村人口向城市蜂拥而入。俄罗斯、日本等的社会流动性稍次,印度则是一个缺乏流动性的国家,但由于农村地区缺乏经济机会,到20世纪晚期农村向城市的流动也加速起来,且印度农村人口基数很大,潜在的流动人口规模巨大。

不仅如此,工业化后在农村地区的外部,城市的拉力则逐渐增强。与贫困、文化生活单调、封闭及缺乏教育的农村地区形成鲜明的对比,城市生活具有自己的基本特征,这些特征充分体现了现代文明的成果,成为城市发展的积极因素,其表现在以下几个方面。

第一,城市是一个日益富裕的社会,这是与贫困的农村最大的差别。城市社会的富裕是多方面的,其核心部分是城市所表现出的经济发动机的功能。工业化之后,随着聚集经济效益的出现,工厂向大城市及附近地区集中,城市逐渐形成发达的工业体系,生产力效率日益提高,城市社会日趋富裕,城市居民收入也因此迅速增长。而且由于"累积因果关系"作用,富裕的城市更是锦上添花。在大都市区聚集经济的作用之下,农村地区的资源、资金及高素质的人口源源不断地向城市转移,有力地推动了城市制造业发展。

随着城市制造业的发展及经济中心的出现,城市社会也日趋富裕与繁荣。欧洲工业化后制造业厂商向伦敦、曼彻斯特、巴黎、里昂及德国莱茵河流域城市聚集。美国东北部与中西部形成了两大城市带,第二次世界大战前后出现了西沿海岸的城市带,这些城市带也是美国重要的工业带,集中全美绝大部分制造业。日本制造业厂商则也大多集中在东京、大阪、名古屋等特大城市。即使是在今日发展中国家,制造业也向少数几个大城市汇集,印度制造业厂商则集中孟买、加尔各答等巨型城市。各国大城市的工厂的产品潮水般地生产出来,分散到世界各地的市场。城市及周边地区的工厂创造了巨大的物质财富,为城市生活奠定了雄厚的物质基础。

工业化后,城市的富裕体现在城市景观的现代化建设上。19 世纪后期,钢架技术运用于建筑业中,加之电梯的发明,为摩天大楼为主体的城市景观塑造奠定了基础。20 世纪初,美国纽约出现了摩天大厦建筑群,充分体现了工业化时期新的"城市风光"。1906 年,作家亨利·詹姆斯到对纽约港做过这样的描述:无数的摩天大厦耸立在水面上,像一根根生长在垫子上的豪华别针,在昏暗的光线下,随波婆娑起舞。① 摩天大厦为主体的城市风光成为一种时尚,风靡全球,显示出城市社会的雄心。第二次世界大战后,发展中国家的大城市也追赶这一潮流,将摩天大厦作为城市"地标",希望通过修建高层建筑群而挤入国际大都市之列。

城市制造业和人口的集中,尤其是富裕人口的聚集,有力地促进了城市服务业发展。随着城市人口与工厂的聚集,商店及各种服务机构也挤入城市核心地区。城市商店、事务所鳞次栉比,尤其是博物馆似的百货商店更是窗明几净,充分展示了城市社会的富裕。城市富丽的景观显现的城市的繁荣与贫困农村的破旧农舍形成的鲜明的写照,而这种对比在今日发展中国家更为突出。

第二,城市社会开放,城市文化生活丰富多彩,充分体现了城市社会的文明。工业化之后,城乡文化生活差距日益拉大。随着交通及通信技术的发展,城市与外界的交往逐渐增加,城市文化生活日趋丰富。尤其是近现代交通出现之后,轮船从港口城市到达了世界各地,火车从城市深入到内陆穷乡僻壤,飞机则可能快捷地到达世界的各个角落,世界各地的文化生活方式向城市汇集,城市文化生活也不断丰富,孕育出五光十色的城市文化。城市文明则显示了城市高质量的文化生活,向亿万人民提供较高的生活品质。城市丰富多彩的文化生活与封闭的农村地区形成鲜明的对比。

工业化时期,随着城市工业的发展及大量的财富的集中,欧美各国城市文化生活趋于多彩。19 世纪的欧洲大都市伦敦、巴黎等领导着这一时代的文化生活,如城市文化生活设施最具典型的城市中心的戏剧院、酒吧等。19 世纪中叶后,美国城市文化生活也趋于繁荣。美国城市戏剧也趋于鼎盛,加之城市中心出现的红灯区,吸引着大量的富人。19 世纪末,市内交通革命给人们带

---

① Jon C. Teaford, *The Twenty Century America City*, Baltimore and London, 1993, p. 15.

来诸多方便,到了夜晚,城市边缘地带的中产阶级乘坐电车、高架铁路机车迅速地到达繁华城市中心,城市夜生活丰富多彩。

工业化后期,城市文化生活最重要的影响是电影的出现,直到今日电影在欧美城市生活中仍有相当的影响。电影业兴起标志着城市大众娱乐时代的到来,城市生活更趋丰富。20世纪初期,电影业的兴起悄悄地引起了城市文化生活方式的革命,推动了大众娱乐时代的到来。20世纪初,电影院在一夜之间像魔术一样奇迹般地出现在欧美各地的市镇,1907年仅美国就拥有了5000多个五仙电影院。① 电影的出现及向世界各地传播还刺激了电影业的发展,创造了众多的就业机会,使城市文化生活更趋丰富。

随着社会的富裕,城市美化运动兴起,新的城市景观、主题公园等极大地推动城市化文化的发展。1955年,美国加利福尼亚创办了迪斯尼乐园。迪斯尼乐园以崭新的主题公园出现在人们的视野中,以迪斯尼乐园为代表的主题公园风靡全球,给城市文化生活增添新色调。

巴尔的摩模式是也是20世后期城市文化发展的另一种形式。20世纪60年代起,巴尔的摩市撤除衰败地区,聘请开发商重点发展旅游业。1976年起,先后落成了马里兰科学中心、世贸中心、会展中心、海港节日市场、音乐厅、博物馆等标志性建筑,并以"旗舰文化"形式成为时代特色,带动了休闲、旅游等服务业的发展。② 巴尔的摩模式作为一种成功的模式为美国的波士顿、西班牙的巴塞罗、澳大利亚的达尔文港等仿效,并获得相当的成功,并向世界其他地区的城市传播,极大地丰富了城市文化生活。

第三,城市具有发达的教育体系,居民能够接受较高的教育与训练,拥有众多向上流动的机会。从经济发展的角度看,教育可提高受教育者的劳动技能,并提高社会生产效率。当代经济学家通过大量的实证材料分析,证明了人力资本的收益甚至超过物质资本收益,教育投资的收益大于增加劳动力数量的投资。较高的生产效率产生了较高的收益,增加了城市居民的人均收入,提高了城市的整体富裕程度。因而,城市发达的教育体系有助于创造一个富裕的城市社会。

---

① Luther S. Luedtke, *Making America*, Washington D. C. , 1988, p. 195.

② Javier Monclus, *Culture Urbanism and Planning*, Polytechnie University, 2006, pp. 273 - 276.

　　工业化之后,西方工业化国家教育获得了迅速的发展,城市是主要受益者。19世纪中叶起,欧美各国城市开始以税收支持小学的建设,随后推行强制教育法。在美国,1878—1898年间普通学校的小学生人数由950万增加到1500万。中学发展也很迅速,同期中学由800所增加到5500所,但乡村地区教育仍十分落后。① 明治维新之后的日本也采取了欧美的强制教育制度,城市中小学教育得到普及。第二次世界大战后,发展中国家也在城市普及了中小学教育义务教育。

　　在城市发达的教育体系中高等教育占有极其重要的地位,而高等教育则是普通市民、城市移民及其子女向上流动的阶梯。欧洲各国文艺复兴后一些著名大学在城市兴起,工业化之后,随着城市的兴起与扩张,大学也呈扩张之势。工业化之后,后起国家的高等教育发展更为迅速。1878—1898年,美国学院及大学从350个增加到500个,在校学生也成倍地增加。② 高等教育的发展为城市居民提供了巨大的向上流动的空间,尤其是为工人及城市移民的子女提供大量向上流动的机会。

　　工业化时期,各国大量的社会成员通过高等教育这个阶梯向上流动。据历史学家对19世纪晚期美国工业化时期的社会层次演变的研究,这一时期60%以上的厂商精英出身于中产阶级或上流社会,受过高等教育。高等教育也使大量的城市下层受益。工业化时期,美国30%的蓝领工人的子女从中受益而获得向上流动。高等教育为无数工人阶级的子女提供了向上流动的机会。类似的情况也发生在欧洲及后来发展起来的日本等国家。这种现象在今日发展中国家也很突出,发展中国家高等教育大多集中在城市,高等教育在城市经济及居民向上流动中扮演了十分重要的角色。

2.2.2　明灯理论与城市移民类型

　　发达国家与发展中国家移民类型有一定差异。发达国家城市移民可视为自由流动,用经济学的术语,人口的自由迁徙称为"靠脚投票"。"靠脚投票"有力地推进西方工业化国家的城市化的进程,刺激经济活力。由于社会开放,

① Arthur Meier Schesing,*The Rise of City*,Chicago,1971,pp.162-163.
② Arthur Meier Schesing,*The Rise of City*,Chicago,1971,p.203.

人口可以自由流动,不停地从一个地区流向另一个地区,从乡村流入城市,又从城市分散到郊区,像一条长河一样不停地流动。欧美人口的流动具有开放性,农村人口流向就切断了与故乡的联系,面向一个开放、充满着机遇与挑战的外部世界。这种流动在美国表现尤为突出,流动与移民带来了繁荣而富有生气的社会。

自工业革命起,欧美各国人口大规模流动起来,推动了城市发展及城市化的进程。人口从分散的农村地区向特定的聚居点的持续流动,使新兴的城镇大量出现,许多城镇成长为城市,进而大城市崛起及大都市时代的到来,实现了农村人口的城市化。第二次世界大战后,人口又从大城市向其郊区流动,在推动城市化向郊区化演变的同时,郊区城镇取代大城市而成为增长的中心,经济向极其广阔的空间扩散。

相比之下,发展中国家的农村人口向城市流动受到社会经济的诸多限制,其人口的流动类型就要复杂得多。由于发展中国家的城市经济相对落后,城市本身就存在着大量的失业人口,城市居民把城市视作自己的领地,将城市工业带来的就业等视作自己的福利,拒绝城市之外的人分享,因而对农村移民充满着排斥。发展中国家农村地区的条件更为艰难,农村地区存在着大量无地或土地不足的人口,他们大多处于赤贫状况。庞大的农村人口的外迁,是迫不得已的选择,而在城市迁徙过程中,路途漫漫,充满着敌意与歧视,不知在何处落脚。综观发展中国家的移民特点,农村人口向城市迁移类型主要有以下几种:

第一,循环迁移。在多数情况下,农村人口向外迁移并不是一次性的,而是一系列的移动。外迁的农村人口在外呆上半年或者一两年后要回农村老家呆一段时间。这种情况在发达国家并不常见,主要发生在发展中国家。原因很多,尤其是发展中国家城市失业率高,城市难以为移民提供稳定的工作与生活保障,外出农民总把老家农村作为未来的安全保障。在不少发展中国家,循环迁移主要是季节性的,农民在农闲季节外出打工,在农忙季节又返回家乡务农。外出挣钱与农业生产两不误。20世纪80年代之后,我国内地兴起的"民工潮"是我国特有的循环迁移。每年春节过后,中西部地区数以千万计的农民工乘火车涌入沿海城市及内陆大城市;他们在次年春节前又返乡与家人团圆。

　　尽管如此。循环迁移对于打破农村地区的封闭状态、转变价值观念仍有重要的影响。欧美学者对此提出"明灯理论"（light theory）：其核心是城市丰富物质条件、众多经济机会，如同"明灯"一样产生强烈的示范效应。许多进入城市的打工仔及打工妹建立了城市经验，他们返回老家农村，向当地人传递城市社会的经济信息，鼓励更多青年劳动力向外寻找出路，冲击了农村传统价值观念。其中值得一提的是生育观念的转变，推迟了农村婚育年龄，对农村经济发展及人口的控制有积极的影响。

　　第二，男性离开家庭的长期迁移。工业化将制造业厂商聚集到城市及附近，从而把工作地点与居住点间距离拉开，已婚男人率先进入城市，不得不与妻儿长期分离，这种情况在今日发展中国家较为普遍。发展中国家农村经济资源短缺，劳动力严重过剩，农村居民极其贫困，妻子支持男人外出寻找工作，以减轻经济困窘。为此，妻子需要在家从事农业生产，料理家务，并对外出男人返回家乡时提供物质保护。在发展中国家男人普遍把妻儿留在乡下，这种情况印度、中国等发展中的大国也十分普遍。

　　这种与家庭分离的单个人口的迁移，在发展中国家社会与家庭经济配置上有其特别的优势。它使城乡间劳动力重新分配，减少城乡间迁移所需的维持成本。雇主也节约了工资及退休福利，地方当局则面临较少的住房及基础设施的需求。这种迁移对农村家庭本身也有利，城市生活成本高，农村妇女获得赚钱的机会常受到限制。妇女与孩子呆在农村从事农业生产，提高了家庭收入，妻子来到城市则会放弃食物及部分收入来源。这类移民提高了农村家庭的福利，但对农村人口的城市化不利。

　　第三，整个家庭的迁移。移入城市的男人获得了成功，或者他们在城里为其妻子找到工作，他们会把在农村妻子与孩子接到城里。还有一种情况，为了保证廉价劳动力稳定，一些雇主提供住房或工作鼓励工人的农村的妻儿移居城市。城市这些新"居民"处于"二元"社会中：他们不仅属于城市，而且也属于农村老家。他们缺少安全保障，游离在城乡两极，一旦在城市失去工作，农村地区仍然可提供生活的安全保障。2008 年末开始的金融危机横扫世界，这类移民在城市备感艰难，不少人又回到了他们离别多年的农村老家，在我国沿海城市的不少农民工又返回他们的中西部农村。发展中国家整个家庭移居的人口逐渐增加，他们在贫民窟尤为集中。21 世纪初，我国亦有大量的农村家庭定居于城市。

第四,永久性城市定居。发达国家农村人口迁移主要是这种类型,这主要由这些国家工业化所处的时代及经济环境所决定。这些国家工业化初期,人口基数不大,农村地区溢出的剩余劳动力能够很容易地为新兴的城市所吸收。由于就业与经济机会丰富,从农村迁出的人不需要把农村作为城市失败而退回时的安全保障,他们与原来的乡村社区联系微弱,他们大多选择城市永久性定居。发达国家农村人口的移民类型较为简单。

城市永久性定居是城市化重要内容,直接使城市人口的机械增长及农村人口的减少。发展中国家的永久性定居中女性婚姻移民特别突出。不少贫穷的农村女性青年把她们移居城市目标寄托在与城市人联姻上,希望通过婚姻获得城市永久居住权,并获得未来的经济保障。改革开放以来,与其他发展中国家很相似,我国农村大量的女性青年通过婚姻获得到城市永久性定居;尤其是在城市户籍制对婚姻移民放松以后,我国城乡间通婚加速,农村更大规模的女性青年通过通婚的形式获得城市永久定居权。

农村人口向外迁移类型随着本身的策略而变化。在向外迁移过程中,迁移者获得成功后会在城市定居下来。特别是未婚青年最容易在城市永久性定居,他们因年轻获得成功而长期定居城市的机遇最大。这些永久性的定居群中,农村进城的成功经商者引人注目。这些人凭借着聪明的才智与机遇,获得了成功,具有一定的经济实力,他们中不少人在城市或城镇购买了住房,举家迁入成为地道的"城市人",但是这一部分人比例不大。

在发展中国家农村进城获得永久性定居者中,最大的群体是受过高等教育的农家子弟,这一点与发达国家有相似之处。第二次世界大战后,高等教育的扩张与发展是世界性的趋势,高等教育由精英教育向大众普及方向发展,日益增加的农家子弟通过高等教育获得进入制造业与服务业的技能,他们中不少移居城市而成为永久居民。

通过上述分析与对比,工业化之后城乡社会间出现了巨大的差距,导致农村人口源源不断地向城市流动。农村地区消极因素构成农村内部强有力的推力,城市的积极因素则产生巨大的拉力。因此,工业化之后农村居民做出向城市流动的个人决策是合理的,农村人口大规模向城市聚集具有必然性,是城乡地区经济、社会等巨大的差距所决定的。只要城市与农村地区巨大的差距存在,农村人口就不可避免地大规模向城市迁移。农村人口向城市蜂拥而来,带来了诸多问题,激化了城市矛盾。

2.2.3 城市流动与工业化

从社会经济发展的角度,农村人口大规模向城市流动也具有合理性和必然性,农村人口的城市化强有力地推动了社会经济的发展。城市化与工业化是现代社会的一对孪生子,两者相互作用,有力地促进了经济发展与社会进步。在工业化推进过程中,需要一些必备条件:一是大量的廉价劳动力;二是巨大的工业市场;三是庞大的农产品供应市场。因此,农村人口向城市流动及城市化顺应了社会经济的发展,有其自身的必然性。从各大国的发展历程看,农村人口流动与城市化对社会经济发展的作用表现在以下一些方面:

第一,城市化创造了巨大的劳动力市场,促进就业及产业结构的转变。从世界经济史的角度,工业化的发展需要巨大的农村变动与城市劳动力市场的出现,城市制造业厂商可获得大量廉价劳动力。但是在欧美工业化初期,城市制造业的快速发展,城市劳动力价格相对昂贵,制造业成本较高,不利于厂商在国内及国际市场的竞争。尤其是后发展的国家,当它们来到世界工业化市场时,工业化国家已凭借着先进的生产方式与技术占领了市场,而它们需要大量的廉价劳动力挤入世界工业化市场,特别是通过劳动密集型产业在世界工业市场上占有一席之地。

在经济起飞时期,工业化的迅速扩张在很大程度上是建立在产品成本大幅度下降的基础上的,而成本的下降又极大地受益于涌入城市的大量农村廉价劳动力。产品成本的下降增强了商品在国内及国际市场的竞争力,为工业市场拓宽了空间,并为工业化的发展创造了良好条件,由此促使整个地区乃至整个国家经济转型,国民经济主体由制造业、服务业取代传统的农业。19世纪晚期,在英国已成为"世界工厂"的背景下,欧美其他的后工业化国家制造业的快速发展得益于这一时期大规模的城市化,农村廉价劳动力大量出现在城市市场上使生产成本大幅度降低。

进入20世纪中叶后,发展中国家也开始了自己的工业化,但所面临的市场环境却不容乐观。这一时期,发达国家已经牢牢地占据了全球工业市场,发展中国家很难复制工业化国家的工业化道路。发展中国家利用其大规模城市化提供廉价劳动力的有利条件,选择了劳动密集型的工业化的道路,亚洲的新兴工业化国家或地区的发展尤为突出。20 世纪 70 年代起,亚洲的韩国、新加坡、中国台湾、中国香港等利用其与发达国家相比较的廉价劳动力,发展劳动密集型的产业,使其经济快速发展。

20 世纪与 21 世纪之交,印度、中国等大国也踏上劳动密集型的工业化道路。与中国一样,印度是一个人口超过 10 亿的大国,且绝大部分人口生活在贫困的农村地区,劳动力异常廉价。随着城市化推进,农村廉价劳动力也大量出现在城市劳务市场。印度凭借其廉价劳动力及国民较高英语水平发展软件服务业,使印度成为第二大软件生产国,印度在世界软件外包服务中占有相当的比重。此外,印度在纺织、钢铁等大量使用廉价劳动力的制造业中亦获得快速的发展。

人口向城市流动也将农村妇女转变为庞大的劳动力大军。在传统农业中,农业生产主要依靠男性劳动力,而妇女则从事其他辅助性的工作。工业化之后,大量男性移民出现在城市劳动力市场上,发展中国家留在家里的妇女及老年人则成为农业生产的主力,从事过去男人所做的繁重的农耕工作。不仅如此,工业化也将大量农村女青年引入城市,成为城市劳动力市场的新兴力量。进入城市的农村妇女主要进入餐馆、商店等服务行业中,发展中国家则有不少农村妇女进入纺织、电子等工业的装配线上。农村妇女大量进入城市,压低了城市薪金,尤其是在发展中国家产生了庞大的廉价劳动力市场,对其工业化发展有着十分重要的意义。

第二,城市化发展还为工业化开辟了异常广阔的国内工业市场空间,有力地推动工业化的进程。在工业化初期,国家或地区经济处于资本的原始积累阶段,市场需求扮演着十分重要的角色,而投资对经济的拉动的影响则是资本积累一定程度之后的事。早期工业化时期的欧洲国家,贫困现象仍十分严重,国内市场狭窄,各国都十分重视海外市场的开拓。19 世纪初,英国率先进入了工业革命,英国凭借遍布世界的殖民地及势力范围,将其产品推向世界。工业化早期的欧洲及后来的日本国内市场都很狭窄,对海外市场都具有很大的依赖性,它们不惜采取各种手段占领海外市场。

后发展的国家进入工业化之后就没有这样好的条件,它们更多的是依赖于国内市场,城市化成了它们工业市场扩张的基础。当这些国家进入现代社会后,世界市场已被列强所垄断,而且科学技术水平低,难以挤入国际市场。后起的大国具有巨大的国内市场潜力及发展的空间。它们通过城市化动摇农村自然经济的基础,代之以市场经济,推进市场化进程。城市化把大量的农村人口直接转化为城市人口,城市人口收入增加,对工业品的需求相应地增大,极大地拓宽工业市场,刺激制造业的发展。随着城市化的发展,会扩大市镇基础设施的投资规模。大规模的基础设施建设必然会增加投资需求,带动建材、建筑及房地产等行业,由此而拉动经济的发展。

19世纪晚期,美国的工业化就是建立在大规模的城市化的基础上的。美国进入工业化社会时,海外市场也被列强瓜分完毕,内需的扩大就显得更为重要。城市化的推进为其工业化开辟了异常广阔的市场,使美国内战后迅速成长为全球最大的工业市场,有力地推动了工业化的进程。

这一时期,美国城市化水平迅速突破50%,大量的农村人口转化为城市人口,增加了城市社会对工业品的消费的需求。更为重要的,内战后大规模的城市化进程中,大规模的基础设施建设,极大地增加了投资需求。内战后,美国出现了全国性铁路热,大铁路横贯北美大陆,全国性的铁路网形成,铁路沿线城市如雨后春笋般地出现。城市住宅、道路、供水与排污设施的投资需求大幅度增加,刺激了对钢铁、水泥等建材的巨大需求,美国工业产值成倍增加。工业化时期,钢铁、石油化工等工业兴起成为美国走向工业大国的重要标志。同样,城市化的大规模推进对今日中国、印度等大国的工业市场的扩大产生了重要的影响。

在农村地区,城市化推动了现代化大农业的诞生。在美国,农村人口大量流出也为农业机械化大生产奠定了基础,规模巨大的工业化的农场出现,促进农业生产率的提高,增加了农民的收入,进而打破了农村地区的自然经济格局,极大地提高了新型农民对工业产品的需求,把广大的农村纳入城市工业的巨大市场。在中国与印度,大部分人口仍生活在农村地区,自耕小农仍像汪洋大海似的,阻碍了现代化大农场的发展,农业生产效率仍保持在相当低的水平。

第三,城市化的发展有利于培育和开拓巨大的农产品市场,推动农村地区的发展。城市中相对部分工业直接建立在农产品的加工上,增加了对农产品的市场需求。随着城市厂商的分散,原选址于城市的农产品加工企业迁移至农村腹地,扩大了农业经济作物的需求,同时也推动农村地区非农产业的发展,引起了农村产业结构的变化,引领农村地区的发展。

城市人口增长也增加了农产品的需求,刺激农产品价格上涨,提高农业生产的积极性。由于农产品需求扩大,农民可以根据市场的需求进行专业化生产。农村人口大规模移出有利于农业规模经营,促使工业化农场的大量涌现,从而促进了农业产业化的发展,由此提高了农业生产效率及增加农民收入,并对开拓农村市场有着积极的意义。

欧盟国家农业具有很高的现代化与市场化水平。农村人口大规模移入城市,农场主将土地集中起来,开办现代化大农场,生产农产品以供应城市市场。第二次世界大战前,由于耕地面积相对不足,各国相当大的一部分农产品从海外市场进口。第二次世界大战后,欧洲国家对农业生产进行了大量的扶持,尤其是欧盟成立后,农业扶持力度大幅度增加,农业获得较快的发展,农业生产基本上达到自足有余。

欧盟是一个农业耕地极为匮乏的地区,各国城市化进程中十分重视城市农业的发展。由于土地资源及化学能源的稀缺,城市十分重视城市闲置土地及边缘与近郊地区的使用,从而推动都市农业的兴起。① 都市农业包括园艺、水产、树木栽培、动物饲养等。一些城市居民还利用城市闲置土地直接从事蔬菜、水果的生产,直接向城市居民提供食物。都市农业对近郊及农村地区的发展意义深远。

在培育和开辟巨大的农产品市场方面,美国大规模的城市化更是功不可没。19世纪晚期,美国城市工业,尤其是农产品加工工业的发展,极大地增加了对农产品的需求,为农产品提供了巨大的市场;同时城市人口的迅速增长也增加了对农产品的需要。在此背景下,美国农民根据市场的需求进行专业化生产,而且农村人口的大量移出又有利于农业规模经营,由此而带动农业机械化大生产,美国农业生产效率成倍提高。

内战后,美国区域农业专业化得以迅速发展,农场规模扩大,巨型农场大量涌现,对于美国农业生产的影响巨大。内战前,美国谷物种植主要集中在中西部地区,内战后随着城市市场的扩大,美国小麦种植向西移动,巨型

---

① Raque Pinderhughes,*Alternative Urban Futures*,Lanbam,2003,p. 192.

农场集中的西部地区迅速取代中西部而成为美国主要粮仓,美国谷物成倍增加。随着城市化的推进,南方的经济作物棉花及烟草的需求也在增长。农村地区发展也提高了自身的购买力,对于开拓美国农村地区的工业市场意义深远。

通过上述分析,城市化有利于农村地区的发展,是农村人口脱贫并走向现代社会的重要路径。农村人口向城市流动,可较为迅速地摆脱其在农村地区的诸多不利影响。他们利用现代化社会所提供的众多经济机会,提高其经济收入,同时达到自己及子女的职业地位的向上流动。

城市化在促进产业结构转变的同时,有力地促进经济发展与社会进步。因此,城市化之路是人类社会必经之路,农村人口大规模向城市流动具有必然性,各国的城市化是在其内外因素的作用下而向前推进的。人口、工厂、商店及各种机构大量地向城市迁移,由此而产生聚集经济利益,进而又推动城市人口及机构的进一步集中,促使城市兴起与扩张,有力地推进城市化的进程。

2.3 城市聚集与城市病

2.3.1 大城市膨胀与人口拥挤

在特定的经济和技术条件下,城市容量是有限的,城市设施不可能支持城市无止境地扩张与蔓延。城市大规模集中也会带来诸多问题,产生聚集费用,影响到城市与城市化的进一步发展。尤其是随着工业化的大规模推进,城市化加速而引起社会的剧烈变迁与动荡,"城市病"更趋突出,引起理论界及社会的普遍关注。

进入工业化后,人口大规模地从农村地区向城市流动,城市持续扩张并逐渐趋于饱和。18 世纪末起,经过"圈地运动"后英国进入了工业革命,人口也从农村向城市与城镇迁徙,促使伦敦等大都市扩张。随着工业化向欧陆地区传播,欧洲的农村人口也开始向各国的首都等经济发达的城市聚集,产生了巴黎、柏林等大都市。欧洲百万人口的城市出现,并呈扩张之势。1900 年,伦敦人口达到 648 万,而巴黎人口为 330 万。[①]

---

① 李仲生:《人口经济学》,清华大学出版社 2006 年版,第 187 页。

与欧洲相比,美国城市扩张更为迅速。19世纪晚期,美国城市经历前所未有的移民潮。在农村人口向城市迁移之时,国外移民也通过港口大规模涌入美国城市。随着两股人口流动洪流的形成,数千万人口进入了美国城市,城市处于急剧膨胀之中,大城市、特大城市不断涌现。1860年,美国没有一个百万人口的城市,到1900年已有3个城市人口突破百万人口,1920年百万人口以上的城市增加到5个。到1930年,纽约市达到700万,芝加哥达到350万,而费城、底特律和洛杉矶人口则在120万至190万之间。①

后发展国家的城市扩张速度更为惊人。由于这些国家多采取大城市偏向的城市政策,大城市增长更为迅速。与欧美国家不同,日本是一个政府主导的市场经济国家,政府肩负着直接领导经济发展的重任,这类国家为了实施超越战略,通常将资源优先用于中心地带的发展,采取大城市偏向的城市化战略,结果导致首都等主要城市超常规发展,大城市的扩张更为迅速。到20世纪后期,日本东京在第二次世界大战后短期内人口突破了一千万,成为全球最大的城市之一。

今日发展中国家的大城市扩张更为迅速,大城市的膨胀已成为十分棘手的问题。这些国家多采取的大城市优先增长的城市化政策,将有限的资源用于大城市地区的发展,城乡地区对比鲜明,靓丽的城市,机会众多,将小城镇及农村地区的人口源源不断地吸引进来,大城市迅速膨胀。今日世界规模最大的城市已不在西方工业化国家,而是在发展中国家。作为发展中的大国,印度的孟买、新德里等大城市都突破了千万,进入全球最大城市的行列。

工业化起,大城市拥挤问题就引起了广泛的关注。大量的农村人口涌入城市,在城市膨胀之时,城市密度也大幅度增加,尤其是在大城市。19世纪晚期,美国城市人口密度为人口每平方英里1万人,而大城市人口密度比小城市要大得多。1890年,纽约市曼哈顿的下东边的五个区的人口密度达到每平方英里20万人,达到历史上这些区人口密度的顶点。② 进入21世纪之后,后起国家的大城市人口密度更大,尤其是发展中国家。与在发展中国家相比,整个大城市密度都很高。印度孟买人口密度为29650人/平方公里,排列全球第一;加尔各答

---

① Arnold R. Hirsh, *Urban Policy in Twentieth-Century America*, New Jersey, 1993, p. 4.

② Croom Helm, *Suburbia*, London & Sydney, 1986, p. 23.

为 23900 人/平方公里。人口稠密是今日发展中国家大城市的普遍现象。

工业化与经济发展初期,人口大规模涌入还导致大城市的居住条件恶化。住宅是耐用商品,建设周期长,投资大。在较短的时间内,人口大规模涌入,城市新修住房远远跟不上城市人口的增长,原有住房也难以满足人口突然增长的需求。欧美工业化时期,城市住宅异常紧张,房荒十分严重。为了应对房荒问题,城市当局也着手修建公房廉价提供给城市工人,但面对源源不断涌入的城市移民却是杯水车薪。

面对移民大规模涌入城市,19 世纪晚期美国纽约市尝试提供廉价公寓,但效果并不佳。1910 年,劳伦·威勒(Lawrence Veiller)观察到,纽约市政府此前 40 年间在曼哈顿修建的现代公寓仅能容纳 3588 个家庭,同期却有 25.35 万家庭住在破烂不堪的简易公寓里,城市商人从这些简易修建中获取厚利。① 即使是廉价公寓,也显得十分拥挤。19 世纪晚期,美国一个公寓委员会对纽约曼哈顿的下东区住宅进行了调查,三分之一的房间住有两个人,三分之二的住有三个人以上。②

城市的拥挤还导致城市居住环境的急剧恶化,贫民窟呈蔓延之势。城市贫民窟的出现由来已久,工业化初期,欧美城市就出现了一些贫民窟。城市住宅供给严重短缺,年代久远的住宅继续使用,衰败现象突出。房屋的短缺还造成新建住宅质量低劣,贫民窟呈蔓延之势,成为城市社会的毒刺,引起了广泛的关注。

第二次世界大战后,随着新独立的国家城市化的发展,大城市的贫民窟现象更是引人注目。由于城乡间差距巨大,农村人口更是向大城市蜂拥而来,城市房屋需求与供给矛盾十分突出。更为严重的是,涌入城市的农村人口原本已赤贫,无力购买,甚至最廉价的住宅也无力承受。他们在城市边缘地带搭建临时住宅,随着农村涌入城市的贫民的增加,搭建的临时住宅也日益增加,形成"棚户区"。20 世纪 60 年代,印度的大城市加尔各答约有 220 万人生活在棚户区,占其总人口的 33%。③

---

① Jon C. Teaford, *The Twentieth Century American City*, Baitmore & London, 1993, p. 34.

② Salins, *New York Unbound*, Manhattan, 1980, p. 204.

③ 布赖恩·贝利:《比较城市化——20 世纪的不同道路》,商务印书馆 2008 年版,第 88 页。

城市棚户区被一些学者视作为"低收入桥头堡"、"过度的凄惨"。长期的失业、低收入、拥挤等成为棚户区的重要特征,住宅环境十分恶劣。"桥头堡"聚居的大部分人过着穷困潦倒的生活。布赖恩·贝利这样描述加尔各答:

> 夜晚的人行道就成了公共寝室,到处都是老弱之人,妇女和小孩。加尔各答穷人缺乏最基本的生活设施,既没有枕头、床垫,也没有毯子。衣衫褴褛,身体发出异味。黎明,在人们还没有醒来的时候,车子会把夜晚死去的尸体收走。①

2.3.2 城市污染

城市生态环境恶化是现代"城市病"的重要内容。随着工业化与城市化的推进,城市污染问题日益严重,尤其是在经济落后的国家与地区,在人们没有节制地增加城市及周边地区的污染之时,政府却无力对环境进行治理,城市环境污染日益恶化,严重威胁到居民的健康。城市污染问题已成为城市化进程中最为棘手的问题之一,困扰着城市社会经济的发展。

自工业化起,城市污染问题就引起了社会的普遍关注。在聚集经济的作用下,厂商及居民大规模向城市中心附近集中,城市狭窄的空间所承受的环境压力大幅度增加,城市污染日趋严重。在经济发展初期,经济发展及居民的生存问题是城市最为重要的问题,人们不可避免地牺牲环境来牟取个人和社会的最大福利。政府普遍采取自由放任的政策,城市政策的中心是促进城市的增长,增强城市与周边城市的竞争力,结果使企业活动不受束缚。政府自由自由放任的公共政策,加之企业和私人决策对城市生态环境的恶化起了推波助澜的作用,使城市生态环境的急剧恶化。

在自由放任的政策之下,聚集于城市的工厂在从事生产活动时,可以对周边环境无所顾忌。在这种条件下,城市工厂普遍地追求最大利润,降低成本,因此,不可避免地把大量的废料、垃圾往河里、湖里倾倒,污染了水源。这种急功近利的短期行为,破坏了生态环境,使人类赖以生存的水资源变得稀缺,而且给城市生态环境带来了巨大的灾难。

工厂及居民行为对城市及周边地区水资源的破坏,在欧美工业化时期很

---

① 布赖恩·贝利:《比较城市化——20世纪的不同道路》,第97页。

常见。在美国制造业中心之一的中西部地区,各城市工厂把废料排入河里,城市居民生活的污水也不经任何处理就直接排入河里。在俄亥俄河及其支流,大量的工业固体废料及居民生活垃圾,未经任何处理就直接倒入,清澈透明的俄亥俄河变成黑色的河,水源受到严重污染,河中鱼虾大量死亡,流域沿岸居民的饮用水源也受到严重污染。①

在自由放任的政策之下,工厂还把城市及其周围的天空当作免费排放废气的场所,这种行为也对城市生态环境构成严重的影响。在空气污染严重的城市,空气中存在的许许多多有害物质,诸如一氧化碳、二氧化硫、碳氢化合物和氮氧化合物等。当这些有害物质达到一定量之后,就会对城市居民的健康和安全造成很不利的影响。

工业化时期,工业化国家的城市及近郊的工厂普遍肆意排放废气,使当时的城市环境日益恶化。这一时期,美国工业城市空气污染让人触目惊心。美国工业心脏的钢铁城市匹兹堡污染极其严重,素有"烟城"之称,市区无数烟囱吐出滚滚的浓烟,天空中雾气沉沉,城市建筑物积满了空中落下来的灰尘。20世纪20年代汽车时代到来之后,公路上汽车排出尾气日益增加,城市空气污染从城市向近郊、远郊地区扩散,城市及毗邻地区空气中有害物质日益增多。

此外,城市还饱受噪音、热岛效应等污染的蹂躏。工业化时期,美国城市就给富人喧闹、嘈杂的感觉。城市中心区机器隆隆、居民摩肩接踵,让人烦躁不安。这一时期许多富人因逃避城区的嘈杂而移往郊区。汽车时代到来后,大量的汽车涌入城市的大街小巷,过往车辆发出的喇叭声、马达声扰人不安。加之城市人口密度大,消耗热能多、且汽车等排放的热能也是十分巨大的。而且现代城市摊大饼似的蔓延,数百平方公里转变为密集的住宅或庞大的水泥道路,不能像农田那样吸收阳光而降低气温,在夏日炎炎的季节,城市温度远高于郊区和农村地区,居民还得忍受夏日的酷热对自体的伤害。

2.3.3 交通拥塞

大城市交通拥堵已成为困扰城市发展的重要问题,城市为此蒙受巨大的

---

① Richard N. Current, *American History*, New York, 1971, p. 447.

社会经济损失。工业化时期,城市投入巨资进行市内交通的发展,随着电车、地铁、汽车等近现代交通工具的广泛使用,城市交通的可达性大幅度提高,人们集中于城市,享受由此带来的诸多便利。但在聚集经济效益的作用下,厂商不断向城市及周边地区聚集,农村人口也源源不断地流入城市,使城市道路设施承受着越来越大的压力,城市交通拥挤不堪、拥塞现象日益突出,城市发展趋于恶化。

工业化初期,城市规划与发展处于无政府状态,客观上加剧了城市道路的拥挤程度。随着钢架技术运用于高层建筑中,城市狭窄地带容纳的人口继续增加。而且城市当局还普遍把高层建筑群作为城市现代化的标志,摩天大楼成为城市的时尚,建筑商在城市土地价格高昂的核心地区进行密集开发,结果导致城市中心区高楼林立。城区高层建筑聚集了越来越多的人口和机构,城市人口密度大幅度增加,增加了城市的人流量与物流量,加重了城市道路交通的负荷。

城市垂直发展的同时,也向水平方向延伸,加重了道路上的车辆负载。在近现代城市发展的过程中,房地产商在城市边缘及近郊地区开辟新住宅区,并与原有的道路设施连接起来,边缘及近郊地区逐渐并入市区范围,城市用地规模不断扩大。这种房地产的开发可使房地产商节约大量的投资,获得更多收益。城市中心区像滚雪球一样地向四周蔓延,中心区变得硕大无朋,工作地点和居住地点间的距离逐渐拉长,城市居民对交通的依赖也因此越来越大。随着城市道路的拉长,大量的汽车涌入城市街道,不可避免地增加道路上的车辆流量,尤其是在上下班高峰期,人们涌向目的地,大量人口还需穿城而过,城市中心区车辆流量剧增。

面对城市中心人口和机构的日益增长,城市当局对市内交通投入了巨资。19世纪起,欧美各国大城市对市内交通进行了大规模的投资,建立了地面、地下及空中的立体交通体系。到20世纪初,大城市已拥有电车、地铁及高架铁路组成的发达的立体交通系统。稍后的日本、印度等也对城市交通系统进行了大规模的投资,市内交通获得了发展。尽管如此,市内交通的改善增加了城市的便捷,但却对小城镇及农村地区产生强烈的示范效应,推动人口及厂商更大规模地向大城市迁移,抵消了城市政府对交通改善所做的努力。

20世纪20年代,汽车时代到来,随着汽车走向世界,城市交通拥挤问题日益凸显。福特汽车制造厂引进流水作业生产,使汽车生产成本大幅度下降,汽车逐渐成为大众交通工具。大量的汽车开始涌入美国城市的大街小巷。50年代中期,美国波士顿城市当局对其城市交通进行了一项调查发现,每天进入该市商业区的机车有15万辆之多,该市道路交通实在不堪重负。① 第二次世界大战前后,汽车也大规模地出现在欧洲及世界各地。随着城市车辆的增加,各国大城市道路变得拥挤不堪。

　　进入20世纪80年代之后,美国城市交通拥挤状况继续恶化。2000年上下班高峰期,美国市区道路上堵塞时间为人均48小时,是1982年的3倍。在大城市,交通拥挤状况更为严重。2000年,洛杉矶上班的人平均堵塞时间达136个小时。美国城市交通拥挤状况使城市居民十分沮丧。而且,当汽车到达市区时,车主还得为寻找停车场而烦恼。这种状况在其他发达国家大城市也极其普遍。

　　发展中国家的市内交通更为拥挤。发展中国家的不少大城市甚至将小汽车作为城市现代化及文明的重要指标,采取鼓励、刺激汽车发展与使用的政策,涌入的小汽车日益增加。在发展中国家,由于城市交通投入不足,城市道路更为拥挤。在小汽车大量涌入之时,印度城市街头自行车、人力还大量使用。由于道路缺乏改善资金,道路上交通工具的混用增加交通的堵塞,还带来很大的安全的隐患。② 21世纪后我国大城市道路交通形势异常严峻,大城市道路交通拥堵现象严重。在上下班高峰期,不少大城市几乎无路不堵,即使在非高峰期,车辆行驶也十分缓慢。③ 发展中国家的大城市堵塞较之工业化国家更为严重。

　　交通的拥塞给城市的交通提出了巨大的挑战,也是城市发展中的一个需要破解的难题。尤其是在城市化加速阶段,人口、厂商大规模地涌入,人口密度剧增等,城市道路设施承载能力迅速达到饱和与极限。且城市交通设施投资周期长,一定时期内交通设施的建设受到资金匮乏等因素的限制。而且在

---

① John B. Rae, *American Automobile*, Chicago, 1969, p. 232.

② Raque Pinderhughes, *Alternative Urban Futures*, Lanbam, 2003, p. 169.

③ 人民网:《交通拥堵事故上升车多之祸?》,网址:scitech. people. com. cn/GB/5473156. html 2009-8-15-。

城市十分拥挤的情况下,道路的增加还需要撤除大量的建筑,拆迁难度是很大的。城市人口及工厂的迅速增长,人均道路面积减少,道路设施的超负荷现象日益严重,城市交通拥挤不堪。交通的拥堵极大地困扰着城市的发展。

2.3.4 城市犯罪

随着城市化的推进,城市犯罪活动日益猖獗,也是十分棘手的问题。城市犯罪不仅威胁到城市居民的生命与财产安全,而且会大大降低城市投资环境质量,使投资者望而却步,对城市发展产生很大的负面影响。城市犯罪是城市一个由来已久的问题,但随着城市化的推进,农村人口源源不断地向城市流动,城市贫困问题更趋突出,城市犯罪活动更为猖獗。大城市犯罪率不仅较小城镇和农村地区高,而且犯罪带来的问题也更为突出。城市犯罪率高有其自身内在的经济和社会方面的原因。

在解释城市犯罪率高时,人们常把它与贫困联系在一起。城市犯罪的确与贫困有着密切的联系,贫困使贫困阶层生活绝望,使无家可归者铤而走险、走向犯罪的深渊。在城市,失业及贫困阶层的犯罪率的确比其他阶层高,尤其是穷人集中的贫民街区或社区,抢劫、卖淫、杀人越货等犯罪活动猖獗。但仅从贫困的角度解释城市犯罪猖獗似乎并不完全,其实各国农村地区的贫困程度远大于城市,而城市犯罪率则远比农村地区高。

富裕的大城市犯罪率远高于贫困的农村地区,城乡之间社会关系及社会属性的差异具有很大的影响。从社会学的角度来看,人们之间的社会关系,在城市与乡村具有不同的质,对城市与乡村及小城镇的个人行为规范产生不同的影响。乡村和小镇人际交流属社会学上的"首属社会关系",人们之间存在着密切的社会纽带关系,行为受到严格的道德规范的约束。这种社会关系有助于抑制农村地区犯罪冲动,遏制农村犯罪活动。因此,尽管农村地区贫困人口比重大,但犯罪率却远低于城市。

大城市人口密度增大,增加了人际交流的潜势,人际交流次数增多,引起社会关系的量变甚至质变。在这样的环境中,人们彼此间的交往是一种零散的非完整的社会交往,很难建立在友爱与感情的基础上。交往以实际利益为基础,行为也就远离道德束缚,社会所依赖的控制人群的非正式手段日渐松弛,社会越轨行为日益增多,因此增加了城市的犯罪率。这种现象在人口高度稠密的大城市表现得更为突出,城市人口数量及密度与犯罪率成正比。

美国各类城市的犯罪率比较很能说明问题。在美国城市越大,犯罪率越高,人们越缺少安全感。20 世纪 70 年代,东北部 20 万人口以上的城市的暴力犯罪率为 10 万分之 1168,而 20 万人口以下的在 10 万分之 760,前者高出后者的 50%。① 同一时期,北中部 20 万人口以上的城市的暴力犯罪却高出 20 万以下的城市一倍。由于大城市犯罪率极高,人们也相应地缺乏一定的安全感。城市学家戈德菲尔对美国大城市的危险性这样描述道:"1974 年底特律出生的小孩,十四分之一的可能意想不到地被人杀害……如果你曾在二战中服役,你丧身的可能性还要小于居住在一个大城市。"②可见大城市的安全系数并不高。

城市异质性也是城市犯罪率高的重要原因之一。在农村地区,社会整体相对贫穷,居民间贫富差距并不明显,不易诱发强烈的犯罪冲动。而大城市的情况却有所不同。在城市社会中既有腰缠十万的富翁,也有身无分文的流浪汉。在城市庞杂的人口中,存在着惊人的贫富差距,产生了强烈的示范效应,孕育着强烈的犯罪越轨行为,城市也因此成为犯罪活动的温床。城市中存在着大量贫困者,生活异常艰难,在绝望之中他们会捕捉机会而铤而走险,成为社会不安定的因素,严重威胁着居民的安全。

今日世界大城市犯罪更具有武装、恐怖的性质,极大地增加了城市的不安全感。彼得·D·萨宁在《自由纽约》一书中写道:"在内城区,歹徒武器不断更新,从棍棒、小刀发展到手枪和冲锋枪,而且枪支越来越自动化。"更为严重的是,大城市还是恐怖活动的首选之地。2001 年 9 月 11 日,美国纽约世界贸易中心的两幢 110 层摩天大楼遭到恐怖袭击,导致 3000 人遇难。在西方国家城市相继发生了震惊世界的 2004 年马德里"3·11"火车恐怖爆炸事件,2005 年伦敦"77"地铁爆炸事件,这些恐怖事件造成城市大量人口伤亡。武装犯罪及恐怖袭击使城市腥风血雨,居民更缺乏安全感。

发展中国家的大城市犯罪也是十分猖獗的。发展中国家的大城市犯罪活

---

① Katharine L. Bragbury, *Urban Decline and the Future of American City*, Washington D. C. , 1982, p. 45.

② Goldfield & Brownell, *Urban America*, Boston, 1990, p. 318.

动与贫困及民族问题纠缠在一起,使城市犯罪更具暴力性。发展中国家的城市贫困问题较之欧美国家更为严重,而且贫富对比更为鲜明,而且贫困的性质也有很大的差异。欧美国家的城市穷人在失业等情况下,可获得城市政府的救济,生活还不至于绝望。发展中国家城市穷人十分普遍,而且处在绝望之中,很难获得政府的救济,城市犯罪也更为猖獗。

发展中国家的城市恐怖活动更具有复杂性。发展中国家的城市恐怖常常与民族问题、宗教问题纠缠在一起。在欧美,城市各移民出现融合、同化的趋势,为此学者提出了"熔炉"理论,然而这一理论在发展中国家并不适合。社会学家研究发展中国家城市移民时提出了"摩擦理论",他们发现人与人之间的生理的、社会的、文化的、经济的差别是不相容的,导致交往中存在摩擦,进而导致很多共存的社会圈,彼此间没有联系。① 正是这些隔离的社会圈引起了发展中国家城市大规模的血腥恐怖活动。

近年来,发展中国家城市恐怖更是令人怵目惊心。随着城市化的推进,近年来发展中国家城市犯罪及恐怖活动呈上升的趋势,在震惊世界的同时,也给城市带来了很大的不安全感。进入 21 世纪以来,印度城市发生了一系列的恐怖袭击事件,其中影响最大的是 2008 年 11 月 28 日孟买恐怖袭击事件,导致 188 人死亡、313 人受伤。

大城市犯罪、恐怖活动已成为扎进城市机体内的"毒刺",给城市发展带来了消极的影响。城市犯罪给城市带来了巨大的财产损失,威胁着居民的生命安全。在城市犯罪活动猖獗的城市,城市投资环境恶化,使外来投资厂商望而却步,同时也使本地厂商产生挤出效应,极大地阻碍了城市经济与社会的发展。

2.4 城市问题的经济分析

2.4.1 企业的外在成本

对城市问题所带来的负面影响进行经济学的分析逐渐成为一种趋势,城市经济学侧重于城市问题对城市企业及居民带来的消极影响,主要采用外在

---

① 布赖恩·贝利:《比较城市化——20 世纪的不同道路》,商务印书馆 2008 年版,第 116 页。

成本的分析法。这种方法,可从城市经济的角度解释城市问题对厂商选址变化的影响。如果聚集于城市费用的增加,就会增加了企业的外在成本。当聚集成本大于聚集利益时,厂商再聚集于城市中心就缺乏合理性,按经济学的"靠脚投票"的原则,厂商再选址及外迁则成为必然趋势。

城市经济学认为,城市污染、拥挤及土地价格上涨等问题给城市经济发展带来不利的影响,给城市企业和居民带来外在成本。英国学者巴顿在其《城市经济学》一书中认为,外在成本是"人或群体并未通过合同交易,承受其他个人或群体的副作用所形成的成本"。外在成本具有两个特征:一是其本身不进入市场交易,二是强加于承受者身上。

在自由放任之下,厂商的生产决策是不受约束的,生产活动必然会给他人带来外部成本。企业从利润的最大化出发,选择附近的河流作为排污的场所,但企业的行为给他人带来了外在成本,企业在计算成本时并没有这些成本列入内。由于水道受污染,供水部门需要投入相应的资金进行水质的净化,增加了供水部门的成本,而这一部分费用又最终加在消费者身上。城市其他企业承担成本时,并没有通过市场交易获得其他效用,而且又必然不自觉地接受这种成本。如果企业要在生产过程中减少其污染,又必然增加自己的生产成本。

城市大规模聚集所造成的拥挤,也给城区企业带来外在成本,成为企业一笔额外的费用。随着大量的人口、工厂及各类机构涌入城市中心区,城市道路负载迅速增加,城市交通拥挤不堪,结果城区企业因运输费用增加而增加了生产费用,进而影响到企业的生产利润。在拥挤的城区,货物穿越街道时间会相应地增加,从而降低了机车的利用率。行车速度太慢,零部件磨损大,能量损失大,货物吨公里耗能增加,从而增加了原材料和商品运输费用。图 2-2 是拥挤给道路上车辆带来的成本。T 是每小时驶公路一端的车辆数,AC 是这段公路两端之间每车行车成本,在到达公路设计容量 T0 之前 T 的成本不变。超过 T0 之后,AC 随 T 的增加而增加。图中这段公路上的需求曲线 D。需求曲线斜率为负,因为成本越高,需求越少。每小时 T1 是这段公路的均衡车辆数,在 T1 处 AC 与 D 相交。行车成本等于 AC-AC0,即存在拥挤与不拥挤时的成本之间的差额。

这些因素无形中增加了商品的生产成本,带来了聚集成本。因为聚集经济效益的存在,企业纷纷向城市附近集中,而交通拥挤却给城市企业带来了额外

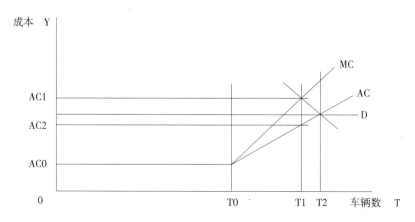

图 2－2　拥挤增加的边际平均成本

的成本费用,造成经济利润的损失,随着拥挤程度的增加,产生了聚集的不经济,使工厂企业向城市中心附近聚集逐渐丧失其合理性,抑制了城市经济的发展。

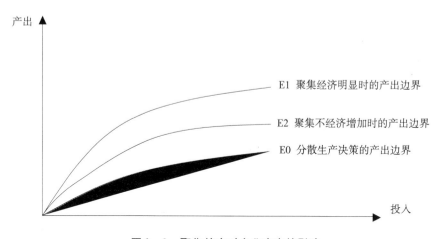

图 2－3　聚集效应对企业产出的影响

上述外部成本的存在使聚集于城市中心区的企业生产成本增加。当企业聚集成本大于聚集所带来的利益时,集中于城市中心反而出现聚集的不经济,企业向城市聚集的动力就会消失。在此条件下,城市中心区企业就会迁出,在新的地区选址。图 2－3 是聚集不经济对企业行为的负面影响。图中曲线 E0 为既定技术下的生产边界线。因区位上的接近而得到的外部经济效果,也会扩大生产集的边界线,即 E0 向 E1 方向移动。但随着聚集的进一步扩大,聚集不经济会相应增加。于是聚集净利益减少,聚集效益下降,从而使 E1 向 E2 方向移动。当聚集净利益为负质时,E1 会移动到 E0 下向,这时企业必然选择从城市中心区逃离,在新的地区重新定址。聚集所带来的外在成本,减少了城市集中于城市核心地区的冲动,迫使城市企业向外迁移。

2.4.2 居民的聚集成本

外在成本不仅作用于城市中心的地区,同样也对城市居民产生负面影响,并影响到居民的居住决策。污染、拥挤等诸多城市问题对城市厂商的成本与利润产生消极的影响,同样也使城市中心区居民付出额外的费用,即外在成本。城市诸多问题给城市居民所带来的负面影响,仍然可以利用城市经济学方法分析。

在诸多城市问题中,城市污染的影响尤为突出。城市工业、生活等诸多活动带来了严重等污染,使城市居民为此付出经济及社会与生理方面的沉重代价。这些代价使城市居民在经济与生活方面的利益大打折扣,居民向城市中心区聚集的合理性出现了问题。

例如,一个造纸厂使用一条河流的上游作为排放污水的场所,假设该企业的这一行动不需要付费。尽管如此,该企业对河水污染产生负的溢出效益,它把本应该由其付出的成本转嫁给下游的使用者,降低了下游使用者的价值。假定下游有一家电厂,在生产之时要用冷却的水进行处理,电厂必须对所用的水进行净化处理,必然为此付出成本。如图 2-4 所示,供给曲线 Se Se(或 MPCe 曲线)反映电厂承担的总显性成本。对于第一个单位产出,MSCe 小于 MPCe。其差异在于电厂在发电之前要对河水进行净化,所以这种成本是 MPCe 的一部分。而电厂会把这部分成本转嫁于消费者身上。

城市不少工厂还把天空当作排污的场所,这时的外在成本更加复杂。城市工业对空气的污染破坏了居民的居住环境,工厂的烟尘直接损害城市居民的健康,增加了医疗保健方面的费用,从而对城市居民施加外在成本。同时工厂的烟雾还影响城市景观,破坏了城市的旅游资源;烟尘使建筑过早老化,增加了房屋维修费用。20 世纪 90 年代,美国城市每年都因污染而蒙受两千亿美元左右的直接经济损失,而间接的经济损失更是难以估计。

城市工厂将河流及湖泊当作免费排污的场所亦十分普遍,所产生的负面影响与对空气的污染相似。更为重要的是,对河流、湖泊等的污染,还使居民的饮用水源受到污染。饮用水的污染增加供水企业的生产成本,在企业将成本转嫁给城市居民之时,增加了居民的生活费用。不仅如此,饮用水的污染还会损害居民和身体健康,增加相关的医疗费用。

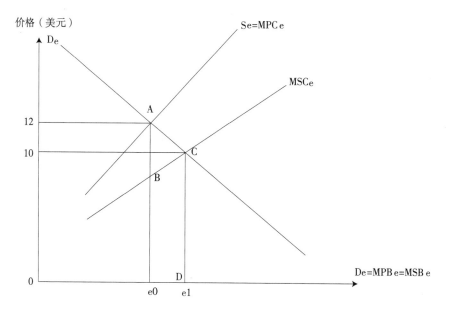

图 2-4　水污染对用水者的影响

注:当每天以每千瓦12美分的价格生产 e0 千瓦的电力时,电力市场就达到了均衡状态。在这个水平上,MSB 大于 MSC。因此,如果生产 e1 水平时,社会福利提高。电力不足导致福利损失等于 ABC 面积。

资料来源:A. M. 夏普等:《社会问题经济学》,中国人民大学出版社 2000 年版,第 112 页。

　　城市污染导致居民环境恶化,还使城市各种疾病滋生。在欧美国家的工业化时期,环境的恶化给城市带来众多的流行病。英国工业化时期水源污染十分严重,造成各种流行病的滋生,19 世纪因饮用受污染的河水,引发了 4 次霍乱,导致 4 万人丧生。[①] 20 世纪初期,由于环境质量极差,美国城市佝偻病、皮肤病、伤寒、猩红热、肺结核等疾病十分常见。20 世纪初期,纽约市有 1.3 万人死于肺结核。由于环境恶劣,疾病滋生,工业化时期美国城市人口的寿命

①　刘金源:《工业化时期英国城市环境问题及其成因》,《史学月刊》2006 年第 10 期,第 51 页。

很短。据 1910 年的调查,纽约市人口仅有 5% 活到 60 岁,1.5% 的活到 70 岁,小孩中五分之一的不能活到五周岁。[①]

城市污染直接导致的死亡与伤害事件也时有发生。1952 年 12 月 5 日,伦敦出现严重大气污染事件,导致 1.2 万人丧生。在美国,1948 年,美国宾夕法尼亚州的多诺拉市发生了严重的污染事件,该地区的钢铁厂、锌厂、硫酸厂等排出的烟雾飘浮在城市上空,致使数千人病倒、数十人死亡。[②] 1963 年,纽约市因空气污染而死亡的人数达 405 人。[③] 这类工业污染的事件,在各国城市不胜枚举。

除污染之外,城市人口和机构过密所带来的交通拥挤,也给城市居民带来巨大的额外费用。城市无限制地扩张,必然使交通线逐渐延长,加之城市狭窄的地区挤入大量的人口,城市交通拥挤不堪,会使引起城市居民交通费用及上下班路途上的时间增加。乘车时间换算为工作时间,无疑更增加城市居民的损失。

在现代城市,拥挤、城市噪声及紧张的节奏,使城市居民筋疲力尽,心理始终处于紧张状态,令人十分沮丧。在今日城市社会,强烈的竞争使许多人患上各种心理疾病,心理医生这一职业具有越来越大的城市市场。

2.4.3　犯罪活动的社会经济成本

从城市经济学的角度看,城市犯罪也会给城市带来巨大的外部成本。治安环境也是城市经济发展的重要资源,影响到厂商的选址与居民迁移。良好的社会治安可以使居民安居乐业,创造一个良好的投资环境,能够吸引企业向该地区投资。相反,社会治安恶化,给城市居民生命与财产带来不安全感,并给企业与居民带来外部成本,被迫其向其他地区迁移。

城市在社会治安完善过程中,也消耗大量的资源,带来了巨大的外在成本。社会与犯罪活动作斗争的目的,就是要最大限度地减少犯罪的社会成本。经济学认为犯罪涉及社会成本问题,犯罪给社会带来了直接的经济损失,甚至

---

① M. Gottdiener, *City in Stress*, London, 1986, p. 52.

② Claude S. Pischer, *The Urban Experience*, San Diego, 1984, p. 59.

③ Ray M. Northan, *Urban Geography*, New York, 1979, p. 106.

犯罪本身及制止犯罪也耗费了城市大量的经济资源。犯罪的社会成本包括犯罪活动造成的损失、用于直接遏制犯罪的费用及间接的社会法制宣传教育等费用。由警察、法院、检察院等组成的庞大的司法系统,进行城市社会的保护和控制,城市巨大的资源也因此用于遏制犯罪活动,从而降低了城市社会福利。

表 2-2　典型的美国社会犯罪防范的收益和成本估计

单位:1000 美元

(1) 每年犯罪 防范单位	(2) 社会总 收益	(3) 边际社 会收益	(4) 社会总 成本	(5) 边际社 会成本	(6) 社会净 收益
0	0		0		0
1	200	200	60	60	140
2	380	180	120	60	260
3	540	160	180	60	360
4	680	140	240	60	440
5	800	120	300	60	500
6	900	100	360	60	540
7	980	80	420	60	560
8	1040	60	480	60	560
9	1080	40	540	60	540
10	1110	20	600	60	500

资料来源:A. M. 夏普等:《社会问题经济学》,中国人民大学出版社 2000 年版,第 88 页。

城市政府通过防范来遏制犯罪活动,其庞大的费用主要来自城市居民的税收,城市居民必须为此付出社会与经济成本。同样可用成本—收益对政府防范措施进行分析。社会经济成本是那些用于犯罪防范的资源,这些资源本来可用于生产其他物品和服务价值。犯罪防范的社会收益是指社会对从控制犯罪中所得到的收益的最佳估计,即没有犯罪伤害下人们所创造的价值、没有遭到犯罪行为破坏的财产价值及人们因此获得的安全等。

表 2-2 是美国社会犯罪防范的收益和成本估计。防范"单位"是一个模

糊的概念,是警察保护、法官服务、监狱成本等的复合概念。为获得防范的社会收益,社会必须为此付出成本。经济学上用货币额度来衡量,如一个单位为5万美元。每增加一个单位的犯罪防范带来的收益即为犯罪防范的边际社会收益。从表中可见,随着防范单位的增加,边际社会收益下降,即边际收益的递减,因为第一单位犯罪防范的增加会被用以打击现有最严重的犯罪行为。所用犯罪防范单位越多,被防范的危害性就越小,而每增加一单位犯罪防范给社会带来的收益越少。

在世界各地,城市政府将大量的经费用于社会治安,尤其是拥有大量穷人的城市。由于城市犯罪活动猖獗,城市当局不得不加强警察保护,其费用只能是向城市企业及居民征税,因而加重了城市纳税人的负担,无形中增加了城市企业及居民在城市定址的成本。在美国,犯罪率高的城区纳税人的负担远高于犯罪率低的郊区,尽管郊区居民收入低于城市,但城市穷人集中,犯罪活动猖獗,城市政府不得不增加纳税人的负担。高税收降低了城市企业收益及居民的福利,对城市企业与居民的发展十分不利。

更为重要的是,城市企业和居民还得为城市犯罪付出直接的经济损失。尽管城市警察保护的增加,城市犯罪活动的遏制作用仍然十分有限。在美国,虽然第二次世界大战后的城市警察保护的开支不断增加,但暴力犯罪尤其是抢劫犯罪却大幅度增加,导致城市居民财产损失严重,甚至生命安全也成了问题,城市社会治安的恶化对城市发展负面影响极大。在今日俄罗斯的城市,犯罪活动也是十分猖獗的,同样给城市企业与居民带来很大的经济损失。

城市犯罪活动猖獗,对城市企业投资也产生极其不利的影响。随着犯罪活动的增加,城市警察保护费也相应增加,这笔开支增加了企业纳税人的负担,负担过重可能会使企业富裕的纳税人从城市迁移出去,对投资极为不利。

欧美一些学者研究发现,公共安全是城市极其重要的经济资源。较高犯罪率恶化城市投资环境,会把企业从城市驱逐出去。[①] 城市恶劣的社会治安使企业家在城市投资望而却步,他们财产安全得不到保障,他们自己及雇员的

---

① John M. Levy, *Urban American*, New Jesey, 2000, pp. 111 – 112.

生命安全也得不到保障。第二次世界大战后,发达国家的大城市中心区的大量企业迁出,也有城市治安恶化方面的原因。

恶劣的社会治安同样也会使富裕阶层在城市定居望而却步。安全而舒适的环境是城市发展的一份极其重要的资源,可吸引富裕阶层向城市流动,而富裕阶层的增加在城市发展中具有非常重要的作用。他们的消费可刺激城市商业的繁荣,可促进为城市服务的厂商的发展。更为重要的是,富裕阶层具有较高的文化素质,有雄心,具有开拓创新精神,是城市发展中极其重要的人力资源。

在一个社会治理十分恶劣的环境之中,非但不能吸引富裕阶层向城市流动,反而会形成巨大的离心力。第二次世界大战后,美国城市中心区社会治安日益恶化,使城市富裕的中产阶级感到巨大压力,迫使他们纷纷从治安恶化的城市中心移出,到城市特定的街区及郊区建立同质邻里,建立自己的强有力的警察保护制度。

城市污染、拥挤、犯罪等问题导致城市居民对城市不满意程度增加。表2－3是1979年美国各地区的一份调查,可反映居民对城市、郊区及非大都市区各项社会问题的不满意程度。城市居民对其居住地区的抱怨、不满意程度明显高于郊区及非大都市区。严重的城市问题影响到居民居住的选择,最终迫使他们向边缘及郊区宽阔的地区迁移。

表2－3　各地区住户对特殊问题的不满意比例

单位:%

居民			
抱怨	非大都市区住户	中心城市住户	郊区住户	所有居民
街道噪声	28	36	29	33
交通拥挤	28	34	26	30
破旧住房	9	14	8	11
臭气、烟、汽油味	8	10	8	9
街道垃圾	15	21	13	16
犯罪	9	26	17	21

资源来源:Claude S. Pischer, *The Urban Experience*, San Diego,1984,p.56。

2.4.4 城市住房成本的攀升

随着城市化的推进,城市用地趋于紧张,引起了城市土地价格的暴涨。城市中心区土地价格上涨是一个长期的过程,尤其由此而引起的房地产价格不断攀升,极大地增加城市居民的住房与生活成本,从而也最终提高了厂商的生产成本。

土地是城市与经济发展的载体,而现代城市用地涉及了生产、生活诸多方面。现代城市的存在与发展需要生产与消费等作为支撑,工厂、商店、各种机构及道路交通占据了城市大片的土地。随着城市化的推进,大量的人口涌入城市,增加了对住宅用地的需要,从而增加了对城市用地的竞争,尤其是城市核心地区的竞争更为激烈。

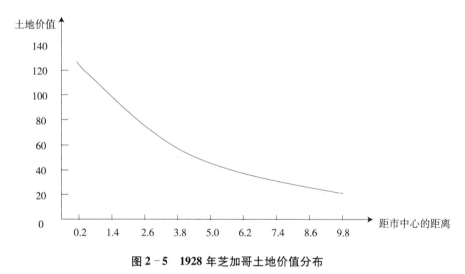

图2-5 1928年芝加哥土地价值分布

资料来源:Edwin S. Mills,*The Value of Urban Land*,Washington D. C. ,p. 231。

由于城市中心特有聚集利益,众多的厂商及居民向城市中心地区集中,结果导致城市中心区土地稀缺,价格上涨。越是靠近城市中心区,土地越高。如图2-5所示。市中心O点厂商付出的价格最高,随着市中心距离增加,而土地价格呈下降趋势。企业与居民向城市中心区聚集,必然为此付出较高的地租。

由于城市土地的稀缺,城市土地投机气氛浓厚,从而推高了地价。在经济发展初期,在自由放任政策下,土地投机气氛浓厚。房地产商大量囤积,从而推高了土地价格。美国是一个土地高度投机的国家,商人从政府那里购置廉价土地囤积,随着城市化的推进,这些土地价格暴涨,商人从中获得厚利,加速了城市房地产价格的上涨。城市土地投机在后起日本更为激烈,日本房地产价格也成为世界最高的国家。在今日发展中国家,由于城市人口密度高及传统紧密城市结构,城市核心地区的土地竞争更为激烈,加之土地投机日盛,城市房地产价格不断上涨。

城市土地价格的上涨,增加了企业的用地成本。企业在城市有限的土地上增加投入,并不能增加相应的收入。企业对土地投入具有"边际产出递减"性。根据西方微观经济学理论,在其他要素不变时,某生产要素的投入量超过特定的限量后,其边际产量会随投入量的增加而递减。对土地来说,边际产出递减性表现在,土地使用的强度超过一定限度后,收益开始下降。城市中心土地价格昂贵,获得城市中心区的企业必然对土地密集使用,希望通过对土地的投资来增加土地单位面积的产出,在投资超出一定限度之外,投资利润则呈下降趋势。

房地产价格的上涨也增加了企业的用工成本。房地产价格的上涨必然带动企业用工成本的持续增加。房地产价格的上涨使城市居民生活维持费用大幅度提高,企业为此所付出的用工成本也相应地大幅度提高。在城市化进程中,城市工资上涨与城市土地价格的上升具有一致性。

城市土地与房地产持续攀升,给城市厂商构成日益增加的压力。随着土地与城市房地产上涨,城市厂商为此付出了日益增加的成本,从而影响到厂商的市场价格竞争,对厂商生产与发展产生十分不利的影响,厂商的再选址面临艰难的选择。

2.5 聚集不经济对城市化演变的影响

2.5.1 制造业厂商外迁与产业集群发展

人口、工厂及机构向城市中心附近聚集带来了聚集经济效益,推动城市的进一步聚集,使城市趋于饱和,但也引起诸多城市问题,反而带来了聚集的不经济。在此前提下,企业继续向城市中心区集中已变得无效益,不仅如此,集中于城市中心附近的企业也面临尴尬的选择:要么继续留存城市中心区,面临亏损甚至破产;要么另辟蹊径,重新选址,摆脱城市中心聚集不经济的局面,重新获得发展。

在这一变化面前,发达国家大城市的制造业选择向外迁移,进而引发分散的浪潮。欧美一些学者把制造业的这一外迁称为进步的迁移,而把由此而引起的城市中心区制造业衰退称为进步衰退(progressive decline of manufacturing)①。其理由是,城市中心区企业面临生死攸关抉择,向外迁移可获得生存与重新发展,而且制造业外迁还带动外围地区的发展。第二次世界大战后,生产技术的变革与交通的进步为城市工厂向外迁移提供了可能。

第二次世界大战以后制造业中出现的技术进步,对聚集效益的类型产生了重要的影响,由城市聚集转向郊区"分散式的集中"。② 随着技术的不断进步,城市生产力不断提高,对生产及社会资源需求日益增加,聚集效应的类型也不断演化。生产技术进步的最重要的标志是工厂中普遍采用流水作业进行生产,其生产装配在一个巨大的平面内完成,工厂需要宽阔的土地。在此背景下,厂商向外寻找廉价而宽阔的土地是其必然选择,城市制造业的重新选址和向外迁移也是必然趋势。

而且随着企业组织制度的变动,企业所面对的聚集效应类型也发生了变化。19世纪晚期至20世纪初,企业组织最大的变化是企业趋向于大型化。制造业经过19世纪晚期剧烈的分化与整合,小型企业大幅度减少,企业患上了"巨大症",庞大的工厂企业出现,尤其是经济发达的国家跨地区跨国家的庞大的控股公司出现。

随着企业大型化,企业本身形成的规模也使之自成体系,不必聚集于城市中心区。英国城市经济学者威克斯认为:"随着企业规模的增长,独立性与自给性能力减弱。"由于企业规模的扩大,企业间的独立性增加,过去企业间的许多协作可集中在一个企业内部完成,工厂企业部分所需的特殊零部件也可通过国际采购形式确立进行跨地区、跨国家的协作,城市聚集经济对企业的影响力大减弱,企业不必集中于城市互相补偿。庞大的控股公司要求占有大片的土地,城区土地昂贵必然使之望而却步,企业重新选址及分散也势在必行。

---

① Mark Gottdiener, *The New Urban Sociology*, Boston, 2000, p. 89.
② 彼得·霍尔:《城市与区域规划》,中国建筑出版社2008年版,第201页。

另外,城市聚集功能则转向企业的孵化器作用,对小企业的孵化功能作用推动了制造业厂商外迁。工业区位经济学者李伯顿等对纽约等城市制造业厂商选址进行研究,他们发现小工厂较之大工厂更容易在靠近城市中心选址,为此提出了城市起新成立厂商的孵化器作用的假设。他们认为,在一个靠近城市中心的区位上,企业家的小工厂新建最为容易。因为在那里,容易租到工厂场地,也可以从具有各种技能的劳动力市场雇到所需的售货员,而且其他厂商还能提供货物与服务。一旦企业获得成功及规模扩大后,它们就会从中心城市迁移到郊区和较小的城镇,大城市成了新的企业发展的孵化器。① 大城市中心孵化器理论也支持中心城市制造业外迁。

在城市制造业厂商向外迁移过程中,城市边缘地带及郊区成为首选。城市边缘及郊区毗邻于城市,受城市的影响较强。尤其处在城市发达的公路交通的辐射之下,这些地区通达性高,易于成为城市影响地区或城市化地区(urbanized area)。通过通往城市中心区的快车道,郊区制造业厂商仍可以享受原在城市中心区部分聚集利益,仍可利用城市市场为己服务,而且还可以通过城市基础设施与远方的市场联系。

郊区接近城市中心区,不仅在发达的短途交通设施的支持下获得城市聚集利益,而且能回避城市中心区的聚集成本。在欧美国家,制造业向外围地区分散体现出企业家的精心选址,这种选址使企业继续获取城市原有的聚集效益,体现了制度变迁与空间变化对聚集效益的影响。第二次世界大战后,美国郊区形成的大量的工业园区(industrial park),可算美国人的一个杰作。美国企业家将企业尤其是某类制造业或相关的产业向郊区特定的空间聚集,同类厂商间展开了竞争与协作,享受原聚集于城市中心区的聚集利益。不仅如此,由于离开拥挤的城市核心地区,企业家不必再为城市拥挤、污染等付出聚集成本,同时极大地降低了土地租金费用。

最典型的工业园区坐落在举世闻名的硅谷。硅谷与加利福尼亚州的斯坦福大学相邻,是一个从圣·约瑟至帕罗奥图延伸的走廊地带,拥有800多家厂商,生产电子及计算机产品。这些厂商在生产上密切联系,既存在相互竞争,也存在相互协作与补偿,同时也回避了城市中心区拥挤带来的诸多成本。若

---

① A. W. Evans:《城市经济学》,上海远东出版社 1992 年版,第 48 页。

如此众多的制造厂商聚集于城市,其拥挤等影响是不堪设想的。这种工业园区在欧盟国家也很常见,大多在高速公路沿线特定的工业地带出现。大城市外围的工业园区或工业地带成了一种世界性的潮流,在欧盟国家也十分普遍。欧洲工业更多地与大学及科研机构联姻,位于知识资源密集地,不少以高新技术园区的形式出现。英国剑桥工业园与剑桥大学及科研机构密切合作,形成高科技园区。

不仅如此,郊区还为寻找宽阔土地的制造业厂商提供廉价的土地。大量的廉价土地存在是制造业厂商采用流水作业等新工艺进行生产的必要条件,成为厂商降低生产成本和增强竞争能力的重要基础。因此,郊区大量的廉价土地对这类制造业厂商具有巨大的吸引力。第二次世界大战后,发达国家新的工业园或发展走廊出现,大多出现在拥有宽阔土地的郊区地区,是以廉价的郊区土地资源的大量供给为前提的。有的工业园区甚至出现在非大都市区的小城镇。

随着交通技术的进步,城市及外围地区的地理条件得到相对改变,城市可利用资源也相应增加,城市区位的聚集利益也随之改变。交通运输技术的提高,城市到农村地区的通达性也因此得以改善,城市辐射能力增强,从而改变距离对制造业厂商的区位约束,改善了聚集的区位和规模。交通技术的进步从根本上改变城市聚集规模结构与空间的分布。第二次世界大战后汽车普及高速公路网络形成,城市与郊区、城市与乡村间的物流、人流更趋方便。在这种情况之下,毗邻城市的郊区辽阔的土地直接处于城市影响和辐射之下,城市工厂向郊区及广大农村的分散也就成为必然。

2.5.2 城市居住空间扩散

工业化时期,聚集利益的获得也推动人口从农村地区向城市流动。这些利益包括聚集所产生的交易成本的节约、聚集带来的城市文化生活的质量提高、城市众多的就业机会带来的较高收入等。随着城市规模的扩大,城市趋于饱和,过度的聚集反而带来诸多外在成本与费用,产生了聚集的不经济。居民向城市继续流动不仅不能继续享受聚集利益,而且还会使城市中心区的排斥力增强,居民离心倾向也相应增强。在新的交通与技术条件下,城市居民必然做出新的个人居住决策,而这种新的决策受诸多因素的影响。

第一,制造业等工作岗位的外迁,必然对城市居民的居住决策发生影响。工业化时期,大量人口从农村地区向城市迁移,为城市丰富的就业机会所吸引。城市制造业及服务业的快速发展产生了众多的经济机会,为城市居民提供较之农村地区高的收入,因而吸引农村人口大规模地向城市涌入。第二次世界大战后,欧美发达国家城市制造业等产业大规模从城市中心分散出去,并在郊区及小城镇重新定址。制造业厂商的外迁,城市居民远离新的工作地点,城市居民要居住选址决策就受到影响。城市中心区工作岗位萎缩,所能提供的经济机会大量减少,城市居民向外迁移也是必然之事。尤其是制造业及服务业重心移到郊区等外围后,居民的外迁也是顺理成章的事。

第二,工作岗位的外移,城市中心区居民的居住地点与工作地点之间的距离逐渐拉长,城市中心区居民的通勤费用与成本增加。工业化时期,人口大规模地涌入城市中心区,除城市中心能够提供大量的工作岗位之外,另一个重要的原因就是居住地点与工作地点接近,节约了居民上下班的通勤费用。这一时期,能够支付郊区昂贵交通费用的城市富人已开始向外迁移。第二次世界大战后,制造业大量外迁,居住于城市核心地区反而远离工作地点,交通费用则出现增加的趋势。因此,在新条件下,城市居民必然随着工作岗位向外围的郊区等地新的工作岗位附近迁移,形成郊区的工人居住区,这一迁移有利于交通费用的节约。

第三,交通的进步也为城市居民外迁提供了便利的条件。图2-6是交通技术进步与城市居民居住选址的变动。随着交通技术的进步,城市中心消费聚集增强,在既定区位 X 上获取的聚集利益 A⟨x⟩也随之增强,同时交通费用的降低也增加了居民的可支配收入。于是,在同一区位上居民可支付更高的租金 R⟨x⟩。收入的提高必然改变居民消费效用及偏好。随着居民收入水平的提高,居民住房面积需求 h⟨x⟩随之增加,而交通费用的变动速率—t′⟨x⟩因技术进步而降低,居民竞租曲线的斜率 R′⟨x⟩=—t′⟨x⟩／ h⟨x⟩随之降低,竞租曲线变得更为平缓,这表明居民对市中心的依赖性减弱。交通进步产生分散的力量,也成为居民向郊区分散的重要原因。

第四,除经济因素外,社会、生态环境方面的原因也对城市居民选址的变化产生重要影响。工业化后,随着大城市的膨胀,大城市嘈杂,城市中心区挤满了穷人,城市衰败地区呈蔓延趋势,等等。这些增加了城市富裕居民的不舒

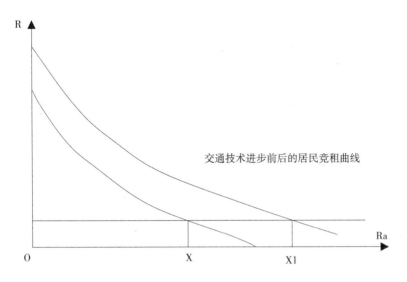

交通技术进步前后的居民竞租曲线

图 2－6　交通技术进步与城市居民居住选址的变动

适感。大城市外围地区地近城市,空气清新,新建独户住宅拥有大片的花园及停车场。在富裕居住的郊区邻里,社会治安良好。郊区这些良好的居住质量,展示了较高地位的特征,成为城市富裕居民向往郊区的重要原因。

2.5.3　传统服务业分散化布局

制造业及富裕人口大规模外迁,也影响到传统服务业的分布。传统服务业对城市稠密的人口具有很大的依赖性,尤其是对高收入的人群。传统服务业主要是商业、餐馆业、旅馆业等服务业,这类服务业知识含量不高,有别于以知识为基础的服务业。后者主要是指金融保险业、医疗保健、教育及销售等智力含量高的服务业等。

在工业化时期,商业等传统服务业一般位于城市核心地区,形成城市商业区。服务业的发展依赖大城市的居民与厂商聚集。城市服务业的发展需要一定人口规模及厂商的聚集。正因为城市中心地区人口大规模的聚集,商业、娱乐业及办公服务等向城市聚集。图 2－7 是城市同心圆布局,这种城市布局在西方工业化时间及今日发展中国家十分普遍。同心圆结构城市中商业集中于市中心商业区内,中心商业区周边的环带则是居民聚集区与工业区。商业、餐馆业、旅馆业等服务业聚集于城市中心区,便于为周边城市居民及厂商提供服务,同时也依赖于城市居民的聚集规模而获得生存与发展。因此,19 世纪末期乃至 20 世纪初,欧美发达国家城市中心商店鳞次栉比,窗明几净,尤其博物馆似的百货商店,展示出城市中心区商业的繁荣。

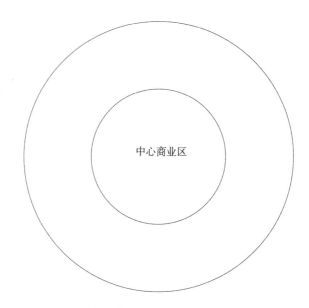

图 2 - 7　土地使用的同心环状模式

第二次世界大战后的长期进程中,制造业分散与城市人口大规模外迁,对传统服务业的再选址影响巨大。厂商的外迁对与之相联系的批发商的业务往来产生了一定的影响,使批发商向城市边缘移动。城市人口大规模地从城市中心区附近向外流动,尤其是富裕的中产阶级的外迁,动摇了中心商业区零售业的基础,中心商业区的存在出现了很大的问题。随着大量的富裕顾客外迁,城市中心区的商业也无聚集利益可言。

在此新的背景下,传统服务业的分布受到了城市居民居住变化的影响。第二次世界大战后,发达国家部分富裕的人口大规模地从城市中心区分散出去,再向郊区特定的邻里聚集,形成郊区次级中心。城市中心区部分零售业随着富裕的人口向郊区邻里中心迁移也是必然趋势。接近郊区富裕的中产阶级,成为零售业生存与再发展的条件。在美国商业等传统服务业逐渐向郊区新的商业区迁移,郊区新的商业中心(shopping center)发展成为一个新现象,欧洲也出现类似的郊区商业中心。发展中国家的新兴工业化国家,城市外围的商业中心的出现与发展已成为一种趋势。

　　在欧美服务业的外迁过程中,办公服务业的外迁也十分引人注目。自工业化以后,办公服务机构尤其是大公司总部,一直是集中于城市中心区附近。如图2-8所示,通过租金支付分析办公服务机构的选址。假定一个零售商、一个事务所和一个住户在城区选址。租金在市区O点处最高,随着离市中心的距离增加而减少。零售商希望选择市场中心的位置,可接近最大数量的顾客。为了获得市中心附近的地利,零售商愿意支付高于别人的租金,在O与X之间选址。事务所也愿意租用市中心的位置,但事务所并不像零售商那样严重地依赖于过往的行人,可以离中心远一点。因而为了取得X与Y之间的地点而出价。Y以外的地方,租金最低,留给住户。图中可见办公服务机构一般靠近市中心附近选址,以便为城市居民及厂商提供服务,并获得聚集利益。

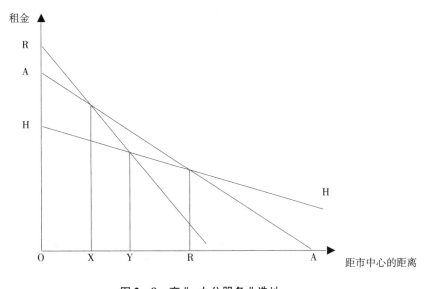

图2-8　商业、办公服务业选址

　　制造业与城市人口分散之后,办公服务业集中于城市中心的基础逐渐失去。随着制造业与人口在郊区重新汇集,对会计、律师等事务所及其他办公服务机构再选产生重大影响。这些服务机构严重依赖于制造业及富裕的人口,也必然随着制造业厂商与富裕人口向郊区迁移。在这一迁移过程中,郊区政府及企业家通过一定的组织进行规划,在城市边缘及特定的郊区形成办公园区,为城市办公服务业的外迁提供条件。

城市聚集与之而来的城市饱和,使城市问题日益严重,聚集成本不断增加,最终形成聚集的不经济,聚集不经济形成了一股强大的综合排斥力量。成本费用增加使城市聚集利益降低,造成聚集成本上升,直至聚集成本大于聚集利益,于是出现聚集的不经济。这些因素影响到厂商及居民的再选址,加之交通技术和制度的变化,使厂商及城市居民竞争在城市中心选址也失去了理由。这些因素形成第二次世界大战后发达国家城市分散的综合力量,形成大都市区由聚集走向分散的强大动力。这一巨大的动力成为第二次世界大战后推动城市一浪接一浪的强有力的分散浪潮,使制造业、服务业及人口从中心城市向近郊、再由近郊向远郊区,最终向非大都市区的小城镇分散。这一分散对今日世界各国的城市化演变产生了极其深远的影响。

3 大国历史、自然资源对
城市化模式影响的比较

除经济因素外,非经济因素也对大国城市化模式选择具有重要的影响,但在不少学者分析城市化道路与模式时,这些因素的影响常常被忽视。各国历史、民族价值观念及自然资源禀赋等存在着一定的差异,对城市化模式的选择产生不同的影响。城市政府组织形式及组织间关系的差异性也长期影响到政府的政策。各国历史、民族价值观念也影响着政府政策取向,同时影响到民族的流动性。各国矿产、土地资源的丰裕程度不同,影响政府对资源的政策及居民对资源的态度,进而影响城市化模式的取向。这些因素在相当程度上决定着一国的城市化政策,也最终对城市发展及城市化的走势产生极其重要的影响。

3.1 历史沿革与政府组织及政策取向比较

3.1.1 传统政府权力组织及政策取向

城市政府组织模式是本书对历史沿革的研究重点之一。政府组织是公共政策的制定者,同时也是实施者,地方政府及其公共政策影响着城市化的进程及城市化模式。各大国历史沿革不同,地方政府组织及各等级政府组织间关系存在着很大的差异,在长期的城市化进程中,它们制定了具有一定差异的公共政策,对各国城市化产生深远的影响,其中城市政府的公共政策起着关键性的作用。地方各等级政府通过公共政策影响城市发展及城市化模式。

地方政府组织代表着不同的利益集团,它们由不同类型的政府组织组成,同时制定不同的公共政策并产生不同的影响,因此,需要对政府角色进行研究。美国学者奥利费·威廉斯认为,政府的角色概念至少有两种解释,可以认为是政府适合的角色与实际的角色的反映。以实际角色为依据的类型学认为,地方政府角色具有四个不同的特征:1. 刺激地方经济发展的角色;2. 提供地方安全宜人的生活与工作环境;3. 维持本地传统文化;4. 在利益集团间作仲裁人。[①]

这四个特征实际上是相互连接在一起的,其中第一个特征刺激经济发展是最为重要,也是政府的基本特征,但其他特征在地方经济发展亦有十分重要的作用。提供安全宜人的生活与工作环境,实际上也确保良好的投资环境。同样传统文化的维持与发展,利益集团间的协调等,都对城市经济的发展有着十分重要的意义。本书把这一观点作为分析城市政府组织对城市发展及城市化模式的重要理论依据。在研究城市政府角色时,本书从传统的政府权力组织入手。

在社会学家的诸种政府组织结构中,传统的权力组织的权力是一种集权式的政府组织,权力也最为集中。前工业化时期及工业化初期,地方城市政府组织属于德国社会学家马克斯·韦伯定义的传统权力(authority)。马克斯·韦伯认为:这种权力是少数人对多数人的统治,权力本身必然是合法的,少数人统治必须取得多数人的同意;基于这一点,传统权力则是指一代代继承下来的现存权力,如封建贵族的世袭统治。[②] 按韦伯的观点,在传统权力的实现过程中少数人的统治地位不需要取得多数的同意,而且权力的构成主要依赖于一代代继承下来的威望与制度。

政府传统的权力组织结构是特定时代的产物,与前工业化时期的城市规模、功能有着密切的关系,这种组织结构在工业化之后相当长的时间仍然产生很大的影响,在今日一些国家的地方政府组织中仍留下深深的痕迹。前工业化时期,城市规模狭小、经济功能极其单调,政府组织结构也十分简单。工业化之前,各国城市规模都很小。如 1790 年,美国最大的城市纽约人口仅为32305 人,而最重要的商业城市波士顿的人口也仅 18038 人。[③] 按现代城市规模,这些城市只能称得上小城镇。这一时期,东方的日本、印度的城市规模也

---

① James Q. Wilson, *City Politics and Publicy Policy*, New York, 1988, p. 17.

② Martin Joseph, *Sociology for Everyone*, Glasgow, 1988, p. 77.

③ Mark Gottdiener, *The New Urban Sociology*, p. 45.

很较小。城市规模狭小,城市政府结构也简单化。

前工业化时期,城市功能单一,各大国城市主要功能仍然保留着浓厚的农业社会的特征。欧洲及美国城市规模小,处于四周的农业社会的包围之中,受到农业社会强有力的影响。这时的欧洲城市主要是封建领主封地,中世纪晚期,欧洲出现了一些脱离封建领主自治城市,在地中海沿岸经济发达地区出现了一些工商业城市,但这类城市对后来欧洲城市的影响并不是很大。美国城市一开始就表现出很强的自治倾向,对现代城市政府组织产生一定的影响,但这时的政府组织与现代城市政府组织仍有相当大的差异。

在东方,俄罗斯、日本、印度的城市政府组织则保持着强烈的东方色彩,是典型的传统权力组织。沙俄帝国时期,俄罗斯处于绝对专制统治之下,整个国家处于绝对皇权之下。在美国人佩里敲开日本大门之前,日本城市处在世袭幕府及藩侯统治之下。在英国东印度公司进入印度时,印度地方由一个个的世袭邦主统治,中央德里素丹的权力微弱。东印度公司确立在印度的统治之后,英国政治制度开始引入印度。前工业化时期,东方国家的城市是政治中心,其主要功能是行政管理,这种格局至今仍有一定的影响。

前工业化时期,由于城市大多是权力政治的产物,也是传统的政治中心,城市政府组织是传统的权力组织。在德国著名社会学家马克斯·韦伯的"权力"理论中,他把政府组织的权力分为迷信权力、传统权力及合理—合法的权力。在前工业化社会,政府组织以两种权力形式出现:迷信权力和传统权力。迷信权力是指领导人个人的权力,如军事独裁者。传统权力指一代代继承下来的现存权力,如封建贵族的世袭统治。有的社会学家把这两种权力合称为传统权力。传统权力是一种精英政治模式,处于顶层的精英或精英集团对庞大的城市社会进行控制。

传统权力组织在东方国家普遍存在,并以集权政治联系在一起。大多东方国家进入工业社会晚,地方政府组织中仍保留着浓厚的农业社会的特色,权力向高一级的政府组织集中。在这种组织结构中,高一层组织不仅具有绝对的权威,而且组织形式也是低一级的地方组织的楷模,地方政府组织模式趋同。而且东方国家的政府政治中职业世袭色彩浓厚,时至今日,日本、印度等国政治精英中仍具有一定的家族世袭制的色彩,与现代社会格格不入。

前工业化及早期工业化时期,欧美城市政治也带有较为浓厚的传统权力色彩。在早期的美国城市,这种权力组织的特征是实力组织或企业组织(business)与政府权力缠结在一起,尽管很早就实施了选举制,但选民具有严格的规定,必须是具有一定财产的市民,他们要向城市提供一定的税收。由于商业公司肩负着城市的主要纳税任务,商业公司在城市政治生活中具有极其重要的影响。美国社会学家米尔斯认为,公司(corporation)所有者的权力作为一种显赫的政治地位,公司的诸多利益也是城市政府的利益,政府全力支持权力精英的利益。① 与美国的很相似,工业化之后的欧洲商业公司在地方政府的影响也逐渐增加,商人精英利益集团也主宰着城市政府。

前工业化时期及工业化初期,各国地方政府以传统权力组织为主体,这种精英政治在经济落后及资源短缺的前提下有利于城市的聚集与发展。人类社会从农业社会进入初期的工业化社会,传统权力借助其集权政治,尽可能地取之于地方预算资助所在的城市。中央政府可凭借其强大的中央集权而大量取之于国家预算资助大城市的发展。政府政策向大城市倾斜,资源向这些地区集中,对大城市长期的优先增长有着十分重要的作用。集权政治在今日法国仍没有多大改变。

在今日发展中国家,也包括了日本等经济发达国家,尽管时代的不同,地方城市政府组织也经历很大的变化,但仍保留浓厚的传统权力的色彩,对公共政策影响仍很大。传统权力在新的时代的影响主要表现在传统集权与现代多元政治的紧密结合,在西方民主政治中注入了东方的特色,在市场经济强调政府的主导地位。这些国家普遍采取大城市偏向的城市化政策,它们集中其资源重点资助大城市的发展,使大城市获得优先发展,尽管大城市中心区已硕大无朋,但城市布局与功能的分散不易。

3.1.2 多元政治模式下的政策取向

进入工业化之后,地方政府组织逐渐由精英模式向现代多元模式过渡。美国学者罗伯特·达黑尔(Robert Dahl)提出了多元模式与精英模式的区别。他认为多元模式的政治权力实际上更为分散、更为民主。② 多元模式以多个

---

① Jallen Whitt, *Urban Elits*, Princeton University, 1982, p. 13.

② Jallen Whitt, *Urban Elits*, Princeton University, 1982, p. 17.

利益集团作为有组织政治生活的基本特征,利益集团在政府组织上达到均衡与相互制约;而精英模式的利益集团则显得单一,顶层的精英集团对庞大的社会进行控制。但现代政治社会中两者具有一定的模糊性,集权政治也要考虑到利益集团的均衡。

工业化之后,城市政府的多元模式也就是马克斯·韦伯定义的合理—合法的权力。马克斯·韦伯认为,到工业化社会,城市传统权力让位于合理—合法的权力组织,这种组织以现代科层制表现出来。科层制具有明显的优点,从结构上看,它具有以下两个特征:1. 组织完善化,官职以上下序列划分,各有各的权限,职责由规章加以规定;2. 职务活动法规化,处理事务按章办理,强调职务活动的公务性质。

多元模式是一种分散的权力组织,它确保各城市内部及各等级城市权力的分散化,对当代城市化演变及由聚集状态走向分散状态有着十分重要的影响。现代社会是一个典型的多元社会,各地区、各城市存在着不同的利益集团,在利益集团冲突过程中达成政治权力的均衡,形成具有一定差异性的城市政府组织。市政管理组织的这种差异又对不同地区公共政策的制定与实施产生不同的影响,最终对城市化模式产生深远的影响。

现代市政改革及企业化城市政府组织最先出现在美国,其后也对欧洲及世界产生一定的影响。受 19 世纪末铁路公司、石油公司等大企业科层制改革的影响,20 世纪初美国城市政府组织从传统权力走向现代科层制。这一时期,美国市政经历了全国性的改革,美国城市政府组织由精英模式逐渐过渡到多元模式。改革后先后形成了以下三种具有代表性的城市政府组织,在传统与现代之间形成各自的平衡:

第一,城市委员会制(commission)。这种城市政府组织最初起源于得克萨斯的加尔维斯敦市,是对原城市政府在飓风所带来的灾难面前应对效率的强烈反应而产生的。1900 年,加尔维斯敦市率先成立了城市委员会制。该委员会制的各委员负责城市的一个行政部门,如警察保护、教育、卫生等部门。实际上,这是一个企业化的城市政府,由具有丰富管理经验的商人担任委员对各部门进行管理。同时,它也是一个较为典型的科层组织,相当于大厂商的从原料供应、产品生产到产品分配的各个部门。这一全新的城市政府科层组织的诞生对现代美国城市政府组织形式产生了较为的深远的影响,并为一些城市所效仿。在今日欧洲,可以在地方政府组织找到这种委员会制,企业化政府特征更为显明。

第二,参议会—经理制(the council-mananger of city government)。这种政府组织模式也产生于美国市政改革运动中,在这一城市政府管理组织中,城市参议会雇用一个非政党的职业城市经理作为主要行政长官。城市经理一般是受过高等教育的具有丰富管理经验的专家,不少出身于商人。城市经理和其他市政主要官员及市参议会形成高度严密的组织,站在城市社会的顶层,对城市社会实行有效的控制,以此达到专家治理的目的。上述两种市政组织实现了与传统的脱离,小政府、高效率,广泛出现在美国小城镇及郊区,强有力地推动郊区化的发展。

第三,市长—参议会制。这种体制深受欧洲传统的城市市长政治的影响,同时也受美国联邦政府结构的影响,可视作联邦体制的复制,明显地把行政和立法机构分开。在美国市政改革中,市长制最初是以"强"市长制的形式出现。强市长由市参议会选出,被授予许多权力,包括任免下级官员、管理公务、安排预算、贯彻实施建设性政策等,而且强市长还有权否决参议会的决议。但强市长权力太集中,次级权力机构缺乏独立性,科层制不明显,且机构较为臃肿,在社会经济快速变迁面前,决策较为僵化。

在美国一些城市,仍然保留着"弱"市长制。但这种体制与前工业化时期美国城市的"弱"市长制存在着根本的差别,具有现代城市政府组织的诸多特征。"弱"市长的权力远不如强市长制的,"弱"市长事事受参议会的牵制,且其下属各部门具有很大的独立性。这种体制的科层制特征及企业化政府特征十分明显,是类似厂商科层组织的现代管理组织。

由上述分析可见,美国城市政府组织呈多元化特征。这种多元的政治对城市管理层的权力具有很大的约束,各级政府组织具有很大的自治权力,地方政府可充分利用本地资源服务于本地的发展,奠定了美国城市化分散的政治基础。

今日欧洲的地方政府组织与美国的大体相似,但仍有一定的差异。欧洲国家城市政府组织主要以城市委员会制和市长—议会制为主体。英国的城市政府大多采用的组织形式是议会委员会制。法国的城市政府则大多采用市长议会制。欧洲没有城市经理制。除英国外,欧洲城市政府组织权力比美国集中,集权制特征仍较为突出,城市市长拥有较大的控制整个大都市区的权力,市长权力大。有的学者则认为,19 世纪晚期的欧洲政党倾向于沿阶级阵营进行组织,且多数国家政府具有较强控制资源的权力。① 地方权力集中,不利于各等级城市建设中资源的分散,这种制度有利于城市化的聚集,而不利于分散,对郊区城市化形成一定的阻碍,这是欧美城市化模式差异的重要原因。

日本、俄罗斯、印度等国的城市政府组织与欧美的也具有很大的差异,精英政治具有相当大的影响。日本城市政府组织大多是市长议会制,日本国家及地方政府中垄断财阀实力强大,具有一定的官僚政治世袭制特征。在明治维新后的长期过程中,日本仍具有高度的中央集权。这种模式的政府组织的权力集中在代表财阀利益的少数精英阶层手中,大城市影响大。在苏联时期,苏联是高度中央集权的国家,苏联解体后,俄罗斯城市政府组织模式处于从传统的精英模式向多元模式的转变过程中,政治精英仍具有相当大的影响。印度城市政府组织就很难说得上是多元模式。在印度地方经济与政治生活中,种姓制度的影响根深蒂固,地方政府组织结构与官员来源仍带有浓厚的传统社会的特征。总的而言,日本、俄罗斯、印度城市政府组织模式与结构有利于大城市的超先发展及城市化的集中,而不利于城市资源及城市化的分散。

3.1.3 政府组织间关系对城市化模式的影响

政府组织结构还体现了各级政府间关系上,而各国地方政府组织间关系差异很大。地方政府组织的差异影响各等级政府的政策,更为重要的是表现为各级政府对公共资源的占有,最终对各等级城市发展、城市化进程与模式构成重大的影响。

从各大国的地方政府间的关系看,美国地方政府组织间的关系松散。如前所述,美国社会是典型的多元模式,在这种模式的社会中利益集团间竞争十分激烈。美国学者认为,激烈的竞争对政府组织形式、各等级政府间的关系及公共政策产生巨大的影响,公共政策也就成为各利益集团激烈竞争的结果。② 利益集团众多,同时种族间竞争也十分激烈,这种竞争演化为种族隔离。在此背景下,美国地方政府组织间的关系也体现了多元政府管理组织模式,地方各

① John M. Levy,*Urban America—Processes and Problems*,New Jersey,2000,p. 60.

② Jallen Whitt,*Urban Elits*,Princeton University,1982,p. 21.

等级政府组织间的关系十分松散,政治碎化现象突出。在各州政府治下的城市政府具有独立处理自己事务的权力,包括进行城市经济规划,运用城市财力进行城市建设等。同样,城市之下的郊区城镇的小政府也在很大程度上独立于城市,它拥有自己的自治权,可运用自己的税收进行社区的发展。

地方各等级政府松散的关系有利于资源的分散,有利于城市化分散,从而导致郊区化的充分发展。这种自治权力使大城市与郊区政府间各有各的权力,在利益上泾渭分明。在美国,城市与郊区间在税收、财政支付、城市建设等方面的权力是相互独立的。富裕的郊区的税收、财政及地方管理上独立于城市中心,在整个大都市区,独立的郊区形成一个个的地理"碎片",即政治碎化现象。在此背景下,整个大都市区支离破碎,不能形成有机统一的整体。大城市中心区不能通过各种渠道盘剥郊区城镇并将郊区的税收据为己有,更不能取之于整个大都市区财政预算资助自己进行道路改造及景观建设。因而,这种松散的政府关系也确保郊区及小城镇能独立地利用自己的经济资源,确保了城市化由聚集走向分散。

欧盟国家的地方政府角色与美国具有一定的差异。欧洲的小城市、小城镇发展条件远没有美国那样优越,这种差异源于不同的社会与政治背景。西欧大多数国家拥有强大的社会党和社会民主党,这些政党传统上主张中央政府承担更为重要的管理国民经济的角色。第二次世界大战期间,欧盟国家经历了巨大的战争破坏,面临住房、食物、建筑材料的严重短缺的痛苦,它们被迫采取国家强有力干预国民经济的政策,并在战后重建中产生了重要的作用。战后,各国政府也长期继承政府对经济干预的传统。

欧盟国家的各级政府组织间的关系与美国的也有很大的差异。欧盟一些国家具有中央集权的传统,中央权力集中。在大都市区内,郊区仅是地方城市政府的一个组织单位,独立性受到一定的限制。在经济方面,处于权力上层的政府可对低一层地区进行规划,包括土地最终使用的控制权及各地区资源配置等。在这种背景下,大城市在一定程度上限制郊区城镇的扩张,以确保大城市中心的繁荣,但除英国、法国外,各国对大城市的扩张还是很谨慎的。

日本、俄罗斯、印度等国政府组织间的关系具有典型的东方色彩,中央集权特征十分突出。在这种政府组织中,高一级政府组织对低一级的政府具有很强的甚至是绝对的控制权,较低等级的地方政府自治权力小。在计划经济或国家主导的市场经济模式下,政府采取大城市偏向的政策,从国家及地方预算中大量资助大城市发展,在相当程度上剥夺了大城市之外的地区发展机会,对农村地区的发展尤其不利。大城市的郊区、中小城市、小城镇的发展受到诸多约束,城市化分散受到抑制。

3.2 流动性、民族价值与城市化模式

3.2.1 流动性与城市化演进

民族流动性与价值取向对城市化及其模式的选择同样有着重要的影响,在研究大国城市化模式时,需要考虑这些因素。人口及社会的流动是城市化的重要特征,在城市化初期大量的人口从农村向城市流动,在城市化演变过程中,人口又大规模向大城市外围地区迁移。在传统的农村社会,社会封闭与缺乏流动,形成根深蒂固的传统价值观念,维系着乡村的农业社会经久不变。在传统社会向现代社会转变过程中,民族所固有的流动性又影响到的民族的价值取向。易于流动、富于创新与开拓精神的民族,强有力地推动城市化的进程与城市化模式的演变。

城市化源于农村人口向城市的流动,而城市化模式的演变也需要一个易于流动的社会。流动分为地域的流动与社会的流动。人口的地域是社会流动的基础,强有力地推动社会的流动。社会流动分为水平流动与垂直流动,社会流动又加速人口的地域流动。流动也就成为城市化及其模式演变的核心内容。

进入工业化社会之后,人口流动总体呈加速之势。尤其是一个开放的社会,受城市众多经济机会的影响,人口大规模地从农村向城市流动。人口不断地向大城市中心地区的迁移,也使大城市中心日趋饱和。随着轨道交通与公路交通的改善,城市外围地区通达性提高,大城市人口向郊区及农村腹地的小城镇迁移,从而改变了城市化的方向及模式。

在工业化之后的人口流动过程中,社会流动也加速趋势起来。在社会流动过程中,水平流动尤为引人注目。水平流动指同一社会阶层内职业间的变动,这种职业的变动对社会经济地位的变动影响并不太大。在水平流动中,影响较大的是农业劳动力向非农产业转移的职业变化,这一流动促使农村剩余劳动力外移,为城乡之间生产要素及产业的转变创造了有利的条件。

在现代社会中,垂直流动也对城市化及社会经济的发展起着极其重要的影响。垂直流动指从一个阶层向另一个阶层的运动。在工业化过程中,城市创造了大量的工作岗位,同时也提供了更多的高技能的工作。与封闭的农村不同,城市所特有的开放性、大量的经济机会及发达的教育系统等成了社会成员向上流动的重要的阶梯,意味着一个人通过所受的教育及凭借自己的才干、学识,可以从社会的底层爬上社会较高的层次。这样的社会富有活力,人人奋发向上,社会经济发展迅速。

城市社会是一个高度流动的社会,这种流动性吸引着小城镇及农村人口不断地进入城市寻找机会。流入城市的农村人在实现职业地位水平流动之时,他们中不少人也实现了职业地位的垂直流动。进入城市之后,移民从农民身份转变为工人,他们中一些人还通过勤奋的工作和个人的能力,成长为中产阶级。尤其是到了移民的第二代,城市为他们提供了开放、公平的教育机会,他们接受高等职业教育,大量地进入城市中产阶级的行业。这种高度的社会流动及所获得的成功,奇迹般地吸引着农村居民继续向城市流动。

美利坚民族的流动性最强,可称得上具有高度流动性的民族。美利坚民族历史的帷幕一拉开,就充满着传奇性与流动性,早期的美利坚人可以称得上骑在马背上的民族。早期的美利坚人是来自英国等欧洲国家的清教移民及新教移民,他们定居于北美东海岸地区。在边疆开拓及西进运动中,东部移民涌入西部,最后到达了太平洋沿岸。进入工业化后,他们又从农村移入城市,进入后工业化社会之后,他们又率先从城市移往郊区、移往农村腹地小城镇。美利坚民族就是这样永不停息地流动,激发出巨大的活力,推动社会的发展。

人口地域的高度流动性有力地推动了社会的流动,而社会流动总的趋势则是向上流动。从早期工业化时期起,由于人口地域的高度流动性,美国社会也表现出高度的流动性,如石油大王洛克菲勒、钢铁大王卡耐基等一大批"工业船长"从贫民中脱颖而出,成为这一时期代的"新富"。在美利坚历史的长河中,大批"新富"不断地产生。在人口流动过程中,城市快速发展的高等教育成了通往较高地位的重要阶梯,这一时期30%的蓝领阶层子女从中受益而向上流动。[①] 随着美国的高等教育的进一步发展,美国从事白领工作的人也

---

① 李庆余:《美国现代化道路》,人民出版社1994年版,第173—176页。

迅速增加,1940年美国三分之一的劳动力集中在白领为主体的第三产业中;1956年上升到二分之一,20世纪70年代初期达到五分之三。① 社会流动也强有力地推动美国城市化进程与演进。

欧洲情况与美国大体相似,但流动性略显逊色。文艺复兴之后,欧洲社会逐渐开放,禁锢人口与社会流动的藩篱逐渐被拆除,尤其是工业革命后,人口的地域流动与社会流动也加速起来。20世纪从发展中国家移民研究中学者提出了"推力—拉力"理论,这一理论同样也适用于分析这一时期的欧洲城市移民。受城市经济机会及农村地区诸多不利因素的双重影响,农村人口也不断地向工业城市流动,开启了欧洲的城市化之路。但是,欧洲国家的人口流动性远不如美国,人口迁移频率远没有美国那样高。尽管现今欧盟国家的人口略超过美国,但却不是统一的民族,欧盟内部的流动并没有美国各州间流动那样容易。而且,欧洲国家的城市与郊区、城市与乡村间的流动也远不如美国那样频繁。

与欧美相比较,日本的流动性就更为逊色。至迟第二次世界大战结束时,日本的流动性仍然很差,日本仍然不是一个城市国家,日本大多数人口居住在农村地区,农村人口向城市迁移的步伐十分缓慢。第二次世界大战后,随着工业化进程的加速,日本人口大规模地向大城市转移,但在高度城市化之后并没有发生像欧美那样大规模向郊区、小城市、小城镇分散的浪潮。在社会流动方面,日本也大为逊色,日本缺乏像美国的洛克菲勒、卡耐基、比尔·盖茨那样大批从贫民上升为企业家的群体,日本企业家带有很大的家族世袭制。这种世袭制也影响到日本政治生活的世袭制,从而抑制其社会的流动性,使整个社会创新性不足。

俄罗斯土地十分辽阔,拥有巨大的人口流动空间。从沙俄帝国时期起,人口的流动受到国家政策的控制。在西部核心地区城市发展之时,政府有意识地将人口引向东部,向辽阔的东部地区扩张。进入20世纪后,俄罗斯人的流动性则受计划经济的严格控制。苏联时代,俄罗斯人的迁移受到政府计划经济的指导。由于推动内陆及边疆地区的开发与工业化的需要,政府将东部地区大量的城市人口分散到边疆及乡村地区,而农村人口向城市迁移则受到诸

① Carl N. Degler, *Affluence and Anxiety*, Illinois, 1975, p. 174.

多限制。这种十分矛盾的移民政策使苏联时期的城市发展与城市化也变得十分复杂,一方面,大城市发展受到限制;另一方面,由于内陆地区与边疆地区开发而带动中小城市的发展,俄罗斯的城市化水平也得到提高。

苏联解体后,俄罗斯经济模式转轨,市场经济逐渐取代了计划经济,俄罗斯人的流动也加速起来。这一流动与苏联时期的流动具有很大的不同,个人与家庭迁移可较为自由地做出决策。由于俄罗斯城乡之间、西部及东部之间差距很大,这一流动主要是由农村及边疆地区向城市流动,尤其是向西部大城市迁移。苏联时期,俄罗斯的城市化并没有经历较为充分的聚集就走向分散,今日的城市化仍然则是回补城市化聚集阶段,俄罗斯人的迁移类型主要是向大城市汇集。

印度人的流动打下了浓厚的发展中国家的烙印,独立后又长期受苏联计划经济的影响。印度是一个发展中国家,人口众多,种姓、种族、宗教及习俗十分复杂,整个社会处于分裂状态,社会排斥、隔离现象十分严重,人口流动存在着诸多限制。同时严格的种姓制度也使各阶层封闭,社会流动也很不易。印度政治结构是典型的"精英模式",多少世纪以来精英阶层雅利安人占有统治地位,而下层的低等级的种姓地位向上流动几乎不可能。即使农村人口向城市迁移,在迁入的城市仍保持着种族、种姓隔离特征。缺乏人口与社会的流动,今日印度城市化仍处于很低的水平。

3.2.2 家庭结构与流动性

家庭结构也是影响人口流动的一个重要因素,对城市化及其演进有着十分重要的影响。在工业化之后的长期历程中,家庭结构对人口及社会流动的影响十分明显。各个时代、各个国家由于家庭结构及家庭规模有着一定的差异,在人口流动上也表现出很大的不同。

在农业社会,传统家庭是其主要家庭结构,家庭结构与庞大的规模不利于人口的流动。传统家庭亦称为扩展型大家庭,在这样的家庭中几代同堂,有父母、子女、祖父母、叔侄姑嫂等。这种家庭结构是建立在以土地为纽带的血缘关系上。这时的劳动组织决定了农业社会的家庭结构以扩展型为主,人们以土地为生,在同一土地上共同劳动,家庭成了经济活动的基本单位。除此之外,家庭还兼有教育、抚育儿童及照料老人的一系列的功能。

进入现代工业化社会之后,传统的扩展型家庭对人口流动的消极影响也逐渐表现出来。工业化社会是一个高度流动的社会,需要越来越多的"飞鸟"似的自由劳动力。时至今日,传统的扩展型大家庭在发展中国家的农村仍相当普遍,扩展型家庭仍顽强地阻碍着人口与社会的流动。庞大的家庭成员要做出整个家庭迁移的决策十分不易,携老扶幼,为此需要考虑众多因素:搬家成本、住宅条件、家庭成员在新居住点的就业机会及收入等。这些因素导致发展中国家的移民类型与发达国家有很大不同,不利于社会流动,束缚了城市化的进程。

不仅如此,在现代社会中,农村地区的扩展型大家庭还会导致人口生育的失控。在农业社会,传统家庭的成员对生育有着强烈的欲望,把生育子女视自己义不容辞的责任。在今日发展中国家,由于经济结构转变缓慢,城市化水平低,农村家庭结构仍然是以扩展型大家庭为主,家庭成员强烈的生育欲望,高出生率与低死亡率连接在一起,致使农村人口爆炸性地增长。

18世纪晚期起,西方传统家庭受到工业化社会的猛烈冲击而开始解体。新型的家庭逐渐把多余的成员分裂出去,家庭规模变得越来越小,形成了工业化社会常见的核心家庭。核心家庭由夫妇及子女组成,无亲属之拖累,具有较强的流动性。第二次世界大战后,西方国家的家庭更趋小型化,无子女家庭及独身者大量增加,更加有利于人口的地域流动。

在发达国家,美国的家庭结构演变具有其特色,较早地形成核心家庭。在早期北美大陆,家庭结构与同一时期的欧洲具有一定的差异。特殊的家庭结构一开始就形成了一个易于流动的社会,有力地推动美国城市化的进程。美国是一个移民国家,北美大陆早期居民大多是来自西欧的移民,他们是到国外寻找经济机会的青年男女。这些人只身到美国,组成的家庭与现代家庭结构很相似。

尽管如此,这一时期的美国家庭仍然属于扩展型家庭,但是这种扩展型的大家庭不是农业社会的三代同堂的传统大家庭,而且美国历史上从未出现过三代同堂为主体的家庭结构。在移民过程中建立的家庭,其成员中虽然没有祖父母,但却可能包括夫妻各自的未婚兄弟姊妹,甚至也包括与这个家庭无血缘关系的人。早期北美大陆,生活环境十分恶劣,为了生存早期美国人非常重视血缘纽带关系,因而亲戚往往也成了家庭的成员。在西进运动中,西部原野定居点显得十分孤独,这时家庭中还包括了没有血缘关系的成员。这些家庭结构很不稳定,成员之间的关系松弛,容易从大家庭中分离出去。这种结构的家庭仍保持高度的流动性。

19世纪末期的工业化与城市化进程中,美国家庭结构发生了质的变化,扩展型家庭解体。在这一变化过程中,家庭最重要的变化是把家庭中无血缘关系的人排除出去,转向核心家庭。20世纪初,随着城市经济的发展及住房条件改善,可供利用的住宅骤增,家庭生活的隐居价值悄然兴起,美国的城市家庭结构最终实现了向现代核心型家庭转变。

第二次世界大战后,美国郊区化和逆城市化的发展,要求有更加适应流动的小型家庭。与此同时,整个社会教育水平提高,高等教育获得长足发展,社会出现了庞大的中产阶级,价值观念随之又发生重大变化,人们对生儿育女兴趣趋于淡漠,家庭更加趋于小型化。美国郊区核心家庭是典型的小型家庭,由夫妇及一至两个小孩组成,在这里已经找不到工业化初期具有众多小孩的那种大家庭。

欧洲各国传统的扩展型的家庭结构向核心家庭转变稍后于美国。在前工业社会时期,欧洲各国扩展型大家庭普遍存在。进入工业社会之后,城市家庭结构也开始向核心型家庭演变,但由于受传统价值观念的影响,这时的父母普遍把儿童作为自己的私人财产,童工很普遍,这时的家庭尽可能多地生育小孩。欧美学者形容这时的生育繁忙的家庭时,常常称之为家庭的无"空巢"时期。与美国相似,第二次世界大战后欧洲核心家庭也趋于小型化,一至两个小孩的家庭普遍存在,欧洲人口增长处于停滞,甚至是负增长阶段。欧洲家庭结构对人口流动性的影响稍次于美国。

俄罗斯的家庭结构的演变与欧洲大体相似,但向核心家庭演变过程稍晚。由于俄罗斯国家地广人稀,苏联时期,国家采取各种措施鼓励人口生育,这时的大家庭也较为普遍。苏联解体后,尽管国家仍然鼓励人口生育,但随着城市化的演进,俄罗斯人的价值观念迅速地向西方看齐,生育观念发生了变化,家庭类型也转向小型核心家庭。家庭结构的演变加速了俄罗斯人口的地域与社会流动。

日本是东方国家,其家庭结构也打下了一定的东方国家的烙印。明治维新后的长期进程中,日本传统文化仍深深地影响着日本的家庭与生育观念。

日本家庭主要还是东方所固有的扩展型大家庭,而且家庭子女众多。第二次世界大战后,西方文化逐渐融入日本现代化之中,其影响逐年增加,尤其是年轻人中间,日本传统的大家庭逐渐为小型核心家庭所取代,日本的人口与社会流动加速起来。

第二次世界大战后,发达国家家庭与生育观念出现了一些很引人注目的现象。由于经济的压力及寻求自我的独立,青年男女普遍推迟了结婚年龄,而且独身人口增加,非婚同居者也大幅度增加,家庭解体很普遍,而且不要子女的家庭也日益增加。这一变化不仅导致发达国家人口增长缓慢,而且也促进了发达国家的人口的地域与社会的流动。

与上述国家相比,发展中的大国印度价值家庭结构有着很大的差异,仍打上农业社会的烙印。时至今日,印度农村家庭结构仍然是传统的扩展型大家庭为主。印度70%以上的人口仍然生活与居住在农村地区,传统社会的影响仍然根深蒂固,农村人仍十分注重家族的兴旺。印度农村传统的大家庭最显著的特点是家庭成员众多。由于婚育年龄小,妇女生育时间长,育龄妇女依然保持农业社会的强劲的生育势头。农村传统的大家庭带来很高的生育率,加之第二次世界大战后医疗条件的改善,也造成印度农村人口爆炸性的增长。

印度农村大家庭存在着众多的人口,也制约着农村大家庭向城市流动。印度农村庞大的家庭向城市迁移不仅本身迁移成本过高,而且城市也很难为提供巨大的容纳空间。印度城市为数不多的大城市已趋于饱和,城市病十分严重,进一步吸引蜂拥而来的农村人口十分困难,农村人口的城市化步履艰难。印度城市化模式选择的空间受到很大的挤压。

3.2.3 民族价值取向与开拓创新精神

民族价值观念、开拓创新精神也影响到人口与社会的流动,从而对城市化模式也产生重要影响。民族价值观念影响到一个民族、一个国家对开拓与创新精神的追求,对人口的地域流动与社会流动产生不同的影响。在农业社会,劳动生产力水平低下,人们养成安于现状的传统价值观念。平均主义左右着社会的长期进程,人们安贫守旧、知足常乐、不思改革,缺少竞争,束缚了开拓与创新精神,整个社会封闭循环,不利于社会的流动。

进入工业社会后,社会价值观念发生了变化。与农业社会不同,工业化社会是一个开放的社会,社会变迁剧烈,旧的价值观念在新的社会经济关系上已不适应。新型的社会、经济关系需要人的个性得以发挥,形成以个性的解放为基础的价值观。工业社会的生存与发展条件发生重大变化,竞争代替了合作,平均主义走向衰退,新的民族价值观念出现,民族开拓、创新精神悄然兴起,成为社会经济发展的发动机,刺激整个社会奋发向上。

早在文艺复兴之后,欧洲民族的开拓与创新精神就悄然兴起。中世纪的欧洲是欧洲历史上最为黑暗的时代,教会禁锢着人们的思想,世俗社会也等级森严,整个社会死气沉沉,缺乏开拓、创新精神。文艺复兴突破了教会的权威,人们思想获得了解放,欧洲人的价值观念也发生了巨大的变化。文艺复兴提倡个性解放,刺激了欧洲的开拓精神,开启了一个新的创新时代。工业革命前夕,法国思想家及大革命给欧洲带来了平等思想,彻底动摇了农业社会严格的等级制度。新价值观念推动欧洲人勇于开拓与创新的精神,使工业革命率先在欧洲出现,推动欧洲最早进入城市国家之列。

文艺复兴之后,欧洲人养成了十分注重理论研究的传统,率先将科学研究运用于生产技术之中,从而开启了工业革命的大门。工业革命后,欧洲人的创新精神使之在科学技术理论上建树颇多,欧洲人在工程技术、化工等方面提出的理论至今仍影响着整个世界。进入19世纪中后期,英国人法拉第在电磁理论上取得突破,从而产生了电磁学,使电力能够广泛地运用于生活与生产之中;法国人发明了西门子敞炉炼钢法,大大提高了炼钢效率。这些理论与技术掀起了第二次工业革命。

继承早期欧洲移民的传统,美利坚民族更是一个极富开拓创新精神的民族,这种精神源于这个民族的价值观念,与恶劣环境结合而形成了美利坚人讲求实际的作风。早期美利坚人是来自欧洲的清教移民,他们为追求平等与自由而来到北美大陆,而移民最大的特点是开拓、进取。在边疆开拓与西进运动中,美国人孕育出特有的"个人主义"与"平等"的价值观,美国史学家把它们称为美利坚民族最重要的价值观,并把后来美国人的辉煌成就归功于这些价值观念的形成。"个人主义"和"平等"的价值观给美国社会注入了活力,刺激了美国人永不知足的激情,推动美国社会经济的持续发展,推动美国的工业化与城市化进程,同时也形成美国人的城市化模式。

在美国发展历程中,"个人主义"和"平等"的价值观强有力地刺激了开拓与创新精神,而创新精神又与生产技术密切联系在一起。早在工业化初期,美利坚民族就在生产领域表现出强烈的创新精神。1812 年的第二次英美战争期间,美军急需大量的枪支,而当时的枪支是由单个工匠一支一支地制造,对工匠技术提出很高的要求,美国缺少这样的能工巧匠,枪支生产几乎为欧洲人所垄断。美国人惠特立与政府签订了供应大量枪支的合同,惠特立发明了互换制方法,即枪支零件按标准件制造,然后进行组装。用这种方法,只需对一个人进行稍稍训练一下,就可以成批生产一种零件,然后成批组装出所需的各种枪械。惠特立的互换制弥补了美利坚民族的不足,降低了工匠在制造业中的作用。更为重要的是,互换制产生了新的工艺革命,最终导致流水作业的诞生,20 世纪福特汽车生产流水线将其发扬光大,推动美国大众生产时代的到来,对美国的城市化及其模式产生了深远的影响。

工业化后的历史进程中,美国人更加重视实际运用。19 世纪中后期,英国人在电磁学理论的突破,法国人的西门子敞炉炼钢法在欧洲工业技术中运用十分缓慢。美国人最先采用了英国人、法国人的科研成果成果,从而率先进入第二次工业革命,有力地推动美国工业化进程,并在短期内赶超欧洲列强。在第二次世界大战后的后工业社会中,美国人也最先将信息技术运用于经济发展中,从而开启了一个新时代——信息时代。创新型思维定式影响美国人的迁移观念,从而也使其城市化的演进走在时代的前面。

明治维新之后,日本固有的民族价值观念得以长期保存下来。尽管日本在学习西文过程中经济获得快速的发展,但西方“个人主义”和“平等”的价值观并没有同步融入到日本社会之中。日本民族崇尚忠君、集体主义、团队合作等。日本人特有的价值观,使日本成为世界最聪明的学生。[①] 在长期的工业化进程中,日本人在学习与模仿西方制造业发展方面非常优秀,他们输入别人的技术并加以改造,从而生产出比别人更好的产品,以此抢占别人开拓的商品市场。但日本人特有价值观念却束缚其思维,使其开拓创新略显不足。在城市化模式的演进上,日本人更容易选择聚集,而在城市化的分散上也显得犹犹豫豫。

在价值观念方面,俄罗斯人与西方有很大的差异,具有更多的东方色彩。

---

① 海斯:《世界史》,生活·读书·新知三联书店 1975 年版,第 1065 页。

自彼得大帝起,俄罗斯国家强化意识形态的主导作用,对其民族价值观念产生重要的影响。在长期的沙皇君主专制下,不允许西方的"个人主义"和"平等"观念在俄国传播,俄罗斯人也习惯于本民族长期养成的传统价值观念。从沙皇帝国起,俄罗斯的人口流动受到国家的严格约束,人口的流动服从于国家对边疆地区的开发需要,社会流动也很不易。苏联时期,国家的意识形态发生了变化,同时也影响到价值观念的变化,集体主义、平均主义成为这一时代的风尚。这些价值观念仍不利于民族开拓创新精神的形成,束缚人口的流动。苏联解体后,俄罗斯人的价值观念发生了变化,新的价值观念有利于人口的自由流动,但俄罗斯人的流动方向则与今日发达国家不一样,城市化模式也不相同。

尽管19世纪初人类已步入工业化的门槛,但大部分时间里印度是一个传统的农业社会。时至今日,印度仍然保留着浓厚的农业社会的诸多特征。印度种姓、种族等社会等级森严,尤其是在占人口绝大多数的农村地区,劳动生产力低下,人们安于现状、不思改革、缺少竞争、缺乏开拓创新精神。在这种背景下,印度人口与社会的流动性受到诸多抑制,而且流动性还受家族、种族等因素的影响。

3.2.4 开拓创新精神对城市化及模式的影响

工业化社会后,民族价值观念不仅对人口及社会流动产生深远的影响,而且在对制造业厂商的选址上也产生重要的影响,由此而影响城市化进程及模式。富有开拓、创新精神的民族,永不停息的开拓精神激励着他们向外开拓,他们从农村迁入城市,又从城市移往郊区及非城市地区的小城镇。随着工厂组织及交通的变化,富有开拓精神的厂商将工厂从乡村地区移往城市。在工厂趋于大型化、高速公路网及信息网络的建立后,他们又将工厂企业移往郊区及小城镇。开拓、创新精神有力地推动城市化的进程,也影响到各国的城市化模式。

在长期的历史进程中,美国人的开拓、创新精神强有力地刺激了人口与社会的流动。美国人的开拓精神使人口高度流动,在寻找经济机会及实现价值观的刺激下,美国处于不停的流动之中,从欧洲汇集到美国沿海,从东部向西部迁移,从农村迁到城市,再从城市迁移到郊区,始终处于流动之中。

美国社会不知疲倦的开拓创新精神刺激了大批社会成员向上流动,产生了庞大的企业家阶层。现代经济的发展离不开大批具有竞争、开拓精神的厂商,他们是现代社会发展中极其重要的组成部分,美国人十分形象地称他们为"工业船长"。美国工业化时期的钢铁大王卡耐基极其形象地形容了企业家和社会的关系,他认为百万富翁(企业家)像一只只蜜蜂,而社会则像蜂箱;他们在蜂箱中酿出蜜糖来,对社会做出最大的贡献。① 20 世纪初,美国学者熊彼得"创新理论"中也充分肯定了企业家在现代经济中作用,他认为创新过程中起决定性作用的是企业家,他们是现代工业化社会的"灵魂",强有力地推动美国经济的快速发展。在美国经济发展过程中,工业化时期的洛克菲勒、卡耐基、信息时代的盖茨等一大批企业家做出了极其重要的贡献。

第二次世界大战后,美国社会流动与工业化时期具有很大的不同。这一流动主要趋势是蓝领工人阶级大量上升为白领的中产阶级。1940 年美国三分之一的劳动力集中在以白领为主体的第三产业;1956 年上升到二分之一,1970 年达到了五分之三。② 信息技术等高新技术的出现使产业结构发生了变化,促使大量人口向上流动,进而改变了美国的社会结构。在这一变化中,处于社会结构底层的下层和工人阶级不断萎缩,社会结构两端日益缩小,中产阶级为主体的中间层则日益膨胀。

中产阶级的膨胀改变美国人口流动的方向及城市化模式。工业化时期,大量的农村进入城市成为蓝领工人。蓝领工人向城市工厂附近集中,城市化则以聚集为主要内容。第二次世界大战后,日益膨胀与富裕的中产阶级表现出对新生活的热烈追求的热情,他们不愿意挤在狭窄的城市中心,这些庞大的日益富裕的中产阶级纷纷从城市中心区迁移出去,在郊区建立新的邻里,并吸引高收入的蓝领工人向郊区流动。不少高收入的蓝领工人也自称中产阶级,向郊区高收入的邻里迁移。这一流动改变了美国人流动方向与城市的模式,成为美国大众郊区化的强大动力。

欧洲开拓创新精神对人口流动方向影响与美国大体相似,但其流动性不如美国。在工业化之后的长期进程中,欧洲重理论创新而轻视应用的观念在

---

① Edward Chase Kirkland, *Dream and Thought in the Business Community*, Chicago, 1964, p. 102.

② Carl N. Degler, *Affluence and Anxiety*, Illinois, 1975, p. 174.

一定程度抑制了民族的流动性,对城市化模式的演进也有其自己的影响。第二次世界大战后,欧洲新的科学技术在生产中的运用更为缓慢,使欧洲人职业地位向上流动与美国相比大为逊色,尤其是没有美国那样的大规模的蓝领工人向白领中产阶级的流动,在一定程度上影响欧洲人的选址类型,最终也影响其城市化模式的演进。欧盟国家人口也向郊区流动,但远不如美国,其郊区化也不如美国那样成熟。

日本开拓创新精神逊色于欧美,流动性不能与欧美国家相比,对日本的城市化模式演变产生一定影响。在政府主导的市场经济之下,战后日本大力引进欧美技术,日本人以特有的模仿能力加以改造,强有力地推动经济的发展。在整个经济发展过程中,日本人的开拓、创新不足,在制造业快速发展过程中,蓝领工人大量增加,科研人员相对少。到 20 世纪全球化背景下,日本城市制造业向外海外大规模迁移,日本城市经济趋于空洞化,经济结构的变化导致白领工人增加。创新的不足不利于社会的流动,日本城市化模式演进步伐也显得艰难。

近代以来,俄罗斯民族不乏开拓创新精神,但却受到一定抑制,从而影响到俄罗斯的流动性。在长期的历史进程中,俄罗斯的城市化在政府控制、指导下推进。印度的情况与俄罗斯有着相似之处,印度的开拓创新精神则受制于固有的种族、种姓制度,也抑制了人口与社会的流动,从而抑制了城市化的进程及模式的演进。

3.3 大国资源禀赋及对城市化政策的影响

3.3.1 自然资源比较

自然资源禀赋也影响到政府公共政策及经济制度,从而影响一国的流动性,并在深层次上影响到各国的城市化政策与模式。美、欧、日、俄、印等大国的自然资源可分为三种类型,即自然资源丰裕的国家、自然资源短缺的国家、自然资源不足但劳动力丰裕的国家。各国在制定有关城市化的公共政策时会充分考虑其自然资源状况,由此对城市化进程与模式产生重要的影响。

美国与俄罗斯都是自然资源十分丰裕的国家,其城市化模式选择空间巨大。美国城市化模式可视为当代城市化的理想模式,但却不具有可复制性,其中最为重要的原因是美国拥有丰裕的自然资源。美国土地十分辽阔,在 937.26

平方公里的土地上,居住着 3 亿人口。美国耕地面积达 1.97 亿公顷,占世界耕地总面积的 13.15%,是世界上耕地面积最大的国家。美国人均耕地 0.7 公顷,是世界人均耕地面积的 2.9 倍。无论是从国土面积还是从耕地面积的角度,美国都可谓是地广人稀,而且美国气候温和,土地肥沃。辽阔的土地、宜人的气候给美国人提供了城市扩张与发展的巨大空间,美国城市化进程中对土地资源的使用十分"慷慨"。这种条件在资源短缺的国家是不可能达到的。

美国矿产资源也十分丰富,可为城市化模式的选择提供雄厚的物质基础。美国煤、石油、天然气、铁矿石、钾盐、磷酸盐、硫磺等矿物储量均居世界前列。此外,美国还拥有丰富的铅、锌、银、铀、钼、锆、铜、金、钾盐和硫磺等矿产资源。煤炭的总储量为 36000 亿吨,原油储量为 270 亿桶,天然气储量为 56000 亿立方米。[①]丰富的矿产资源为城市化向极其广阔的空间扩散提供了坚实的物质基础。

与美国相比,俄罗斯的自然资源更为丰裕。俄罗斯国土面积为 1707 万平方公里,居世界第一。俄罗斯土地资源十分丰富,拥有全世界 10% 的耕地,耕地面积约 1.3 亿公顷,其中 50% 的可耕地为肥沃的黑土地。人口约 1.5 亿,人均耕地面积为 0.84 公顷,排列世界第一。俄罗斯巨大的土地资源需要开发,同时也需要推动各地区的城市发展,将城市化扩散到辽阔的地区。俄罗斯城市化进程面临的最大问题是一些地区人口稀少,与其他大国明显不同。因此,自沙皇帝国时期起,俄罗斯国家一直致力于东部辽阔地区的开发及城镇的发展。

与美国相比,俄罗斯矿产更为丰富,在世界自然资源总储量中占有重要位置。俄罗斯的矿产资源,如煤、石油、天然气、泥炭、铁、锰、铜、铅、锌、镍、钴、钒、钛、铬的储量均名列世界前茅。[②] 在矿产资源中,石油与铁矿石资源对工业化与城市化影响最大。俄罗斯是今日世界最大的石油输出国之一。丰富的矿产资源确保俄罗斯在城市化模式选择上具有巨大的空间。

欧盟属于自然资源匮乏的国家,尤其是土地资源。欧盟的前身欧共体创始国为法国、联邦德国、意大利、荷兰、比利时和卢森堡六国。经过 5 次扩大后,欧盟成员国现已增至 25 个。欧盟国家以西欧发达国家为主体,2004 年,

---

① 刘翊:《美国自然资源》,网址:bbs. easybizchina. com/showtopic-5856. aspx-27k。

② 鹏飞:《丰富的俄罗斯自然资源》,网址:www. chinarussia-info. com/ReadNews. asp? NewsID=1580-58k。

东欧的波兰、匈牙利等 10 国加入,扩大后,欧盟成员国的总面积达到 397.3 万平方公里,人口约 4.53 亿。欧盟国家的土地面积比俄罗斯、美国等大为逊色,尤其是人口稠密的西欧、中欧部分。土地面积的狭窄对城市空间的扩张有一定的限制,同时也使城市化模式的选择产生一定的限制。欧盟国家的城市化模式缺乏美国、俄罗斯的巨大的选择空间。

在矿产资源方面,欧盟国家也十分匮乏。欧盟国家的石油资源集中在英国、挪威附近的北海油田,与俄罗斯、美国相比,储量很小。欧盟国家拥有一些著名的煤田,集中在德国的鲁尔和萨尔、法国的洛林和北部煤田、英国的英格兰中部、波兰和捷克之间的西里西亚,但经过工业化之后的长期开采,现今储量已不多。欧盟国家天然气储量也很少,集中在荷兰、英国和德国等国。法国、瑞典、英国和德国等国储藏有一定的铁矿石,但至今已经为数不多。总之,欧洲矿产资源缺乏,尤其是经过工业化之后的长期开采,原有的资源消耗很大,主要工业原料严重依赖于进口。自然资源的不足,使欧盟十分珍惜自然资源,在城市化模式的选择上政府也十分谨慎。

日本是一个自然资源极度匮乏的国家,日本的城市化模式的选择与其匮乏的资源相适应。日本国土总面积为 37.78 万平方公里,约相当于俄罗斯的 1/45,美国的 1/25,人口超过 1 亿,人口十分稠密。而且,日本没有辽阔的平原,70% 的国土是山地,耕地面积只占全部国土面积的 13.6%,20 世纪 90 年代全国人均耕地面积仅为 0.39 公顷,而且耕地的保护不力,耕地面积逐渐减少。日本是典型的人多地少国家,在城市化进程中对耕地的保护成为其十分棘手的问题。日本矿产资源也十分贫乏,石油、煤炭、天然气、铀矿极少,在城市化进程中也十分注重矿产资源的节约。在这样背景下,日本的城市化模式选择的空间就显得十分狭窄。

印度也是一个自然资源相对匮乏的国家,但因人口众多而劳动力丰富、廉价。印度国土面积为 297.47 万平方公里,人口超过 10 亿。印度的耕地面积约为 1.43 亿公顷,居亚洲首位,虽超过俄罗斯,但因人口众多而人均耕地仅为 0.16 公顷,不足俄罗斯的 1/5。① 印度拥有一定的矿产资源,煤、铁、锰等矿产

---

① 《印度概况》新华网,网址:news.xinhuanet.com/ziliao/2002-06/18/content_445486.html-46k。

资源的储藏量均居世界前列,石油、天然气、铝土、铜、金和铅锌等矿的储量也较为丰富,但因人口众多而人均自然资源占有量很少,尤其是石油很大程度上依赖于进口。众多的人口造成了资源的巨大压力。

3.3.2 自然资源与城市化政策

自然资源的丰裕程度对经济制度及政府的城市化政策有着十分重要的影响。自然资源丰裕的国家,在制定经济政策上的空间大,其城市化政策也很宽松。这类国家具有推动工业化与城市化空间扩散的良好条件,它们习惯于利用其丰富的资源,强有力地推动工业化与城市化进程。自然贫乏的国家的条件就没有这样优越,其城市化推进受制于资源短缺的影响,这类国家在城市化政策上十分谨慎,它们在选择城市化模式时,十分注重国内现有的资源状况及通过国际贸易而获得资源的代价。

美国具有丰富的自然资源,政府在经济政策与城市化政策取向上更趋向于扮演"守夜人"的角色。美国自然资源十分丰富,各级政府对土地、矿产资源的使用显得很"慷慨"。在城市中心因众多人口、机构集中而产生聚集不经济之时,企业家通过空间转移而换取经济效益,城市功能向外围地区分散,政府很少考虑到这一分散所带来的土地资源及矿产资源的浪费。地方权力分散、利益各异,政策取向不一。州政府更多地关心城市空间的扩大,尤其是郊区的土地升值,进而把郊区纳入城市化地区,可由此而产生众多的经济利益。在州政府的支持下,大城市外围的郊区更是关心其自身的发展。因此,尽管郊区化造成土地资源、矿产资源巨大消耗与浪费,但基于城市化扩散所带来的巨大经济利益的考虑,联邦及州政府还是可以接受的。

正因为拥有丰富的自然资源,美国人近乎随心所欲地消耗自然资源,尤其是不可再生的资源。美国人口约占全球的5%,每年却消耗全球25%的石油。[1] 同样美国人还大量消耗其他诸多矿产资源,如天然气、煤、钢铁、铝等。正因为如此,世界各国不少学者对美国城市化模式提出异议与严厉的批评。

---

[1] Charles W. Schmidt, Petroleum: Possibilities in the Pipeline, Environmental Health Perspectives Volume 110, Number 1, January 2002, 网址: http://www.ehponline.org/docs/2002/110-1/toc.html。

尽管美国城市化模式带来巨大的经济效益,但却不具有复制性,不具可持续性。

在资源短缺的欧盟,政府在城市化上政策影响就要大得多。其中最为重要的一点是,政府城市化政策得充分考虑自然资源的节约,充分考虑城市发展及城市化的可持续性。第二次世界大战后,随着公路交通及生产技术的发展,城市化趋向于分散,政府对产生的城市蔓延给予高度的关注,并对城市外围地区的发展采取一定的限制。欧盟国家人口相对稠密,土地资源稀缺,第二次世界大战前,不少国家食物短缺现象突出。随着欧洲战后的重建,各国政府不愿依赖世界其他地区提供粮食,对农业异常重视,力争农业自给。在城市化进程中,欧盟国家都十分重视农业用地的保护。在城市化转型过程中,城市的蔓延及郊区低密度的独户住宅必将吞噬城市四周大量的良田,会使欧盟国家的农业迅速萎缩,欧盟农业自给的目标会搁浅。农业发展受损必然对欧盟整体经济的发展产生消极的影响。

另外,欧盟石油等矿产资源的匮乏,也不允许欧盟国家过度地推进汽车文化及小汽车战略。1973 年石油危机使欧洲国家的汽车文化受到强烈的冲击,欧洲国家冷静地重审它们的交通战略。危机期间,欧洲国家因能源价格上涨而蒙受巨大的经济损失。能源的涨价绷紧了欧盟国家的神经,它们难以为大量的能源进口而支付巨额的外汇。从这时起,欧盟国家在选择交通工具时,十分注重石油资源的节约,轨道交通、公共交通重新进入政府及规划师的视线,而公路交通及小汽车战略则退而求次,在很大程度上限制了郊区的蔓延。

日本的自然资源状况也很难支撑城市化向郊区及农村大规模地分散。工业化之后,日本东京等大都市快速膨胀,尤其是第二次世界大战后东京人口迅速突破了一千万成为世界最大的城市之一,进入 21 世纪之后则达到 3530 万人。① 东京已是世界最大的城市,而且人口在城市中心地区高度集中。日本整个人口则在东京、大阪、名古屋三大城市高度集中。就城市高度集中的状况而言,日本将城市化由聚集推向分散的意愿十分迫切。但日本耕地面积十分狭窄,食物供给长期短缺,严重依赖于从国外进口大量粮食。郊区化必然吞噬

---

① 联合国人口与发展委员会报告,网址 http://news. sohu. com/20050218/n224329159. shtml。

大量的耕地,这是日本难以承受的。此外,日本矿产资源也十分贫乏,基本上依赖于进口,每年进口工业原料花费了大量的外汇。尤其是还面对新兴工业化国家对资源的激烈竞争,日本更加小心翼翼地采取资源节约型战略,日本不能像欧美那样实施分散的城市化战略,在长期的发展过程中资源向特大城市汇集不可避免,城市化分散阻碍很大,但城市化从聚集走向分散也是城市化演变的方向,日本的城市化模式选择空间受到限制。

自然资源丰富而人口稀少的俄罗斯的城市化政策与上述诸国又有所不同。俄罗斯土地十分辽阔、矿产资源十分丰富,问题则是国土太分散了,而人口少,确实是地广人稀。面对这一国情,从沙俄时期起,国家就十分注重内陆及边疆地区的定居点的建立及开发,政府鼓励与强制西部地区的人口到东部定居。苏联时期,国家则进一步采取强制措施将西部人口迁移到东部,政府通过人口向边疆分散来推动西伯利亚及远东地区的发展,客观上有利于这些地区的城市发展及城市化。实际上,这一时期俄罗斯的城市化还处于聚集阶段,政府的公共政策则更多考虑政治因素及未来边疆地区的开发。

在苏联解体后,俄罗斯国家领导的城市化政策才有所改变。尽管俄罗斯政府也希望继续推动西伯利亚及远东地区的发展,政府也作出很大的努力,但其城市化仍然处于聚集阶段。在市场经济的作用之下,俄罗斯人不断地从西伯利亚、远东地区及中亚向其西部城市迁移,尤其是向莫斯科、圣彼得堡等大城市集中。政府在俄罗斯城市化的两难处境中推进,一方面资源继续向莫斯科等大城市汇集,另一方面则为边疆地区人口流失而困惑。自然资源丰裕而人力资源不足,使俄罗斯在开发辽阔的国土及推进边疆地区的城市化时显得力不从心。

印度自然资源短缺、人口众多,其城市化模式的选择空间就显得十分狭窄。确切地说,印度并没有苏联那样的限制城乡流动的公共政策,人口的流动权力还在一定程度受到法律的保护。但是印度自然资源匮乏、加之经济落后,从经济效益的角度,政府将资源向大城市集中,希望通过大城市优先增长而带动城市经济发展与城市化进程。

具体而言,政府将经济资源集中布局在大都市区,吸引民间资源进一步向城市汇集,从而推动大城市制造业的发展。政府希望在大城市发展之后通过其辐射影响而带动中小城市及广大农村地区的发展。第二次世界大战后,印度大城市集中了印度绝大多数现代制造业厂商,大城市制造业的发展也推动服务业的发展,为大城市带来了众多的经济机会,吸引中小城市、小城镇及农村人口源源不断地蜂拥而入。

这种工业化政策使印度集中型的城市化演变成大城市的超前增长。现代化工厂集中于大城市,强化了印度固有的城乡二元结构,中小城市及广大农村地区却因缺乏资源的供给而制造业发展困难,经济十分落后,贫困人口高度集中。① 在这种背景下,人口大规模地直接涌入大城市是情理之中的事。尽管印度城市化水平不高,而城市人口却在大城市高度集中,人口的大规模涌入,使大城市失业人口呈逐渐增长的趋势,大城市地区的城市化过度现象突出。大城市增长极的出现,使中小城市、小城镇发展落后。这也是印度大城市持续膨胀及农村贫困现象突出的重要原因之一。

综上所述,各大国城市化模式的选择有其社会、历史及自然资源等方面的重要的原因,各国政府组织、民族价值观念影响着人口与社会的流动。从社会学的角度,多元模式的市政组织、个人自由、平等的价值观念形成一个开放的社会,有利于人口与社会的流动。具有丰富的自然资源的国家在城市化模式的选择上具有广大的空间,更趋于采取分散型的城市化。权力集中并具有精英模式的城市政府组织的国家或地区,人口与社会的流动性受到限制。自然资源贫乏的国家多选择有限的资源发展大城市,更趋向于采取紧缩型的城市发展,选择了集中型的城市化模式,城市化分散受到诸多限制。这些因素影响一国的城市化模式选择。

---

① Aahutosh Panday, *Urbanization & Globalization in India*, Rablication, 2008, p. 3.

4 经济发展水平、经济模式对城市化模式的影响

在城市化进程中,经济发展水平、经济模式对城市化模式起着更为重要的影响。城市化始于工业革命所带来的机器大生产,伴随着工业化的展开及经济的快速发展,城市化也出现加速的趋势。经济高度发达的国家或地区,经济实力雄厚,城市化进程及模式的选择上具有巨大的空间。经济相对落后的国家,经济资源不足,在选择城市化模式时就受到很大的约束,尤其是选择推进城市化的交通工具上困难重重。一国的经济模式及相应的市场经济的取向,也影响到政府的城市化公共政策,并最终影响到城市化模式的选择。因此,在分析大国城市化模式的选择上应综合考虑这些因素。

4.1 美国经济发展水平及自由市场经济的影响

4.1.1 高度发达的经济对城市化演进的影响

美国高度发达的经济对其城市化模式的选择提供异常雄厚的物质基础。从 19 世纪时期工业化起,美国经济迅速崛起,发展为高度发达的现代市场经济国家,其国内生产总值和对外贸易额均居世界首位。根据世界银行统计数据,2005 年美国国内生产总值(GDP)为 14.49 万亿美元、日本为 4.66 万亿美元、德国为 2.73 万亿美元、英国为 2.28 万亿美元。[①] 2005 年,美国人均 GDP 为 4.2 万美元,英国为 3.698 万美元,日本为 3.64 万美元,美国大大高出日本及欧盟国家的人均收入。与日本等国相比,美国的物价指数要低得多,从购买

---

① 世界银行 2006 年 1 月发布 2005 年国内生产总值(GDP)国家排名,网址:http://hi.baidu.com/linwei7424/blog/item/dc24d2580af0c681800a1892.html。

力的角度美国人的人均 GDP 显得更高,美国社会也更为富裕。

经济发达及巨大的国内生产总值有利于城市空间的均衡发展及城市化分散模式的选择。在雄厚的物质条件的支持下,政府拥有雄厚的财力,更为注重社会的公正,注重边缘及农村地区的发展。在此情况下,各等级城市、城乡经济社会均衡发展,有利于城市化空间布局从大城市向中小城市、小城镇及广大农村地区的分散,使城市化在极其广阔的空间上扩散,同时也极大地拓展了经济发展空间。

在经济落后的前提下,城市发展空间的发展受到很大的束缚,城市化的紧缩或聚集模式则会被优先考虑。在这种情况下,政府的政策则更多地考虑效益优先,很少考虑社会公正问题。政府将有限资源集中于大城市的优先发展,形成增长极核,推动聚集型的城市化发展。正如今日发展中国家所做的那样,大规模资源集中造成的大城市空间无止境的扩散,加剧了城乡地区间的巨大不平衡。城乡发展的不平衡不仅仅是经济问题,而且在不少地方上升为政治问题。

经济发达,政府拥有雄厚的财力,可充分考虑城乡地区的社会公正问题。在经济发展初期,整体经济还十分落后,优先发展大城市不可避免,边缘地区的发展则不能顾及。这一时期,在自由市场经济的作用之下,大量生产要素向区位条件优越的大城市聚集,从而促进大城市社会经济繁荣,而小城镇及广大的农村地区则大量的生产要素流出,经济凋敝。尤其是小城镇与农村地区的基础设施十分落后,空间上与外界隔离,整个社会经济显得很封闭,发展十分缓慢,社会矛盾尖锐。

在经济还十分落后的前提下,城市居民还是愿意居住在大城市中心附近。工业化时期,美国城市中心附近挤满了进入城市寻找工作的人。这时,城市大量人口从农村地区和欧洲国家来到美国城市,他们大多一贫如洗,必须为生存而竭尽全力。他们在城市最为迫切的是找到工作,节约各项开支。工业化时期的城市交通相对落后,通勤费用高,他们大多选择接近城市中心工作地点而居住,这样可节约交通及信息费用。在这种情况下,城市中心区及其附近十分拥挤,城市居民还不能顾及居住质量,对居住空间的大小也要求不是很高,大多居民居住于城市狭窄的住房里。

第二次世界大战后,美国经济获得更为迅速地发展,社会日趋富裕。其经济高度发达,1950 年,美国 GNP 为 3553 亿美元,而当年日本 GNP 为 278.29 亿美元,德国(指原联邦德国,即西德)GNP 为 536.2 亿美元。美国经济实力远远超过其他工业化国家,其 GDP 约占当时世界的 40%。在强大的财力支持下,政府可实施积极的公共政策,重点扶持落后地区的发展。政府的公共扶持政策的重心也由核心地区向边缘地区转移。

第二次世界大战后,美国联邦政府依靠殷实的财力大力推行向小城镇及广大农村地区倾斜的政策。政府对小城镇及广大农村地区的最大扶持是进行交通设施的巨大投资,特别是深入到农村地区的公路系统。1956 年,美国国会通过了《联邦援助公路法》,在全美修建庞大的州际高速公路系统,其费用的 90% 由华盛顿支付,这一政策推动全美庞大的公路网络系统的建设。到 1983 年,联邦政府用于公路建筑的费用累积为 5000 亿美元。[1] 到 1995 年,美国已拥有 1300 万英里的道路(公路与街道)。[2] 政府在郊区及乡村地区巨额的公路投资,强有力地推动农村地区的发展及城市化向农村广阔的地区扩散。庞大公路系统对于城市化的扩散有着极其重要的影响。

经济发达推动了整个社会的富裕,影响到美国人的消费行为。自 20 世纪初起,美国社会日趋富裕,居民收入日益增加。1920—1929 年期间,美国人均年收入增加了 26%。[3] 第二次世界大战后,美国经济更是经历了长期的高涨,居民收入又有较大幅度的增长,社会趋于富裕。美国社会富裕程度可从食物消费的恩格尔系数上反映出来。20 世纪 70 年代,西欧工人的恩格尔系数为 0.25,苏联为 0.5,日本为 0.35,而美国仅为 0.18。[4] 从恩格尔系数上也可以看出美国社会远较其他工业化国家富裕。收入增加、恩格尔系数降低有助于居民在住宅上的更多选择,并对城市居民的住宅的空间选址产生重要的影响。

社会富裕、居民收入的增加也对居住环境的空间选址产生一定的影响,并影响其城市化模式选择。在工业化时期,城市居民收入不高,大多挤在城市中心附近狭窄的空间里。第二次世界大战后,社会趋于富裕,居民收入大幅度增加,对居住环境提出较高的要求。他们要求宽阔的居住空间,舒适的邻里,这就影响到居民对城市居住空间位置的选择。图 4-1 是居民收入增加及竞租

---

① Peter D. Salins, *New York Unbound*, Manhattan Institute, 1988, p. 41.

② Donald A. Henderson, *Urbanization of Rural America*, Nova Science Publishers, 1998, p. 105.

③ Carll N. Degler, *Affluence and Anxiety*, Illinois, 1975, p. 511.

④ Carll N. Degler, *Affluence and Anxiety*, Illinois, 1975, p. 171.

能力提高后的住宅外迁。图中 Ra 是农业地租,X 是城市边界,R 是居民竞租能力。假定农业地租不变,土地竞租者只有城市居民。竞租价格超过农业地租,城市边缘及郊区的农业用地就可能转变为住宅用地,城市向外扩张,郊区城市化就不可避免。随着城市居民工资增加,居民收入的效用随之提高,竞租能力也随之增加,城市居民租金曲线从 Rc 提高到 Rc′,城市边界则从 X0 移至 X0′。这一移动表明,随着收入增加,城市居民不断向外迁移,把郊区乃至农村地区农业用地转变为郊区住宅区,推动郊区城市化的进程。

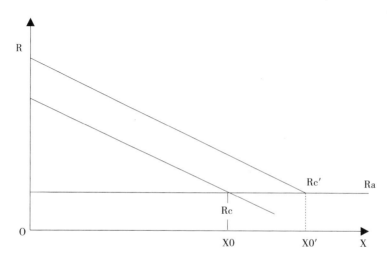

图 4-1 收入增加及竞租能力提高与城市边界的扩大

而且,社会富裕、新技术的运用及收入的增长加速了社会及人口的流动。在美国社会流动过程中,大量的中产阶级出现,加快了人口向外迁移的步伐。在美国中产阶级是一个充满活力的阶层,这一阶层的社会成员受过良好的教育。中产阶级有强烈的参与意识,社会流动性强。第二次世界大战后,美国社会流动加速,中产阶级膨胀起来。第二次世界大战后,美国中产阶级的膨胀最主要表现在服务业吸纳的劳动力增加。经济发展及社会富裕,促使大量工作岗位能够从制造业中移走,推动了第三产业的发展。1940 年美国三分之一的劳动力集中在第三产业;1956 年上升到二分之一,20 世纪 70 年代达到五分之三。①

---

① Carl N. Degler, *Affluence and Anxiety*, Illinois, 1975, p. 174.

在这一变化中,处于社会结构底层的下层和工人阶级不断萎缩,社会结构两端日益缩小,而中间层则日益膨胀。

美国中产阶级迫切希望离开嘈杂的城市,大多选择向郊区迁移。随着中产阶级的膨胀,他们大规模地从城市中心向城市边缘及郊区迁移,建立自己的郊区同质邻里。中产阶级向郊区迁移,在美国城市蓝领工人中产生很大的影响。郊区成为较高收入地方,郊区地区"绅士化",成为成功人士向往的地方。因此,大量的高收入的蓝领工人模仿白领阶层,向郊区迁移,成为地道的郊区人。战后美国社会日趋富裕,促使美国城市居民更加倾向于向外迁移,成为美国郊区化的动因之一。

经济发达、社会富裕使汽车文化深入到美国人生活之中,推动了人口从中心城市向辽阔的郊区及乡村分散。随着社会富裕,人们对汽车的购买力不断提高。1945 年,美国登记的私人小汽车有 2550 万辆,10 年后又增加了一倍。① 到 1995 年,美国公路上的汽车超过 1 亿辆,平均每两人拥有一辆,其中小汽车超过 7000 万辆。② 美国汽车拥有量远高于欧洲与日本,例如,1975 年,美国每千人拥有汽车 460 辆,欧洲经济最发达的国家德国为 276 辆,而地广人稀的芬兰仅为 180 辆。美国每千人汽车拥有量为德国的 1.67 倍,芬兰的 2.56 倍。③ 日本汽车拥有量更是低于欧洲国家。汽车文化对美国城市化走向分散有着极其重要的影响。

4.1.2 美国自由市场经济的特点

在经济制度上,美国是传统的自由放任的自由市场经济国家,这种市场模式又称"自由主义的市场经济"。④ 自由市场经济取向源于美国人重要的价值观念"自由主义"与"平等",在长期的的边疆开拓与人口流动过程中,美国人形成的这种价值观念强烈地反对政府对个人乃至经济生活的干预。这种价值观培养出无数的富有开拓精神的企业家及企业家阶层,强有力地推动美国经

---

① John B. Rae, *American Automobile*, Chicago, 1969, p.129.
② Donald A. Henderson, *Urbanization of Rural America*, Nova Science Publishers, 1998, p.105.
③ Croom Helm, *Suburbia*, London, 1986, p.7.
④ 爱德华·P·辛克尔爱:《美国商务》,经济科学出版社 2000 年版,第 9 页。

济快速发展及城市化的演进。

1787 年,美国宪法规定了私有财产的不可侵犯,以此确立了自由企业制度,为自由放任的市场经济发展提供了法律依据。进入工业化后,美国人很容易地接受了亚当·斯密经济思想,并建立了自由市场经济模式。亚当·斯密提出了自由主义的经济理论,反对国家对个人经济生活的干预。斯密最有影响的概念是"看不见的手",即市场规律自发地调节经济发展。在斯密看来,国家最好的经济政策是废除一切特惠和限制制度,实现经济的自由放任,反对国家干预。这种思想长期影响着美国的经济、社会政策,美国政府长期无为而治、甘当"守夜人"的角色。

19 世纪晚期的工业化起,自由市场经济强有力地刺激了美国人的开拓与企业创新精神,推动了整个社会奋发向上。政府的宽松政策创造了一个宽松的投资环境,有利于个人和厂商的经营活动,他们大胆拓展与创新,从中脱颖而出大量的企业家,如工业化时期的洛克菲勒、卡耐基等人。在自由经济条件下,他们的成功激励了一代代的美国人,人人都可以通过个人奋斗及其聪明才智而获得向上流动。

经济起飞时期起,自由市场经济保护并鼓励了自由竞争,强有力地推动美国经济的发展。19 世纪晚期是美国自由主义经济最为盛行的时期,也是美国经济发展最为迅速的时期。内战后,钢铁、煤炭、石油、化工等产业迅速崛起,带动美国经济快速发展。内战和第一次世界大战期间,美国制造业增长了 12 倍,GDP 也超过欧洲列强而跃居世界首位。

1929 年之前,美国城市公共管理中城市政府基本是只起"守夜人"的作用,经济发展由一只"看不见的手"引领,1929 年,经济危机使"市场失灵",政府原有的角色受到挑战。危机期间,美国市场趋于崩溃,商店关闭、工厂倒闭,大量的工人被抛向社会。面对城市的混乱局面,城市政府、州乃至联邦政府感到束手无策。

在现代社会中,社会经济日趋复杂,市场的力量也会使经济运行失控。经济信息的不完全,竞争具有盲目性,导致工业革命以来一次次的经济危机,在 19 世纪晚期美国城市经济驶入快车道时,政府仅是一个"守夜人",由市场力量这只"看不见的手"尚能推动经济的正常运行。但现代经济日益复杂,社会变迁迅速,市场千变万化,缺乏政府强有力的公共政策与管理,也会导致"市场失灵"。在此情况下,需要政府制定较为积极的公共政策,并较为积极地实施对经济进行干预。

1929 年世界经济危机爆发后,英国经济学家凯恩斯提出了国家对经济干预的理论。凯恩斯认为国民收入和就业量由有效需求决定,有效需求不足必然导致普遍生产过剩的经济危机和大量的非自愿失业,失业和危机则是"有效需求"不足的结果,有效需求则由消费和投资构成。为此,凯恩斯主张进行国家干预,通过扩张性的宏观经济政策尤其是财政政策来刺激消费和增加投资,以实现充分就业。凯恩斯的经济思想为政府干预经济提供了理论依据,对第二次世界大战前后工业化国家影响很大,尤其是饱受危机蹂躏的美国。

1933 年,罗斯福出任了美国总统,针对危机而带来的经济发展的无政府状况,罗斯福在全国推行新政。罗斯福在相当程度上放弃了政府传统的不干预经济的政策,积极地干预经济活动。政府实施了扩张性的宏观财政政策,提供了大量资金进行机场、公园、道路、学校等公共设施的建设,为失业者提供大量的就业机会。国会还通过相关的法令干预农业生产、支持住房建设、赈救失业者等。新政大很大程度降低了美国失业率,并帮助美国度过危机的艰难岁月。

但是,凯恩斯扩张性的宏观经济政策也给美国经济发展带来了一些严重的问题。罗斯福的"新政"开了国家对经济干预的先河,对战后美国联邦政府大规模参与公路等基础的建设产生了重要的影响。政府对基础设施进行了巨额的投资,并对落后地区大规模的扶持,大规模的政府消费成了政府长期而沉重的财政负担。20 世纪 70 年代起,长期的经济滞胀使美国在相当程度上放弃了凯恩斯国家干预经济的政策,并接受了货币学派的政策主张,把注意力转向经济的供给方面,实施减税方案。

与西方其他国家相比,美国政府对经济的干预程度十分有限。尽管 20 世纪 30 年代之后相当长的一段时间,政府加强了对经济的干预,但总的来说,美国经济主要还是由市场力量这只"看不见手"推动,企业经营及个人行为仍享受充分的自由。企业仍可利用自由市场经济所给予的充分自由进行经营活动,对美国社会经济的影响是深刻的。

4.1.3 城市化的宽松政策环境

自由市场经济模式决定了美国政府的长期城市化政策。在长期的自由市场经济的影响下,美国各级政府经济政策上采取无为而治的方针,在城市化上也尽量避免政府的直接干预。政府对城市化实施自由放任的政策,在有力地推动经济发展的同时,也极大地推进了城市化的进程;在第二次世界大战后的经济转型过程中则促进了城市化的演变及转型,使美国城市化的演进模式成为今日世界城市化的一种重要趋势。

在城市发展及城市化政策上,美国联邦及地方政府的自由放任色彩十分浓厚。在相当长的时间内,美国政府不干预企业与个人的活动,同时对城市事务与城市问题也不过问,联邦政府在相当长的时间内没有制定明确的城市发展政策。工业化之后相当长的时间里,地方政府组织形式及影响也不尽相同,尽管地方拥有一定程度的城市管理及土地使用的权力,但政策在实施过程中受制于企业家与职业政客,政府权力软弱无力,缺乏强有力的公共政策。

19世纪末至20世纪初,美国经历了一场举国一致的市政改革,在改革过程中地方政府在一定程度上加强了对城市的公共管理,并出台了一系列的政策。这一时期最为突出的事件是政府在一定程度上介入了住宅与市政工程建设。由于大规模的工业化展开,农村人口及外国移民向城市蜂拥而来,城市社会变迁迅速,城市住房日益拥挤,居住环境急剧恶化,引起了城市市民的强烈的不满,城市政府"守夜人"角色面临一定程度的挑战。

这一时期的资料显示城市房荒十分严重,美国城市的住房十分拥挤。19世纪末,美国一个公寓委员会对纽约曼哈顿东区住宅进行了调查发现,三分之一的房间住有两个人,三分之二的住有三个人以上。① 由于房租太高,许多人连这种廉价公寓也住不起,只好挤在城市廉价旅馆里。这种旅馆是专为城市流离失所的下层移民所开设的,巨大的房间里安置了几十间硬床,收取极少的费用。每天夜晚,廉价旅馆里挤满了无家可归的人。破破烂烂的被子上爬满了虱子、臭虫,阴暗而潮湿的屋子里弥漫着各种怪味。廉价旅馆在当时的各大城市到处可见,生意也十分兴隆。

城市环境恶劣,加之住房拥挤,致使各种疾病滋生,威胁着城市居民的身体健康。20世纪初期,美国城市佝偻病、皮肤病、伤寒、猩红热、肺结核等流行病十分常见。纽约市20世纪初期有1.3万人死于肺结核。1899—1907年,

---

① Salins,*New York Unbound*,Manhattan,1980,p. 204.

匹兹堡患伤寒而死亡的占总人数的 1.3‰。由于居住环境恶劣,疾病滋生,造成了当时城市人口寿命很短,城市人均寿命甚至低于当时的农村地区。1910年,在纽约市人口仅有 5% 活到 60 岁,1.5% 的活到 70 岁,小孩中五分之一的不能活到五周岁。①

针对工业化时期城市居住环境的日益恶化,在城市改良主义的推动下,城市政府不得不加强对城市的管理。19 世纪晚期,纽约市通过立法提高住房标准、改善贫民窟住房条件。法律对新建公寓的空气流通和光线做了明确的规定。同时,城市政府还较大规模地介入了市政工程如城市供水、排污、电车轨道、高架铁路等工程,其中廉价公寓的建设引人注目。在纽约市政府干预之下修建了一些标准化住宅,称为"哑玲公寓",主要出租给城市的低收入的移民。廉价出租房解决不少进入城市的低入阶层的实际问题,客观上有利于城市移民及穷人。

1902 年英国人霍华德出版了《明天的花园城市》(*Garden City of Tomorow*)一书,对后来的城市政府的规划与住宅选址政策有较大的影响。书中主张在大城市远郊地区建立一些地理上独立的小城镇,镇上拥有工业、商业,提供一定的工作岗位,居民可以就地工作与居住;镇区居住环境舒适宽敞,空气新鲜,阳光充足;城镇四周是广阔的原野,人们在这样幽静、舒适、田园诗般的环境中生活和工作。

20 世纪初,美国一些城市政府积极地推动城市美化运动,试图建立公园城市和花园城市,试图以此改善城市环境。城市美化运动以美国的西雅图城市最为典型。建筑师约翰·C·奥尔姆蒂在西雅图政府的全力支持下,重新对西雅图进行了规划。1916 年,西雅图已拥有 44 个公园、建有 24 个运动场,占地数千英亩。城区还拥有数十条宽阔的林荫大道,拥有大量的绿色空地供其发展。② 西雅图可谓是遍布公园和林荫大道的美丽城市,堪称花园城市和公园城市的楷模,对美国后来的城市更新产生了较大的影响。

20 世纪初,美国一些地方政府开始采取了分区制对城市功能进行分散,希望借此抑制城市日益恶化的环境。1916 年,纽约市率先通过分区制法令,

---

① Peter D. Salins, *New York Unbound*, Manhattan Institute, 1988, p. 150.

② Daniel Schaffer, *Two Centuries of American Planning*, Hopsking University, 1988, p. 130.

其后其他城市也陆续实行了分区规划。到 1929 年全美占城市人口的 60% 以上的地区进行了分区规划。① 分区制法令的颁布表明了人们希望通过政府干预,按工业、商业、住宅等功能重新规划城市布局,这是政府推进城市化与城市空间由聚集走向分散的重要一步。但是分区制规划实际上是一种建设性的区划,与今日各国制定的规划不同,不具有强制性。

分区规划政策的实施体现城市政府发展政策开始转变,市政当局对城市发展的作用也日益增大,同时也为政府大规模干预经济及城市的发展奠定了基础。郊区地区毗邻于城市,在城市功能分散中具有得天独厚的地理优势,美国地方当局已把城市发展的重点由城市中心移向郊区。政府通过分区制定规划促使城市功能向郊区次级中心分散,以此加速城市社会经济的发展,并试图推动城市化与城市经济向极其广阔的空间扩散。

1933 年,罗斯福入主白宫之后,加强了对城市发展尤其是城市住宅市场的干预。1934 年,美国国会通过了国家《住宅法》,成立联邦住宅局。最初,政府为购买者提供抵押保证,其抵押资金用于所指定的住房。这一政策有利于银行回避私人贷款的风险,使银行利益得到保障,提高了银行房屋贷款的积极性。房屋抵押实施之后,大量的资本持续不断地注入房地产业。② 《住宅法》还设立联邦抵押和地方抵押机构,通过银行在全美实施跨地域政治边界的基金转移,有利于城市人口向郊区分散。联邦政府对城市经济的干预与支持还表现在政府对庞大的公路网络系统的资助上。

尽管进入 20 世纪之后美国各级政府逐渐加强对城市发展及城市化政策的干预,但总的来说,政府的公共政策仍没有脱离自由市场经济的轨道。美国联邦与地方政府对城市发展及城市化进行间接干预,政府主要通过立法、银行抵押借贷等对基础设施扶持,以此影响城市发展及城市化的转型。这些政策并不带有强制性,宽松的政策有利于城市化的演变。但应该说明,美国的房屋抵押政策及大规模的基础设施也极大地增加了美国联邦政府的赤字,同时也是 2008 年美国大规模金融危机的远因,许多穷人并不具有偿还能力,却通过政府担保而获得住宅贷款,使银行业处在高风险的境地。

---

① Dennis R. Jueld, *City Politics*, Harper Collins College Pulisher, 1993, p.214.

② Mark Gottdiener, *The New Urban Sociology*, Boston, 2000, p.71.

4.2 欧盟经济发展水平及社会市场经济的影响

4.2.1 发达的经济对城市化的影响

欧盟国家也是当今世界经济发达的国家,其发达的经济支撑着城市发展与城市化的演进。进入 21 世纪之后,欧盟经过长期的扩张与发展,已成为全球最大的经济实体之一。欧盟人口超过美国,但其经济实力还是稍逊于美国。由于发达程度与美国还是有一定的距离,欧盟国家的经济对城市发展及城市化的影响与美国仍有一定的差异。欧盟国家政府在做出决策时会优先考虑到各国的财力,个人在做出个人决策时也会充分考虑到个人的收入,他们很难不顾经济条件发展自己的汽车文化及郊区独户住宅。经济的发达程度通过政府与个人的决策影响到城市发展与城市化的模式选择。

19 世纪工业化时期,西欧国家是世界上经济最发达的国家,也最先启动了城市化。18 世纪后期,工业革命率先在英国展开,到 19 世纪 40 年代完成,英国完成了机器大生产占优势的近代工业化国的转变,英国也成为了这一时期的"世界工厂"。制造业的发展推动了金融服务业的发展,伦敦发展成为世界金融中心,其银行分支机构遍布世界各地。19 世纪中叶,农业革命也在英国农村展开,农业取得了很大的进步,释放出大量的农村劳动力,同时也为城市市场提供大量的食物,推动了英国的工业化与城市化的发展。19 世纪中叶前后,英国成了世界最富裕的国家,同时也是城市化最快的国家。

19 世纪中叶,英国工业革命传播到欧洲大陆,强有力地推动欧洲工业化进程及经济的发展。地处大西洋沿岸的法国最先接受英国工业革命的影响,并较早地进入工业化。尽管机器制造业并没有英国那样发达,但整个 19 世纪法国经济一直保持持续渐进的增长,进入 20 世纪初后法国也进入了世界上工业最发达的国家行列。

稍后进入 19 世纪晚期,德国也加入工业化国家行列。1871 年,德国成为一个统一的国家,为全国的工业化提供了重要的条件。国家统一后,德国将这一时期的最新科学技术运用于工业生产中,推动经济跳跃式地发展。在 19 世纪最后 30 年,德国经济迅速地超过欧洲的英国、法国等国,成为世界第二大经济强国。

19 世纪晚期,欧洲主要国家完成了工业化,其经济获得了快速的增长,为农村人口大规模的城市化奠定了坚实的基础。工业化初期,欧洲人口处于分散的状态,绝大部分人口仍分散在广大的农村地区,整个城市系统处于低水平的均衡状态。随着工业化的推进及经济的增长,欧洲中部及西部国家进行了规模巨大的铁路交通的投资热,形成庞大的铁路交通网络系统,改变欧洲人口的空间分布。

这一时期经济的迅速发展强有力地推动了欧洲城市化进程。铁路交通作为线状交通工具,推动了分散的农村人口向铁路沿线聚集,尤其是向火车站附近的工厂聚集。大量的城市、城镇沿铁路出现与扩张,吸引更多的农村人口进入城市。农村人口大规模地向城市流动,欧洲最先实现城市化,从而进入了城市社会。19 世纪下半叶,欧洲工业化国家的城市化已经达到相当高的水平。1861 年,英国城市化水平已达到 61.3%,而同一时期美国则仅有 19.8%。①进入 20 世纪之后,英国则高度城市化了。

进入 20 世纪之后,欧洲经济发展的步伐放缓下来。欧洲是两次世界大战的主战场,战争对经济破坏性很大。第二次世界大战后,欧洲获得较为迅速地恢复。但老迈的欧洲创新能力不足及新技术运用也相对缓慢,在富有开拓精神的美国人引领世界经济之时,欧洲与美国的经济差距日益拉大。尤其是 20 世纪 90 年代美国进入"新经济"时代以后,美欧差距进一步拉大。20 世纪八九十年代,欧盟国家经济复苏,其增长率也仅为 2.5%,低于美国一个百分点。进入 21 世纪后,欧洲经济更是不敌美国。1991 年,美国人均 GDP 高出欧盟国家 42%,到 2001 年则高出 54%。20 世纪欧盟已失去世界经济火车头的角色。

经济发达程度稍逊于美国,欧盟国家在城市化及其相关领域内的政策就比美国谨慎得多,必须优先考虑经济的可持续性。在基础设施方面,欧盟国家的政策导向与美国具有很大的差异。由于基础设施投资耗资巨大,欧盟国家新的基础设施的投入还必须考虑旧的设施继续使用的问题,各国对此持非常谨慎的态度,总原则是节约投资资金。欧盟国家没有美国那样财大气粗,它们在公路交通投资十分谨慎,在某种意义上是为了避免新建的公路对原有的铁路系统造

---

① 陈爱群:《第一次工业革命与英国城市化》,《上海青年管理干部学院学报》2005 年 1 月,第 63 页。

成冲击。这种政策在相当程度上抑制了郊区城镇发展及郊区化的进程。

而美国政策却不重视其经济、社会的可持续性。19世纪晚期,美国东部地区修建了稠密的铁路网,第二次世界大战后联邦政府继续大量投资高速公路,这一政策的确加速了郊区和广大农村地区的发展,这种分散型的城市化模式刺激辽阔地区的经济发展。实际上,美国在19世纪末期已经建立世界最为庞大的铁路交通系统,城市间、城镇间、城市内部的轨道交通已经十分发达,而且,轨道交通运输量大,节约能源,运输成本也不高。但第二次世界大战后的大规模公路建设引发了高速公路与铁路的切喉竞争,使铁路客运乃至货运大幅度萎缩,造成投资资金浪费很大,而且城市化大规模的分散也通过大量消耗能源而增加了财富的消耗,国家为此背上了沉重的包袱。

经济资源的约束及国土资源的狭小,使欧盟国家对待移民也很谨慎。由于经济不如美国那样发达,欧盟国家也缺乏提供大量移民移入的生存空间。美国庞大的经济资源与国土资源能为新增的人口提供巨大的发展空间,移民政策也相对宽松,大量的外国移民涌入,大多涌入大城市中心,结果迫使美国原来的城市人口向郊区迁移,在一定程度上影响美国城市化模式,促进了城市化空间分散。欧盟国家移民政策相对严厉,对移民入境的限制较多,因而在大城市中心地区基本上不存在美国那样庞大的外国移民的压力,欧盟也不存在美国类似的向郊区分散的压力。

经济实力相对不足还表现在欧盟国家的居民富裕程度不如美国,在反映社会富裕的恩格尔系数上,欧盟也高于美国。如前所述的那样,20世纪70年代,西欧工人的恩格尔系数高出美国的7个百分点,意味着西欧人在食品上消费的收入更多。较高的恩格尔系数表明欧盟国家在食物之外的消费减少,因此,战后,西欧汽车每千人拥有量远低于美国,从而对欧洲居民的住宅选址产生一定的影响,欧洲人在选择远离城市工作地区的郊区时十分谨慎,这也在一定程度决定居民的郊区化程度远不如美国。

4.2.2　欧盟市场经济类型与特点

同属西方工业化国家,欧盟国家的市场经济取向与美国有着很大的差异。第二次世界大战后,欧洲的德国等国采取了社会市场经济模式,而北欧国家则采取福利市场经济模式。这类市场经济模式不同于自由市场经济模式和政府主导型市场经济模式,政府对经济的干预程度介乎于后两者之间。第二次世界大战后,德国经济迅速恢复并取得了相当大的成功,其成功经验及市场经济模式,对欧洲国家影响很大,即使是英国这样的传统自由主义强大的国家也受到一定程度的影响。

德国具有浓厚的国家干预的传统,国家的干预在其民族统一及经济起飞过程起过十分重要的作用。19 世纪晚期,统一后的德国容克政权就十分推崇"重商主义"的政策。在中世纪晚期及欧洲资本主义原始积累过程中,重商主义理论代表着商业资本利益的经济思想,在当时各国影响很大。重商主义理论主张通过国家干预,通过贸易为核心的力量推动国家的经济发展。在重商主义理论与政策的影响下,欧洲各国都希望将自己的产品尽可能多地销往其他国家,尽可能少地从外部购进商品。

19 世纪也是经典的经济理论出现最多、影响最大的时期,在欧陆的德国出现了与英国的亚当·斯密的自由主义经济不同的经济流派。这一时期,德国经济学家弗里德里希·李斯特的理论与工作对德国市场经济的取向有着极其重要的影响。在李斯特时代,英国、法国等强国经济已发展到相当高的水平,尤其是经过工业革命后的英国已成为了"世界工厂",正以自由贸易占领世界市场,而分裂而落后的德意志民族国家仍然是一盘散沙,凭借自由放任的理论与政策很难在世界获得一席之地。李斯特认为,在不公正的国际秩序中,后发展国家可以通过国家干预、关税保护等强有力的措施,大力推进工业化进程,以此赶上先进国家。

李斯特的理论在德意志有很大的影响。在统一德国过程中,普鲁士国家十分重视政府在经济方面的作用,它肩负起管理工业、调节竞争和维护工业产品质量等责任。1834 年关税同盟存立后,普鲁士为首的关税同盟地区在政府的支持下出现了连接较为发达的铁路网,形成了统一的市场,经济获得迅速的发展,推动了德国的统一事业。德国统一后,德国政府政策有力地推动其经济的发展,并使德国经济在 19 世纪晚期迅速超过英国而跃居世界第二。德国来到工业社会之后,欧洲列强已把世界市场瓜分完毕,统一的德国更加重视政府在经济发展中的作用。

第二次世界大战后,弗莱堡经济学派在联邦德国的政策影响逐渐增加。弗莱堡学派对早期的李斯特理论进行了修正,它强调国家有限干预下的自由竞争,通过国家积极、有效、间接的干预,维持正常的经济竞争秩序,以自由竞争来实现社会富裕。弗莱堡学派所主张的干预与凯恩斯的政府干预有所不同,他们主张通过国家的干预,为厂商创造一个相对平等的自由环境。弗莱堡经济学的社会市场经济理论对战后联邦德国经济迅速恢复和腾飞起到极其重要的作用。

　　战后的欧洲国家市场经济模式受到德国的一定影响。北欧的瑞典、挪威等国则由社会市场经济转向福利市场经济。这些国家政府不仅领导经济的发展,而且还向全体人民提供众多社会福利保障,包括住房、失业、教育、儿童保育、医疗、养老等,福利涉及物质、精神生活的方方面面,即实行从摇篮到墓地的福利计划。北欧国家福利市场经济受高税收政策支持,1998 年,北欧国家税入占其 GDP 的比重分别为:芬兰 27%、丹麦 33.3%、挪威 34.7%、瑞典35.5%,个人所得税分别高达 38%、59%、28% 和 31%。政府补贴和其他经常性转移占国民生产总值的比重均在 60% 以上。① 政府肩负起社会的主要福利责任。

4.2.3　宏观经济政策与城市化约束性发展

　　欧盟国家的社会市场经济模式也对各国的城市化模式产生重大影响。与美国的自由市场经济相比,欧盟各国政府十分关注城市发展及城市化走势,并在相当程度上干预整个城市系统的发展。在早期工业化时期,德国等国的政府在经济发展中扮演重要的角色,政府通过铁路网的建设提供快速军需运输的同时,也强有力地推动经济的发展,同时促进了城市的发展及城市化进程。进入后工业化社会后,政府的公共政策影响到城市化模式的演进,也在很大程度上限制城市的分散。

　　进入工业革命前后,城市化率先在英国展开。欧洲的城市化起步与后发展国家有所不同,中世纪后期欧洲城市已开始复兴,城市影响也日益增大,这时的城市化是在商业、农业的支持下进行的,而工业仍然十分落后,城市化先于工业化。英国的城市化开始阶段可上溯到 15 世纪开始的圈地运动。圈地运动一直持续到 19 世纪上半叶,在英格兰地区圈地总面积约 650 万英亩,约

---

① 季铸:《世界经济导论》,人民出版社 2003 年版,第 181 页。

占当时英格兰总面积的 20%。圈地运动使大量的自由农民失去了土地并被逐出家园,他们中不少人流落城市。在这一进程中,土地所有者人数大幅度减少,农村人口较大幅度地减少,巨大的农村变动启动了英国农村人口城市化之路。

19 世纪晚期起的工业化,加速了农村人口的城市化。由于工厂的聚集,工业村庄成长为城镇,城镇逐渐发展为城市,一些区位条件好的城市则形成大城市。城市工厂源源不断地吸引农村人口进入城市,加速了农村人口的城市化。大量的农村城市向城市流动,使英国的城市得以迅速提高。到 1851 年,英国城市人口已超过了总人口的 51%,英国最先实现了城市化而成为城市国家。在早期英国城市发展与城市化进程中政府基本上还是自由放任,与美国的城市化政策大体相似。

工业化之后,后起的欧洲大陆国家的城市发展及城市化政策与英国有很大的差异。工业化时期,欧洲大陆各国政府采取一些有力的政策领导工业发展,这些政策客观上也有利于城市发展与城市化的推进。在德国,关税同盟成立后,各邦国政府就十分重视境内的铁路交通建设,开展大规模的铁路建设,修建铁路线把各邦国连接起来。德国的铁路建设与布局不仅服务于国家工业市场,而更为重要的则是服务于军事需要。

德国统一后,再次出现兴建铁路的高潮,1870 年德国铁路里程为 18560 公里,1890 年增至 41818 公里,跃居西欧首位。柏林成为巨大的交通枢纽,柏林也因此获得迅速增长,到 1910 年人口突破了 300 万,成为欧洲仅次于伦敦、巴黎的国际大都市。在铁路稠密的莱茵至鲁尔地区,形成了较为发达的城市群,德国人口向铁路沿线的市镇聚集。德国政府的公共政策在其城市发展及城市化进程中扮演十分重要的角色。

工业化时期,欧洲国家的城市化模式与德国大体相似。工业化之后,出于国内工业市场扩张的需要,同时也是军事的需要,各国政府十分重视铁路的建设,并投入了巨资。欧陆地区稠密的铁路网建成后,政府可以通过铁路快速调兵及进行军需补给,厂商可也快速地将其商品廉价运往城乡市场,并从遥远地区运进工厂的原料及农产品。政府的政策对欧洲各国铁路沿线的市镇发展产生深远的影响,各国农村地区居民不断地向这些市镇聚集,从而决定了欧洲国家的城市化聚集阶段的走向。在今日欧洲国家,重要的城市、甚至城镇布局在铁路沿线,工业化时期政府的工作至今仍对欧洲城市及城市化的发展具有重要的影响。

第二次世界大战前后,欧洲及后来的欧盟国家进一步加强对城市发展及城市化干预,干预主要侧重于城市化的可持续性发展。面对战后汽车文化及信息技术所引起的城市化分散浪潮,欧盟国家土地及矿产资源极度短缺,不可能支撑美国及今日发展中国家那样的城市无止境地蔓延与分散,各国对此选择了紧密型或紧缩型的城市发展类型,并采取了一系列措施抑制大城市分散。这些政策包括:对大城市之外的交通设施投资十分谨慎,避免对已形成的铁路系统进行冲击;大力扶持公共交通,节约能源;对城市向四周的农业用地蔓延及扩张进行强有力的遏制,防止郊区的蔓延吞噬有限的农业用地。这些政策使城市化向郊区转变时受到很大的抑制,也是欧盟国家城市化模式有别于美国的重要的原因。

4.3 日本经济发展水平与政府主导的市场经济的影响

4.3.1 战后日本经济与城市化迅速推进

进入工业社会后,日本经济快速的发展对其城市发展及城市化的进程也产生重大的影响。自明治维新之后,日本经济获得了较快的发展。第二次世界大战后,日本经济发展加速,日本进入了全球经济最发达的国家的之列。2010 年日本 GDP 已排列美国、中国之后,大大超过排列其后的德国。长期进程中,国家经济的高速发展为日本的城市发展与城市化奠定了雄厚的物质基础,有力地推动了日本的城市化进程。

明治维新之后,日本成为亚洲国家唯一的进入近代工业化的国家,经济获得了较为迅速的发展。明治维新后,日本效仿西方进行政治改革,大量引进国外技术,并大力移植先进的西方近代产业,强有力地刺激日本经济的发展。尤其是经历甲午中日战争、日俄战争之后,日本获得了大量的战争赔款,第一次世界大战期间日本厂商又挤进了传统的西方列强的市场,经济获得快速的发展。

经济发展及工业化的展开,推动了日本城市化的进程。明治维新后,日本政府推行了一系列发展农业的措施,日本农业获得较为迅速的发展。农业增长率在 1885—1915 年间达到 1.9%。① 日本农业生产的发展为农村人口向城市迁移奠定了一定的基础,为城市日益增长的人口提供了所需的食物供给。农业生产率的提高使日本剩余劳动力出现过剩,他们开始向农村地区之外的地区寻找出路,开始了农村人口的城市化。

与此同时,日本工业也在城市快速推进。在这一进程中,大量的工厂出现在日本城市,推动了工业城市发展,客观上有利于日本城市化的进程。随着铁路交通及市内交通的发展,工厂向区位条件优越的东京、大阪、横滨、神户等城市聚集,吸引了大量的农村人口进入城市工厂,这些迅速地成长为重要的工业城市。日本一开始就走上了大城市偏向的城市化道路。

明治维新之后相当的时间内日本产业结构并不利于城市化的发展。日本政府一开始就将工业化与强国的目标集中起来,大力推动重工业与军事工业的发展,与西方国家从轻纺工业开始有着很大的差别。这些工业有机构成高,吸纳的劳动力少,对农村地区溢出的劳动力吸纳十分有限,日本政府将对外扩张作为消化过剩的农村人口的重要途径。第二次世界大战之前,日本绝大部分人口仍生活与居住在农村地区,日本仍然处于乡村的农业社会之中。

经过第二次世界大战后短暂重建与恢复之后,20 世纪五六十年代,日本经济又进入了快车道。1956—1973 年间,日本国民生产总值年平均增长9.7%。20 世纪 50 年代,日本的人均 GNP 不到美国的 1/10,到 1973 年,增长到美国的 60%。1974 年之后,日本经济的波浪性增加,但总的趋势向上。与经济发展同步,经过第二次世界大战期间的停滞之后,日本城市化又加速起来。1955 年日本城市化水平上升到 56%,1975 年达到 76%,达到了欧美国家的水平。战后短期内,日本城市化走过了欧洲上百年所走的路,日本不仅实现了乡村的农业社会向城市的工业社会转变,而且已成为高度城市化的国家。

尽管日本经济水平与欧美大体相似,但其日本城市化质量不能与欧美相比。日本居民消费的恩格尔系数明显高于欧美国家,富裕程度明显要低一些。20 世纪 70 年代,日本工人的恩格尔系数两倍于美国,意味着日本用于食物的消费大大高于美国等西方国家。尽管日本人均 GDP 很高,但日本物价远高于欧美各国,如日本城市拥有世界最高的房价,日本食品价格更是高于欧美各

---

① 马约生:《论日本早期的城市化》,《扬州大学学报》2006 年 3 月,第 79 页。

国。从物价指数看,日本富裕程度远不及欧美国家。较高的物价也影响到日本人对住宅的选址,日本人不能像欧美国家那样选择远离工作地点及具有空阔的郊区住房,他们更希望居住地点更接近于市中心工作地点,进而影响到日本人的城市化模式的选择。

4.3.2　日本政府主导的市场经济的特点

日本经济模式带有浓厚的东方特征,与欧美有明显的不同,日本选择了政府主导型的市场经济制度。明治维新之后,在西方列强刺激下,日本也认真地学习与研究欧美国家的经济发展模式。在对欧洲各国进行了广泛的考察之后,日本人对德国经济制度情有独钟,选中了普鲁士的发展道路,日本政府肩负起领导经济发展的重任。日本政府对经济领导的职能一直延续到今日。

19 世纪后期,经历明治维新之后,日本落后的经济在自由市场经济下不能与西方列强竞争。自古以来,东方国家十分重视集体价值观主义,集权制根深蒂固,政府肩负治理国家的重任;而西方则盛行分权制,政府与教会分权,政府组织结构松散,即所谓"我的附属的附属不是我附属"。这一时期,落后的德意志邦国在普鲁士等国的政府领导下,经济迅速发展起来,并迅速地赶超欧洲其他国家。新兴的普鲁士人的集权制与东方吻合,而德国的成功也给日本树立了良好的榜样,落后国家在政府强有力的领导下,经济可跳跃式地发展。

日本人在选择普鲁士自上而下的改革战略同时,也注入了自己的特色。日本政府对经济进行了强有力的干预或领导,创办国营模范工厂,移植西方工厂制度,为私营厂商提供示范,并采取措施刺激投资活动。另一方面,明治政府还以强有力的措施培育与保护日本工业市场,并在军事工业支持下争夺海外市场。

在日本政府的大力扶持下,日本近代工业获得了迅速发展。在第一次世界大战前夕,日本政府进行"殖产兴业",建立了近代纺织工业、并初步建立起重工业、化学工业、机械工业等一大批基础工业。在基础工业发展之下,大力扩充军工工业。到第一次世界大战前夕,日本已初步建立近代工业体系,并成为亚洲唯一的工业化国家。在日本政府干预下,家族垄断十分发达,为数不多的家族财阀垄断了日本大部分制造业。比例过大的垄断财阀左右着日本经济,也成为日本推行对外战争的重要基础,同时对城市化的进程产生一定的负面影响。

第二次世界大战后,美军占领日本后对日本经济体制进行断然改革,目的是消除战争的基础。美军对日本进行了较为广泛的民主改革,实现日本的非军国主义化,为此需要解散日本垄断财阀。1945年起,日本政府开始冻结三井、三菱、住友、安田等15个财阀的资产,重建后的日本财团还是具有一些新的特征。家族制垄断被突破,财团间相互参股现象突出,法人占有制代替了自然人的财阀家族占有制。新财团凸显出科层制的特征,日本政府与垄断资本结合、干预调节经济的活动。①

经过20世纪50年代的改革,日本政府重新肩负起领导经济的重任。日本政府通过计划、预算及向垄断资本提供补助和贷款等影响国民经济的发展,并对金融、工资、物价、产业、贸易、税收等进行调控。从20世纪50年代起,日本政府开始制订经济计划,指导日本的经济发展及厂商活动。这种政府主导型的市场经济具有官僚主导、产业保护、厂商相互持股等基本特征。从20世纪50年代起,这一经济体制强有力地推动了经济重建及高速发展,但到20世纪80年代尤其是90年代亚洲金融危机后,体制的缺陷逐渐暴露出来,并在相当长的时间内产生了负面影响。

日本成功的经验被亚洲国家普遍效仿,这种经济模式为亚洲国家广泛采纳。这种经济模式给新独立的国家带来了希望,这些国家在强势政府的领导之下,现代日本式的企业组织迅速复制,经济获得了跳跃式的发展,成为了亚洲的奇迹。经济快速发展的同时,这种经济模式也为20世纪90年代后亚洲新兴国家带来了与日本相似的问题。

4.3.3 宏观经济政策与大城市偏向政策的影响

日本城市发展及城市化模式选择的原因是多方面的,但政府的公共政策也有着极其重要的影响。作为政府主导型的市场经济国家,日本政府不仅领导着经济建设与发展,同时领导城市的规划与发展,从而主导了日本的城市化及其模式,因而日本也选择了政府主导的城市日化模式。日本政府对城市化

---

① 马焕明:《日本"政府主导型市场经济"体制的建立与运营》,《日本研究》2006年3月,第20页。

主导作用表现为将资源优先安排到大城市,形成大城市偏向的政策。这种政策也被后起的亚洲国家普遍效仿。

交通在日本城市发展与城市化进程中扮演了十分重要的角色,日本交通政策充分显示出政府的城市化政策导向。明治维新之后,日本政府就十分重视交通投入及交通工具的选择。开国之前,日本交通十分落后,国内封建藩主割据,道路狭窄,仅水运较为发达。明治维新之后的相当长时期内,日本国内交通主要是马车,很不适应经济发展的需要。明治维新后,日本政府进行了举国一致的铁路建设,日本逐渐进入了自己的铁路时代。

与欧美国家不同,日本铁路建设中充分体现出政府的作用。1870 年,在日本政府规划与领导下,日本第一条铁路京滨铁路动工,日本铁路一开始就打下了政府在规划与建设中的主导的烙印。1877 年,日本西南战争爆发,铁路帮助政府快速运送军队及军用物资,政府迅速地平定国内叛乱。日本政府及军部十分重视铁路的国防用途,政府对铁路建设更加重视。此后,日本铁路在甲午中日战争、日俄战争及后来太平洋战争发挥了极其重要的作用。

正因为铁路交通在军事中的重要影响,日本政府在其铁路发展过程中起了主导性的作用。在相当的时间内,日本国有铁路在其铁路运输中具有控制地位。日本铁路分为国有、私有和城市公交铁路。直到 20 世纪 80 年代,国有铁路在全国铁路中占营业里程的 73%,客运周转量的 63%,货运周转量的 99%,仍是日本交通运输的核心。① 铁路在当今日本客运及货运中仍然扮演十分重要的作用。

由于日本国土狭窄、资源不足,日本政府也十分重视城市公共交通的发展。日本铁路通勤性质十分明显,相当程度上是城际通勤服务。此外,有轨电车、地铁及城市公共汽车服务也相当发达,这与政府致力于发展城市公共交通的政策密切相关。政府直接参与公共交通投资,而且还帮助协调各民营公司的利益关系,使公共交通服务十分便利。发达的公共交通体系使日本人出行对公共交通的依赖性远大于其他发达国家。这些交通政策有利于产业及人口向特定的地区聚集,是形成城市化模式的重要基础,发达的公共交通则使城市充满着活力。

---

① 杨斌:《日本铁路改革及启示》,《铁道经济研究》2002 年 2 月,第 43 页。

在产业布局上,政府政策也有利于制造业向大城市聚集,有力地推动大城市的发展。日本政府十分重视制造业的选择与发展。在政府引导之下,明治维新之后,日本新兴的制造业主要在大城市布局。这一时期,大量的工厂在大城市投资,并在大城市周围形成新的工业地带。第二次世界大战后,日本政府继续扶持钢铁、造船、机械、汽车、石化等传统工业。这种产业政策有利于大城市的聚集,不利于分散。

在住宅方面,日本没有严格的限制住宅分散的政策,但政府的政策则有利于城市化的聚集。日本政府长期实施"保低放高,以低调市"的住房政策,向中低收入者提供廉价住房或优惠贷款。地方政府还通过公营住宅向低收入人群提供廉价租赁住宅。1951年日本制定并颁布了《公营住宅法》,据此中央政府向地方政府修建租赁用住宅提供补助。为进一步改善居民居住环境,1955年日本在《公营住宅法》的基础上制定颁布了《日本住宅公团法》,由国家出资成立住宅公团,在大城市及其周边修建住宅,进行城区改造。公团住房面向中低收入者进行出售或租赁,不以赢利为主要目的,每年接受国家的资金补助。日本政府总的住房政策有利于城市化的空间聚集。

4.4 俄罗斯、印度经济水平及市场取向的影响

4.4.1 经济发展水平与城市化的发展

俄罗斯的经济发展水平介于发达国家与发展中国家之间,在一定程度上仍属于世界较为富裕的国家。尽管今日俄罗斯与西方国家仍有一定的差距,但它拥有十分广阔的土地及丰富的矿产资源,为其提供巨大的收入,使之能够进入强国及较为富裕国家之列。俄罗斯经济发展较为曲折,城市化也不像发达国家那样顺利,其道路充满着艰难与曲折,但其城市化质量较高,今日与发展中国家有很大的差别。

俄罗斯的工业化晚于欧洲国家,其城市化起步也晚于欧洲国家。1861年,沙皇俄国废除了农奴制,这一改革对于推动俄罗斯的工业化与城市化有着十分重要的意义。改革解除了农民人身依附权,农民可以较为自由地向工厂和城镇迁移。农奴制废除之后,俄罗斯工业化发展起来,劳动部门分工和劳动地域分工得到发展。在经济发达地区,出现了工业村庄、工业城镇及工业城

市,尤其在中央区、南方工业区、乌拉尔区及外高加索区更为明显。据统计,十月革命前,俄国已拥有城市655座,这些城市推进了俄罗斯国家的城市化进程,也为后来的城市化奠定了良好的基础。

俄国十月革命后,苏联社会主义国家成立,强势政府的出现,使国家通过计划经济开始了大规模的工业化浪潮。与西方国家相比,苏联成立后经济十分落后,尤其是工业化水平更为落后。鉴于苏联丰富的自然资源及当时急需建立强大的国防实力的国情,苏联选择了重工业为导向的工业化的道路,以追赶西方国家的经济、社会发展水平。短期内,苏联工业化的确取得了举世瞩目的成就。从1928—1937年,仅用了十年时间,苏联的工业总产值跃居欧洲首位、世界第二位。

工业化的发展对苏联时期的城市发展及城市化的进程产生了重要的影响。城市发展及城市化模式选择也充分体现了国家对工业化及城市化领导的影响。工业化初期,苏联将新兴的工厂大多设置在城市,尤其是新兴的工业城市。城市工厂则对广大农村产生了相当大的吸引力,农村人口不断地进城工作。据1926年和1959年的两次人口普查,因行政区划变化使农村居民点转为城市及农村人口直接向城市迁居等因素,这部分人口总数为5610万人,是全国城市人口总数的80.8%。① 城市制造业发展吸引了大量的农村人口进入城市,促进了城市化的进程。

苏联解体后,俄罗斯经济经过一段时间的调整后继续发展。1991年,从苏联分裂出来的俄罗斯经济迅速地跌入低谷,1991—1998年经历了连续7年的衰退,大量的国有企业破产。普京入主克里姆林宫后,从1999年起经济开始恢复,经历了9个年头的快速上升。苏联——俄罗斯经济可谓是波浪地上升,今日俄罗斯已进入较为富裕的国家之列。2006年,俄罗斯GDP总量为7328.92亿美元,人均GDP为5129美元,已进入中等发达国家之列。俄罗斯的经济持续发展为未来的城市化发展及模式演变奠定良好的基础。

总体而言,印度的国情与我国大体相似,是一个发展中国家,同时也是一个经济较为落后的大国。印度人口众多,资源贫瘠,人均土地面积小,经济资源十分匮乏,且长期的种姓隔离造成社会的分裂。这些因素极大地阻碍了城

---

① 纪晓岚:《苏联城市化历史过程分析与评》,《东欧中亚研究》2002年3月,第62页。

市化的进程,致使今日印度城市化仍然停留在相当低的水平上,城市化模式的选择也有别于其他大国。

印度是亚洲人口大国,对于相对匮乏的资源及落后经济发展水平而言,可谓是负担沉重。印度国土面积为297.4万平方公里,人口超过10亿人,人口密度为每平方公里336人,密度为中国的三倍。人口众多,资源贫瘠,长期束缚经济的发展,致使印度经济至今仍然停留在一个很低的水平上,落后的经济不能支持整个国家的城市及城市化快速发展,印度的城市化水平也同其经济发展水平大体相适应。

在殖民时期,印度工业化获得了有限的发展。在相当长的时间内,印度市场主要服务于英国工业品的销售市场,印度则成为原料生产及农产品供应基地,在一定程度上抑制了印度民族工业的发展,印度工业产品也主要依赖于从英国进口。19世纪中叶起,印度民族工业开始发展,主要集中在纺织工业,而且数量也很有限。

独立以前,印度为数不多的工业布局在沿海少数几个大城市,使印度城市及城市化发展带有浓厚的殖民地色彩。英国东印度公司进入印度后,在沿海地区的加尔各答设立商业据点,开启了印度近代城市发展之路。此后,工商业继续向沿海城市汇集。在沿海的加尔各答、孟买等城市集中了棉纺织厂、黄麻厂等近代工业,它们成长为印度为数不多的大城市,同时也是印度城市化最先出现的地区。广大内陆地区经济与城市发展十分落后,独立前一直处于乡村的农业社会之中,整个印度城市化保持在很低的水平上。

1947年独立后,印度政府大力推行工业化政策,对印度城市发展及城市化形成产生了相当大的影响。独立后政府大力鼓励厂商在城市投资,政府的工业化政策推动了印度的制造业及经济的发展。在印度大城市,棉麻纺织、制糖、榨油和制烟等传统工业获得较为迅速地发展,满足人民的需要并大量出口。钢铁、化学、能源、机械和电子等新兴工业也获得较为迅速的发展,逐渐成为印度支柱工业。大城市工业的发展推动了经济的发展,吸引大量的农村人口进入大城市。独立后,印度大城市发展十分显著,城市化水平也有一定的提高,但少数特大城市的发展对全国中小城市及农村地区的带动有限,总的来说,印度城市化水平仍保持在很低的水平上。

4.4.2　计划经济与转轨经济的特点

俄罗斯和印度市场经济具有很大的相似性,但也具有一定的差异性。两国历史都不同程度地实行过计划经济,经历较长时间的计划经济,20世纪晚期经济模式又转向市场经济,可以认为都是经济转轨中的国家。

沙皇俄国时期,政府废除了约束工业发展的农奴制度,俄罗斯经济向市场经济方向靠近。同时政府也积极地为经济发展创造良好的条件,尤其是修建了连接俄国核心地区与边疆地区的大铁路,客观上政府政策有利于经济的发展及城市化的进程。俄罗斯政府对经济的领导,与苏联时期的经济制度有着渊源的关系。

十月革命后,新成立的苏维埃共和国实施了计划经济。计划经济的目标通过五年计划来实现,为此,政府承担起经济发展的计划及实施的重任,并直接领导经济建设。从20世纪20年代起,苏联各级政府依靠行政命令的指令性计划来领导经济发展。私有制在苏联逐渐被消灭,国营工厂、集体农场成为苏联的主要经济实体,城市化的发展模式也基于这一框架内进行。

苏联时期,政府采取了制造业为导向的工业化政策。美国经济学家 H·钱纳里通过对准工业国家的大量材料研究发现,初级产品导向的国家,生产结构转变速度缓慢,而制造业导向的国家,结构转变则很迅速,苏联的这种工业化政策应该能够强有力地推动其城市化的进程。[①] 但是苏联的工业化模式又抵消了工业化对城市化的积极影响。政府优先把经济资源投入工业部门,尤其是到重工业部门,钢铁、能源、机械制造等工业获得了迅速的发展,苏联工业也取得了举世瞩目的成就,建立了较为发达的军事工业。这种工业化政策不仅使农村地区做出了巨大的牺牲,而且使工业化失衡,轻工业十分落后,人民从这种工业化中得到的实惠有限。进入20世纪90年代之后,苏联经济陷入困境,经济危机加深。

苏联解体后,新成立的俄罗斯政府断然进行改革,俄罗斯经济迅速地向市场经济过渡。俄罗斯激进改革者实施了"休克疗法",其主要内容包括:全面放开价格、紧缩财政、紧缩货币、对外经贸自由化、大规模推行私有化。但是"休克疗法"并没有达到改革的预期目标,而且使俄罗斯经济持续下降。切尔诺梅尔

---

① H·钱纳里:《工业化和经济增长的比较研究》,上海人民出版社1996年版,第147页。

金政府时开始对"休克疗法"政策进行调整,放弃了"休克疗法",走稳重的中间路线,普京政府进一步对经济政策进行调整。经过一系列政策的调整,俄罗斯经济得以迅速恢复。市场经济的转轨使俄罗斯的城市化也步入正常轨道。

与俄罗斯的情况大体相似,独立后的印度经济体制也经历了计划经济向市场经济的转轨。1947 年独立后,印度制订了社会经济发展的"五年计划",与苏联的计划经济十分相似。为了保证计划及目标的实现,印度政府建立了一些国有企业,并对其实行指令性计划,对有组织的私营企业实行指导性计划,对其他类型的私营企业则实行市场调节。为了实现社会经济发展的基本目标,印度政府还不定期对经济发展实行较为严格的控制①。根据苏联成功的经验,印度政府也大力发展重工业,政府也优先将资源分配到重工业之中,希望能够成为经济强国。长期的计划经济限制了印度的市场发展,印度也建立了较为完整的国民经济体系,但其经济增长缓慢。

20 世纪 80 年代起,中国经济改革与市场转轨获得了很大的成功,刺激了印度经济改革与市场转型。1991 年,拉奥执政后在印度进行经济改革,改革以私有化、市场化、全球化、自由化为导向,即从计划经济转向市场经济。为此,政府大幅度减少了对经济的干预,取消工业生产的许可证制度,减少公营企业,并让私营企业与公营企业平等竞争等。印度政府将其经济融入世界经济之中,吸引外商投资并向外国厂商开放印度市场。

市场开放以后,印度发展取得了明显的成就,印度经济进入了快车道。到20 世纪 90 年代中期,印度经济的年增长率达到 7%,2003 年后达到 GDP 增长率则达到 8.2%,引起了世界的关注。尽管印度经济改革和发展取得了举世瞩目的成就,但也存在诸多问题。印度经济增长主要靠以服务业为主的第三产业和农业推动,制造业对 GDP 的贡献过低,经济的持续增长缺乏工业化基础,对吸纳农村劳动力不力。印度要实现由乡村的农业社会向城市的工业社会转型还有漫长的道路要走。

4.4.3　宏观经济政策与城市化政策转变

苏联与新成立的俄罗斯经济制度有明显的不同,其经济与城市化的宏观

---

① 文富德:《印度经济模式的特点》,《领导之友》2004 年 5 月,第 39 页。

政策具有很大的差异,对城市化模式的影响更为明显。苏联时期,政府对城市发展及城市化实施严格的计划经济,不仅影响到经济发展,而且对城市化的进程与模式产生深远的影响。而独立之后,印度政府的城市化政策则主要是通过工业政策的影响来表现,经济转型后则更多通过市场来反映。进入转轨时期后,俄罗斯与印度两国的城市化政策的差异也产生不同的影响。

苏联时期,苏联政府也通过计划经济来领导城市发展,决定了这一时期的城市化进程及模式。自20世纪30年代起,苏联城市化政策充满着矛盾,一方面需要通过城市化带动工业化的进程,另一方面又害怕大城市膨胀而引起类似西方的"城市病",城市化在犹犹豫豫中推进。在长期的历程中,苏联政府通过"居留证"制度来引导、控制各类城市的发展,从而决定了城市化的方向与模式。

工业革命之后,劳动力出现了跨地区,甚至跨国的自由流动,而"居留证"制度的实施则与这一趋势相背离。这一制度规定凡年满16岁的公民必须领取居留证,没有居留证就不得迁入城市,而大多数集体农庄的农民没有资格领取城市居留证,从而对农村人口向大城市流动产生极大的限制。在农村人口向小城镇的流动实际上变得十分困难,最重要的是苏联农村人口少,乡村政府不愿意其农庄居民流失,采取各种措施阻碍农村人口的外迁。

但苏联的工业化推进又需要农村人口的城市化,尤其是资源丰富的东部地区,苏联政府通过计划经济调节城市发展及城市化,可称为"计划主导型的城市化模式"。政府通过建立新城市来重新分布工厂和人口,目的是制造业趋于均衡。据苏联学者统计,1917—1982年,苏联共建设了1238座新城市,平均每年20座。[1]这些新城大多分布在现在的俄罗斯境内,其中仍有不少是在乌拉尔山以西的欧洲部分。在新城建设中,政府采取强制的手段,将部分大城市人口迁移到边远的小城市及城镇,同时也在一定程度上推动农村地区人口向小城市、小城镇迁移。苏联时期,苏联城市发展的重心在中小城市,城市化水平也有很大的提高,到苏联结束时已成为了一个城市国家,人口的流向相当部分是流入新建的中小城市及城镇。新城客观上推进了苏联的城市化进程。

---

[1]　纪晓岚:《苏联城市化历史过程分析与评价》,《东欧中亚研究》2002年3月,第64页。

苏联解体后,用计划经济指导城市发展及城市化的政策消失,城市化也因经济的转轨而转型。俄罗斯引进西方的自由市场经济的理念,人口与社会流动的限制取消。但由于20世纪90年代之后相当长的时间内俄罗斯经济不景气,俄罗斯城市发展仍受到很大的遏制,整个人口负增长,影响到俄罗斯的城市化进程。进入21世纪之后,俄罗斯经济复苏,农村和小城市又向大城市迁移,尤其是西部核心地区大城市迅速膨胀起来。

印度的宏观经济政策变化与俄罗斯具有一定的相似性,而这种相似性反映到城市化政策上又有所不同,对城市化的影响也不尽相同。印度的计划经济表现在城市发展选择上与苏联不同,苏联重点发展的重工业基地主要是一些新城,这种计划经济导致的是资金、人力资源从大城市流向矿产资源丰富的新建的中小城市及小城镇,实际上有利于城市化向极其广阔的地区扩散。作为发展中国家的印度,经济资源极其匮乏,它没有能力进行如此庞大的城市扩散,相对于苏联来说,而且印度的资源是十分贫乏的。

独立后,印度政府急于发展自己的现代工业体系,优先考虑投资效率。印度资源却十分匮乏,而印度人口众多,广大农村地区十分贫困,基础设施十分落后,在这种情况下印度政府选择了发展中国家普遍选择的工业化战略。政府在制订工业化计划时,优先将有限的资源向条件优越的经济中心汇集,尤其是区位条件优越的大城市。

而且,印度工业布局也深受殖民时代的城市布局的影响,具有浓厚的殖民地城市的色彩。在英国殖民时期,为了适应宗主国英国的对原料及低端商品供应的需要,印度的城市主要在港口布局,印度工业也在几个沿海的大城市集中,尤其是孟买和加尔各答。独立后,政府借助于计划经济优先将经济资源向这些基础条件好的大城市汇集。政府的政策进一步推动国内及国外经济资源向这些地区聚集,从而促进了印度大城市制造业的发展。

从印度工业布局也可以看出政府政策的长期影响。今日印度工业布局主要集中在加尔各答、孟买—浦那、阿默达巴德、马德拉斯—班加罗尔、那格浦尔等发达地区,而其中沿海地区的孟买、加尔各答、阿默达巴德所在的三个邦的工业产值占全国工业总产值的70%以上,印度工业化及经济呈畸形布局与发展。

独立后印度政府长期计划经济及工业化政策使其城市及城市化呈畸形发

展。资源的汇集导致印度极少数大城市日益膨胀,大城市的膨胀不仅带来了严重的城市病,而且妨碍了中小城市及广大农村地区的发展,城市整体容纳空间狭窄,从而将绝大部分人口排斥在城市社会之外,致使今日印度的城市化仍处于很低的水平上。

综上所述,经济发展水平、经济制度对各国的城市化政策具有相当大的影响,并通过政策导向传递到城市发展及城市化模式选择上。在各大国城市化进程中,作为自由市场经济的美国具有十分宽松的城市化公共政策,有利于城市化由分散状态走向集中的状态,又由集中的状态走向分散的状态,从而推动城市化深入到广大的农村腹地;欧盟国家城市化演进稍次于美国。印度经济制度及政府长期的公共政策导向影响到城市发展及城市化的演进,尽管理论常常强调国情不同,但印度城市化的道路很难说是成功的,至少至今绝大部分人口仍然生活在贫困的农村地区,而且大"城市病"日益严重,社会矛盾、社会冲突激烈。

5 大国城市化综合政策比较

城市发展及城市化模式的选择受制于政府一系列的政策,政府城市化的综合政策在很大程度决定了城市化进程与模式。政府合适的公共政策能够引导城市的发展及城市化进程,但政府不恰当的政策也会给城市体系的发展及城市化带来负面的影响。从发达国家及发展中国家的城市化历程看,城市化本身是一个系统工程,涉及社会、经济等各个方面,需要认真地加以综合考虑与研究。在城市化诸多政策中,城市土地规划与配置、交通工具的选择与导向、经济资源的配置与住宅政策起着极其重要的影响,甚至决定性的影响,它们决定了各国的城市化模式的选择。由于各大国自然资源禀赋、经济发展水平等存在着很大的差异,因而政府公共政策也就具有很大的不同,从而在不同侧面、不同程度上影响城市化模式与道路。

5.1 土地制度对城市化模式的影响

5.1.1 美国、俄罗斯的土地使用制度

土地是城市经济发展及城市化的载体,城市容纳空间的扩张及城市化的推进需要有一定的土地储备,因而土地资源丰裕程度对政府的城市化政策导向有着相当大的影响。美国和俄罗斯都是土地资源十分丰富的国家,它们具有十分广阔的城市发展空间,在城市的用地上显得非常"慷慨"。两国土地十分辽阔、人口相对稀少,政府在考虑城市化模式时更多地考虑到各地区的均衡发展,都希望通过将大城市边缘、非城市地区乃至于荒无人烟地区纳入城市化影响之下,成为城市地区或城市化影响地区,以此拓展社会、经济发展的空间。

美国不仅土地十分辽阔,而且自然条件好,城市发展空间巨大。美国国土面积为937.26万平方公里,2006年人口突破3亿,地广人稀是其重要特征。

美国大部分地区处于亚热带,气候温和且雨水丰沛,很宜于人居。在地形方面,除阿巴拉契山脉、落基山脉从北向南纵贯全境外,境内大部分地区是平原与盆地,如中部平原区、西部草原与盆地、沿岸低地等。平整的地形十分有利于工业的发展,同时对城市空间布局的限制也很小。

在历史的长河中,美国人在土地使用时一直十分"慷慨",不注意土地资源的节约,甚至以牺牲土地等资源来换取发展速度。殖民地及建国初期,北美大陆尤为地广人稀,存在着大量的处女地。美国人在开垦处女地时,就养成了对土地资源浪费的习惯,这种习惯一致延续到今日。欧洲人在北美定居后,他们进入广袤无垠的原始丛林开荒种地。由于劳动力的匮乏,农业生产采取粗放式的经营,很快将地力消耗完毕,拓荒者放弃原有的耕地,继续向西寻找新的肥沃土地。美国人就是采取这种经营方式将农业及城市发展从东向西推进。

这种对土地资源的浪费习俗影响到后来的美国的土地使用模式及土地制度,他们在城市发展及城市化模式的选择时也很少考虑到土地节约问题,而美国人在经济上的成功又使这种模式影响到其他一些国家。从工业化起,美国制造业及城市发展模式选择几乎完全由市场力量决定。厂商选址由经济效益所决定,而居民流动则主要由效用最大化决定,很少考虑到土地等资源的限制。在"西进运动"中,政府更多是考虑西部边疆地区的开发,政府全力吸引欧洲移民向西部迁移。① 西进运动推动了中西部、西部地区一个个定居点的出现,在区位条件好的地区形成了城镇,并为后来的工业化时期的城市的形成与扩张奠定了良好的基础。

19 世纪末,随着工业化的到来,近代交通工具推动了城市的发展。随着铁路交通的发展,城市聚集经济带来了巨大的经济效益。在这种情况下,厂商纷纷向铁路沿线的城镇与城市聚集,以获取城市聚集经济效益。居民所追求的目标则是最大利益与最大效用,居民向城市集中可获得更大的利益。为此,农村居民也纷纷向城市集中,以获取丰富的就业机会及较高的收入。

19 世纪晚期,美国人纷纷从农村地区向城市迁移,在城市获得发展之时,乡村人口减少十分明显。1890 年统计揭示了乡村州人口损失程度:宾夕法尼

---

① 西进运动:指独立后,美国人口向西部地区迁移的过程。

亚州人口损失了五分之二,佛蒙特州人口损失了四分之三;新英格兰地区1502 个乡村镇区中,有 932 个少于前十年的人口。[①] 农村地区人口大量移出,不少住宅被放弃,许多农场、村庄乃至小城镇空空荡荡,其衰败之景十分惨淡,导致了大量土地的闲置浪费。

第二次世界大战后,美国传统的土地政策加速了城市化向郊区化的转变。建国初期起,美国土地采取地方分权式责任制。在长期的发展进程中,这种分权制使州、城市以及小的社区拥有很大的独立使用土地的权力。小城市及社区在使用土地时并不受联邦及州政府的约束,各行其是,到 20 世纪中期后促进城市的分散及郊区化演变。

另外,20 世纪 20 年代后美国大城市普遍实施大城市土地使用分区制政策,将大城市部分功能分散到城市边缘及其郊区。美国各级政府的土地政策也导致城市土地使用的分散格局,在分散过程中出现郊区的蔓延及“跳蛙式”的发展,这种模式吞噬了大量的耕地。

俄罗斯土地资源丰富程度超过美国,很大一部分国土仍处于未开发状态,在长期过程中更多地考虑边疆优先开发及均衡发展。俄罗斯国土总面积为1705.54 万平方公里,约为美国的两倍,但 2003 年俄罗斯人口为 1.455 亿人,不足美国的 1/2,更可谓是地广人稀。[②] 俄罗斯拥有十分广阔的平原,平原构成了俄罗斯地形的主要特征,平原面积占俄罗斯总面积的五分之三以上。尤其是东欧平原气候温和,湿润多雨,有利于农业生产及城市的发展,也是俄罗斯人口重心及城市最为集中的地区。从沙皇俄国后起,历届政府都十分重视乌拉尔山以东的地区开发及市镇的发展。

俄罗斯的自然条件也有不利之处,其国土相当大的部分不宜人居,发展限制很大。俄罗斯气候复杂,大部分地区处于高纬度地区,属于温带和亚寒带大陆性气候,冬天漫长、干燥、寒冷,夏季短暂。尤其是辽阔的西伯利亚地区冬季非常寒冷,最低气温达零下 50—60 度,不适于人居,不利于定居点的形成及城市发展,国土相当大的面积仍是荒无人烟。地广人稀,发展城市也需要巨额的基础设施投资,成为发展城市难以逾越的障碍。

---

① Jon C. Teaford, *The Twentieth Century American City*, Baitimore & London, 1993, p. 69.

② 网站:www. happyhome. net. cn/readinfo. asp? info_id=9386−25k−。

鉴于俄罗斯十分丰富的土地资源及气候特征,俄罗斯的土地使用制度与美国有一定相似之处,但也存在着不少差异。俄罗斯人口绝大部分集中在乌拉尔山脉以西的俄罗斯平原,而乌拉尔山脉以东的广大地区开发程度很低。俄罗斯历届政府十分重视开发地广人稀的东部地区。沙俄帝国时期,政府将大量的罪犯流放到东部地区。苏联时期,政府强制性地将大量的人口迁往东部地区,通过人口的移植而发展东部城市,从而决定了俄罗斯的城市化既有城市集中,也向辽阔的东部分散的模式。这些政策无疑加速了边疆地区的城市发展。

俄罗斯国家的土地制度经历了私有制—公有制—私有制的演变,也影响到城市化的模式。农奴制改革后,沙皇俄国废除了农奴制,农奴通过赎买从地主手中分得的份地而成为身份自由的农民,地主拥有绝大部分土地。农奴制废除后确立了俄罗斯的土地私有制,有利于农村人口的迁移及城市化。在经济发达的地区,一些农民卖掉了份地进入城市工厂工作,而一些拥有大量土地的农民则采取资本主义式的农场经营,提高了农业生产效率,农业生产剩余产品增加,农村向城市提供了更多的农产品供应,使更多的农民从农村解放出来。

苏联时期,苏维埃政府又进行了土地改革,实行土地国有制或集体所有制。政府拥有土地的控制权,城市与城镇发展的用地也在政府计划与控制之下。集体农庄通过土地控制了农民向外的迁移。在土地国有或集体所有制之下,城市化模式处在政府严格的计划经济之下运行。苏联政府基于全局考虑,将城市、城镇发展的重点放在未开发的东部地区。苏联时期,内陆及边疆地区的城市、城镇获得长足的发展,苏联的城市化也获得很大的发展。但计划经济之下的城市化走势却偏离市场经济的轨迹,迟早要通过市场经济进行修正。

苏联解体后,俄罗斯土地制度又经历了私有化的改革。1990 年起,俄罗斯政府通过立法,法律上确立了土地私有,土地可以进行买卖。土地制度变化及土地私有化对俄罗斯城市的发展及城市化模式的演变产生了十分重要的影响。一方面,土地自由买卖加速了大城市边缘地区土地的开发,房地产商人热衷于大城市周边土地开发;另一方面,原集体农庄的部分农民出售土地后向大城市迁移。与此同时,俄罗斯东部地区经济呆滞的小城镇人口也向西部核心地区迁移。进入 21 世纪后,俄罗斯大城市呈膨胀趋势,尤其是莫斯科等大城市继续向周边地区蔓延,俄罗斯走上了欧美国家工业化时大城市先行发展的道路。

5.1.2　欧盟土地规划与使用

历史上的欧洲就是土地资源十分短缺的地区。中世纪时期,欧洲各国、各地就因争夺土地而爆发了频繁的战争,给社会经济发展造成了持续性的破坏。工业革命前夕,欧洲人口增长迅速,农村耕地短缺现象更加突出。欧洲在世界各地进行掠夺的同时,也希望通过对外殖民而将国内剩余人口迁移出去。大量的欧洲人口移往世界各地,大大减轻了人口的压力。今天欧洲国家土地资源仍十分短缺,但是随着欧洲的衰落及殖民地独立,欧洲人对外掠夺土地与殖民的好时光也一去不复返。

与美国及俄罗斯相比,今日欧盟国家的土地资源实在大为逊色。欧盟 25 国人口为 4.568 亿,总面积约为 390 万平方公里,是美国的 41.6%,俄罗斯的 22.8%。欧盟国家人口密度远大于美国和俄罗斯,人口也显得稠密得多,尤其是西欧部分。在这种情况下,政府在城市发展时更多地要考虑到城市土地资源节约,政府的政策总是小心翼翼地防止大城市外围地区的过度开发而破坏现有的耕地。政府在选择城市化模式时,很难认同分散型模式,更倾向于紧凑型或紧缩型模式。

欧盟国家主要地跨西欧、中欧、北欧、南欧,进入 21 世纪之后扩张到东欧的部分地区。欧盟国家地形较为复杂,西部、北部地区拥有西欧平原与波德平原,辽阔的平原有利于农业生产及城市的发展。中欧及南欧地区,山地及高原占有相当大的比例。欧盟国家气候具有多样性,总体气温较为温和,适于农耕。英伦诸岛、法国西部、中欧西部、斯堪的纳维亚半岛南部、伊比利亚半岛沿岸地区,属于温带海洋性气候区,温暖而多雨。中欧东部及东欧的气候由海洋性向大陆性过渡,冬季较为温和,夏季凉爽,夏季降水量偏多。南欧地区则属于地中海式气候区,冬季温和多雨,夏季炎热干燥。欧洲没有亚太地区那样的酷热,气候条件对城市的高密度限制很小。由于欧盟国家地形与气候的多样性,城市分布差异较大。①

---

① 《欧洲概况》,网址:uemap.com/world/europe.html-10k。

由于土地资源的匮乏,欧盟各国的土地政策操作空间就显得十分狭窄。政府在城市发展及城市化进程中要处理好两方面的关系:一是经济发展,为人民谋取更多的福利;二是土地资源的保护,确保经济发展及生态的可持续性。基于这一原则,欧盟国家的土地政策与美国及俄罗斯具有很大的差异,它们没有大量处女地可供开发,很难接受大规模的城市分散模式。

确切地说,欧盟国家无切实的大城市向郊区分散的政策。相反,欧盟国家普遍维护大中城市中心的繁荣,防止外围地区与大城市核心地区的竞争。美国式的郊区蔓延和"跳蛙式"的发展在欧盟国家遭到严格限制。欧盟国家的理论界十分重视紧缩型城市的研究,并将其研究成果应用于政府的决策中。[①]在城市的外围地区,各国中央政府精心设计了一系列的政策,防止城市稠密的人口向外蔓延而吞噬农业用地。政府尽可能地长期保护其农业用地,地方政府则认真贯彻严格控制土地的政策,并实施一定的奖惩措施。政府的土地保护政策对新发展所需土地进行了严格限制,将土地使用限制在已定居地区内作为"内部填充"。[②]即使是在乡村地区,欧盟国家也要求住宅集中,不允许美国类似的独户住宅分散在广阔的农田上。

英国土地开发政策在欧洲具有一定的代表性。英国土地私有,但法律理论上英国的所有土地都属国家所有。在此前提下,国家对土地使用限制十分严格。1947年英国制定了《城乡规划法》,该法规定所有土地的发展权均归国家所有,任何人欲开发土地,均须申请并取得开发许可证,以此获得土地发展权,而且必然缴纳发展价值税。从英国法律中可见,即使是私人所有的土地,其开发权力也受到国家严格限制。

欧盟国家十分重视城市的规划,有两方面的目的:一是注意传统文化与建筑的保护,以此保护重要的旅游资源;二是土地资源的保护与节约。实际上,这一规划的基准的确立也增加了土地的节约的难度,但土地的节约又势在必行。欧盟国家传统的城市中心古典建筑十分稠密,政府及非政府组织禁止现

---

① 詹克斯:《紧缩城市——一个可持续发展的城市形态》,中国建筑出版社2004年版,第150页。

② Anita A. Summers, *Urban Change in the United States and Western Europe*, Washing D. C. , 1999, p. 19.

代高层建筑在城区古建筑集中的地方选址,政府对城市建筑的更新则十分谨慎,而且更新程序十分复杂,开发成本高昂,让开发商望而却步,城区兴建新的现代建筑群十分困难。政府及其规划部门将新的建筑布置在特定郊区城镇或郊区次级中心,形成郊区高层建筑群,不允许新建筑在郊区广大的空间上呈分散状态布局。这些措施成功地解决了城市进程中的传统文化保护与土地资源节约的双重难题,对一些新兴的工业化国家的城市发展也产生重要的影响。

5.1.3 日本、印度的土地使用制度

如前所述,日本是一个土地资源极其匮乏的国家。日本国土总面积为37.78万平方公里,小于欧盟的法国、德国等,人口却超过1亿,远超过欧盟的任何一个国家。日本人口密度远大于欧盟国家,甚至大于欧洲人口最稠密的西部地区。长期以来,日本政府十分重视通过战争进行土地资源的对外拓展,但第二次世界大战的失败使这一希望破灭。日本国内土地空间的狭窄成为日本经济及城市发展的最大难题,政府土地政策操作的余地较欧盟国家更为狭小。

日本土地也不如欧盟国家平坦,可供城市发展空间并不多。日本国土由北海道、本州、四国、九州四个大岛及众多小岛组成,其中本州岛占全国总面积60%以上,日本重要的城市都集中在这里。日本山多坡陡,山地与丘陵占国土总面积近80%,山地地形不利于城市的发展。平原面积狭小,其中最大的关东平原的面积也仅有1万平方公里。日本城市发展也有有利条件,日本列岛四面环海,具有优良海湾及良港,有发展沿海大城市的良好条件。[①]

日本在土地制度上实行严格的私有制。在全国土地中,个人占57%,法人占8%,国家与地方公共团体占35%。国家和地方公共团体所占有的土地大多是森林地和原野,不能用于农业、工业或住宅。[②] 日本用于农业、工业及城市住宅的土地大多属私人所有。日本耕地十分匮乏,日本政府对耕地转为工业、住宅及道路等非农用地的管制十分严格。严格的土地保护制度使大城

---

① 《日本》,网址:202.99.23.245/leader/dl/a1381.html-10k-。

② 唐顺彦、杨忠学:《英国与日本的土地管制制度比较》,《世界农业》2001年5月,第20页。

市的郊区、小城镇的开发受很大的限制,政府不能随心所欲地通过房地产商开发郊区及农村的农业用地,从而确立了日本大城市偏向的城市化模式。

印度土地资源比日本丰富得多,但远不能与美国相比。印度国土面积约300万平方公里,人口却超过10亿,人口密度很大。而且独立以后,由于医疗条件的改善,印度转入了高生育率、低死亡率阶段,其人口一直保持很高的增长率,人口压力越来越大。印度的地形、气候及人文环境等因素也响到印度的土地政策及城市化模式。

印度土地较为平坦,具有城市发展的较好的条件。印度平原超过国土面积的五分之二,山地只占四分之一,高原占三分之一,但印度大部分山地、高原的海拔不超过1000米。印度气候属热带季风型,夏季炎热,而冬季温暖。在雨季,印度雨水十分充沛。平缓的地形及充沛雨水有利于农业的发展,能为城市化提供充足的食物供给。低矮平缓的地形还有利交通设施的发展,而且城市间距离短,基础设施投资成本低廉。

独立前,印度的土地制度十分复杂,土地所有权高度集中在少数土邦领主手中,土地的中间人地主大量存在,他们表现出浓厚的农业寄生性,对农业生产缺乏兴趣。这种土地关系阻碍了印度的农业经济发展,也不利于整个社会经济及城市化的发展。独立后印度政府进行了土地改革,废除了中间人地主制,佃农与国家直接发生联系,佃农可通过购买而成为土地所有者。印度农村土地关系发生了变化,开启了农村人口城市化的大门。

尽管如此,印度土地制度对城市化的限制影响仍十分突出。尽管印度政府实施了土地的私有化,但由于印度农村的人地矛盾很突出,印度各级政府对土地流转及转用进行了严格的限制。以工业用地为例,印度经济落后,工业发展是必不可少的,但农用土地转为工业用地是一件很伤脑筋的事。在印度建立工业园区,需要专门开发委员会向政府申请,园区的工业用地则需政府帮助征地,厂商不能独立完成审批手续。办理工业用地申请审批时,手续繁多。

印度农民传统的价值观念也不利于农业用地转向工业及商业用地。印度农民把土地看得很重,从他们那里购买土地是不容易的。鉴于中国20世纪末经济发展成功的经验,加速了工业化的进程,进入21世纪之后,印度政府积极引进外资,并征用土地建立新的工业园区。在农业用地转向工业用地过程中,印度农民为了维护土地所有权与地方当局不断发生暴力冲突。这些冲突在相当程度上妨碍了印度招商引资,对工业化发展构成负面影响,也不利于农村人口城市化及城市化向小城镇及农村扩散。印度走上城市国家之路仍有漫长的路要走。

5.2 交通工具多样化选择与城市发展模式

5.2.1 铁路交通系统与城市发展

城市发展与扩张受制于交通的发展与进步,近代交通出现后,交通工具快捷、便利,逐渐多样化,城市发展及城市化进入了一个全新的时代。随着交通工具的多样化,各国的资源禀赋影响到主要交通工具的选择,从而影响到城市化模式。工业化之后,近代交通工具铁路出现,聚集经济效益在城市骤然出现,强有力地推动城市的发展及城市化的进程。聚集效益的出现并成为城市发展及城市化极其重要的力量,源于工业化后的近代交通革命,从而为城市发展模式与城市化奠定良好的基础。

在交通发展过程中,远距离的运输方式成为厂商向城市聚集的必要条件。交通革命对聚集经济的影响,可运用工业区位理论进行分析。根据工业区位理论,城市可通过发达的交通工具把远方的市场纳入城市厂商的市场范围内。在早期工业区位研究中,阿郎索做了这样的总结:工厂最佳位置要么邻近原料产地,要么邻近销售市场,或者是沿着运输线路的两者之间。韦伯则从运输费用最小化的角度分析工厂选址,他认为费用最小的位置实际上或者在原料产地,或者在销售市场。①

从这一理论中可见,原料产地与市场间的运输费用会影响到厂商的选址。厂商向城市集中的前提是,城市需要向其提供一定规模的市场,或通过城市较为便利的交通把其产品运往远方的市场,并将所需要的原料从外部运入,同时还需要城市廉价交通为厂商输送所需的劳动力。厂商活动受到交通运输条件强有力的制约。

随着近代交通的发展,城市市场范围扩大。城市交通的通达性得以改善,城市可利用遥远地区的资源增加,城市聚集利益提高,吸引力增加,最终扩大

---

① A. W. Evans:《城市经济学》,上海远东出版社 1992 年版,第 41 页。

了城市聚集规模及城市空间规模。交通的发展减少了城市市场到原料产地间的费用,厂商选址范围扩大,可在城市选址,并从较远的地区运进原料进行生产,为更多的厂商聚集于城市提供可能。因此,城市发达的对外交通是厂商向城市聚集的必要条件,尤其是远距离的交通的作用更为明显。

工业化之前,城市交通尤其是城市对外运输异常落后,不能为城市聚集与发展提供大的空间。在交通落后的前提下,城市缺乏吸引厂商向其集中的运输条件,也难以为聚集于城市的工厂产品提供运往城市之外地区的手段。而且这一时期,城市本身规模小,市场容量也十分有限,难以为集中于城市的厂商提供生存与发展的空间。城市缺乏吸引厂商聚集的能力,在长期进程中城市发展也十分缓慢。

19 世纪前后,远距离交通取得了突破性的进展,这一发展经历了内陆运河的建设热,尤其是大铁路的建设,人造交通设施逐渐取代了天然的河流等水路运输。尽管在几千年前人类已开辟运河进行水路运输,但运河大规模发展则出现在工业革命前后。1757 年,英国开通了近代第一条运河桑基运河,运河连接了圣海伦斯矿山与默西河,大批量货运成为可能,从此开启了英国运河发展的新时代。继桑基运河开通之后,英国陆续修建了多伦特—默西、福斯—克莱德、利兹—利物浦等运河,运河遍布英伦三岛。到 19 世纪中叶,英国大宗商品主要通过运河运输实现,推动了英国的工业革命。英国工业城市曼彻斯特、利物浦、伯明翰、格拉斯哥等的经济繁荣与运河运输有着密切的关系。

美国的运河建设稍迟于英国,但影响很大。在 19 世纪上半叶,美国人开始了对运河进行巨额投资。1810 年至内战期间,美国出现了规模巨大的运河热,开通了数千英里的运河,把大西洋港口与东北部城市联系起来,并把运河延伸到中西部的俄亥俄流域。运河修建推动了沿岸的市镇的兴起。以纽约为例,在 1800 年以前,其城市规模及经济实力远不如波士顿和费城。19 世纪初,纽约筹集巨额资金,修建了伊利运河,伊利运河建成后沟通了大西洋和大湖区的水路,处于顶端的纽约市迅速取代费城而成为美国的第一大城市。

伊利运河的成功大大刺激了美国人对运河运输的投资热情,刺激了各城市之间的竞争。东北部和中西部各州都投入大量的资金修建区域性的运河,使五大湖地区连成一体。到 19 世纪中叶,数千英里的运河网形成,有力地推动东北部和中西部巨大区域的发展,沿河及沿湖出现了许多重要的城市,如芝加哥、底特律、克利夫兰等。

运河的修建需要这一地区富有水源,缺乏水源的地区需要新型的廉价交通工具通往内陆腹地。1825 年,世界第一条铁路在英国诞生,标志着铁路时代的到来。与过去的交通工具相比,铁路修筑便利,且具有速度快、运输量大、运输成本低廉等特点,它把遥远的地区纳入城市市场辐射影响之下。铁路迅速地出现在欧洲大陆。铁路网从欧洲西海岸的法国拉开,向欧洲中部的德国、东部的波兰撒去,形成今日欧盟国家发达的铁路网络。由于铁路巨大的优越性,大铁路修建到世界各地,仍是今日陆路大批量运输的主要交通工具。

在工业化时期,铁路运输的影响在美国十分突出。铁路在美国一出现,政府与厂商界就表现出巨大的热情。在 19 世纪的后半个世纪里,在美国联邦贷款与联邦土地赠送的扶持下,美国铁路里程由 9 万英里增加到 19.3 万英里,美国成为世界铁路里程最长的国家。[①] 工业化时期,美国铁路在东北部形成一个巨大的网络,从东北一隅渐次拉开,向中西部、向远西原野撒去,最终形成全国发达的铁路系统。

19 世纪晚期起,铁路也在俄罗斯、印度、日本等东方国家发展起来。俄罗斯政府十分重视铁路军事上的作用,使其铁路线在西部地区高度集中,并修建铁路通往西伯利亚及远东地区,奠定了今日俄罗斯庞大的铁路线的基础。在殖民地时期,英国人在印度修建了亚洲最庞大的铁路系统,奠定了今日印度的铁路布局。日本国土狭小,日本本州岛很容易地形成了稠密的铁路系统,日本铁路在今日国民经济中仍扮演十分重要的角色。

近代交通工具铁路强有力地推动了铁路沿线市镇的兴起。铁路通过远距离运输将远方的市场纳入城市影响之下,聚集效益在城市骤然出现,推动了物流与人流,进而强有力地推动城市的发展。铁路对于新开发的处女地和农村腹地的城市发展影响最大。工业化时期,新建的大铁路切割了广袤无垠的农田和荒原,农田及荒原中定居村落像雨后春笋般地出现,村落成长为城镇,城镇发展为城市。

铁路对城市兴起的影响美国最大。19 世纪的美国大陆,只有沿海为数不多的几个城市,内陆地区分散着一些定居点,绝大部分仍是荒原之地。19 世

---

① J. Paien, *the Urban World*, New York, 1987, p. 70.

纪中叶出现了举国一致的铁路建设,东北部、中西部出现了发达的城市网,到19 世纪晚期横贯大陆的铁路陆续建成,城市如雨后春笋般地出现。1860 年美国 5 万人口以上的城市仅有 16 个,1910 年增加到 78 个。①"荒原中的城市"一词反映了这一时期城市的兴起,反映了美国由乡村国家向城市国家的转变。

俄罗斯铁路在向东部原野延伸过程中,众多城市、城镇沿着铁路线出现。尽管 19 世纪俄罗斯庞大的铁路修建更多的是出于军事的目的,但大铁路的建设强有力地推动俄罗斯国家的城市发展,尤其辽阔的东部地区。俄罗斯的西伯利亚至远东地区,土地十分辽阔,人烟稀少,1891 年起,俄罗斯动用巨资修建横贯俄罗斯东西的交通大动脉西伯利亚大铁路,1916 年全线通车。西伯利亚大铁路全长 9000 多公里,东起俄罗斯远东的符拉迪沃斯托克(海参崴),穿越人烟稀少的俄远东地区,经伯力、赤塔、伊尔库茨克、新西伯利亚等城市,到达乌拉尔山东麓的叶卡捷琳堡,有力地推动了铁路沿线的城市和城镇的发展。

在人口稠密的欧洲国家,城市发展道路略有不同。欧洲历史悠久,在工业革命之前数千年就存在着城市文明。欧盟国家著名的城市大多出现中世纪时期,有的甚至可上溯到古希腊与古罗马时期。这些历史名城大多位于沿海及莱茵河、多瑙河等大河附近,有的则位于港口地带。城市兴起于大河、海港附近,主要依赖于便利的水运。工业革命后,铁路在欧洲大陆密集性出现,铁路沿线出现大批新兴的市镇。同时,原有的城市规模获得了较大规模的扩张,尤其是处于铁路枢纽的城市不断地向四周扩张而成长为大城市或特大城市。出于军事控制的需要,一些国家在首都修建密集的铁路,首都成为了重要的铁路交通枢纽而得到迅速的扩张,其中最为突出的是法国的巴黎、德国的柏林。巴黎、柏林等城市都处在大的铁路交通枢纽地带,铁路十分密集,发达的铁路交通所带来的巨大物流与人流推动这些城市迅速扩张,成为欧陆地区大都市中心。今日铁路在欧洲城市的发展中仍具有十分重要、不可替代的作用。

日本铁路建设对城市的影响与欧洲有颇多相似之处。与欧洲相比,日本的土地资源更为匮乏,日本将铁路作为其最为重要的交通工具,而对公路建设的兴趣就要小得多,交通选择影响到日本的城市发展与城市化模式。日本铁

---

① Ivan Light, *City in World Perspective*, New York, 1983, p. 99.

路线遍布日本四个主要的岛屿,铁路线十分稠密,城际铁路交通十分发达。日本重要的城市都被铁路连接起来,居民在城市间往来十分方便。在东京等大都市地区,地铁也十分发达,大量的人口依赖于铁路上下班,对小汽车的依赖小。铁路在日本城市聚集及大都市发展中扮演着十分重要的作用。

铁路交通对于印度这样的发展中国家的城市影响也是巨大的。作为英国的前殖民地,印度的近代交通深受其影响。世界第一条铁路出现在英国后,英国殖民者也将这一技术引进到印度,英国人大印度大力发展铁路。截至 2002年,印度铁路的总里程已经达到 6.3 万公里,其中电气化线路的总营业里程为11260 公里。① 英国殖民者给印度留下的这笔财富,极大地影响印度的城市发展及城市化模式。印度铁路带有典型的殖民地特色,从港口向内陆延伸,沿海地区铁路集中,印度大城市也集中在沿海地区特别集中。

5.2.2 公路交通与城市化方向性的演进

进入 20 世纪之后,汽车作为一种新型的交通工具的影响日益增加,增加了人类对交通工具类型的选择。交通工具的多样化选择不仅对经济,而且对城市发展及城市化模式的选择产生了深远的影响。由于自然资源禀赋、经济发展水平等差异,第二次世界大战后,各大国对交通工具的选择上具有很大的不同,对各大国的城市化模式产生了不同的影响。第二次世界大战后,对各国城市发展及城市化模式影响最大是公路交通的政策及发展。

公路交通与铁路交通对城市发展及城市化的影响具有很大的不同。铁路交通是"线"上的交通工具,铁路在切割辽阔的原野,并在线上推进到遥远的乡村腹地过程中,人口及厂商向铁路沿线火车站聚集,形成线上的城市节点或串珠,人口及厂商会不断地向铁路沿线的城市中心聚集。由于铁路属于远距离交通工具,在短途运输落后的前提下,城乡间交易成本过大,城市要向周边地区扩散不易。

铁路是近代交通运输工具,在远距离的运输中具有成本低廉的优势,但是随着铁路把城市推进到内陆乡村腹地,其在进一步延伸的优越性趋于丧失。

---

① 《印度,中国铁路电气化线路的营业里程》,网址:xjjbbbb. blog. sohu. com/34975489.
html-15k-。

1. 铁路造价高昂,要求规模经营,需要一定的客流量和货运量,在低密度地区进一步延伸铁路,代价高昂,难以收回投资成本。2. 在短距离运输中,铁路运载不灵,装卸成本过高。3. 火车只有在车站停留、装卸货物、上下乘客,工厂一般在车站附近选址,城市居民也集中在车站附近。然而火车仍具有远距离运输运量大、能耗少、成本低等优点,这些优点则为资源短缺和国家或地区高度重视。

城市的扩张与发展还需要"面"上交通的发展。20世纪中叶前后,汽车时代到来,对城市发展及城市化产生方向性的影响。汽车是"面"上交通工具,在近距离、小批量运输中,公路的优越性日益明显。公路从"面"有力地推动城市从中心区迅速地向四周辐射,改变了城市、城乡地区的区位条件,有力地推动了城市的郊区、周边城镇乃至广阔的农村地区的发展。尤其是高速公路网络出现后,产生了巨大的效益。1. 与铁路相比,高速公路造价低,成本易于收回。2. 高速公路有力地提高了短途运输效率,降低了短途运输成本,对于工业园区的工厂间、发展走廊产业集群间产业互补提供了方便。3. 高速公路使聚集经济效益在更为广阔的空间发生作用,使郊区及公路沿线辽阔地域内土地大幅度升值,为新兴的工业地带发展提供巨大的便利条件。汽车可在公路上任何一点停留,装卸货物、运送乘客极为灵活。公路两旁的土地对于需要宽阔土地的工厂厂商来说,与城区差异不大。但汽车能耗大、运输量小、在远距离运输成本高,且环境污染与破坏大,资源短缺的国家在发展高速公路上十分谨慎。

汽车与公路出现后,城市由聚集状态走向了分散状态。尤其是高速公路的出现后,城乡间可达性大幅度提高,城乡间交易成本大幅度降低,产品交易更为密切,大城市获得了向周边辐射的巨大能力,郊区和乡村土地不动产大幅度上升,吸引工厂移到郊区城镇及乡村地区沿高速公路重新定址,出现一个个的产业节点或产业带,进而形成产业集群,人口也迁到高速公路附近建立郊区邻里及乡村小城镇。在城市向外辐射的主要公路节点上,容易形成一些像小城镇一样的郊区邻里,这些城镇具有一定的规模,有自己的商业中心。这些城镇有如"城市的触须",把城市影响推进到农村腹地极其广阔的空间。正因为如此,第二次世界大战后各国十分重视交通工具的分类选择,并通过其交通导向影响各等级城市的发展及城市化的模式,通过交通工具选择的分析可以发现各大国选择的城市化模式导向。

基于拥有丰富的土地及矿产资源条件,汽车时代到来后,美国政府将交通设施发展的重点放在公路上,尤其是高速公路。早在20世纪30年代,地处落后的西部地区的洛杉矶高速公路竣工后,洛杉矶大都市地区地位日益重要,在西部地区产生巨大的示范效应,从而带动整个西部公路建设并建立了发达的高速公路网络,有力地推动了西部地区市镇及经济的发展。

西部的成功在全美产生巨大的影响,联邦政府改变过去那种"守夜人"的角色,积极地介入公共产品的供给,逐渐承担起建设公路的主要责任。1956年,国会通过了《联邦援助公路法》,授权修筑州际高速公路,其费用90%由华盛顿支付,从此开始了全美大规模援助公路建设。该法案还建立了联邦公路信用基金(federal highway trust fund),征收汽油、车辆、轮胎等消费税,直接资助公路建设。① 1983年,联邦政府用于公路建筑的费用累积为5000亿美元。② 第二次世界大战后在联邦政府大规模介入公路建设之下,美国各地建立了庞大的公路与道路网。到1995年,美国已拥有1300万英里的道路。③

在这一庞大的道路设施中,州际高速公路在美国公路中所占比重不大,但其影响却最大。高速公路与城市快车道连接,从城市核心地区向郊区广阔的空间放射,并通过庞大的公路体系深入到小城镇及农村腹地。高速公路网使聚集经济效益在广阔的空间发生作用,使郊区及乡村的小城镇广阔空间的土地大幅度升值,加速制造业等非农产业向这些地区转移,有力地促进了大城市外围的经济发展。第二次世界大战后,美国建立了全球最大的高速公路网络,有力地促进城市经济向郊区及辽阔的农村辐射,为美国城市化分散模式奠定了坚实的基础。

与之相比,资源匮乏的欧洲国家在公路投资上十分谨慎,公路发展也大为逊色。第二次世界大战后,欧盟国家在交通工具的选择上与美国迥然不同,重要原因是欧盟国家土地及矿产资源短缺。支撑美国那样的庞大的公路系统及

---

① Dennis R. Jueld, *City Politics*, Harper Collins College Pulisher, 1993, p. 211.

② Croom Helm, *Suburbia*, London & Sydney, 1986, p. 31.

③ Donald A. Henderson, *Urbanization of Rural America*, Nova Science Publishers, 1998, p. 105.

汽车文化,在欧盟国家不具有可持续性。在这种情况下,欧洲各国的公路投资力度远不如美国,尤其是高速公路。欧洲国家没有经历美国那样的公路扩张,汽车拥有量也远没有美国高。1975 年,美国每千人拥有汽车 460 辆,欧洲经济最发达的国家德国为 276 辆,而地广人稀的芬兰仅为 180 辆。① 这些因素使欧盟国家城市化更趋向于选择紧凑型模式,尽管欧盟国家也出现了分散的郊区化趋势,但却受到很大的抑制。

日本公路交通状况与欧盟国家十分相似。尽管日本政府也很重视公路的建设,但日本土地与矿产资源比欧盟国家更稀缺,不能支撑庞大的公路建设。尽管如此,日本政府还是尽其可能进行公路投资,日本是世界上公路密度最大的国家之一,公路从港口城市连接乡村地区,日本凡是有人住的地方都有公路延伸到那里,而且公路中高等级公路比重大。

俄罗斯地广人稀,在人口十分稀少的地区修建铁路缺乏规模效益,公路的修建更具有效益,但庞大的公路建设却受到建设不足的抑制。俄罗斯地广人稀,公路交通的建设需要巨额的资金投入。尽管俄罗斯国土十分辽阔,可为公路建设提供足够的土地,但广大原野上人口稀少也制约着公路的建设。尤其是在西伯利亚及远东地区,更是人烟稀少,在公路投资缺乏规模效益,因而也影响到政府及厂商对公路的投资热情。据俄罗斯交通部统计,2006 年俄罗斯公路里程为 114.49 万公里,公路密度为法国 1/25、美国 1/10 之间,仍有不少村庄不通公路。② 公路交通发展不足的状况影响到俄罗斯城市的发展,尤其不利于边缘地区的小城镇的发展,从而支持了俄罗斯的大城市偏向的城市化模式。

尽管印度拥有亚洲最为庞大的铁路系统,但独立后印度政府仍十分重视公路建设。政府与民间在公路建设上投入了大量的资金,印度公路建设获得了很大的发展。1999 年,印度公路总长约 332 万公里,道路密度为 1 公里/平方公里,密度名列世界前茅。③ 但印度公路质量差,等级普遍低,负担公路运

---

① Croom Helm, *Suburbia*, London, 1986, p. 7.

② 《俄罗斯总统普京向两大灾难之一的公路宣战》,网址:www.gscn.com.cn/Get/inter/06101811550425918_54.htm-25k-。

③ 石友服编译:《印度公路现状及发展规划》,《公路运输文摘》2002 年 8 月,第 32 页。

输总量 40% 的国道仅为 5.8 万公里,而其中单车道达 1.85 万公里,而且全国只有两条不足 100 公里的高速公路。① 由于公路等级低,印度城市化向广大农村地区扩散受到很大的限制,印度人出行对铁路的依赖性大,铁路等轨道交通则属于紧凑型城市的交通工具。交通的现状在很大程度上支持了印度大城市偏向的城市化模式。

5.2.3 公共交通与居住选址

公共交通是大众交通工具,发达的公共交通能够给城市带来活力,推动城市的发展。② 公共交通具有廉价、运客量大的特点,良好的公共交通有利于人口向特定的定居点聚集,促进了人口向城市聚集。第二次世界大战后,各大国公共交通政策的差异逐渐增大,从而影响到各国居民的定居模式,也给企业选址带来一定的影响,从而对各国城市及城市化模式产生深远的影响。

公共交通的起源可上溯到 19 世纪中叶的市内交通,这时已表现出大众化的特征。市内交通的出现与发展推动城市向外围地区扩张,促使越来越多的人口向城市聚集。19 世纪中叶后,在铁轨上行驶的由马牵引的街车,这种街车一次可运乘客数十人,开启了市内交通的革命。此后,市内交通经历了一系列的变化,高架铁路、有轨电车、无轨电车、地铁及轻轨等新型交通工具相继问世。

19 世纪末期的市内交通革命推动了城市规模的扩张,直到今天这些交通工具在各国城市发展及城市化中仍然扮演重要的作用,在紧凑型城市的发展尤为重要。新型公共交通工具电车、地铁、通勤铁路等拓宽了城市居民的选址,使部分居民离开了城市中心移往城市边缘地带,不断地将城市边缘地带并入市区,城市沿地平线向边缘及周边地区扩张。一些城市还将轨道交通延伸到近郊地区,郊区也不断地并入城市,同时也推动了郊区化的发展。针对这些交通工具引起的城市向边缘地区的扩张,有的城市史学家则认为这是欧美城

---

① 《印度工程承包市场的机遇和风险》,网址:zys. mofcom. gov. cn/aarticle/co/200603/20060301770380. html-33k-。

② 廖朴编著:《亚太城市的公共空间》,中国建筑出版社 2007 年版,第 140—150 页。

市的分散的开始。① 实际上,公共交通的更重要的是推动城市更大规模的集中,也带来了早期的郊区化现象。

20世纪汽车时代到来后,公共汽车加入了公共交通行列。与轨道交通相比,公共交通具有更大的灵活性,而且城市道路的投资也更为低廉。公共汽车往来于城市中心与边缘、城市与郊区城镇之间,将城市与其边界之外的地区连接起来。确切地说,公共交通促进了城市向四周扩张与蔓延。发达的市内立体交通线伸向城市各个角落,把城市边缘地区纳入市内交通能够快速到达的范围,城市边缘不断地并入城市中心区。而且随着市内交通线向外延伸,城市边界不断地向外推移,原来的郊区小城镇与原来的城市中心区合并在一起。在此背景下,城市聚集空间得到空前的拓展。城市聚集空间的拓展使越来越多的人口及厂商聚集于城市,城市规模不断地向外扩张。

由于城市边缘、郊区不断地并入城市,城市空间迅速扩张。在19世纪长期的进程中,欧美各国大城市边缘及郊区不断并入市区。由于城市中心区较之边缘及郊区繁荣,边缘地区及郊区不断地创造条件与城市合并。这些社区积极投资电车等市内交通工具,以此连接城市中心,使之能够快速到达城市中心,这些措施使城市中心面积不断向边缘及城市边界之外的地区扩张,导致城市聚集空间不断地向外围地区拓展,这一拓展标志着大都市时代的到来。

汽车时代到来后,基于各自的资源禀赋,各大国对公共交通工具采取不同的政策,而这些政策影响了城市化模式的选择。公共交通有利于城市人口的聚集及大城市中心的繁荣,继续推动大城市向周边地区蔓延与扩张。而私人小汽车的情况刚好相反,私人小汽车是分散型的交通工具,它为居民及厂商沿公路任何一点选址提供了方便。在私人小汽车拥有量高的国家或地区,居民从拥挤的城市中心不断地迁出,使城市发展的重心移向了城市外围地区,甚至是广大的农村地区,从而将城市化转向了郊区化时代。

作为自由市场经济国家,第二次世界大战后美国各级政府对公共交通的扶持力度甚小。另一方面的原因是美国资源丰富,政府也不担心小汽车的过度使用而对能源的大量消耗,由此而引起美国的能量危机。在这种情况下,美国私人小汽车崛起。在与私人汽车的"切喉竞争"之下,美国公共交通江河日

---

① John M. Levy, *Urban America-Processes and Problems*, New Jersey, 2000, p. 18.

下。政府不仅缺少保护公共交通的有效政策,而且还将大量的燃油税补贴高速公路。与欧盟国家相比,美国的燃油税很低,美国油价也很低,刺激了居民出行更多地选择私人小汽车。在这种情况下,公共交通所产生的凝聚力不敌高速公路和汽车所引起的分散浪潮。结果,公共交通服务质量迅速下降,成为城市中心区穷人的交通工具,而富裕人口则更多地选择到城市外围地区定居,城市发展的重心必然移向外围的郊区及农村地区。

欧盟国家十分重视公共交通的发展。在资源短缺的背景下,欧盟国家优先考虑的是交通发展的可持续性,欧盟国家逐渐认识到小汽车战略不具有可持续性,各国政府有意识地采取措施鼓励人们使用公共交通而放弃私人汽车。[1] 政府的公共政策强调对现存的巨大的铁路网和大众交通系统的依赖,并通过财政以公共补助金形式大力资助公共交通系统,以补偿公共交通公司因经营不善造成的巨大的损失。[2] 不仅如此,欧盟国家征收高额的燃油税,并将大量的燃油税用于公共交通的补贴。[3]

欧盟各国政府的这些公共政策导致小汽车出行成本高昂,而公共交通方便、价廉,从而削弱了对汽车的需求,城市居民出行及上下班不一定需要购买小汽车。在美国公共交通江河日下之时,欧盟各国的公共交通拥有大量的乘客,其服务效率及质量远胜于美国。时至今日,欧盟国家的城际铁路、地铁、有轨电车及公共汽车等公共交通工具仍十分繁忙。

尤其是1973年石油危机之后,城市政府对公共交通更加重视。第二次世界大战后,由于小汽车的发展,一些城市停运了19世纪晚期兴起的大众交通工具有轨电车。1973年石油危机使世界石油价格暴涨,各城市恢复了第二次世界大战后曾经停止的有轨电车,并将撤除的电车轨道重新铺上,而且还延长了轨道线。不仅如此,欧盟国家还大力发展轻轨列车,并通过城际列车使铁路公交化。这些大众交通工具为城区很大一部分人提供服务,为城市居民提供了方便。发达公共交通有利于居民继续在城市中心地区定居,也决定欧盟国

① Anita A. Summers, *Urban Change in the United States and Western Europe*, Washington D. C. , 1999, p. 49.

② Anita A. Summers, *Urban Change in the United States and Western Europe*, Washington D. C. , 1999, p. 35.

③ Dennis R. Jueld, *City Politics*, Harper Collins College Pulisher, 1993, p. 212.

家的城市化模式与美国存在的差异。

日本也十分重视公共交通的发展。与欧盟国家相比,日本土地及矿产资源更为匮乏。日本不仅国土狭窄,而且没有汽车文化所需要的石油资源,国内所需要的能源完全靠进口,需要耗费巨额的外汇,小汽车战略更是具有不可持续性。作为政府主导的市场经济的国家,日本政府具有领导经济发展的职责,可以通过对交通工具的选择使资源得到最大限度的利用。日本政府在公共交通上扮演十分重要的角色,甚至是起决定性作用。尽管日本拥有世界最大的汽车制造商,也是世界最大的汽车生产国之一,但日本的私人汽车拥有量并不高。由于日本政府对小汽车战略并不热心,政府的政策实际上也不利于国内私人小汽车的发展,日本生产的汽车也主要用于出口。日本是一个土地与矿产资源十分短缺的国家,像美国那样实施小汽车战略是不切实际的,因而日本政府主导下的市场经济使公共交通获得了优先发展。

1973 年石油危机给严重依赖进口石油的日本经济以巨大的冲击,日本政府加速公共交通建设发展的步伐。危机期间,国际石油价格暴涨,日本整个经济深受其害,日本不得不考虑大幅度降低对石油的依赖,日本政府更是将公共交通作为其交通发展的重心。日本加强了对大都市区地铁、高速城际铁路、电车等轨道交通的建设。在人口稠密的都市地区,形成了发达的地铁交通网络,这些地铁从市区向外延伸,与地面交通及各种快速轨道交通相互衔接形成了整体。进入 21 世纪之后,由于国际能源需要的快速增长,石油价格不断攀升,由于日本公共交通导向交通政策的长期实施,国内对能源需要已经大幅度降低,能源价格的上涨所带来的冲击也大幅度下降。

发达的公共交通支持了日本大城市偏向的政策,推动了其大城市持续向外扩张。发达的公共交通连接城市边缘与城市外围的居民点,如果政府对大城市周边耕地进行有效保护的话,城市外围地区的聚居点、制造业节点易于成长为大都市区的次级中心,次级中心以专业化功能而出现,一些次中心发展了商业服务功能,进而形成多中心的大都市地区。尽管欧盟国家情况与日本很相似,但欧盟各国对城市外围农业用地的保护十分严格,城市不能无止境地吞噬农业用地,城市的发展必须跳过城市绿带而到郊区城镇发展,大都市区以多中心形式出现。

但是日本没有欧盟国家那样严厉的农业与耕地保护政策,致使大城市不断地吞噬周边的农业用地持续扩张。大城市边缘及外围地区耕地保护存在着严重的问题,政府缺乏严厉的土地保护措施,城市边缘及外围土地因存在转变住宅或工业用地的预期,土地投资严重,在这一过程中大量的耕地被转变为住宅用地。因此,第二次世界大战后日本大城市一波一波地向外扩张,大城市像摊大饼似的向周边地区蔓延,大城市范围也越来越大,日本东京也因此成为世界最大的城市之一。这是日本城市化模式与欧盟国家具有很大差异的重要原因。

与发达国家相比,俄罗斯公共交通也显得大为逊色。俄罗斯公共交通落后的原因还是国土面积大,人口密度低,缺乏足够的建设与维护资金。苏联时期起,俄罗斯国家就十分重视公共交通的发展,在大城市修建了有轨电车、无轨电车、公共汽车和地铁等公共交通系统,但是俄罗斯国土十分辽阔,公共交通很难覆盖广大城乡地区。苏联解体后相当长的一段时期经济萎缩,政府对公共交通的扶持不够,在相当程度上交通工具出现老化、服务质量下降的现象。近年来这种情况有所好转,但资金的瓶颈难以突破。

印度公共交通服务更不能与发达国家相比,但却在城市发展中扮演极其重要的角色,其重要原因是印度人最大限度地利用现有的公共交通出行。印度矿产资源贫乏,尤其是石油等能源更是短缺,印度经济落后,拥有私人小汽车的人比例很小,印度的资源不能支持私人小汽车为主导的汽车文化。印度资金短缺,公交交通工具及服务质量很差,城市居民主要依赖于城市公交上下班及出行。由于城市贫穷人口众多,他们极其需要廉价公共服务,铁路等轨道交通具有运客量大、营运成本低等优点,轨道公交显示出很高的效率,大城市大量的人口每天依赖于轨道交通上下班,而且每天乘坐城际列车往返于大城市与小城镇之间,使居住在小城镇及周边农村地区的大量人口能够在城市工作。对公共交通的依赖决定了印度大城市偏向的城市化模式。

5.3 经济资源配置比较

5.3.1 区域非均衡与均衡发展战略的影响

进入工业化之后,在资源配置上的效益与公正问题一直为经济学界争论不休,所形成的理论观点影响着政府的宏观经济政策。在各国政府的区域或地区经济发展政策中,效益与公正的矛盾十分突出,因而经济资源的配置影响到整个城市系统发展及城市化模式的演变。从区域与城市系统的发展历程看,在自由市场经济条件下,资源自然而然地向区位条件优越的地区汇集。在经济发展初期及之后的相当时间内,中心城市获得迅速的扩张与繁荣,形成增长极点。但非均衡发展在推动国家或区域经济发展的同时,也给城乡广大地区发展带来众多十分棘手的问题,尤其是对小城镇及广大农村地区的发展带来了一定程度的消极影响。在此背景下,一些国家加强了对区域经济的干预,并通过税收、资源的配置、福利与住房等政策实施较为均衡的发展战略,将发展的重点从大城市核心地区移向外围的地区。各大国历史与现实诸要素存在着很大的差异,在经济资源的分配中也存在着巨大的差异,因而对城市化模式的影响也不尽相同。

工业化时期,在自由市场经济的作用之下,大城市具有强有力的磁力作用,大城市作为经济增长中心的地位日益突出。由于聚集经济的作用,经济资源自由地向城市核心地区汇集,那些处于铁路交通枢纽及铁路终端的城市具有较强的区位优势,形成经济增长的中心或增长极。铁路枢纽地带具有广阔的腹地,交通通达性强,易于吸引厂商入住,使城市获得快速发展。正如美国经济学家赫尔希曼认为,经济增长并不是出现在所有地方,为数不多的几个区域实力中心易于引起较高收入水平的经济发展。在这一发展过程中,增长极的出现则伴随着区域不平衡增长,大城市与农村地区的差距日益拉大,与今日发展中国家所经历的发展历程一样。这种非均衡发展的理论观点在 20 世纪中后期十分盛行,成为发展中国家的大城市偏向政策的重要理论依据。

工业化后长期的非均衡增长过程中,城市系统发展经历了大城市的超先增长,在这一进程中,大城市核心地区日益走向繁荣。大城市大多是地方的政治中心,它们大量地取之于地方,甚至以国家预算来资助自己,特别是中央集权集权制的国家更是调动全国财力,大力支撑首都的发展。政府资助主要用于基础设施的建设、公共交通的补贴等,此外还用于大工程建设及大企业的补助,政府的资助对大城市的发展有着十分重要的影响。此外,在聚集经济效益的作用之下,大城市强大的磁力吸引了大量资金流入,进而吸引大量的工厂、商店、机构在城市选址,为农村人口向城市的流动提供了众多的机会,大城市也因此走向繁荣,推动早期的城市化进程。工业化之后,各国大城市都处于前所未有的繁荣之中,产生了强烈的示范效应,城市经济二元结构突出,城市对广大农村地区形成了巨大的拉力。

尽管如此,大城市的日益膨胀也使"城市病"日趋严重。大城市扩张与蔓延不是无止境的,大城市人口的大幅度增加及膨胀使城市趋于饱和。随着越来越多的人口与厂商涌入,大城市拥挤不堪、道路拥塞、城市污染日趋严重、城市失业增加、城市犯罪猖獗、城市土地价格飞涨等。日趋严重的城市病给城市厂商带来了外部成本,当聚集成本过大时,城市由聚集经济向聚集的不经济转变。日趋严重的问题困扰着城市的发展,给大城市厂商及政府带来了巨大的压力。

不仅如此,大城市繁荣在很大程度牺牲了中小城市、小城镇及广大农村地区的利益。大城市增长中心的出现,拉大了发达的城市与落后乡村的差距,妨碍了增长中心之外的小城镇及农村地区的发展。一些区域经济学家对此进行了大量的研究,他们认为即使是在工业化初期,区域间过大的差距也不利于整个国家的经济发展。早在1956年,美国学者冈纳·米尔德尔就提出了发达的经济中心对落后经济发展构成阻碍的理论,米尔德尔认为:

> 市场力量所起的作用与国际贸易的均衡理论所提出的说法相反,它在对生产要素以及因之对收入方面的补偿并不是使之趋于均衡。经济发展如按本身进程是一个循环累积的因果关系,它对条件已经十分优越的人还要锦上添花,而对落后地区的人所作的努力反而阻碍。①

世界经济发展历程也显示出非均衡发展导致区域间、城乡间拉大的众多范例。工业化初期,在自由市场经济的条件下,区域经济表现出巨大的差距,即发达的大城市与落后的乡村地区并存。大城市制造业发达,经济繁荣,具有强大的吸引力,把落后地区的生产要素不断地吸引过去。结果大城市更加繁荣,而落后的乡村地区的生产要素供给短缺,经济处于萎缩之中。工业化时期,美国城乡、发达东部与南部都存在着巨大的差距。意大利、英国等大城市与农村地区的差距也是很大的。今日俄罗斯及印度等国经济相对落后的国家更是如此。

城乡间、地区间经济发展的巨大不平衡加深了固有的矛盾,导致内部冲突

---

① 巴顿:《城市经济学》,商务印书馆1984年版,第79页。

不断。19 世纪晚期,美国城乡冲突具有代表性。这一时期美国工业化推动城市繁荣之时,农村贫困依旧,而且受城市的冲击更加显得无赖,乡村集团与城市集团间出现了激烈的冲突,演变成声势浩大的反工业化与反城市浪潮,城乡社会动荡。1896 年,民主党总统候选人布赖恩在民主党全国代表大会上发表了著名的反城市化与反工业化的演说,将城乡政治上完全对立起来,他说:

> 大城市依赖于我们辽阔而肥沃的大草原。烧掉你们的城市,留下我们的农场,你们的城市似乎将魔术般地出现;但是毁掉我们的农场,青草将在美国的每一个城市街上生长。①

苏联时期,城乡冲突也十分突出。苏联的城乡不是城市繁荣对农村地区的冲击,而是政府通过计划经济将有限经济资源集中资助城市的发展,在推动城市快速发展之时,却抑制了农村地区的发展,在一定程度上将农村置于绝境。1919 年后,苏联实施余粮收集政策,其后以粮食税代替余粮收集制。在这些政策实施过程中,城市从农村地区获得了大量的经济资源。此外,苏联还通过工农业剪刀差来从农村地区获得大量的工业积累。俄罗斯农民为国家工业化与城市的发展作出了重要的贡献,而农村则处于贫穷之中。整个苏联时期,城乡矛盾十分突出。

在工业化之后的长期进程中,繁荣的城市经济中心,引起落后地区经济凋敝,使之长期处于绝望之中,引起了各国区域经济学者的思考。美国经济学家威姆逊提出倒"U"字形的理论,即有时间变量的非均衡理论。这一理论认为,经济发展初期,区域差异的扩大是经济增长的必要条件,但在经济发展到一定水平后,发展差异的缩小又成为经济增长的必要条件。如图 5-1 所示,以 GNP 总量变化代表一国经济的增长,以人均 GNP 代表区域差异(均衡度)。在 AB 阶段即经济发展初期,经济发展客观上要求以非均衡的扩大为代价,但当经济发展水平到达转折点 B 以后,进一步的发展必须以区域差距的缩小为前提条件。

落后地区的发展也是一项复杂的系统工程,经济发展初期的条件差,难以吸引厂商的入住及资本的流入,政府干预与扶持对其发展有着极其重要的作用。美国区域学家艾萨德认为,政府的宏观区域政策对区域发展起着重要的作

---

① Alexander B. Callow, *American Urban History*, New York, 1971, p. 31.

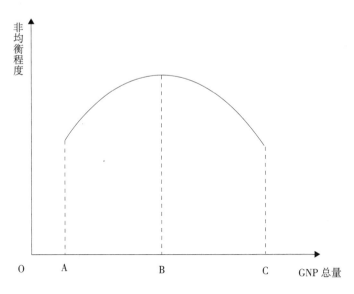

图 5-1　威姆逊的倒"U"字形理论

资料来源:翁君奕等:《非均衡增长与协调发展》,中国发展出版社 1996 年版,第 13 页。

用,政府对落后地区经济整合具有强有力的影响。第二次世界大战后,经济发达的国家日益重视落后的乡村地区的发展,借以加速落后地区的工业化与城市化进程,使区域间、城乡经济发展趋于均衡,在一些国家改变了大城市偏向的城市化政策,在一定程度对城市化模式的改变产生了重要的影响。这些优惠政策包括:税收优惠、资源配置、福利政策等。美国区域扶持主要通过税收体现出现,而其他国家更重视资源的配置及福利政策,但扶持政策往往也具有交叉性。

5.3.2　税收倾斜政策

税收政策通过区域或亚地区税收制度来影响区域及城市系统的发展,进而影响城市化模式的选择。在第二次世界大战后长期的发展过程中,一些国家注意在非均衡战略下落后地区的困境,并通过税收政策影响落后地区的发展。政府在不同地区实施差异性的税收政策,中央政府还通过财政预算扶持农村及落后地区发展,这一政策或多或少对各等级城市再发展产生不同的影响,并影响到整个区域、乃至国家的厂商选址及人口的迁移。

根据税收乘数理论,税收对厂商的选址影响如图 5-2 所示。对厂商征税

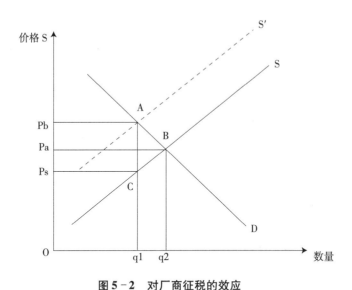

图 5-2　对厂商征税的效应

资料来源:沃纳·赫希:《城市经济学》,中国社会科学出版社 1990 年版,第 258 页。

A—C 使其供给曲线从 S 移到 S′。结果,过去的均衡量从 qe 减少到 q1,消费支付价格从 Pe 增加到 Pb,而厂商收到的是 Ps,而不是 Pe。图中可见,征税政策可导致收入和供给的减少,进而引起生产的萎缩,结果引起就业的减少。对城市其他纳税人的征税也产生类似的作用。根据税收乘数理论,厂商将税收高的地区移向税收低的地区,发展到高税收转移低税收。第二次世界大战后,一些国家采取税收优惠政策将厂商及富裕的居民引向政府重点发展的地区。

　　第二次世界大战后长期的进程中,美国税收政策总的趋势是向大城市边界之外的地区倾斜。第二次世界大战后,美国城市财政困难,城市政府普遍采取重税政策,加重了城市纳税人的负担。工厂大量外迁而引起城市税基萎缩,大量的贫困人口涌入城市。穷人不仅提供的税收很少,城市政府还得为其提供公共服务及福利支出,从而导致城市财政开支大幅度增加。城市财政入不敷出,赤字严重。1960—1975 年间,纽约市维持费增长 260%,财政赤字十分严重。一些学者认为,巨额财政赤字,迫使城市当局广开税源,也只有加倍征税,才可能平衡财政收支。[①] 到 1975 年,纽约市征收税收达 22 种,诸如通勤

---

① Ray Ginger, *Modern American Cities*, Chicago, 1969, p. 211.

税、燃油税、销售税、烟酒税、证券交易税等。①

城市政府广开财源使城市居民税赋负担远高于外围地区。1980年,纽约市人均政府开支高出郊区70%,而费城人均城市开支则是其郊区的两倍。沉重的财政开支来源于城市纳税人,政府不得不加重纳税人的负担。因此,美国城市居民税收远远高于郊区居民,20世纪80年代初,城市居民人均税收高于郊区40%。根据税收乘数理论,厂商及富裕纳税人会从高税收地区向低税收地区迁移,第二次世界大战后,美国不少厂商与富人基于这一原因从大城市向外围的郊区迁移。

美国联邦政府还通过税收减免的方法支持落后地区的发展。战后美国联邦税收倾斜政策有利于西部地区及南部阳光地带的制造业的发展,也是西部、南部等阳光地带后来居上的最重要原因之一。1954—1980年,西部地区获得联邦政府税收减免的补助金达300亿美元。巨额的税收补助使西部地区厂商税收水平低于东部地区,鼓励东部资本及制造业西移,基于"靠脚投票"的原理,制造业厂商与资金一起从高税收地区流向低税收地区。1960—1981年,东部地区流往西部地区的资金达900亿美元。巨额的资本流入在阳光地区产生连锁反应,促进经济高速发展及城市化进程。在这一迁移过程中,一种全新经济发展与城市化模式出现,从而推动了落后地区的城市化进程。

5.3.3 区域资源的重新配置

第二次世界大战后,各大国也使用资源配置来协调各区域发展。各国国情及市场模式存在着相当大的差异,政府资源配置导向也不同,影响到各区域或亚地区的发展,也对城市规模等级发展及城市化模式产生影响。各国都重视落后地区的发展,希望通过资源配置推动乡村发展,各国政府的资源配置主要表现在道路等基础投资、重大项目选址及财政收入分配等。

在第二次世界大战后的长期经济资源的分配上,美国联邦政府十分注重落后地区的配置,十分注意将发展重心置于大城市的外围地区。在经济发展过程中,落后地区的交通可达性具有十分重要的作用。交通的改善可改变其封闭的状况,通过空间的开放而与核心地区连接在一起,通过接受中心城市辐

---

①　Jon C. Teaford, *The Twentieth Century American City*, Baitimore & London, 1993, p. 143.

射而将落后农村地区融入现代大都市强有力地影响之下,形成中心与边缘经济互补、共同发展的格局。

第二次世界大战后,各大国也使用资源配置来调节各区域的发展。由于各国国情及市场经济模式存在着相当的差异,政府资源配置导向也存在着很大的不同,影响到各区域或亚地区的发展,同时也影响到城市规模等级发展及城市化模式。应该认为各国都重视落后地区的发展,都希望通过资源的重新配置而影响乡村地区的发展,各国政府的资源配置主要表现在道路等基础投资、重大项目选址及财政收入分配等。

在第二次世界大战后的长期经济资源的分配上,美国联邦政府十分注重落后地区的配置,十分注意将发展重心置于大城市的外围地区。在经济发展过程中,落后地区的交通可达性具有十分重要的作用。交通的改善可改变其封闭的状况,通过空间的开放而与核心地区连接在一起,通过接受中心城市辐射而将落后农村地区融入现代大都市强有力地影响之下,形成中心与边缘经济互补、共同发展的格局。

5.3.4 住房政策与居民住宅选址

政府住宅政策影响到居民的住宅选址,影响城市发展及城市化的模式。各国市场模式不同,政府的住房政策也存在着很大的差异,这些政策包括对城市亚地区新建住宅的扶持、对城市各群体的利益分配、信用抵押贷款等。在自由市场经济国家,人们普遍认为住房是个人的私人事务,政府不应大量干预,政府的责任则是使房地产业快速而健康地发展,确保满足市场的需求。社会与福利市场经济国家则有所不同,它们认为住宅不仅仅是商品,它在相当程度上是福利品,政府有责任、有义务帮助贫困居民获得住宅,必要时甚至提供住宅。国家主导的市场经济国家及经济转轨中的国家的住房政策相对复杂,对这些国家而言,经济效益优先,政府的政策在很大程度反而使社会更加不公正,贫困阶层的住房不能得到保障。基于市场经济模式不同,各大国采取不同住宅政策,构建其城市化模式特色。

美国是自由市场经济国家,政府对住宅的发展干预较少,基本上体现了自由放任的思想。美国政府对住宅的干预是间接的,在长期进程中政府不直接介入房屋市场的供给,政府的主要是起引导性的作用。对公房的介入最能体

现政府对住宅市场的干预程度。与欧盟国家相比,美国政府在公房介入程度
要低得多。这一政策对城市低收入十分不利,但它有利于住宅的自由选址,有
利于城市化的分散。表5-1是战后住宅自住及租用的国际比较。由表中可
见,20世纪70年代美国住房的自住率明显高于其他发达国家,而住宅租用率
明显偏低,其重要原因是城市公房供给较少,政府对公共住房的介入程度不
高。由于政府对公房的介入缺乏兴趣,居民只能购买自己的住宅。在此背景
下,房地产商热衷于开发新的地区,一般选择开发成本低的城市边缘或小镇,
加之政府对开发商的行为很少限制,加速了美国郊区化的进程。

表5-1　住宅自住及租用的国际比较

国家	年份	自住率(%)	租用率(%)
联邦德国	1972	33.5	66.5
法国	1968	43.3	44.4
丹麦	1970	45.7	49.9
联合王国	1971	48.2	51.8
意大利	1971	50.9	44.1
比利时	1970	53.6	41.3
日本	1973	58.8	40.5
美国	1970	62.9	37.1

资料来源:Ivan Linght,*City in World Perspective*,New York,1983,p.396。

　　尽管如此,美国联邦与地方政府还是在较低程度上介入公共住宅的建设。
政府对公房的介入可上溯到19世纪晚期的工业化时期。工业化时期大量的
移民涌入美国大城市,城市出现了一些贫民窟,影响到城市景观,而且也带来
了严重的社会问题,在社会改良者的推动下,一些城市政府制订了公房计划。
19世纪晚期,纽约市政府修建了一些现代公寓,但这种廉价数量十分有限,在
1910年之前40年间纽约市政府在曼哈顿所建的现代公寓仅能容纳了3588
个家庭,远不能满足穷人的需要。[①] 而且建筑质量也很差,被称为“哑玲公
寓”,也成了新的贫民窟的代名词。工业化时期美国城市住宅异常紧张,房荒

---

① Jon C. Teaford,*The Twentieth Century American City*,Baitmore & London,1993,p.34.

十分严重。

　　罗斯福新政时期,联邦政府出台了为低收入者提供住宅的计划。政府立法住宅机构,通过财政补贴按低于成本租金把公房出租给低收入者。作为自由市场经济国家,用纳税人的钱对低收入者的住房进行资助,政府是缺乏兴趣的,因而公房在美国住宅市场上的影响也十分有限。直到 1968 年,美国公房仅占整个住宅单位的 2%;1980 年公房有所增加,也仅占全部住房的 4%。①远不能与欧洲福利国家相比。

　　美国的公共住房大多集中于城市中心,非没有起到聚集作用,反而造成隔离与离心的趋势。公共住房租金低廉,为低收入者提供,公房质量低,公房集中的社区充斥着穷人,不仅不能吸引富人毗邻而住,而且形成自我隔离与排斥力,使富裕的人口从城市中心区迁出。美国郊区成了富裕人口的栖息地,郊区居民大多是大都市区中富裕的人口,以同质邻里形式存在,他们强烈地排斥低收入者的移入,廉价公房在郊区遭到强烈地抵制。在这一背景下,美国城市政府只好把公房修建于城市中心区,而且不计成本。②公房加剧城市中心区穷人的集中,又给城市富裕阶层形成巨大的压力,迫使他们向外迁移,形成恶性循环,最终又导致更多穷人聚居于城市中心区,富人则居住在城市边缘和郊区,强化郊区化趋势。

　　美国联邦政府还通过抵押制度影响城市外围地区的房地产开发。1934年,美国国会通过了国家《住宅法》,政府设立联邦抵押和地方抵押机构,通过银行向购房者提供贷款,同时也有利于银行回避私人贷款的风险,提高了银行房屋贷款的积极性。房屋抵押实施之后,大量的资本源源不断地注入房地产业。③《住宅法》实施后的长期过程中,大量的资金注入郊区、小城镇的房地产业,房地产商则加速郊区的开发,把大量的农业用地转变为带有城市性质的住宅用地。此外,美国政府通过《军人修正法案》为约有 1600 万老兵在郊区修建住宅。④美国市场导向的住房政策有力地促进城市居民分散及郊区化的

①　Ivan Light, *City in World Perspective*, New York, 1983, p. 401.

②　Goldfield & Brownell, *Urban America*, Boston, 1990, p. 272.

③　Mark Gottdiener, *The New Urban Sociology*, Boston, 2000, p. 71.

④　Mark Gottdiener, *The New Urban Sociology*, Boston, 2000, p. 74.

进程。

欧盟国家住房政策对城市化模式与美国截然不同。由表 5-1 可见,欧盟国家住房自住率明显低于美国,欧洲经济火车头的联邦德国的私房拥有率约为美国的 55%。欧盟国家近一半的人口依赖于租房,租房服务业在欧盟国家相当发达。作为社会市场经济或福利市场经济国家,欧盟各国政府更多地介入公房的建设,为城市居民提供更多的廉价租金住宅,使城市穷人也拥有体面的住宅。

欧盟国家的公共住宅也主要是资助穷人,但不影响富裕的人口在城市中心区定居。欧盟国家多属福利国家,政府对公共住宅进行巨额的补贴,并廉价租给贫困的居民。欧盟国家公共住房并无地区性,有的位于城市中心区,更多的位于城市边缘。因此,城市中心既有穷人,也有富裕人口。在欧盟国家,各类经济群体的居住地与城市中心的距离没有美国的那样突出。相反,欧盟国家大量的富裕人口还偏向于选择城市中心区居住。巴黎、罗马、伦敦等大城市有一定的富裕人口集中在城市中心附近,而城市边缘及郊区则拥有不少穷人的聚居地,很多穷人居住在城市边缘及郊区受资助的较新的住宅里。① 欧盟国家的公共住宅政策在一定程度有利于保持城市中心的繁荣,并抑制富裕人口向郊区分散的倾向。

日本在住房政策较为独特,与欧盟国家也具有相似之处。从表 5-1 可见,日本私人自住房屋比例接近美国,远高于欧盟国家,说明日本并非福利国家,政府不愿像欧盟国家那样在廉租公房上投入巨额的资金,政府没有责任向低收入家庭较为体面的住宅。日本公房主要集中在大城市,房源主要由政府提供,但质量不高。日本最大的城市东京有 40% 的家庭租房居住,而不足 30 平方米住房占其中的 55%。② 这些小户型的住宅集中在城区,主要面向低收入家庭,尤其是孤立无援的老人及妇女单亲家庭,低收入者还得到政府的财政补助。这种公房制度实际上强化了人口的聚集。

长期以来,日本政府对住房抵押贷款证券化限制较多,主要原因是政府对证券化建房认识不足。这一政策束缚了房地产市场的发展,日本住宅市场证

① Dennis R. Jueld, *City Politics*, Harper Collins College Pulisher, 1993, p.180.
② 王大军:《日本也盖经济适用房》,《海外之窗》2002 年 12 月,第 48 页。

券化建房远没有欧美那样活跃,在相当程度上支持了日本高房价。这种政策对城市化分散十分不利。

俄罗斯住宅政策经历了类似经济制度一样的改革。苏联时期,住房具有很强的福利性质。尽管国家财政十分困难,但政府还是拨款建设大量的住房。由于房租低廉,国家住房基金长期亏损,抑制了住房资金的供给。在长期发展过程中,苏联城市住房短缺,对城市发展及城市化产生很大的负面影响。

苏联解体后,随着公有制的解体,俄罗斯住房基金逐渐推向私有化及市场化。1992年,俄罗斯法律修改了住房内容,住房建设市场呈加速之势,私有住房率大幅度增加,2003年,私人住房保有率达到41.8%。① 住房市场化有力地推动城市房地产业的发展,20世纪90年代以来,俄罗斯大城市房地产迅速发展,房地产商在大城市寻找空地,并寻找破败的低层建筑加以拆除,建造了大量的高层建筑,大城市容纳了日益增加的人口,大城市也获得了迅速的发展与扩张。

印度城市房荒一直很严重,极大地抑制了城市化的进程。印度人口众多,也很贫穷,国家财力不足,政府难以为源源不断涌入城市的人口提供大量的住房,印度成为世界住房最为困难的国家之一。1986年全国有缺房户2470万户,其中城市约500万户。② 特大城市住房极为困难,新涌入城市的人口尽可能自行搭建住房,贫民窟比比皆是,挤压了大量的城市公共空间。印度政府拟采取建小户型、低造价住宅及改造贫民窟的办法来解决房荒问题,但因资金严重不足、政府部门缺乏效率、内部矛盾突出等,成效十分有限。印度人口增长迅速,而且农村地区失地的农民不断地涌入城市,使城市住宅短缺现象日益加重。在此背景下,印度政府十分害怕更多的农村人口涌入大城市,对农村人口大规模的城市化心存恐惧,采取政策措施尽可能阻止农村人口向城市移民。

综上所述,大国城市化的一系列政策对城市发展及城市化模式有着十分重要的影响。由于各国国情及市场经济模式的不同,城市化综合政策存在着很大的差异,同时也最终影响城市化模式的演变。作为自由市场经济国家的

① 余南平:《俄罗斯住房政策与住房市场现状和未来》,《俄罗斯研究》2005年1月,第48页。
② 李福秀:《印度住房概况》,《东南亚南亚信息》1999年11月,第25页。

美国,给城市化提供了充分发展的空间,为城市的聚集与分散提供了良好的内部条件。欧盟国家城市化空间略为逊色,俄罗斯与印度的条件仍不足以支持城市化的扩散。

6 城市化演变趋势与当代大国城市化模式选择比较

自然资源禀赋、经济发展水平、市场经济制度等存在着一定的差异,影响着各大国的城市政策,最终对各国的城市化模式产生重要的影响。从战后城市化历程看,这六个经济实体的城市化模式大体分为三种类型,而各类型城市化模式还可细分。城市化模式及相应的城市系统的选择,长期作用于各国经济的发展,同时也对社会产生深远的影响。

6.1 城市化类型及影响

6.1.1 发达国家城市化类型

本书研究的对象既有发达国家,也有发展中国家,在研究其城市化模式时,有必要分别对发达国家及发展中国家的城市化分类进行分析。尽管城市化是人类必经之路,城市化演变也有一定的规律,但各国城市化所处的时代及社会经济水平具有很大的差异性,其城市化道路也不尽相同。基于经济发展的角度,理论界将各国所经历的城市化分为三种类型,即经济同步型,过度城市化型及滞后城市化型。但城市化细分则要复杂得多,经济同步型国家的城市化也有差异,过度城市化与滞后城市化也有其与经济适应与不适应等方面有关系。一国的城市化类型受经济发展水平、社会价值观等的影响,而其所走的城市化道路则又对该国的经济及现代化进程产生长期而深远的影响。

整体而言,欧盟、美国、日本是当今世界最为发达的国家,其城市化打上了强烈发达国家的烙印。发达国家所走的城市化道路是经济同步型的城市化道路,这是由这些国家城市化所处的时代及经济发展水平所决定的。在整个发展历程中,这一类型的城市化道路的主要特点是城市化与经济发展同步推进。

在发达国家的城市化进程中,从轻纺工业开始向重化工业延伸的工业革命提供了大量的就业岗位,由此而带动服务业的发展与扩张,吸引农村人口大量涌入城市工厂,人口向工厂聚集又推动了城市的兴起与发展。

在这种情况下,工业化与城市化相得益彰,互相推动,促进社会经济的发展。发达国家通过工业化迅速发展,通过农村人口的转移的"阵痛"而迅速地实现农村人口的城市化,从而顺利地实现产业结构由农业向制造业、服务业等非农产业的同步转移。从发展经济学的角度,在城市化进程中发达国家经济"增长"与社会"发展"同步展开,实现了城乡社会的富裕,实现了工业化与城市化的良性互动。这种类型的城市化使发达国家把握住机遇,以极小的代价实现了由传统的农业社会向现代工业社会的快速转型,社会动荡迅速变迁时期虽然剧烈,但却短暂,与今日发展中国家剧烈而漫长动荡与"痛苦"迥然不同。

工业化后,社会经济处于加速发展的时代,社会变迁迅速,各种矛盾、尤其城乡集团之间的矛盾日益激化,如果城市化的滞后,必然会带来众多的问题。城市化研究本身应该是动态的,决策也不断地创新。纵观发达国家城市化历程,有一个由"渐进"到"突变"的过程,有一个量积累后的加速时间,也就是一个城市化的"最佳时期"。这一时期,人口基数小,尽管农村人口比例高,规模不大;城市规模小,具有巨大的拓展空间。在工业化推进下,实现农村人口向城市的迁移,实现了由传统社会向城市社会的迅速转变。

欧洲国家城市化历程较为复杂,城市化的加速时期不太明显。在产业革命初期,经济发展略快于城市化的进程。在英国,城市工厂出现与聚集有一个相当长的过程,早期工业化时期,城市制造业还难以提供大量的就业机会。18世纪中叶工业革命开始时,英国的制造业属于内生型,其发展缓慢,有限的制造业也主要分散在乡村,走的是乡村工业化道路。这种内生型的工业化完全是依靠自身的科学进步而得到发展,工业化与城市化都十分缓慢,城市化的实现经历了上百年的历史,城市化的"最佳时间"也不突出。这种内生型的工业化在欧陆地区也很普遍,直到今天欧洲小城镇及农村的制造业也占有相当的比重。由于19世纪中叶以前欧洲各国人口基数小,工业化与城市化缓慢地推进所带来的人口问题并不是很突出,社会问题化解容易得多。

纵观世界经济史与城市史,后发展的国家的工业化与城市化由于外部新的要素的导入而呈加速之势。这些国家可以利用别人的最新成就,把工业化置于较高的起点上,从而加速其城市化的进程。美国经济起飞时期,城市化的加速与工业化的快速发展大体一致。美国工业化是典型的外激型,外部导入要素强有力推动其工业化跳跃性地发展。大规模的工业化推动制造业迅速向城市聚集,为城市提供了大量的经济机会,进而吸引农村人口源源不断地向城市流动。这种城市化的特点是:农村人口大规模地向城市迁移,社会通过"阵痛"不失时机地完成农村剩余劳动力向城市非农产业的转移,从而实现了传统的农业社会向现代的工业化社会的转型。这一"阵痛"也就是城市化进程中的"最佳时期"。

19世纪晚期,美国城市化加速实现不过用了一代人的时间。理论界常把城市人口占整个人口的50%作为实现城市化的标志。1870年,美国城市人口占总人口的25%,1910年,则上升到50%,在较短时间内完成了传统农业社会向工业社会的转型。[①] 此后美国城市化水平持续提高,直至达到75%的稳定时期。

城市化加速时期,美国工业化进程亦十分迅速。19世纪晚期,美国制造业获得惊人的发展。内战后和第一次世界大战期间,美国制造业增长了12倍。美国工业化时期产业选择与欧洲不同,内战后,新的生产技术使重化工业迅速取代轻纺工业而成为主导产业。美国经济发展十分迅速,尽管重化工业是资本集约产业,但美国人成功地解决发展重化工业所需要的巨额融资问题。由于城市的迅速扩张及国际市场的需求,重化工业市场需求强劲,带动相关领域的产业发展。大规模的工业化带动服务业快速发展,为城市移民提供源源不断的就业岗位。

美国城市化快速发展的模式在后发展的发达国家较为普遍。至迟第二次世界大战结束时日本还不是一个城市国家,日本大部分人口仍居住与生活在农村地区。第二次世界大战前,日本工业与军事工业有着密切的关系,因而偏向重工业,尤其是军工产业,吸纳农村地区溢出的劳动力不足。战后,战争机器被摧毁,日本工业偏向民用工业,纺织、汽车、电子工业等全面发展起来,有力地推动了日本城市化进程,使日本城市化水平迅速地与其他发达国家看齐。

---

① 　Arthur Meier Schesing,*The Rise of City*,Chicago,1971,p.69.

日本经济发展与城市化同步进行。

6.1.2　发展中国家城市化类型

印度城市化打上了明显发展中国家的烙印。由于所处的时代及社会经济发展水平等因素,发展中国家的城市化所走的道路与发达国家迥然不同。发展中国家城市化道路的选择,对其社会经济产生了极其重要的影响,在推动社会经济快速发展之时,也带来了很大的负面影响,发展中国家为此付出沉重的代价。除少数新兴的工业化国家或地区外,发展中国家所选择的城市化主要是"过度城市化"和"滞后城市化"两种类型。

"过度城市化"的主要特点是城市化发展中缺乏制造业和现代农业的支撑,单纯地依靠传统服务业推动城市化进程,被理论界称为"没有经济支撑的城市化"。选择这类城市化的国家主要是第二次世界大战后获得独立的一些发展中国家,它们过去是欧洲殖民地,其政府政策深受原宗主国的影响,城市化的政策上也深受西方国家自由放任的思想的影响。

第二次世界大战后发展中国家内外因素与发达国家工业化初期所面临的情况已有很大的不同,相似的政策却使结果相差甚远。第二次世界大战后,发展中国家城乡差距巨大,农村人口基数庞大,城市规模大,城乡人口则爆炸性地增长,而且经济十分落后。在这种情况下,政府在公共管理上扮演"守夜人"的角色是危险的,城市化的快速推进必然给发展中国家带来突出的问题。

殖民地时代,这些国家的城乡社会经济的二元特征就很突出。这些国家的城市是典型的殖民地城市,大多是港口城市或内陆铁路枢纽城市。在殖民地时代,西方国家在殖民地的少数中心城市建立起较为发达的工业体系及商业服务体系,而广大农村沿用传统的农业社会的生产方式,贫困不堪。第二次世界大战后,这些国家纷纷获得了独立,政府为了在短时间内改变落后的状况,这些国家将有限的资源优先配置在大城市,形成所谓的增长极,从而剥夺了农村发展的机会。政府公共政策进一步增强了大城市的优势,城乡二元经济结构反而进一步强化,城乡差距进一步拉大,与发达国家城乡社会趋同形成了鲜明的对比。

战后新独立的国家城乡间巨大的差距转化为城市强有力的拉力及农村巨大的推力。工业大多布局在大城市,城市工厂给城市居民提供了较多的就业机会、较高收入及较高的生活质量,显示出强烈的示范效应及巨大的拉力。农村地区仍然以传统的农业为主,耕地日益缩小,剩余劳动力日益增加,贫困程度日益加深,形成了巨大推力,迫使农村人口源源不断地涌入城市。

然而,发展中国家经济落后,大城市空间有限,难以容纳蜂拥而来的农村人口,城市问题十分严重。大量农村人口的涌入导致少数大城市畸形发展,中小城市、小城镇则因资源短缺而得不到合理发展。大城市变得硕大无朋,但城市畸形发展却使城市空间整体容量异常狭小,城市制造业与服务业提供的就业机会也受到很大的限制,难以为源源不断涌入城市的人口提供大量的就业,最终引起了极其严重的"城市病"。与发达国家城市有所不同,这些国家的城市病包括:大城市人口爆炸、失业率率高、城市贫困问题突出、基础设施短缺、城市异常拥挤、城市贫民窟蔓延等。日益严重的"城市病"成为经济发展的桎梏。

过度城市化主要发展在拉美国家,部分亚洲国家也出现这种情况,而且一些城市化滞后的国家也出现部分地区的城市化过度的现象。尽管过度城市化国家的城市化水平与发达国家大体相似,但却有着质的不同,绝非是城市化率越高越好。

首先,在工业化与城市化的关系上存在很大的差别。发达国家的城市化与工业化同步,有强大的经济作为后盾,城市化进程中出现的城市问题较为容易解决。过度城市化国家的城市化过速发展,缺少相应的制造业及经济的支撑,大量的人口在非正式部门就业,如街头小贩、擦鞋等,很多人根本就不能就业,这些国家城市化所带来的城市问题显得十分严重。

其次,城市规模结构体系也存在着巨大的差异。经济发达的国家或区域的城市规模体系逐渐向序列式的方向发展,除少数中央集权国家,目前大多数国家或地区已演变为序列式结构。序列式城市体系中城市等级大小有序,分布均匀有致。尽管工业化时期美国也出现大城市超先增长现象,但其城市系统的首位度远比今日发展中国家的低。在美国经济发达的东部地区存在着许多大城市,如纽约、芝加哥、费城、波士顿等,这些城市规模等级相差不大。在这些大城市之下还有众多的中小城市,形成了一个规模结构较为合理的城市体系。

发展中国家情况有所不同,由于城市化的过度发展,城市规模结构体系是典型的首位式。首位式城市规模结构的特点是最大的城市规模非常大,首位城市的首位度高,城市数量少。20世纪80年代,拉美的墨西哥城人口超过了1700万,成为当时全球最大城市之一。拉美及亚洲一些国家的城市首位度很高,第一大城市规模甚至比第二大城市大数十倍。由于首位城市引力过大,生产要素过度向这些城市集中,也抑制了中小城市及农村地区的发展。

在发展中国家,首位式城市结构特点表现为:特大城市之下缺少中等城市,由特大城市直接支配小城镇及农村地区。这种城市结构在推动大城市发展之时,也给城乡社会经济的发展带来了不同程度的消极影响。由于人口、工厂、机构等过度聚集于大城市,"城市病"异常严重。在发展中国家不少大城市存在着人口膨胀的巨大压力,城市拥挤不堪、失业人口众多、贫民窟蔓延及犯罪猖獗等问题,给城市经济社会的进一步发展带来极其不利的影响。

发展中国家常见的另一种城市化类型是滞后城市化。选择这一城市化类型的国家一般拥有强大的中央决策权力,政府能够在社会经济发展方面进行强有力干预,通过计划经济或政府主导的市场经济,政府直接领导了城市的发展。这类国家还在一定程度上受苏联计划经济的影响,制定了城乡分离的公共政策,通过行政命令方式,人为地遏制城市化的进程。政府主要通过大型工业融资、管理及项目选址方面的政策导向控制城乡地区的发展,政府还利用宏观计划严格限制农村人口向城市自由流动。

发达国家早期工业化时期,农村人口大规模的城市化带来了剧烈的社会变迁,引起了严重的"城市病",使一些发展中国家的理论界及政府当局感到害怕。因此,一些发展中国家采取了十分严厉的政策抑制农村人口的城市化。在一定时期内限制城市化发展的政策固然能抑制大城市的增长,因此在一定程度上遏制了"城市病",但并未从根本上消除现代"城市病",甚至还会引起了更为可怕的"乡村病",有的国家和地区甚至还出现"乡村病"与"城市病"并存的困境。发展中国家抑制的是应该是大城市的盲目发展与蔓延,而不是中小城市的发展。

抑制城市化发展的政策主要被亚洲一些国家采用。这些国家拥有强大的中央政府,深受苏联计划经济的影响,它们通过国家强有力的宏观控制来限制农村人口向城市流动。这类城市化政策的选择反映出政府公共政策的矛盾:一方面需要快速的工业化来带动经济发展,另一方面又害怕农村人口大量流入城市而引起社会动荡,因而其快速推进工业化的政策与限制农村人口流动的政策长期并行,导致这些国家城市化严重滞后于工业化的发展,农业人口向制造业及服务业转移也十分缓慢,影响到整个国家的产业结构、社会结构、人口结构的转变,使社会经济发展长期受到遏制。

　　城市化与经济发展的关系如图6-1所示。图中可见人均国民生产总值随着城市化水平的提高而增加。低收水平的城市化则与较低的经济发展水平及居民较低的收入一致。

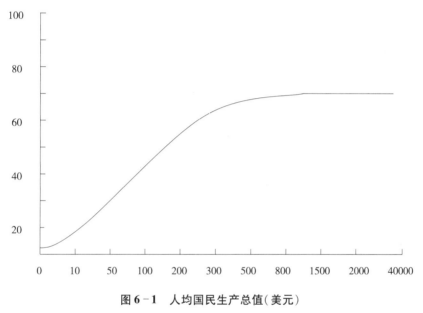

图6-1　人均国民生产总值(美元)

资料来源:Alan W. Evans,《城市经济学》,上海远东出版社1992年版,第216页。

　　城市化滞后使社会、经济整体受损,其灾难性后果也是巨大的。从城市发展与城市化历程看,城市化应良性有序发展,而不是不发展。当代城市化滞后最大的负面影响是国家或地区的人口持续膨胀,进而引起社会、经济结构的长期失衡,使其经济停留在相当低的水平上,城乡社会矛盾异常突出。

　　当代社会农村人口的生育率远远高于城市。在现代社会,庞大的农村人口往往会使一个国家人口持续膨胀,甚至出现失控的局面。19世纪以前,医疗技术仍然十分落后,尽管这一时期工业化国家的农村及小城镇人口增长迅速,但农村人口的死亡率也是很高的,农村人口增长缓慢,还不至于出现农村人口的爆炸性增长的现象。进入 20 世纪中叶,医疗技术获得了很大的发展,发展中国家医疗也得到很大的改善,其农村人口死亡率大幅度下降,但生育却继续保持高涨的势头,致使农村人口爆炸性地增长,农村人口的增长率也远远高于城市。城市实现了社会结构的转变,受过较高教育人口日益增加,城市生育率大幅度下降。

日益膨胀的农村人口造成发展中国家土地资源的日益短缺,加深了农村贫困。大部分人口生活在农村,城市工业吸纳劳动力的能力十分有限,农村人口的膨胀加重了农村耕地不足的压力,致使人均耕地面积不断缩小。农村非农产业发展缓慢,农业劳动生产效率的提高受到强有力的遏制,农民增收困难。就整个国家或地区而言,大量的新增人口抵消了这些国家经过巨大努力所获得的新增的物质财富,国民经济陷入低水平的均衡陷阱之中,农村地区长期处于贫困恶性循环的怪圈之中。

今日世界人口增长最为迅速的国家大多是农村人口比重大的发展中国家。发展中国家印度在 20 世纪末期城市人口仅占整个人口的 1/3,绝大部分人口居住农村地区,农村特有价值观念与居民的自我保障体系推动了长期的人口高出生率。20 世纪晚期印度人口突破了 10 亿,排列全球第二,但国土面积仅 300 多平方公里。农村人口过速增长又给其城市化的推进设置了重重障碍。更为严重的是,这类国家还出现大城市与农村人口的同步快速增长的现象,农村人口快速增长的同时,大城市也不断膨胀。由于城市人口集中在少数大城市,城市首位度极高,首位城市巨大,城市问题也十分严重。实际上,这类国家城市病与乡村病也同样棘手。

限制农村人口的城市化,也限制了本身经济增长的动力。工业比重小,农业生产效率低下,整个国家或地区经济缺乏活力,经济增长缓慢。今日世界各国,城市化最低的国家几乎是人均 GDP 最低的国家。部分发展中国家遏制城市化的进程,从而也限制了自身的经济增长,得不偿失。抑制城市化的发展,在阻碍工业化同时,也妨碍了社会的转型。

通过上述分析,城市化是现代社会经济发展的必经之路。在三种城市化中,发达国家经历的经济同步型的城市化最为理想。城市化与工业化同步推进,互为因果,共同发展,有力地推动社会进步与经济的发展。而发展中国家的城市化模式影响不尽相同,过度城市化导致人口大规模地涌入城市,引起日趋严重的城市病,城市内部矛盾十分突出。滞后型的城市化抑制了经济的正常发展,带动可怕的乡村病;不仅如此,在发展中大国的大城市的膨胀并不能回避,局部的过度城市化现象依然存在,大城市病也十分严重。

6.1.3 大国城市化所属类型

美国、欧盟、日本、俄罗斯、印度等大国分属于发达国家与发展中国家,它们的城市不可避免地打上发达国家和发展中国家的烙印。美国、欧盟、日本是典型的发达国家,其城市化也具有发达国家城市化的经济同步型的特征。印度则是典型的发展中的大国,其城市化与工业化并没有同步展开。俄罗斯是一个很特殊的国家,它不属于发达国家,从人均 GDP 看则具有发展中国家的性质,与印度相似,但仍有很大的差异,其城市化所属类型与印度有一定的相似性,但不完全相同。

欧、美、日等国是当今世界上最为发达的国家,它们的城市化总体具有发达国家的特征。在城市化快速发展时期,这些国家工业化大规模推进,制造业的高涨,从而带动服务业快速发展。随着城市工作岗位的增加,又进一步吸引了乡村人口源源不断地进入城市,推动了城市化的进程。这些国家城市化与经济发展同步,使其在经济发展进程中没有出现农村人口膨胀现象,至少农村人口膨胀的压力大为缓解,社会经济获得良性发展,城市化的实现与成熟推动着社会繁荣及现代化的进程。

即使发达国家,城市化迅速推进,也不可避免地带来剧烈的社会变迁,由此而产生严重的城市病。对于城市化进程中所出现的"城市病",经济发达的国家依靠其强大的经济实力,运用适当的公共政策弱化与消除这些"城市病"。在这些公共政策中最为重要的是促使城市化由聚集向分散转变,城市化也因此转向郊区化。在这一演变过程中,城市功能向城市外围地区分散。这一公共政策成功地解决工业化时期城市化迅速推动所带来的大部分问题。但由于经济模式等的差异,各国的城市化模式也不尽相同,其对社会经济的影响也不尽相同。

印度是一个发展中国家,其城市化具有典型的发展中国家的特征。总体而言,印度可视作"城市化滞后"的国家型的典型。据 2001 年统计,印度人口为10.27亿,城市人口为2.85亿,城市化率为28%,绝大多数人口滞留在农村地区。[1] 印度政府集中财力在少数大城市大力发展现代化工业,大城市拥有世界先进水平的制造业厂商,而广大农村则仍然沿用传统的农业生产方式。农村存在着庞大的隐形失业劳动力,政府借助于农业生产的"绿色革命"来消化这些劳动力。在农业部门,人力及其他生产要素过于集中,生产率低下,人均国民收入的提高受到很大的抑制。尽管21世纪后印度经济获得了较快的发展,但印度仍然是亚洲最贫困的国家之一。而且"绿色革命"扩大了印度的不平等,大农场主不断地采用新的生产方法,利用机械替代劳动力,结果却增加了农村失业人口,加深了农村的贫困,农村地区社会矛盾异常尖锐。

尽管印度城市化程度很低,但却显示过度城市化的某些方面特征。印度殖民地时代已建立起相当规模的大城市,独立后政府在国家经济十分落后的情况下采取了大城市偏向的政策,政府希望借此推动工业化的快速发展。政府将有限的资源优先向大城市提供,并使大的工厂及工程项目向大城市集中,大城市经济获得了较快的发展,并对小城镇及广大农村地区显现出强烈的示范效应,进一步推动着人口源源不断地拥进少数几个大城市,如加尔各答、孟买及新德里等都成了农村向外迁移的首选地。这些大城市迅速地膨胀,人口逼近1000万,甚至超过了1000万。印度大城市拥挤不堪,城市病也十分严重。

更为严重的是印度绝大部分人口仍然生活与居住在农村,农村人口的城市化是社会经济发展的必然趋势,少数大城市的优先发展难以吸纳滚滚而来的农村移民的洪流。随着农村人口的继续增长,印度由乡村的农业社会向城市的工业社会转移也变得步履维艰。印度对农村人口进行堵截,结果把人口的转移及产业的转型置于越来越尴尬的地位。印度城市化道路注定是艰难而十分曲折的。这种模式应引起我国理论界与地方决策者高度重视。

工业化社会之后,由于聚集经济在城市骤然出现,决定了制造业、服务业等厂商向城市迁移以获得聚集效益,与此同时,受聚集效益的影响,居民也出现向城市迁移的趋势。制造业厂商等向城市聚集,使城市成为经济的中心,城乡差距日益拉大,农村地区消极因素形成了日益增大的推力,而城市的拉力日

---

[1]　Ashutosh Pandey etc, *Urbanization & Globalization in In India*, Radha Pulication, 2008, p. 39.

益增加,强有力地推动农村人口的城市化。由于社会经济发展水平不同、所处的时代及政府政策的差异等方面的原因,发达国家与发展中国家的城市化历程不尽相同。与工业化的同步推进,发达国家城市化进程中不仅代价小,而且有力地推进经济发展与社会进步。

6.2 当代世界城市化趋势

6.2.1 城市从聚集转向分散

从美国、欧盟等发达国家的历程看,因其内部与外部的因素,城市经过聚集后会走向扩散,城市化也因此走向郊区化或逆城市化,代表着当代与未来城市化的趋势。人类进入工业化后,在聚集经济的作用之下,人口、工厂、商店及各种机构源源不断地向城市中心集中,从而推动城市一波又一波地向外扩张,推动了大都市时代的到来。大都市时代到来后,一些城市"患"上巨大症,即所谓巨型城市,大城市中心区日益变得硕大无朋。大都市时代的到来,也意味着未来城市空间结构的转变。城市从中心区向边缘地区的拓展不能是无限的,城市无止境向周边滚雪球似的扩张,城市中心变得硕大无朋,其后果不堪设想,社会与经济也会为此付出极其沉重的代价,正如今日发展中国家巨型城市发展所带来的问题一样。在这种情况下,大都市的发展面临新的选择与方向性的突破:继续让城市中心沿地平线向四周蔓延;或城市发展跳出原先的城市中心区范围,向城市边界之外的地区发展,即把发展重心转向郊区及非大城市地区的小城镇。

城市化演变与城市空间结构及区域内城市规模结构体系的变化有着十分密切的关系,政府公共政策在这一演变中有着极其重要的影响。在第二次世界大战后的汽车时代到来及新生产技术作用之下,一些发达国家因势利导地推动城市化转型及空间拓展。从发达国家城市化历程来看,大都市时代到来之后,城市化开始由第一阶段的城市空间的聚集转向第二阶段的城市空间的分散,即郊区化阶段或逆城市化阶段,有力地推动了城市化及城市经济向前发展。

城市化初期,社会经济活动由空间的分散状态向空间的集中状态发展。这一时期,人口、厂商及各种机构从乡村及小城镇向城市中心狭小的空间地带集中。城市集中带来诸多社会经济效益,成为这一时期城市增长与城市化的基础。但随着 19 世纪晚期及 20 世纪初的欧美国家大都市时代到来后,城市大规模聚集带来的问题也日趋严重。在城市空间向外拓展之时,外来人口蜂拥而入,厂商及各种机构也竭尽全力地挤入城市中心区,大城市中心区拥挤不堪,城市显得十分狭窄,"城市病"日趋严重,反而带来了聚集的不经济,抑制了城市社会经济的进一步发展,对整个区域乃至整个国家经济的进一步发展产生了不利的影响。

为了弱化城市化聚集带来的诸多问题,自 20 世纪初起,西方国家开始把城市分散作为十分重要的公共政策。第二次世界大战后,汽车普及和高速公路网络在一些国家形成,政府分散政策得以实现。在这一分散进程中,大城市部分功能向外转移,大量人口、工厂、商店及各种机构从城市核心地区移出,分散到大城市的郊区及小城镇。城市分散使城市化向近郊、远郊及乡村广阔的空间扩散,形成开放的分散空间布局。郊区次级中心的形成与扩张,城市发生了质的变化,分散型的现代大都市区代替了火车时代的集中型城市,城市辐射力大幅度增加。大都市时代也最终为郊区化时代所代替。

美国城市空间结构的演变与扩散是发达国家的典型,欧洲城市结构也具有很大的相似性,它揭示了新型城市或城市化的趋势。20 世纪以前,由于短途运输不发达,城市人流、物流主要依赖于火车等轨道交通,人口、工厂、商店等涌入城市核心地区依赖火车提供服务,城市稠密,功能集中。城市边缘和郊区地区远离火车站,运输极其落后,居民进入城市中心工厂工作费用过高;工厂在郊区选址也会使生产成本过高。郊区人口稀少,工厂比重小,与农村没有本质的区别。人口、厂商等向城市中心区集中,城市中心区日益庞大,过于强大的城市中心不利于城市经济和城市化的扩散,且其强烈的示范效应增大了对周边的拉力,使城市问题更趋严重,引起了社会改良工作者及政府的关注。

20 世纪初,有轨电车、地铁等公共交通的发展,使城市空间布局突破了同心结构,开始较为分散的星形结构放射。电车、地铁等将市中心与城市边缘连接在一起,并通往郊区城镇。城市逐渐改变了火车时代人口、工厂、商店向火车站附近持续聚集的趋势与布局,城市沿着电车等交通线形成了由中心到边缘的新发展轴线,而沿交通轴线扩散、形成新地扇形地区,城市空间布局向星形转变,开始了城市的向外扩散。

与此同时,政府也加强了城市空间布局的干预。为了抑制环境进一步恶化并为城市继续发展创造良好的外部条件,美国及部分欧洲国家采取了一系列有利于分散的公共政策。这些政策包括分区制法令,有利于分散住房政策、高速公路与农村电力设施的巨额投资、税收政策倾斜等。随着汽车普及和新的生产技术运用,这些政策有力地推动第二次世界大战后城市的分散浪潮,使城市功能由中心向近郊、远郊及农村分散,最终导致分散型的现代大都市形成。

城市分散使当代城市空间结构发生一系列的变化。20世纪20年代初,纽约、芝加哥、伦敦、巴黎等大都市面积在250平方英里之内,第二次世界大战后经过向城市边界之外地区猛烈地分散,新型的大都市区代替了20年代初以前的大都市。这种由城市化的郊区及中心城市组成的多中心的新型城市面积获得巨大的扩张,其城市面积大多超过5000平方英里。如此巨大的城市容量是过去城市无法比拟的。过去城市容纳几十万人、上百万人就感到超负载。第二次世界大战后的新型城市容纳了日益增加的人口,不少城市的人口达到了数以百万计,有的甚至达到上千万,极大地提高了城市化水平。随着城市容量的扩大,第二次世界大战后发达国家的城市化水平继续提高,到20世纪70年代超过70%,而且大都市区居住着整个人口的一半左右。城市空间扩大及辐射能力空前扩大,有力地推动了社会经济的发展。

6.2.2 城市生态学的城市发展模式

在城市的这一分散及城市空间重新形成过程中,欧美国家的城市研究诸学科的学者试图找到一种模式,正确地反映城市空间结构的演变的规律。在众多的理论模式中,以美国城市生态学的影响最大。美国城市生态学家着重研究人和环境的关系,提出了城市空间结构演变的三个基本进程:"集中","扩散","入侵"与"继承"。[①] 在分析城市空间结构演变的三个进程的基础上,城市生态学家先后提出三个重要的理论模式,客观地反映了城市布局的演

---

① 城市生态学家提出三个进程是研究城市布局演变的基础。"集中"是指人口、工厂和商店等聚集城市的趋势;"扩散"是指人口及各种机构向四周分散的趋势;"入侵"与"继承"是描述人口和各种机构在城市的自然空间变化。

变及城市各阶层和产业结构的空间变化,同时也反映了第二次世界大战之后城市化的走向。

美国芝加哥学派的奠基人 R·E·帕克考察芝加哥之后,于 1929 年提出了著名的同心圆模式。这一理论的要点是城市经过集中、扩散、入侵等过程之后,逐渐发展为一系列的同心圆组成的城市空间结构。伯吉斯进一步研究与发展了这一理论。他认为现代大都市就像树木的年轮一样,由一系列的同心圆组成:第一环是核心商业区;第二环是过渡性地带,在这里拥有大量的商业和轻工业;第三环居住着产业工人;第四环由一些高级公寓楼房组成;再往外超出城市的范围,则是通勤区——月票持有者居住的郊区。①

这种同心圆结构反映了工业化时期紧凑型空间布局的影响,反映了城市布局及城市功能所出现的分散趋势。与过去的紧凑型城市结构相比,这种城市结构有许多优越性。工人和下层开始取代上层及中间层向城市中心附近集中,这样离工作地点和市场都很近,工作和生活都很方便,既节省了交通费用,又节约了乘车时间,同时还减少了机会成本。上层和中间层开始移向城市边缘地区建立起自己舒适的邻里,摆脱了昔日在闹市区与下层摩肩接踵的烦恼。大量的人口向边缘地区转移,还有利于遏制城市核心地区人口的继续增长,同时也扩大了城市的空间容量。这种布局对城市继续分散和郊区化产生一定的影响。

但是同心圆结构的城市仍然不是现代分散型的城市,仍然属于紧密型的城市。由于城市功能与活动仍然集中于城市中心区,城市诸种弊病仍存在。而且,城市核心地区功能集中,随着城市向边缘地区扩张,城市核心地区也日益扩张,强大的市中心仍然牢牢地控制整个城市,城市功能分散也并不明显,城市各地区还不具有明显的专业化特征。

伯吉斯理论在当时引起一些学者的抨击。这些学者认为,伯吉斯同心圆的基础是建立在对芝加哥城市空间的研究之上的,芝加哥位于平原地区,东边为密执安湖所阻,所形成的同心圆布局是其特殊的地理位置所决定的;而美国其他城市的地形奇形怪状,不可能按理想的同心圆模式发展。② 这种观点评

---

① Martin Joseph, *Sociology for Everyone*, Glasgow, 1996, p. 226.

② Sylvia Flieis Fava, *Urbanism in World Perspective*, New York, 1968, p. 217.

述有一定的道理,同心圆结构的城市空间布局在平原地区易于形成,而山地及河流有交错地区城市圈层的发展脉络可能被割裂。

但仍有不少学认为,伯吉斯对 20 世纪 20 年代美国城市中心商业区的描述是真实的,大体反映了这一时代紧凑型的空间布局。伯吉斯在 1929 年的论文写道:"第一环:中心商业区。在城市中心地带,商业、社会、文化的活动中心是位于中心商业区。这个地区的心脏是闹市零售区,拥有百货大楼、小商店、办公大楼、俱乐部、银行、戏院、博物馆,还有经济、社会、市民和政治的总部。"①第二次世界大战前,城市大规模分散之前,城市中心集中了整个城市的大部分功能,城市中心控制全城的地位是绝对的。随着城市结构的进一步分散,同心圆理论的局限性也就越来越大了。

许多学者继续对城市空间结构进行研究,寻找新的理论模式。1939 年,城市生态学家霍伊特提出了扇形模式。霍伊特否定城市结构由一系列同心圆构成,他认为城市从市中心沿铁路、公路、河流等交通线逐渐展开,形成一个个的扇形布局。扇形结构的城市专业化特征较同心圆结构城市的明显,城市各扇形地区都具有一个专业化功能,如商业区、居住区、工业区等。具有扇形结构的城市也较为普遍,第二次世界大战之前的美国一些城市,扇形结构特征十分明显,上流社会住宅向特定的方向放射,波士顿向西北、西雅图向东、明尼波里斯向南、里士满向西扩散。②

这时欧美一些研究表明,市民的社会经济地位及其住宅与空间的变化联系在一起。社会地位和住宅价值通常表现出从城市闹市区向外放射出的特殊的空间扇形。这些扇形地区通常通过主要放射性的交通走廊连接城市中心区。上流社会的邻里可以在一两个扇形地区找到,其他扇形地区在特征上是中产阶级住宅区、工人住宅区。各扇形地区都可以用收入、职业、教育水平、住宅价值、租金水平及生活方式来衡量。③ 同时,扇形地区也表现产业专业化的空间分布,顺应了城市分区规划的发展。第二次世界大战前,西方国家城市扇形模式已较之同心圆模式更为普遍,而且城市的扇形布局受城市地形的限制

---

① Sylvia Flieis Fava, *Urbanism in World Perspective*, New York, 1968, p. 219.

② Daniel Schaffer, *Two Centuries of American Planning*, Hopkins University, 1988, p. 130.

③ John, Adams etc, *City and Their Vital Systems*, Washington D. C. , 1988, p. 117.

较少,尤其是在山地与河流地带。

同心圆模式及扇形模式的城市在今日欧盟城市中仍可以见到,在发展中国家的城市空间结构上仍具有相当的普遍性。扇形模式与同心圆模式一样,都强调一个强大的城市中心控制全城。早期城市是火车时代的产物,人口、工厂等依赖火车向车站附近聚集。郊区远离火车站,交通不便,其发展受到诸多限制,制造业和服务业的发展有限,以农业为主。大量的人口、工厂及机构等仍聚集于城市中心,市区生态环境日益恶化。但两种结构的城市相比较,扇形结构的城市还是较同心圆的城市容易分散。前者的各扇形地区向外放射,构成城市进一步向外围分散的基础。同心圆结构的城市向边缘地区的分散过程,实际上是城市向周边地区蔓延的过程,会形成今日发展中国家那样强大的市中心控制的硕大无朋的城市格局。

第二次世界大战后由于高速公路的发展及汽车的普及,城市处于进一步分散之中。在这一分散进程中,城市功能由过去的大城市中心向城市边缘及郊区转移,郊区迅速崛起,城市中心之外的次级中心出现与扩张,城市中心区传统的控制地位动摇,整个大都市区处于日益分散的格局,城市中心进一步弱化,城市核心区地位逐渐削弱,难以控制整个大都市区,于是新的理论应运而生。

1945年,美国学者 D·哈里斯和乌尔曼提出了著名的多中心地带的模式。哈里斯和乌尔曼认为城市不是集中于单一的商业中心,它具有许多小的中心分布在整个大都市区,每个中心都是一个专业化活动的核心地区,第一个中心以重工业为主,第二个中心从事轻工业,第三个中心主要进行商业活动,城市各个中心具有不同的功能。[①] 这种模式较能正确地反映欧美等发达国家的现代城市结构,也揭示了现代城市的发展方向。图 6-2 是城市内部结构的三种模式,依次图 a 是同心圆模式,图 b 是扇形模式,图 c 是多中心模式。从三个图中可以看出城市功能与空间结构分散的趋势,美国的一些城市更是趋于无中心化。

---

① Daniel Schaffer, *Two Centuries of American Planning*, Hopkins University, 1988, p. 131.

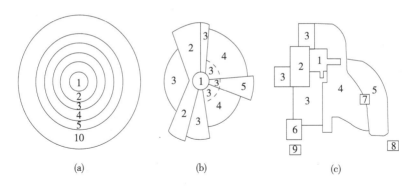

图 6-2　城市内部结构的三种模式

地区:1.核心商业区;2.批发及轻工业区;3.下层居住区;4.中间层居住区;5.上层居住区;6.重工业居
住区;7.边缘商业区;8.住宅郊区;9.工业郊区;10.通勤地带。

资料来源:Mike Savage, *Urban Sociology for a Changing World*, The Macmillan Press, 1993, p. 99。

6.2.3　城市规模结构体系演变与弗雷德曼的空间组织结构

城市化进程中,一个极其重要的内容是区域城市规模结构的演进与选择。成熟的城市化不是狭窄空间的城市化,而是需要把郊区及农村极其广阔的地区纳入城市化影响之下。在城市空间组织结构演进过程中,优先构建现代大都市,使之成为整个城市系统的核心。大都市地区形成中心城市、郊区次级中心乃至乡村小城镇组成的多中心、多层次、组团式的空间布局,提高各市镇规模等级,以此构建发达的区域城市网络系统,使城市经济向广阔的农村腹地辐射和渗透。

为实现上述目标,需要在市场框架内制定一整套的精心设计的政策作为支撑。建立适合区域发展的城市体系,是这一目标实现的重要的一环。区域发展中所涉及的一系列问题,如市镇经济的发展、产业结构演进及城乡一体化形成等,都与城市规模结构体系有着十分密切的联系。因而对各区域城市体系进行科学的分析及定位,有着重要的理论与现实意义。

纵观世界各地的城市规模结构体系,主要分为两种基本类型:序列式和首位式。在首位式规模结构体系中,首位城市规模与第二等级比较显得过大,其比例远超过一些学者认同的 1:2.5 的界限,一些发展中国家高达 1:10,泰国的曼谷与该国第二大城市清迈之比甚至达到 1:60。首位式规模结构体系中,缺乏中等城市,由特大城市直接支配众多的小城市。

拥有首位城市规模结构体系且首位城市规模过大的国家一般是中央集权国家,政府拥有调动全国或区域的资源优先发展首位城市的权力,推动首都等大城市的快速发展,今日发展中国家的特大城市的发展正是得益于这种权力。欧洲的英国、法国较德国、美国等联邦制国家权力集中,同样存在大量取之国家预算资助首都的现象,两国城市体系是典型的首位式城市体系,伦敦、巴黎城市十分庞大,而次级城市则微不足道。两国现代化历程中,凭借着军事实力将全球攫取资源集中于伦敦和巴黎。

序列式城市体系规模结构是区域内各城市的规模由大到小,呈算术级有规律地变化,而相近的城市数量则由少到多逐渐增加。一般地认为,理想的城市系列类型是:等级大小有序,分布均匀有致,序列式城市体系属于这一类。区域城市体系结构的类型,由城市发展的各方面的因素所决定,这些因素包括政治、经济、技术、自然等。随着经济的发展,城市规模结构体系由首位式逐渐向序列式演变。在欧美国家,这一演变与城市聚集及分散有着密切的联系,对第二次世界大战后的郊区化、逆城市化产生一定的影响。中央权力分散的国家更多地选择序列式城市体系规模,如美国、德国等,这些国家各州拥有较为平等的权力,从而保证公共资源在各地公平分配,避免首位城市过多占有资源而获得优先发展。

纵观发达国家城市史,区域城市规模结构体系发展总的趋势是一个由均衡到非均衡再到均衡的过程,由首位式向序列演变,这一过程大体分为四个阶段。这一进程在工业化之后表现得尤为突出,第三阶段向第四阶段的演变则反映了中心城市的分散与郊区化的发展。通过美国中西部城市系统的发展,可以看出这四个阶段的演变。

第一阶段是低水平的均衡阶段。工业化以前,在美国中西部形成了芝加哥、底特律、克利夫兰等城镇,19世纪中叶这一区域最大的城镇芝加哥人口不到10万。中西部地区以这些孤立的小城镇为中心,其经济活动以小地域范围内封闭式循环为主要特征,这就是所谓的"孤立城"。这些城镇空间分布较为均衡,规模小,职能单一,以行政、商业及为地方服务的工业为主。这些小城镇经济与外界经济联系微弱,导致以若干小城镇地域范围的封闭分割,形成低水平、低速度、均衡的城市体系。内战前中西部地区城市整体发展缓慢。

第二阶段是极核发展阶段。工业化后,处于铁路交通枢纽的芝加哥迅速崛起,人口突破 100 万,成为中西部的极核城市。这一阶段以聚集及规模经济的推动作用为主要特征,中西部地区城市经济以服务于本市之外的基础部门水平发展为主。在芝加哥,基础部门发展引人注目,农业机械、食品加工、重型机械等工业集中,强化了芝加哥的区位优势,为其从城市之外的地区带来了滚滚财源,进而带动了城市非基础部门的发展。制造业的发展使芝加哥迅速成为中西部的核极点及大都市。城市体系中第一等级城市芝加哥发展迅速,但基础部门结构及城市经济结构仍较简单,次级城市变化缓慢,城市间联系以不同等级的纵向联系为主。

第三阶段是聚集与扩散阶段。进入 20 世纪后,中西部地区的极核城市芝加哥获得了空前发展,城市基础部门前向及后向联系进一步加深,基础部门体系层次趋于丰富。受城市资源、设施等容量的限制,在高层次经济向芝加哥聚集的同时,一些较低层次的经济活动开始向次级市镇分散,在近郊地区形成一系列的专业城镇。随着基础部门扩散,加强了芝加哥与区域内其他城市的横向联系。

第四阶段是网络化发展阶段。进入 20 世纪 20 年代以后,中西部地区基础部门趋于多样化,经济结构更为复杂。经济结构的多样化强化了城市职能分化,除了芝加哥的机械制造、农业机械外,中西部地区基础部门还有底特律的汽车、克利夫兰的石油化工、明尼波里斯的面粉加工等。由于城市间相互联系,形成了不同等级城市间的联系网络。由于芝加哥产业分散及次级城市的发展,中西部地区城市体系的特征趋于均衡,网络化、多中心化的空间结构及规模结构也较为均衡,中心城市间产业互补。而且处于网络之中的小城市和城镇,接受大城市的辐射影响之时,可以获得大城市特有的规模经济效益,其发展潜势得以增加,对其经济的发展有着极其重要的意义。区域城市体系规模结构发展阶段如图 6-3 所示。

从人类所发展看,发达国家城市化历程较为成熟与完整。发达国家城市化历程遵循一定的发展规律:从分散走向聚集,再由聚集转向分散。城市诸学科的学者研究与发展了一些重要的理论模式,如城市生态学的三种模式及弗雷德曼的城市空间组织理论等,对城市化的聚集及分散的研究具有重要的参考价值,较能正确地反映当代城市化的轨迹。

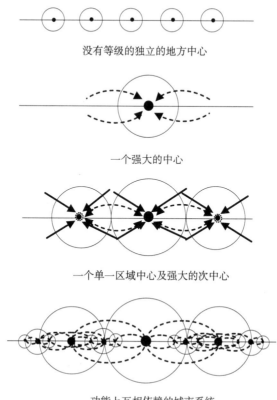

没有等级的独立的地方中心

一个强大的中心

一个单一区域中心及强大的次中心

功能上互相依赖的城市系统

图6－3　弗雷德曼的城市空间组织发展

资料来源：Saskia Sassen, *Cities in a World Economy*, Pine Porge Press, 1993, p. 42。

6.3　美国城市化到郊区化的演进

6.3.1　人口大规模向大城市外围地区分散

在城市化空间布局演变的基础上，本项目对大国城市化模式及演进进行分析。城市化由聚集走向分散始于美国，城市化的分散特征最为突出。整个20世纪，美国城市化处于长期分散过程中，人口逐渐地从大城市中心向外围地区分散，同时也带动产业的向外迁移，充分表现了美国城市化向郊区及农村极其广阔的空间扩散的趋势。这一分散将广大农村纳入城市化强有力的影响之下，促进城乡融化，美国城市化日益成熟。

　　美国人口由大城市核心地区向外围的郊区迁移始于铁路时代。铁路等轨道交通促进人口、工厂等向城市聚集,有利于城市中心区的发展与繁荣,同时在大城市交通枢纽附近出现了一些铁路车站形成郊区小镇。19世纪晚期,铁路线从城市中心向外放射,能够较快地沿铁路线到达郊区的铁路车站。面对城市中心人口十分拥挤的状况,铁路公司开辟了城市至郊区的通勤铁路线,对郊区的发展有着相当的影响。

　　19世纪晚期,美国一些大城市的铁路郊区获得一定的发展。在城市通往郊外的火车站形成一个个的节点,围绕这些火车站出现了一个个的人口聚居点,并发展成为郊区邻里或郊区城镇。铁路沿线的郊区邻里,宛如绳子上的水珠,城市人口开始向这些邻里分散。芝加哥北岸的郊区具有相当的规模,已有好几万人定居,很像一个小城市。由于政府还没有承担起公共交通的责任,城市至郊区的通勤费用也十分昂贵,通勤铁路线上的郊区居民必须支付每天往返于郊区与城市间的昂贵费用,郊区实际是富人的乡村"别墅区",美国城市的郊区一开始就是富人居住区,对后来的郊区发展有着重要的影响。

　　进入20世纪后,美国大城市向其郊区的分散更为明显,郊区发展已初露锋芒。20世纪20年代起,汽车时代到来,美国郊区发展加速。为了适应汽车时代的需要,城市将街道拓宽并向郊外延伸。早期的城市放射性铁路的郊区沿着像轮辐一样的铁路线出现,而环城公路则可能使郊区在铁路"轮辐"线之间的地带连接并发展起来,铁路线之间大片的土地转变为郊区土地,郊区发展空间大幅度扩张。20世纪20—30年代,郊区发展加速起来,克利夫兰市郊的希克尔·海特(Shaker Height)的人口增长了10倍,加非尔德·海兹(Garfield Heights)增长了5倍;芝加哥市郊的埃尔梅伍德(Elmewood)人口更是增长了7倍。[①] 进入20世纪30年代之后,美国大城市中心人口增长趋于停止,而郊区人口则保持较高的增长率。

　　第二次世界大战后,美国郊区化的发展进入了一个新时期——"大众郊区化"时期。由于公路网络系统建成、卡车广泛的使用,交易成本大幅度降低,制造业等大规模移往城市外围地区,工作岗位的外移使劳动力也趋于向外迁移。美国实施低燃油税的政策,随着社会的富裕,小汽车逐渐普及。社会富

---

① Jon C. Teaford, *The Twentieth Century American City*, Baitimore & London, 1993, p. 69.

裕中产阶级日益膨胀起来,中产阶级对城市拥挤与嘈杂的环境十分厌恶,他们以其经济实力作为后盾寻找高质量的住宅区,纷纷从城市中心区迁移出去,在郊区建立新的邻里。在中产阶级的示范之下,高收入的蓝领工人也自称中产阶级,纷纷向郊区流动。大量人口涌向郊区,一个个郊区邻里如雨后春笋般地出现。郊区不断增多和扩大,相互间逐渐连接起来,形成环绕城市的巨大的郊区地带,即郊区环。

白人中产阶级、蓝领工人及富裕的有色人口大规模地从城市向郊区迁移,有力地推动战后美国郊区化的进程。1940—1970 年郊区人口增长 275%,而城市人口仅增长 50%。[①] 增长的差距使美国人口布局发生了变化,郊区在整个人口中的比例大幅度上升。1970 年,郊区人口超过中心城市,成为美国人口最多的地区。20 世纪 80 年代,城市人口进一步向郊区分散,居住在郊区人口超过 1 亿,占全美人口的 44%。[②] 至此,美国完成了由城市国家向郊区国家的转变。

从 20 世纪 70 年代末起,美国人口在奔向郊区之后,又向非大都市区的小城镇分散。1979—1980 年间,流入非大都市区人口达 1300 万。这一流动使非大都市区人口增长经历了长期的减少之后转向增长。70 年代,美国非大都市区的县的人口增长了 15%,大都市区人口增长 10%。[③] 美国城市化向纵深发展,到 80 年代,美国城市化水平已经超过 75%,进入 21 世纪后郊区化仍是城市化的主流。

6.3.2 制造业、服务业大规模的外迁与扩散

制造业、服务业等产业的郊区化与人口郊区化几乎同时发生。城市经济学家对这一问题很有兴趣,进行了大量的研究,其争论焦点是产业、就业随着人口迁移,还是人口随着产业、就业的迁移。实际上在美国城市化向郊区化转化进程中,人口大规模向郊区的流动与制造业等功能外迁是同时发生的,两者起到互动的作用。随着城市核心地区的离心力增强及交通的进步,城市居民

① Robert A. Beauregard, *Atop the Urban Hierachay*, New Jersey, 1989, p. 46.
② J. John Pelen, *The Urban World*, Mc-Hill Book Company, 1987, p. 120.
③ James Q Wilson, *City Politics and Publicy Policy*, New York, 1988, p. 13.

源源不断地向郊区迁移;城市聚集的不经济又迫使制造业等厂商移往城市外围地区,商店也跟随着人口与制造业移往郊区,人口进一步随工作岗位而外迁。由此演绎出一波接一波的分散浪潮,强有力地推动郊区化的进程。

　　工业化时期,城市工厂在与城市居民混杂在一起的现象十分普遍。由于聚集经济的作用,制造业厂商在城市中心附近选址,而工人也选择在工厂附近居住。在 20 世纪 20 年代芝加哥城市生态学派的同心圆结构中,城市核心地区是商业区、商业区外围是轻工业区、再向外则依次是下层居住区、中间层居住区、上层居住区、重工业区等。由于城市中心十分拥挤,城市聚集成本呈不断增加之势。在这种城区人口、工厂、商店等功能混杂在一起,但已经出现分区制及工业外迁的趋势,尤其是重工业也移向外围地区。

　　第二次世界大战后,随着交通与技术的进一步发展,制造业大规模地向大城市外围地区迁移。高速公路网出现,通往郊区及乡村的可达性提高,为厂商大规模移往大城市外围地区提供了可能。第二次世界大战前后,美国工厂推广了自动化与流水作业。流水作业需要巨大的平面空间,市区土地价格昂贵,迫使制造业迁往边缘及郊区土地廉价地区。移往郊区的制造业向特定的次中心集中,形成具有田园诗风味的工业园。到 1988 年,全美拥有 6000 多个郊区工业园。一些郊区还出现了一种高技术增长极或科学园区(high-tech growth pole or "science park")。

　　制造业从城市中心大量迁往郊区,郊区最终取代城市成为美国生产及经济增长的中心。1982 年,在全国最大的大都市区,郊区制造业雇佣工人占 53.85% ,城市核心地区占 46.15% 。[①] 郊区工业大多是大型工厂与高新技术产业,城区则是技术较低的传统制造业,尤其是小企业。在产业功能上,城市核心地区继续承担起厂商的孵化器的作用。在创业阶段,规模小,厂商更愿意选择城市核心及附近地区以获得聚集效益,当企业获得成功及规模扩大后,它们趋向于迁移到郊区广阔的空间。战后,美国郊区制造业日益超过了城市。

　　随着工厂及富裕人口移到郊区,商业等传统服务业也向郊区分散。与城市核心地区商业有所差异,不少郊区城市出现了巨大的商业区和购物中心,类似的郊区商业区也逐渐出现在欧盟国家。郊区商业区和购物中心组成了新型

---

①　Croom Helm,*Suburbia*,London & Sydney,1986, p.31.

的郊区消费网络,网络还包括影院、餐厅、俱乐部、运动场等娱乐设施。1954—1977 年间,美国出现 1.5 万个郊区商业中心。① 许多郊区还出现了巨大的商业林荫道(suburban shopping mall),1980 年美国郊区商业林荫道达到 2 万个。② 随着郊区林荫道规模的扩张,一些郊区出现了超级商业林荫道(supermall)及巨型商业林荫道(megamall),这种巨大的商业综合体使城市中心的商业区黯然失色。郊区零售业份额持续增加,20 世纪 80 年代之后郊区零售额超过整个社会的半数,美国零售业的重心转移到了郊区。

在城市商业外迁之时,城市办公服务等服务业也被迫向外围地区分散。制造业和商业移出后,大城市为这些部门服务的事务所、大公司总部失去众多业务,最终也随之纷纷迁往郊区。从 20 世纪 70 年代起,美国郊区开始进行办公大楼的巨额投资,到 80 年代,城市外围的办公室空间超过总数的 57%。郊区一幢幢新出现的办公大楼形成了办公园区和研究中心,成了美国高科技实验室和工厂的大本营。至此,郊区功能结构的转变已完成,由传统的农业功能和住宅功能向制造及服务功能发展,并且已取代城市中心而成为美国经济的增长中心。

6.3.3 郊区次级中心的形成与大都市地区的发展

在美国郊区化进程中,人口、工厂、商店及各种机构大规模地从城市中心向外迁移,在郊区城镇重新汇集,形成郊区次级中心。随着郊区次级中心的扩张与郊区的蔓延,郊区成为新的制造业基地及服务业中心,郊区的城市性质越来越突出。城市核心地区与郊区次级中心形成了现代意义上的城市地区或大都市地区,大都市地区趋于多中心化,规模巨大的分散型城市取代工业化时期的紧凑型城市,对美国社会经济产生了深远的影响。

工业化时期,美国城市与郊区的功能分明。城市是生产与经济的中心,具有生产、商业、服务、居住等众多的功能,它们向郊区及农村地区提供工业品及商业、金融等服务。郊区是城市农业附庸,主要生产城市所需要的蔬菜、水果等农产品,一些近郊地区还具有住宅等功能。郊区的农业附庸、卧室的地位等

---

① James Q. Wilson, *City Politics and Publicy Policy*, New York, 1988, p. 52.

② Mark Gottdiener, *The New Urban Sociology*, Boston, 2000, p. 88.

极大地束缚了郊区地带的发展,同时也难以带来城市周边的农村地区的发展。在工业化之后相当长的时间内,郊区保持落后与贫困的状态,类似今日发展中国家的郊区,与贫困农村没有多大的差异,致使城乡差距日益增大。

第二次世界大战后的郊区化使郊区崛起,使大都市地区的空间发生了巨大的变化。城市人口、工厂、商店等向外围地区扩散,城市空间向外拓展,郊区获得质与量的发展,形成郊区次级中心。20世纪60年代以前,美国郊区次级中心仅履行原城市核心地区的一种功能,如住宅、制造业或商业服务功能。在这种情况下,郊区功能单一,仍然保持对城市中心区的很大依赖性。具有卧室功能的郊区还需要城市中心提供商业服务,其居民需要到城市中心上班。在这种条件下,郊区与城市中心的竞争有限。尽管如此,随着郊区次中心的形成与功能的发展,郊区已经具有城市性质,郊区原有的农业附庸地位已经改变,城市性质的郊区成为整个大都市区极其重要的组成部分,城市化的影响空间得以极大地扩张。

进入20世纪七八十年代后,美国郊区发展又有了质的变化,郊区功能进行了整合,郊区次中心的功能综合化。正如这一时期文章所描述那样,七八十年代以后,在大城市的外环地带出现了一些新的多种功能的中心及郊区商业区,它们具有零售、轻工业、娱乐、办公及其他服务活动等,过去这些活动集中在城市核心商业区,而今天郊区商业区同城市核心商业区的竞争日趋激烈。[1]美国城市边缘的一些郊区制造业与经济功能日益扩张,提供了大量的就业岗位,以"边缘城市"的形式而出现。

郊区扩张使郊区次中心在社会经济方面与城市展开激烈的竞争,导致大都市区多中心布局的形成,最终形成幅员辽阔的现代大都市地区。第二次世界大战后的郊区化进程中,美国一种与传统城市不同的多中心的分散型的大都市地区出现。20世纪初期,具有强大中心的紧密城市出现了诸多城市问题,尤其是城市拥挤问题困扰着城市的发展。美国城市当局制定了分区制规划,试图分散其城市功能,而多中心的现代大都市地区的出现使这一目标得以实现。城市向外扩散,城市边界之外的郊区次中心出现,郊区次中心数量逐渐增加,而且随着郊区次中心的扩散与蔓延,最终形成大都市区多中心的布局,

---

① Mattei Dogan & John D. Karda, *The Metropolis Era*(1), California, 1988, p. 40.

即所谓城市多中心化。欧盟国家也出现类似的大都市地区的多中心的布局，但远没有美国这样深刻。

从经济的角度看，大都市地区多中心化就是城市原有的许多功能在郊区次中心分散。美国学者米弗林认为，多中心城市特征之一就是"人口、工作岗位、机构集中到从前的郊区"。[1] 第二次世界大战后，D·哈里斯和乌尔曼在其著名的多中心地带的城市模式中提出：在城市商业中心之外，美国城市分散着许多小的中心，这些中心分别从事重工业、轻工业、商业等原来的城市功能，大都市区各个次级中心都具有各自特色的功能。[2]

洛杉矶是一个典型的多中心的现代大都市。20世纪七八十年代，洛杉矶的分散型城市的特征就十分突出，在整个大都市区内城市功能分散到18个小的中心，郊区次级中心在制造业、零售及和它服务业上同城市核心地区竞争异常激烈。[3] 类似洛杉矶这样的多中心的城市在美国十分普遍，标志着与强大市中心的传统城市不同的现代大都市的形成。

第二次世界大战后，美国巨大的大都市地区突破了过去城市数百平方英里的面积范围，达到数千平方英里的面积。尤其是在阳光地带，新型的大城市面积大多超过5000平方英里，大都市的洛杉矶甚至超过了一万平方英里。第二次世界大战后的美国巨大的大都市区改变过去的以街区来衡量城市规模的方式，如今则是以城市快车道和高速公路为主体的发展走廊来进行城市面积的衡量。规模巨大的大都市区对区域及全美社会经济产生深远的影响。

6.4 欧盟、日本城市化分散与约束

6.4.1 欧盟、日本城市化由聚集走向分散

稍后于美国，第二次世界大战后欧盟、日本的城市化也由聚集走向分散，但分散程度在一定程度上存在着差距。工业化时期，除伦敦等少数城市外，欧洲及日本的大城市还没有美国那样发展得充分，这一时期各国大城市扩张速

---

① Goldfield & Brownell, *Urban American*, Boston, 1990, p. 411.

② Daniel Schaffer, *Two Centuries of American Planning*, Hopsking University, 1988, p. 131.

③ Mark Baldassare, *Cities and Urban Living*, New York, 1983, p. 105.

度远不如美国,各国大城市规模与美国的仍有一定的差距。欧盟、日本农村人口向城市流动的规模相对小,而且人口流动相对缓和,城市内部矛盾及城市问题没有美国那样严重。在第二次世界大战后的分散浪潮中,欧盟及日本人口、制造业及服务业也走向分散,但其分散程度远不如美国,而且在分散过程中仍在很大程度上保持了大城市的繁荣。

工业化时期,欧洲国家的城市化道路与美国的存在很大的差异。美国人的城市化发展具有突变的特点,欧洲国家的城市化更具有逐渐推进的特点。1870 年大规模的工业化到来后,美国城市化迅速进入加速时期,大规模的人口迁移洪流使其城市化水平在 20 世纪初期提高到 50%,几乎用一代人的时间完成了乡村的农业社会向城市的工业的剧烈转变。这种突变式的城市化使城市问题异常严重,城市矛盾突出,城乡冲突剧烈。

欧洲国家城市化经历相当长的时间,欧洲的城市带有渐进性。欧洲农村人口流入城市是一个漫长的过程,其有影响的乡村至城市的流动可上溯到文艺复兴时期。为了获得自由的生活,文艺复兴时期的欧洲农村的不少农奴逃往城市使城市得以复兴。在工业化最早启动的国家英国,大规模的人口流动始于圈地运动。到工业革命之后,英国农村大量的人口继续流入城市,到1851 年,英国的城市化率才提高到 50.2%。法国、德国及意大利的城市化也经历了较长的时间完成。

由于欧洲国家城市化缓慢而渐进地推进,城市问题也没有美国那样严重,城市内部的冲突与美国的也有很大的差异。在长期的进程中,工厂逐渐地出现在城市,农村人口也逐渐地向城市迁移。在城市经济的发展与城市缓慢的扩张过程中,城市化带来的问题远没有美国那样突出,城市社会冲突也缓和得多。以移民而言,由于欧洲工业化开始早、持续时间长,农村人口缓慢地移入城市,城市所受到的压力就小得多。美国工业化开始晚且发展迅速,国内农村人口及国外移民滚滚而来,房荒就严重得多。在城市内部矛盾与冲突方面,此时的欧洲主要冲突是工人与工厂主的冲突,美国在此基础上还增加了城市居民与新来的异质民族的激烈冲突。

乡村至城市的移民缓和,城市居民也具有种族的同质性,欧洲城市居民的离心力小,城市仍然保持着相当的吸引力。欧洲城市还保持着浓厚的传统文化,对崇尚古典文化富裕人口很具吸引力,不少富裕人口依旧选择于在城市核心地区居住。欧洲国家的对公共交通的扶持,使城市中心保持相当的活力;对土地资源开发的限制有利于富裕的人口继续留在城市核心地区。富裕人口留居城市中心使城市繁荣得以延续,保持着强大的城市中心的地位。

尽管如此,第二次世界大战之后欧盟国家城市化也出现了分散的趋势,这表明城市化分散的必然趋势。第二次世界大战前后,欧洲人口也开始从城市核心地区向外分散。20世纪初英国伦敦城区的人口就停止了增长,欧陆大城市人口停止增长稍后一点。1952年,伦敦发生了严重的烟雾事件,大雾笼罩着伦敦城,空气中弥漫着二氧化碳、一氧化碳、二氧化硫、二氧化氮和碳氢化合物等有害气体,仅4天时间,死亡人数达4000多人。伦敦烟雾事件后,政府也认识到城市人口拥挤、城市功能过度聚集也会带来灾难性的后果,政府在一定程度上也希望推动城市化的分散。

第二次世界大战后,欧洲在对经济干预的同时,实际也在一定程度上介入了城市化的分散,只是政策有所不同。1899年,英国学者霍华德出版了《明天的花园城市》一书,“新城”的影响逐渐深入欧洲各国,第二次世界大战后建立新城的思潮更是受到各国的欢迎。英国政府最先实施“新城运动”,目的在于分散大城市过密的人口。这些新城大多建立在大城市远郊,称为卫星城。新城运动在欧洲大陆得到较为普遍仿效,欧陆大城市也修建了自己的郊区新城。新城离大城市有一定的距离,新城在分散大城市过密人口的同时,也抑制了大城市继续向城市边缘地区的蔓延。欧洲的城市人口的分散与美国不同,分散程度远不如美国。而且“新城”建设成本过高,在一些欧洲国家很快就失去了兴趣。在第二次世界大战后的城市化分散过程中,欧洲国家保持传统的大城市核心的繁荣的政策不变,尤其是对处于衰退中的传统的工业城市进行大力扶持。政府的政策却在相当程度上抑制了城市的分散及郊区化的进程。

日本城市化聚集阶段较之欧盟及美国晚,一直到第二次世界大战后仍然处于城市化聚集之中。1920年,日本城市化率为18%,1940年也仅为35%,日本绝大多数人口仍然生活在农村地区,20世纪初期欧美各国已经实现了城市化。第二次世界大战后,在工业化的推动之下,日本城市化进入快速上升时期。20世纪50—70年代,城市化水平从37%上升到76%,年均增长1.5个百分点,赶上了西方发达国家的水平。此后,日本城市化趋于稳定,1996年日本城市化水平为 78% ,仅比 20 年前高出 2 个百分点。①

日本的资源决定其城市化与美国,甚至欧洲有相当大的差异。日本国土面积狭窄,耕地面积小,日本粮食长期不能自给。由于耕地的不足及食物的短缺,第二次世界大战之前通过对外军事扩张而掠夺亚洲邻国的土地,但第二次世界大战的失败堵断了这一条道路。耕地的不足致使日本不能选择美国郊区化的城市化分散的模式,甚至像欧洲国家那样的城市分散模式日本也承受不起。为了减轻食物供给对外的依存度,日本政府制定严格的耕地政策,以此确保农业生产的可持续性。耕地的保护政策导致城市建设与住宅用地的供给不足,限制了大城市之外的地区的开发,从而确保了发达国家中日本特有的紧凑型城市的形成与发展。

尽管日本城市化聚集阶段晚,但城市人口却在狭窄的空间高度集中。在第二次世界大战后相当长的时间内,日本人口从农村、小城镇向太平洋沿岸大城市流动,尤其是向东京、大阪、名古屋三大城市及周边地区聚集,形成日本的三大城市圈。三大城市圈集中了日本近半的人口,东京为中心的城市圈则集中了全国 1/4 的人口。人口的高度集中导致日本大城市远较欧美大城市更为拥挤,而且城市问题也十分严重,其中最为突出的是大城市土地价格高涨而房地产投机盛行,引起了房地产价格持续攀升,致使东京成为全球房价最高的城市。此外,资源向大城市汇集,也拉大了大城市与农村地区的差距,引起了社会的普遍关注。

尽管如此,城市的分散也是当代城市化演变的重要趋势,日本也出现某种程度上的城市分散。随着日本社会经济的发展,日本政府也加强农村地区的扶持与投资,改善了大城市外围地区的基础设施,吸引了不少城市居民迁入房价低廉、环境优美的大城市边缘地区,有的地方甚至向农村地区蔓延。但无论怎样的分散,日本城市的分散程度远不能与欧美相比,日本城市化模式与美国甚至欧洲的迥然不同。

6.4.2　欧盟城乡地区协调发展

尽管欧盟国家城市核心保持繁荣的景象,但乡村地区也相对富裕,城乡社

---

①　高强:《日本美国城市化模式比较》,《经济纵横》2002 年 4 月,第 41 页。

会经济得以协调发展。在欧盟国家旅行,可以感觉到城乡之间差距不大,其差异也只是聚集空间的大小而已。中小城市繁荣程度与大城市差距很小,小城镇给人的感觉则宁静而富庶,居民洋溢着幸福之感。在乡村地区,经过严格规划的乡村居民住宅,与周边美丽的田园风光融为一体,有如人间仙景。

在保持大城市繁荣的同时,欧盟国家也十分重视各等级城市的协调发展、共同繁荣。除一些传统的政治型城市外,欧盟国家的城市普遍是在长期的市场经济条件下形成的,城市功能与产业分工也是长期的市场力量作用下形成,政府的影响不大,各国没有日本那样刻意发展大城市的政策。大中小城市根据其资源及区位条件,合理地进行城市间的产业分工。大城市大多是综合性城市,但其主要功能及主导产业也十分明晰。例如,巴黎是法国的政治中心,其主要功能是管理及商业服务,同时会展经济、旅游经济也十分发达。法国的中等城市图卢兹则是欧盟的航空工业城市,其主导产业则是飞机制造。

严格的产业分工与专业化生产在确保大城市繁荣的同时,也为中小城市的发展提供了足够的空间与机会。在西方国家工业化初期及今日发展中国家,大城市以强大的吸引力将周边中小城市及广大农村地区经济资源及高素质的人口吸引进去,造成后者经济的发展滞缓,甚至衰退。在城市化进程中,欧盟国家成功地解决了这一问题,欧盟国家大城市繁荣并不是以牺牲中小城市、小城镇及农村地区为代价的。工业化以来,欧盟的中小城市、小城镇始终以自己主导产业进行专业化生产,具有支持其生存与发展的经济基础,城市外向型产业为本地的发展带来源源不断的财源,支持服务业的发展。而且,中小城市、小城镇的富庶形成对农村地区经济发展的支撑,是奠定农村经济发展及社会富裕的重要基础。

在第二次世界大战后的城市化演变过程中,欧盟国家在确保大城市核心地区的繁荣之时,也十分重视为小城镇及广大农村提供发展条件。欧盟国家十分重视小城市、小城镇的基础设施建设,基础设施也十分完善和发达。欧盟国家城市拥有通往外围地区的较为发达公路系统,城市与城镇之间拥有高速公路,城市还有连接小城镇的通勤铁路等,这些交通设施形成了小城镇通往大城市的快速交通体系,使生活在小城镇与大城市一样方便。不仅如此,小城镇房屋租金便宜,居住环境宁静、舒适。良好而便利生活与工作条件,使小城镇经济富庶。小城市、小城镇经济富裕表现出对广大农村地区及一定程度上对大城市人口的吸引力。

欧盟国家对农村地区的发展更为重视,推动城乡地区的协调发展。小城市、小城镇制造业的发展带动了周边农村地区的经济发展,而政府的农村政策更是锦上添花。政府重视农村地区的基础设施建设,农村社区基础设施相当完善,社区与外界联系的道路多为沙混、沥青、水泥等硬表面公路,道路质量高。农村社区人口相对集中,当局还为社区提供供水、排污等服务,并对垃圾进行集中处理,与发展中国家农村环境的脏、乱、差形成鲜明对比。

对农村地区的扶持还表现在欧盟国家对农业生产的重视。在近几百年的农业生产积累过程中,欧盟国家农业生产已形成规模化、产业化经营,现代化农业成为欧盟国家农业的核心部分。为了提高农业竞争能力,20世纪60年代初,当时的欧共体开始执行共同的农业政策,向农民出售的农产品提供直接补贴,其补贴逐年增加。这项政策极大地调动了农民生产的积极性,有利于农民自觉地保护农业用地,长期刺激了农业生产。到20世纪70年代末,欧共体各国的农业已基本能满足需要,并开始出口。进入21世纪,欧盟用于农业补贴的开支约为每年440亿欧元,超过欧盟全年总预算的40%。巨额的农业补贴确保农业生产及农村的发展。

第二次世界大战后的大城市制造业向外围地区的分散也有利于农村的发展。第二次世界大战前,欧洲国家已开始实施分区制规划,目的是将制造业与大城市人口稠密核心地区分离开来。第二次世界大战后,欧盟各国的制造业从大城市核心地区向农村腹地小城镇分散,形成大城市外围的工业地带或工业园区,在一些交通便利、经济发达的地区还形成工业发展走廊。工业地带在推动小城市、小城镇经济发展的同时,也带动了广大农村的非农产业及经济的发展。在欧盟国家,农村家庭成员中有的去工业地带的工厂上班,有的则从事农业生产。同时农业生产带有一定的季节性,欧盟的农民也不完全从事农业生产,这些农民农忙时在自己的农场从事农业生产,农闲季节则要到邻近的工厂工作。这种兼职的农业生产有利于农村地区的社会富裕及经济发展。

与美国途径不相同,欧盟国家农村地区的繁荣使其城乡社会一体化得以实现,在保持城市核心地区繁荣之时,也增加了农村地区的吸引力。富裕的农村生活、邻近的丰富就业机会、良好的居住条件、便利的交通及美丽的田园风光,使农村生活质量大幅度提高,从而扭转农村人口长期向城市流动的格局。

不仅如此,欧盟国家也出现城市人口向小城镇及农村迁移的现象。1960年后的半个世纪里,英国每年都有成千上万的人口涌向农村,农村人口也出现再增长的势头。① 城市人口涌入乡村主要为乡村交通条件的改善及良好的生活环境所吸引。

6.4.3 日本大城市优先发展下的城乡分离

与欧美国家的城乡关系有着很大的差异,日本大城市发展的重要影响则是城乡地区的割裂与城乡差距的逐渐拉大,这种情况在发达国家并不多见。美国城镇及广大农村地区繁荣、富庶,吸引了大量的饱受拥挤蹂躏的城市富裕居民,进而推动城镇及农村的发展。欧盟国家的农村的富裕则阻止了农村人口的大量流失;而且在第二次世界大战后的制造业外迁所引起的逆城市化进程中,欧盟农村地区还吸引了大城市人口的定居。日本情况却与之有很大的不同,繁荣的大城市对小城镇及广大农村的带动有限,不仅如此,在后者的资源及高素质的人口被吸引过来,抑制小城镇及农村地区的发展,使其经济处于相对呆滞之中。

第二次世界大战后相当长的时间内,在经济快速发展的大城市的吸引之下,小城镇及农村地区的富有活力人口持续向大城市流动,对小城镇及农村的发展产生了极其消极的影响。大量青年进入城市,小城镇及农村则留下了老人与儿童等呆滞的人口,与今日发展中国家的情况十分相似。呆滞的人口的留下,使小城镇及农村经济失去了活力,经济呆滞。在战后日本经济奇迹般发展的同时,小城镇不仅没有得到发展,反为呈萎缩之势,尤其是农村地区则处于相对贫困之中,贫困人口集中。小城镇及农村地区并没有分享到日本工业化与经济高速发展的成果,城乡差别加大。这也是日本国内内需不足的重要原因之一。

鉴于城乡差距的拉大,20世纪70年代起日本开始关注小城镇及农村地区的发展。日本政府以财政补助和税收优惠扶持农村地区及农业的发展。针对农村地区基础设施落后的问题,日本政府投入大量的资金建设通往小城镇、

---

① 彼得·霍尔等:《社会城市——埃比尼泽·霍华德的遗产》,中国建筑出版社2009年版,第94—97页。

农村地区的公路及铁路等交通设施,提高小城镇及农村地区的可达性。

在制造业方面,日本政府也在一定程度上推进分散的工业化政策。第二次世界大战后,日本大城市因迅速膨胀而导致"城市病"日益严重,尤其是土地价格高涨带来的厂商成本大幅度增加,对政府及经济发展形成很大的压力。日本政府出台了制造业分散的政策,也是基于小城镇及农村经济发展的考虑。为了推动农村地区的工业化进程,20世纪70年代起,日本通过了《农村地区引进工业促进法》《工业重新配置促进法》等一系列的法令,政府有计划地将制造业及部分生产性的服务业引入小城镇及农村地区,借以缩小城乡间的差距。这一政策可视作日本政府最重要的城市化分散的政策。

在农业方面,日本政府也采取一系列的扶持政策。政府对农业生产的扶持主要进行农业补贴,如农田水利基础设施建设补贴、农业现代化设施补贴、农业贷款利息补贴、农产品价格补贴、农业保险补贴等。与欧盟国家很相似,农产品价格补贴非常广泛,对农业生产影响很大。日本政府对几乎所有上市的农产品都给予补贴,但形式有所不同,其中影响最大的是大米、猪肉、牛奶、大豆等。

在战后长期的经济快速发展及巨额的贸易顺差支持下,日本逐渐成为世界上对农业补贴最高的国家之一。1986年,世界各国政府发放的农产品价格补贴总额约1100亿美元,而仅日本一国就高达400亿美元,占1/3强。2000年日本对农业的补贴已达到国内生产总值的1.4%,而同期的农业总产值只占1.1%,农业补贴超过农业产值。① 大规模的农业补贴促进农业生产的发展,加速了农业现代化,增加了农民的收入,对于推动农村的发展有着十分重要的影响,但日本城乡地区的割裂由来已久,城乡间社会经济裂痕短期内难以消除。

6.5　俄罗斯与印度的城市化模式

6.5.1　俄罗斯城市化历程与经济转轨中的城市化

俄罗斯、印度的城市化模式与发达国家具有很大的不同,他们特殊的国情

---

① 周建华、贺正楚:《日本农业补贴政策的调整及启示》,《农村经济》2005年10月,第173页。

也决定了城市化的特色。俄罗斯与印度城市化政策大体是大城市偏向的政策,俄罗斯的大城市发展则较为曲折,主要源于政府的计划经济政策。俄罗斯土地十分辽阔、人口稀少,与工业化时期的美国一样,具有发展众多大城市的土地与矿藏资源,但俄罗斯人口不足,不少地区是靠近北极的高纬度地区,生态环境脆弱,俄罗斯的农业也难以为众多大城市发展提供支撑,政府的大城市政策也显得谨慎。印度是一个人口众多、土地较为辽阔的国家,理应有较多的城市,但印度大城市发展畸形,城市结构体系问题很大。

苏联时期,俄罗斯的城市化取得了很大发展,也是俄罗斯城市化的加速时期。这一时期城市化政策对俄罗斯城市系统的影响是长期的,而且意义深远。苏维埃共和国成立后,苏联政府将国家的城市化纳入了计划经济及工业化体系下。国家大规模推进工业化的进程,客观上有利城市化的发展。在这一进程中,农民开始向城市工厂流动,使城市人口以较快的速度增加。从 20 世纪30 年代起,苏联政府还有意识地将边疆地区的开发与工业化及城市化结合起来。为了避免人口向大城市流动而造成边疆地区人口流失,政府控制大城市的人口迁入,将人口迁移重点放在边疆地区的中小城市的移入上,政府采取鼓励与强迫相结合的政策使核心地区的人口流向边疆城市。这些政策强有力地促进了边疆地区的城市化。

到 20 世纪 60 年代后苏联进一步限制大城市的发展,这种城市化政策可称为"分散的集中"的策略。① 这一时期,苏联城市有所发展,但发展主要指向乌拉尔山以东的内陆及边疆地区。苏联核心地带的人口向东部、南部扩散,这些落后地区得到了较快的发展。这些政策带有军事战略目的,鉴于冷战的需要,避免大城市过度集中而遭到核武器的打击,苏联进一步将人口及工业向东部腹地转移,尤其是向西伯利亚南部及远东地区迁徙。

苏联长期向东部及边疆地区政策的倾斜,客观上抑制了西部核心地区城市的发展,其影响是深远的,不利于西部地区大城市的发展。从十分辽阔土地的角度看,直到今天俄罗斯大城市还是偏少的。俄罗斯超过 100 万人口的大城市占国家总人口的比例并不大,远低于世界平均水平。今日俄罗斯也只有莫斯科、彼得堡等少数大城市在世界产生一定的影响,苏联解体后,西部地区

① 王芳、俞路:《变迁中的俄罗斯城市化进程研究》,《南方人口》2006 年 2 月,第 47 页。

的大城市才获得快速的发展。

苏联解体后,俄罗斯资源趋于集中,重新确立大城市偏向的城市化政策。苏联解体后,俄罗斯经济由计划经济转向市场经济。在市场转轨过程中,靠脚投票的市场理念逐渐由经济深入到人们生活之中,俄罗斯人较为自由地流动起来。俄罗斯人开始根据其经济机会、生活预期等决定其迁移决策,迁移直接指向条件好的大城市。

边疆及苏联民族地区的生活艰苦,加之民族矛盾所带来的排斥力,对生活在这里的俄罗斯民族形成一种压力。生活在苏联各加盟共和国的俄罗斯人陆续地回到俄罗斯境内,俄罗斯的东部边疆的居民也向西部城市流动。在这一流动进程中,首当其冲是向莫斯科、彼得堡等大城市涌来。俄罗斯大城市基础设施原来较为发达,苏联解体后,俄罗斯的大城市偏向政策逐渐突出。政府加大了对大城市地区的投入,基础设施得到进一步改善,对小城镇及农村的吸引力增大。自 20 世纪 90 年代以来,人口大量涌入,进入 21 世纪之后莫斯科人口已接近 1000 万,此外,莫斯科还拥有 500 余万外来人口,莫斯科已进入世界最大城市之列。就俄罗斯土地及人口规模而言,拥有 1000 万人口的特大城市也是情理之中的事,但俄罗斯大城市与特大城市总体上并不多,对整个国家(即使是东部)的带动力没有发挥出来。

而且,大城市与特大城市数量少,必将使首位城市过大,并由此带来一系列的城市问题。21 世纪后,大量人口涌入莫斯科等大城市,给俄罗斯大城市带来了巨大的压力。大量人口涌入莫斯科,城市拥挤程度逐渐增加,城区住宅日趋紧张,致使房地产价格呈大幅度攀升的态势。2006 年 8 月,莫斯科房地产价格每平方米售价达到 3770 美元,而同期俄罗斯人均收入则为 3600 美元,房地产与收入的比例远远高于世界平均水平。房地产价格的迅速上涨,也使莫斯科步入世界生活费用最高的城市行列。这种情况对于土地辽阔的国家来说是不正常的。

俄罗斯的中小城市及小城镇的发展较为曲折,也受诸多因素制约。苏联时期,政府有意识地将城市发展的重心移向核心地带之外的地区,有意识地推动内陆及边疆地区的城市发展及城市化的进程,这一政策有利于推动中小城市及小城镇的发展。政府将相当大的资源及人口分散投入到西伯利亚、中亚及远东地区的开发,这些资源又在这些地区的城市、城镇集中,从而推动了这一广袤无垠地区的城市化进程。这一时期,西伯利亚及远东地区出现了不少市镇,它们大多是中小城市或小城镇,因而中小城市及小城镇获得了很大的发展。这些城市一方面分散了西部地区大城市的人口,另一方面也吸引了大量的农村人口,在一定程度上成为苏联城市化的重心所在,推动了苏联的城市化进程。

作为计划经济的产物,苏联的城市化模式依赖于政府强有力的政策推进,并非经济发展的产物。苏联解体后,计划经济退出了历史,政府对经济的干预减少,政府对东部的扶持也大幅度减少,从而对东部的小城市及小城镇的扶持力度减少。而且,莫斯科等大城市产生的强大的磁场吸引的作用,中小城市、小城镇人口向流向大城市,西伯利亚及远东地区的人口流失很大。这些人口流往俄罗斯的欧洲部分的大城市,使东部辽阔的地区中小城市、小城镇发展趋于缓慢,甚至出现萎缩的势头。

6.5.2 印度畸形的城市化

印度大城市发展与俄罗斯有相似之处,但也有很大的差异。不少学者普遍认为印度是滞后型城市化的国家,本项目则认为印度的城市化畸形发展,城市化的总体滞后与部分地区过度并存,可称为印度的特色。印度是世界人口规模第二大的国家,地区间、大城市与小城镇、城乡间差距巨大,极少数较为富裕的大城市对广大农村产生强烈的示范效应。印度这样的发展中国家,地域广阔,但资源十分有限,资源的集中使用也是在工业化与城市化初期重要的选择。这种选择的目的是经济极端落后的条件下,通过大城市的超先增加而形成增长极核,进而带动辽阔的农村地区的发展。

独立伊始,为了实施超越战略,政府将基础设施投资的重点放在少数大城市上,如孟买、加尔各答、新德里等。随着资金及资源持续不断地流入大城市,大城市基础设施得到很大的改善,铁路等轨道交通发达,20世纪90年代以前印度是亚洲铁路里程最长的国家,但印度不是亚洲的土地最为辽阔的国家。铁路、电车等轨道交通是最为重要的公共交通工具,公共交通使用率高,有利于大城市的发展。较为发达的轨道交通增加了大城市地区的通达性,也使大城市的吸引力进一步增加,小城镇及农村人口大规模涌入也是情理之中的事。

独立后,农业生产的发展也将大量的农村人口释放出来,从而提供了流入城市的庞大的后备大军。独立后,印度历届政府十分重视农业生产,印度政府长期在农村地区实施"绿色革命"政策。印度土地肥沃、气候温和,加之"绿色革命"的长期推进,极大地提高了农业生产效率,农村溢出了的剩余劳动力日益增加。农村非农产业落后,迫使他们告别了世代居住的农村而向外寻找经济的机会。

在产业布局方面,印度大中城市、小城镇之间的差距很大。独立后,印度政府通过计划经济将现代化的大工业及工程布局在大都市区。在殖民地时代印度大城市就发展了大量的工业,如工业城市孟买、加尔各答等。工业的高度集中,增加了大城市的吸引力及发展潜势,造就了大量的经济机会。大城市较为丰富的就业机会、较高的收入,对广大农村地区产生了巨大的拉力,吸引大量的农村人口直接向大城市涌来。大量人口涌入大城市,印度少数几个大城市的人口迅速膨胀,孟买、加尔各答、新德里等城市的人口分别达到1500万、1200万、1200万。这些城市已经进入全球最大的城市之列。印度人口出生率很高,城市化水平低,从农村地区溢出的人口将继续不断地进入大城市,印度孟买等大城市的人口仍将继续膨胀。

尽管印度城市化水平低,但大城市病十分严重,在大城市地区出现了过度城市化国家所拥有的严重问题。政府资源优先投向大城市,农村人口源源不断地涌入而迅速膨胀,城市住房建设跟不上需要,印度大城市房荒十分严重。大量人口涌入,印度大城市房地产价格上涨很快,今日孟买高档公寓楼平均价格已达到每平方米4000美元,对于印度这样贫穷国家的城市居民而言,较为体面的住宅也是可望而不可即的事。

城市的拥挤及房荒严重导致了大城市贫民窟不断蔓延。人口大规模涌入大城市,他们无力购买城市住宅,甚至租用像样的住宅也很成问题。大量的人口挤进低矮的房屋,大城市及毗邻地带还出现不少自己搭建的住宅,形成棚户区,进而致使贫民窟大量出现与蔓延。印度各大城市都有大量的人口居住在贫民窟,在新德里,贫民窟人口达326万;孟买的贫民窟人口为585万;加尔各答为431万。贫民窟居住与生活条件十分恶劣,缺水、缺电,卫生条件极差。

与早期工业革命时期的工业化国家相似,印度大城市贫民窟的蔓延带来了一系列的社会问题,极大地困扰着城市的发展。日益扩大的贫民窟破烂建筑群与城市新建高层建筑毗邻,有如一个个的城市疮疤,与现代城市格格不入,损害了城市的形象及国家的形象。更为严重的是,到 20 世纪末拥挤的贫民窟还是流行病传播的温床,肺结核、麻疹等疾病流行,不时还受霍乱、瘟疫等传染病的侵袭。

与大城市相比,印度中小城市、小城镇发展滞缓。独立后的长期进程中,政府将现代化工厂优先向大城市布局的同时,私人资本也向大城市集中。印度是一个极其贫穷的发展中国家,政府选择大城市偏向的城市化政策时,很难再兼顾中小城市及小城镇的发展;在大城市建立起大批现代化工厂之时,中小城市、小城镇的经济资源供给短缺。不仅如此,这些市镇的资源及富有活力的人口也向大都市区流动,极大地抑制了本身的发展,小城市、小城镇经济呆滞。

印度土地辽阔,人口众多,仅有极少数大城市获得迅速发展,而地处农村腹地的中小城市及小城镇发展滞缓,不利于整个国家城市化水平的提高及经济的发展。印度拥有世界人口规模最大的城市,但大城市数量很少,容纳能力十分有限,对于印度近八亿农村人口而言,实在无能为力。中小城市、小城镇发展滞后,缺乏吸引农村人口拉力,而且更为重要的是,中小城市制造业落后,经济功能不足,不能支撑城市的发展,更不能为进入城市的乡下人提供就业机会,从而限制了农村人口向城市的流动,最终限制了城市化水平的提高。这些因素使印度城市化步履维艰,长期保持在一个很低的水平上。时至今日,印度仍是世界城市化水平最低的国家之一,城市化率仅为 29%。

6.5.3 俄罗斯、印度城乡社会割裂

俄罗斯与印度城市化都有一个共同的特点,大城市发展是以牺牲农村地区为前提的,结果导致农村发展滞缓,城乡差距日益拉大。在长期的发展进程中,两国城乡政策颇有相似之处,对农村的影响也十分相似。与城市相比较,两国农村的发展很不理想,与欧美城乡一体化不同,两国农村地区在相当程度上被边缘化了。

在苏联计划经济时代,政府长期优先推进工业化政策,重工业则成为发展的重中之重。城市化进程中产业演进的路径是:城市化起步阶段是通过农业的发展而产生农产品的剩余,并将农业进步释放出来的劳动力推向城市,城市轻纺工业获得快速发展而吸纳农村溢出的大量劳动力;进入工业化与城市化

中期,随着工业化的推进,产业逐渐转向重化工业,围绕着重化产业形成一大批服务行业,进一步吸纳农村溢出的劳动力;进入后工业化与城市化成熟阶段,城市制造业向小城镇及农村扩散,推进农村非农产业的发展,城市第三产业稳步上升,成为吸纳劳动力的主体。

但苏联时期的产业政策却使城乡产业分割。苏联经济落后,重工业需要大量投资,为了筹集巨额的建设资金,优先取之于国家预算,农村地区的发展得不到应有的支持。不仅如此,苏联重工业的积累还大量的取之于农业部门,政府采取余粮征集制政策,通过工农产品的剪刀差支援重工业的发展。尽管苏联的产业政策使重工业获得了长足发展,但却使广大农村地区付出了沉重的代价,农村是城市的农业附庸,非农产业发展缓慢,农村发展长期滞后,城乡矛盾与冲突剧烈。

俄罗斯的城市结构也不利于农村地区的发展。长期的发展历程中,俄罗斯小城市、小城镇发展还是十分有限。小城市、小城镇接近农村腹地,在大城市与广大农村地区经济往来间处于中介地位,它们通过商品交换,将大中城市的辐射传递到农村地区,而将农村的农产品运送到城市,从而推动农村发展。小城市、小城镇发展不足,从而限制了城市向农村的辐射,农村经济难以纳入现代经济体系,农村制造业发展受到限制,发展缓慢。

但是苏联时期的移民政策则不允许农村衰退。国家为了维系农村地区的稳定与发展,从法律上禁止农村人口向城市流动,保证了农业生产劳动力的供给。在苏联时期,农村地区十分贫困,按经济学"靠脚投票"的原则,贫困的农村人口必然向城市不断迁移。为了防止农村劳动力流失,政府严格禁止人口的流动,禁止人口不经审批流入城市。农村人口迁出也是十分困难的,村镇政府也不愿意人口从土地上流失,全力阻止农民的流出。这一政策有利于保持农村劳动力稳定,尽管农村发展缓慢,但还不至于衰退。20世纪90年代,国家对传统的集体农庄和国营农场进行了私有化改造,在一定程度上挫伤了管理者和生产者的积极性,国营农场和集体农庄的职工大量离开了生活与工作几十年的地方。由于小城镇及农村非农产业并没有像西方那样得到发展,大量的农场职工被迫远走他乡,农业人口流失十分严重,使农村地区更萧条。

农村的萧条进一步加大了城乡间的差距,形成农村巨大的推力。在城市收入大幅度增长之时,农村非农产业发展缓慢,农村收入增长减少,城市巨大拉力与农村推力之下,俄罗斯农村大量的青年男女及富有活力的人口不断流出,造成农村人口日益减少。农村人口大量流失,俄罗斯不少村庄已荒无人烟,逐渐走向消失。据俄最新人口调查数据表明,近年来在俄罗斯15.5万个村庄中,有1.3万个已废弃。英国工业革命时期的"荒芜村庄"在今日俄罗斯重现,农村地区边缘化程度严重。

印度农村的情况与俄罗斯有一定的相似性,但也具有很大的不同。印度城乡发展政策充满着矛盾,一方面要通过大城市工业来推动城市经济的发展;另一方面,则要限制农村人口溢出而涌入大城市,结果导致大城市与农村地区的问题同样日益严重。在各国的城市化历程中,这种现象并不多见。在拉美国家,农村人口大规模涌入城市,城市问题日益严重之时却减轻了农村的压力。

在政府将大量的资源向少数大城市集中之时,印度农村社会经济发展却严重滞后。由于工业向大城市集中,农村制造业十分落后,农村居民主要从事农业生产。而且独立后,印度农村人口增长十分迅速,进入21世纪后印度人口超过10亿,其中8亿居住在农村地区。除中国外,这一庞大的人口超过其他任何一国总数。

面对农村贫困,同时也避免农村人口大规模涌入大城市而引起城市社会动荡,独立后印度政府也不得不重视农村及农业的发展。印度政府引导农民增加农业生产的科技投入,增加单位土地面积的投入,所谓农业的"绿色革命"。印度政府试图通过绿色革命而带动农村的发展,同时也减少农村地区失业率,从而减少农村的贫困而降低其压力,将农村人口阻截在农村地区,防止形成向大城市流动洪流。

在一定层面上,印度农村的绿色革命获得了成功。印度农业经历了绿色革命,较为成功地解决了粮食自给问题,印度不至于像不少发展中国家那样因为饥荒而引起农村地区的动荡。继绿色革命之后,印度政府又实施了白色革命,解决了鲜奶和奶制品的自给。20世纪90年代以后印度又开展蓝色革命,水产大增,使印度成为鱼虾出口大国。在农村人口十分庞大的前提下,印度农业生产经历了"三大革命",大大提高了土地的附加产值,也提高了农业生产中的科技含量。通过科技投入及对单位土地面积投入的增加,印度农业及农村发展获得了一定程度上的成功,部分减轻了农村人口溢出的压力。这种现象在发展中国家并不多见。

但是离开了农村人口的城市化、城乡经济分割,这种成功也具有很大的局限性。绿色革命需要一定程度的规模经营,在调动大、中农户经营农业的积极性同时,却使农村失地人口增加,加深了农村地区的分化与贫困。绿色革命还加强了大农场主的自耕趋势,弱化了租佃制,土地集中程度增加。在商业化程度较高的地区,一些经营条件较好大土地主为了扩大经营规模,从小农户赎买或租进土地,从事现代大农场经营。大农场又导致众多小农户失去了土地,而印度农村非农产业十分落后,不能为失地农民提供新的就业岗位,农村失业人口增加。而且,绝大部分人口滞留在农村地区,印度农村人口爆炸式的增长,政府在农村地区所做的努力而产生的财富,被新增的人口消耗掉,农村贫困依旧。

综上所述,今日各大国城市化道路不同,所选择的城市化模式具有很大的差异,其大城市中心、中小城市及农村地区的地位也有所差异。美国城市化十分成熟,通过分散而使城市化的重点移到在大城市外围地区,使制造业、服务业及人口也向城市外围地区转移,最终形成多中心的分散型大都市地区。欧盟国家在扶持大城市中心的繁荣之时,也十分注意中小城市及农村的协调发展,这种城市化模式对于人口多、资源短缺的国家具有很强的借鉴作用。日本在优先发展关键性大城市的同时,也对农业发展进行了大规模补贴,但对农村的非农产业发展支持力度不够,小城镇与农村发展缓慢。俄罗斯、印度的城市化模式较为复杂,而结果也有所不同,尤其是印度在大城市迅速膨胀的同时,绝大多数人口仍滞留在农村地区,农村发展十分缓慢,农村人口膨胀、庞大。畸形的城市化模式使印度庞大的农村人口的城市化与转移困难重重,给印度社会经济的发展蒙上了巨大的阴影。

7 大国城市化对社会经济的积极影响

各国的城市化模式的选择是基于其经济、社会及资源禀赋等要素之上的,同样也受政府城市化政策的影响,从社会发展的角度,城市化及其模式的选择应有利于社会经济的发展。各国城市化模式的不同,对城市系统内各等级城市、整个区域,甚至整个国家的社会经济产生不同的积极影响。通过比较分析,从各类城市化模式对社会经济的差异性的影响中,可选择适合我国各地区发展的经验提供政策借鉴与参考。

7.1 美国郊区化的经济与社会效益

7.1.1 郊区化与经济发展空间的拓展

尽管近一二十年各国学者对郊区化及城市蔓延的影响颇有异议,但郊区化在推动社会经济发展的影响上是无可置疑的。城市化向郊区化转化使其走向成熟,并使经济发展空前拓展,从而推动整个区域及整个国家经济的持续发展。第二次世界大战之后,美国城市先进入了郊区化,对美国经济与社会产生了极其深远的影响,同时美国社会的繁荣促进了其他国家的经济与城市化发展。

在城市空间结构的变化上,美国郊区化的影响巨大。城市空间大规模向外拓展,城市经济越过城市边界,向城市边缘、郊区乃至辽阔的农村地区扩散,把这些地区纳入城市化影响之下。在城市空间向外拓展过程中,郊区地区获得质与量的发展,形成郊区次级中心。郊区的扩张使郊区次级中心在社会经济方面与城市展开激烈的竞争。城市的扩散与郊区化改变了传统意义上的城市,使之向现代大都市地区的空间布局方向发展。传统的城市是以紧密型的街区来衡量的,而现代大都市地区则是分散的发展走廊来度量的,其社会、经济空间大不相同,为大城市外围的地区发展奠定了良好的基础。

如前所述的那样,第二次世界大战后美国城市化由聚集走向分散,城市发展的重心由大城市核心地区移到郊区。第二次世界大战前,美国城乡社会、经济分裂,繁荣的城市与贫困的乡村并存;城市是工业生产与经济发展的中心,而大城市外围的郊区及广大农村地区则是农业附庸,城乡矛盾与冲突十分激烈。在这一转移过程中,郊区城镇崛起,并以次级中心的形式出现。在原来的城市中心功能向外分散之后,郊区次级中心逐渐承担起原城市中心的功能,诸如制造业、商业服务业等。在美国,郊区次级中心日益独立于城市核心地区,并在经济上与之展开竞争,城市与郊区、城市与乡村间经济得到统筹与协调发展。

郊区化及郊区次级中心的形成,减轻了郊区居民对城市核心地区的依赖,在郊区创造大量的就业岗位之时,也使就业模式在郊区及农村地区得以创新。第二次世界大战后,美国等发达国家的工业产品结构发生了很大的变化。过去大量的商品按单一的标准件生产,标准化生产的工厂聚集于城市核心地区及其附近,以获取聚集经济与规模经济,从而降低了成本,使生产得以延续与扩张。郊区化与计算机的广泛运用后,这种生产发生了变化。

计算机广泛运用于生产中之后,制造业的经营模式得以创新,有利于工作岗位的向郊区分散与拓展。通过计算机设计,产品的更新速度加快,许多标准件产品逐渐为非标准的小型的、多样化的商品代替,批量化生产则转向多品种的小批量的生产。这一变化对工作岗位的分散有着重要的影响。过去生产集中在工厂装配线上,今天的郊区人却能通过计算机信息进行小批量生产,不必都集中到城市工厂工作,这一新的工作吸收了数以千万人就业。这些郊区人不仅居住在郊区,而且生活、工作都在郊区,减少了与城市中心的联系。就个人来说,这既节约了时间,也节约了交通费用,于个人和社会都十分有利。新的工作方法使郊区次级中心逐渐成为城市核心强有力的竞争者。

工作方法的变化使郊区居民与城市中心区联系日益松弛,郊区表现出经济与社会的巨大独立性。郊区居民居住在郊区,工作在郊区,购物与娱乐也都在郊区,与城市中心区联系日益减少。一些郊区还表现出功能的混合性,集居住、就业、财物、娱乐等为一体,郊区俨然就是一个功能齐全、经济独立的城镇。

据 20 世纪 80 年代对美国 15 个最大的大都市区的调查,郊区次级中心日益成为主要的就业中心,在郊区居住的工人中 72% 的也在郊区工作。在所有郊区人中,至少有 68% 的人居住和工作都在郊区。[1] 20 世纪 70 年代,纽约市在郊区居住的工人中有 80% 的也在郊区工作;底特律郊区 1/3 的人除工作之外绝不去城市;纽约大都市的郊区大多数人口并不把自己与纽约市联系在一起。[2] 进入 20 世纪 90 年代之后,混合功能的郊区逐渐增加,郊区次级中心越来越独立于城市中心。

郊区发展与扩张强化了郊区次级中心的功能,进而推动大都市区多中心的布局,这种多中心的城市布局使城市空间空前拓展,并带动了周边农村地区的发展。随着郊区次级中心向周边农村的扩散与辐射影响,周边的农村地区也纳入城市化的影响之下,成为城市化地区或城市化影响地区。郊区继续向周边农村地区推进,在此基础上形成了多中心的城市布局,最终也形成了幅员辽阔的大都市区。

在郊区化进程中,美国经济发展空间的拓展中有一个值得注意的现象,即郊区之外城市性质的多中心地带的出现。这种多中心地带是美国特有的,在其他发达国家并不明显,是城市功能沿交通走廊分散的重要结果之一。到 20 世纪 90 年代,美国一些最为发达的地区的郊区发展得十分成熟,在主要城市核心的外围地区获得了独立发展,这些地区不属于任何大都市地区。这种多中心地带的增长具有特殊而独立的模式,产生于县级行政管辖范围内,以完全城市化县(full urbanized county)的形式而出现[3]。例如,加利福尼亚州的奥伦治县,具有突出的城市性质,它向 100 多万的劳动力提供非农就业。完全城市化的县境内并没用任何大的城市,也不受大城市的影响,但却像城市一样为居民提供工作及住宅。

这种远离城市中心的城市化地带被视作是一种新的空间地带,具有城市特征及分散的形式。简而言之,郊区观念已经发生了质的变化,由早期"卧室社区"的概念转变为完全城市化且多中心的地带。从 1990 年的统计资料可

---

[1] J. John Pelen, *The Urban World*, Mc—Hill Book Company, 1987, p. 184.

[2] Claude S. Pischer, *Urban Experience*, San Diego, 1984, p. 239.

[3] Mark Gottdiener, *The New Urban Sociology*, Boston, 2000, p. 91.

见,城市化以这种新的方式在美国大都市地区边界之外的县推进,这对于拓展城市化空间意义深远,对完全城市化县的研究也具有重要的意义。在不破坏农村性质与环境的前提下,城市化跳出大都市地区边界而向农村扩散,在未来城市演进中这一新的现象值得关注。

7.1.2 郊区化的经济效益

早期的区域经济或城市经济理论普遍认为,城市聚集带来了巨大的经济效益,但城市的拥挤等问题降低了聚集经济效益,甚至会带来聚集的不经济;城市聚集空间的拓展及聚集条件的变化也会带来更大的聚集效益,郊区化顺应了这种聚集空间条件的变化。随着交通、通讯及信息技术等的发展,城市中心区的功能向外围地区分散,城市空间及城市化影响地区得以很大的扩大,而且也使经济发展空间极大地拓展。郊区化的核心内容之一是使制造业、服务业等从城市中心分散出去,改变了郊区乃至乡村地区的产业结构,使之成为新的制造业基地及服务中心。这一分散把城市化推进到极其辽阔的郊区及乡村地区,经济增长的中心也从城市转移到城市边界之外的郊区及非大都市区的县,极大地拓展了经济发展的空间。

工业化后期,大量的人口、工厂及机构向大城市聚集,城市问题日益加深,城市持续发展问题与矛盾日益突出。城市拥挤、房地产价格上涨等使城市核心地区的聚集成本增加,逐渐抵消了城市聚集效益,甚至还出现聚集的不经济。生产工艺的进步改变了工厂生产空间的需求,廉价而宽阔的郊区成为其新的最佳选址。高速公路及其网络的形成,为郊区及乡村土地使用性质的变化创造了条件。城市快车道从城市中心区向郊区放射,庞大的州际高速公路建成,乡村地区的公路体系形成,这些交通系统使郊区及乡村土地大幅度升值,沿高速公路附近的土地大幅度升值。美国人对土地的开发与使用限制很少,土地资源异常丰富,各地对开发性项目的竞争激烈,同时也为郊区及乡村地区的制造业发展提供了可能。

诸多因素引起城市制造业移往郊区乃至大都市邻近的农村地区,郊区辽阔的农业用地逐渐地转变为工业用地,郊区经济功能增加。第二次世界大战后的郊区化进程中,大量制造业从大城市中心区移往郊区,形成郊区新的制造业中心。在特定郊区及小城镇,政府及厂商有意识地让同类制造业聚集,形成了具有田园诗风味的工业园区。1960—1980 年,美国出现了 2000 多个郊区工业园区。[①] 郊区工业园区的大量涌入,也显现出郊区制造业集群化,产业集群的形成推动郊区制造业的迅速发展。到 20 世纪 80 年代,美国大都市郊区的制造业已明显超过中心城市。

郊区工业园区及产业集群大量出现,意味着美国制造业中心从城市移往大城市外围。制造业从城市中心区大量迁往郊区,郊区最终取代城市成为美国制造业及经济增长的中心,到 20 世纪 80 年代美国制造业就业重心已移到了郊区。1982 年,全国最大的大都市区的郊区制造业雇佣工人占 53.85%,而城市核心地区占 46.15%。[②] 而且郊区企业大多是大型工厂厂商,其产业也大多是高技术产业,郊区制造业已远远超过了城市。80 年代之后,美国城市制造业继续向郊区及小城镇分散,大城市中心区已经很难见到工厂。

与此同时,郊区服务业功能也获得很大的发展。制造业迁移到郊区后,增大了郊区的外向型经济,郊区制造业厂商通过产品的外销而获得大量的收入,巨额收入的流入,提升了郊区的经济功能,为服务于本地的非基础部门发展提供了巨大的动力,尤其是为服务业发展奠定了坚实的基础。基于此,城市中心区在制造业大规模迁入郊区之后,传统的服务功能也向郊区大规模转移。工厂和富裕人口移到郊区,城市核心地区失去了接近消费服务地点的优势。在此背景下,城市部分商业不得不向郊区分散。

从 20 世纪五六十年代起,美国郊区出现了巨大的商业区和购物中心,郊区的商业服务业以崭新的面貌出现,也标志着郊区服务业获得了实质性的发展,一改过去那种对城市商业中心的依赖。郊区新型的商业区和购物中心组成了郊区消费网络,网络还包括影院、餐厅、俱乐部、运动场等娱乐设施。进入七八十年代,郊区巨大的郊区中心(suburban shopping center)、郊区商业林荫道(suburban shopping mall)、超级商业林荫道(supermall)等相继出现。由于郊区零售业的增加,郊区零售业的份额逐渐增加,到 1978 年,郊区零售额超过整个社会的半数,远远超过城市中心或农村地区。

在城市商业外迁之时,城市其他服务业也被迫向外分散。制造业和商业

---

① J. John Pelen, *The Urban World*, Mc-Hill Book Company, 1987, p. 120.
② Croom Helm, *Suburbia*, London & Sydney, 1986, p. 31.

转移出去后,大城市为这些部门服务的事务所、大公司总部失去了城市众多的业务,寻求移往新有人口聚集区与工业地带。通讯与信息技术的发展,也为办公服务业在人口密度较低而地价低廉的地区选址奠定了基地。从 20 世纪 70 年代起,美国郊区开始进行办公大楼的巨额投资;到 80 年代,城市外围的办公室空间超过总数的 57%。郊区新出现的一幢幢办公大楼形成了办公园区和研究中心,成了美国高科技实验室和工厂的大本营。

郊区化的效益还表现在促进大城市核心地区的产业重组与升级。在城市分散与郊区化进程中,制造业和大量的传统服务业从城市核心地区迁移出去,迫使城市进行功能转变,进行产业重组与升级。第二次世界大战之后,美国城市制造业与传统服务业分散出去,城市经济空洞化现象日益突出,城市传统的生产中心的功能渐行渐远,城市当局不得不进行产业的转换与升级,逐渐使城市转变为知识为基础的城市(knowledge-based cities)。城市功能与产业的演进使城市出现了新的生机。这一产业调整中心是利用城市中心区传统的文化与智力的优势,逐渐从制造业中心变成智力中心,竭尽全力地发展以知识为基础的经济。城市中心功能的这一转变不仅发生在美国,而且也发生在其他发达国家。

知识为基础的经济的核心内容是知识资源(或智力资源)。知识资源覆盖了不同的领域,包括科学、技术、生产、分配、市场销售、金融、保险、教育、文化及国际事务等。从美国当代城市看,知识为基础的城市并不在于大,而在于开放性及对拥有智力资源的工人吸引力,这些城市拥有通往世界的智力资源,必须提供与世界竞争的生活质量。

第二次世界大战后,城市制造业分散到外围地区之后,城市传统的优势已经失去,为了适应新的变化,保持城市的竞争力,美国一些城市制定了基于新的优势之上的政策。这一政策的核心内容是大城市拥有十分丰富的文化与智力资源。大城市一直是社会文化的中心,聚集了区域乃至国家重要的大学及科研机构,可向外围郊区的高技术产业提供重要的智力服务。为了适应现代科学技术的发展,城市当局把策略重点转向知识密集型的产业培育上,也就是以知识为基础的高技术产业和服务业。在这一转变过程中,中心城市的基本作用逐渐演变为生产和分配知识,成为经营管理与技术中心,其主要经济功能是管理和经营技术。

从工业革命起,智力资源对经济的发展渐次加深。工业化时期,智力资源通过制造业发展的影响而影响经济,这一时期的两次产业革命都是在科学技术取得突破而实现的,城市的智力资源推动了城市制造业的发展。第二次世界大战后,智力资源越出了制造业的范围,在服务部门中广泛存在,而且越来越重要。位于城市及近郊地区的行政管理部门、技术部门、商业、高技术产业、文化及科研机构的知识含量日益增长,这些知识密集型的机构逐渐形成了独立的经济力量。在城市传统制造业衰退之时,这一新的经济力量却稳步地发展起来,促使知识为基础的经济的持续发展,并给城市复兴与发展提供了新的坚实的基础。

第二次世界大战后,美国传统的工业城市将重点逐渐转向新兴的高技术产业。美国的新英格兰地区的波士顿是这一地区的最重要的城市,原纺织工业十分发达,战后,大量工厂移往原料产地的南方地区及国外,波士顿失去了纺织工业中心的地位。波士顿也是美国传统的文化中心之一,有着极其丰富人力资源,尤其是拥有麻省理工学院等世界著名的大学,汇集了不少世界一流的理工学者。波士顿重新制定自己的发展战略,转向知识密集型产业。波士顿的研发机构、大学等向周边的新兴高技术产业的厂商提供智力资源服务,使波士顿的微电子等高科技产业发展迅速,位于波士顿附近的 128 号公路走廊因此成为世界第二大电子工业中心。类似的产业重组也发生在纽约、费城等大城市。

基于产业结构的变化,第二次世界大战后美国等发达国家大城市高技术产业及以知识为基础的服务业获得了快速发展,由此推动城市知识为基础的经济的崛起,城市也因此实现了功能结构的转变。大城市由过去的制造业中心向智力中心演进,由生产、出售工业品转移到生产、出售知识与技能,从而推动产业的转换与升级。城市产业重组及知识经济的发展,为郊区及小城镇的制造业发展带来了新的机遇,同时也有利于大城市经济的持续发展。

大城市产业的重组也使中心城市仍然在整个大都市区保持一定的控制能力。尤其是国际性大都市,影响仍然是巨大的。例如,20 世纪 80 年代以后,纽约市经济优势地位仍然在很大程度上得以保持,城市核心地带曼哈顿地区仍然拥有了大量的大公司总部。纽约市在全美乃至世界金融服务、国际贸易、保险等部门的巨大影响仍然继续存在。①

7.1.3　郊区化的社会效益

美国郊区化在带来巨大的经济效益的同时,也带来了相当大的社会效益。20 世纪前的工业化时期,人口、工厂聚集在城市中心地区,城市拥挤不堪,污染严重,困扰着城市的发展及城市政府。第二次世界大战后,人口、工厂、商店及机构等从城市中心区分散出去,城市密度因此大幅度降低美国城市的拥挤、污染等问题大减轻,大城市病也大为减轻,有利于整个大都市区的协调发展。

19 世纪晚期,工业化的大规模推进,美国城市密度逐渐增加。随着工厂大规模在城市选址,移民及农村人口也向城市蜂拥而入,美国城市密度也因此达到顶点。在东北工业带,纽约市仅在 1906—1907 年间新开工厂达 3060 家。② 而同一时期,纽约市区人口突破了 300 万。这一时期城市缺少分区规划,工厂与住宅和商店混杂在一起,使城市显得十分拥挤。19 世纪 90 年代,美国大城市人口密度接近历史的高点。城市中心区人口每平方英里达到几万、十几万,而纽约市东边人口密度甚至高达每平方英里 50 万。③

城市密度的增加带来了日益严重的城市病,引起了社会各阶层强烈的不满,尤其是引起了社会改良主义者的抨击,从而带来了人们对环境改善的期望。20 世纪初,霍华德提出了花园城市的构想,希望在城市的远郊建立新城来分散城市超密人口及工厂,通过花园城市来改善城市的环境。这一时期,美国人积极地推动城市美化运动,试图建立公园城市和花园城市,试图以此改善城市环境。美国一些地方政府则开始采取了分区制对城市功能进行分散,希望借此抑制城市日益恶化的环境。城市分区规划很快在全美城市推广。

第二次世界大战后的郊区化带来功能与人口的分散,与早期改良主义的思想不谋而合。郊区化有力地遏制人口密度的增加,为城市环境的改善提供了条件。第二次世界大战后,美国数以千万计的人口从城市中心区向外迁移,导致中心城市人口停止增长,一些大城市甚至出现了人口的负增长。在东部

---

① Robert A. Beauregard, *Atop the Urban Hierachay*, New Jersey, 1989, p. 77.

② Peter D. Salins, *New York Unbound*, Manhattan Institute, 1988, p. 31.

③ Kenneth Fox, *Metropolitan America*, University Press of Mississippi, 1986, p. 38.

传统的工业大城市,人口增长的停止及负增长表现得异常突出。1970—1974年期间,离开大城市的人口比进入城市的人口多出170多万。纽约市减少了50万人,芝加哥也减少了25万。① 进入20世纪80年代之后,大城市人口仍然继续向郊区及小城镇分散。

城市人口的大幅度减少,导致城市人口密度较大幅度地降低。第二次世界大战后,城市人口、工厂大规模地迁出大城市,在包括郊区在内的整个大都市区重新分布。这一分散使城市人口呈较低的密度状态。以纽约大都市区为例,1922年人口密度为每平方英里2343人,1965年大量的城市人口向边缘地区及郊区分散,大都市区面积扩大,大都市区人口密度下降到1381人。② 在西部与南部阳光地带,大都市区更为分散、人口密度更低,难以找到人口稠密的城市中心区。在今日发展中国家,大城市仍然为高密度人口所带来的一系列问题所困扰。

城市密度的降低使城市病趋于弱化,城市环境质量提高。工厂大规模迁出后,城市中心地区最大污染源消除。工业化时期,美国城市上空因工厂烟囱排放煤烟而雾气沉沉,河流污染十分严重。政府出台了一系列治理污染的政策,如征收污染税、奖励排污减少的企业,但是生产带来的收益远大于征收的污染税,效果十分有限。第二次世界大战后,制造业厂商持续外迁,尤其是石化、初级金属冶炼等重化产业外迁,城市环境得以很大改善。工厂大规模迁出后,还城市一片蓝天,城市空气得以净化。到了夜晚,城市上空月光清澈,星光闪烁。工业化时期的匹兹堡是典型的钢铁城市,四周无数的烟囱排出的滚滚浓烟,城市雾茫茫的一片,素有"烟城"之称。第二次世界大战后,匹兹堡钢铁工厂分散出去之后,天空重现蓝天。类似的情况也发生在东北部与中西部其他大城市,大气质量明显提高。

重化企业从城市人口稠密地区分散出去后,还有利于城市水源的保护。工业化后,水污染造成了不少城市饮用水供应困难,如今这一问题困扰着发展中国家的大城市。美国中西部是美国重化工业中心,工业化时期这一区域内的工厂把污水及废物直接排入俄亥俄河流域,使俄亥俄河成为一条臭气弥漫

---

① Robert A. Wilson & David A. Schulz, *Urban Sociology*, New Jersey, 1978, p. 205.

② Ivan Light, *City in World Perspective*, New York, 1983, p. 201.

的黑色河流。第二次世界大战后,俄亥俄河流域人口及工厂向广阔的郊区及小城镇分散,切断了流域污染源泉,俄亥俄河又恢复成为一条清澈透明的河。生态环境的改善使沿岸城市恢复昔日的生机,为流域城市的产业转换提供了有利的人文景观及有竞争力的环境,促进了城市旅游服务业的发展。

城市化分散还有利于减轻城市交通的压力,尤其是在大都市的中心地区。工厂大规模向郊区迁移,减少了中心城市道路的压力。大都市区多中心布局形成,郊区次级中心功能综合化,郊区具有居住、就业、购物等多重功能,其居民与城市的联系日益松弛,大城市中心区交通压力大幅度减轻。同时大都市区多中心的布局形成,郊区次级中心产业专业化,郊区次级中心间水平联系增加,也减轻了对城市中心的经济依赖。对饱受交通拥挤蹂躏的城市,交通压力的减少的意义十分重要。

大城市的分散有利于厂商减少土地租金等费用,提高厂商的对外竞争力。工业化时期,人口及各种机构向城市聚集,城市土地价格大幅度上涨,从而引起厂商土地租金及生产成本上涨。今日发展中国家大城市因功能集中而土地价格持续上涨,增加了厂商的生产成本。尤其是第二次世界大战后生产的流水作业在工厂中普及,流水作业则需要宽阔的水平作业空间,大幅度增加厂商对土地的需求,提高了土地租金的成本,也增加了厂商生产成本。美国郊区化过程中,厂商及人口大量向外迁移,有利于厂商生产成本的降低。不仅如此,厂商外迁也降低了大城市中心区的土地压力,遏制土地价格继续上涨的趋势,从而减缓了城市中心区其他企业土地费用的增加。

城市分散减轻了城市居民住房的压力,为城市厂商提供廉价的劳动力。大量廉价劳动力的存在是厂商生存与发展的重要条件,也是厂商选址的重要原因。城市与区域制造业的存在与发展,需要大量的廉价劳动力。房地产价格持续上涨,增加了居民的生产费用,必然使劳动力的再生产成本增加,从而增加了厂商的用工,迫使厂商继续向外迁移。城市分散、郊区化减轻了居民住房用地的压力,抑制了房地产价格的继续上涨,从而减缓城市企业继续向外迁移的压力,对城市的复兴与发展有着重要的意义。

城市分散降低了城市密度,也有利于城市环境的改善及生态城市的建立。19 世纪晚期的工业化起,大量的人口涌入美国大城市中心及其附近,房荒导致住房拥挤及贫民窟的蔓延。城市贫民窟有碍于城市景观,也恶化了城市环境,城市当局欲除之而后快。第二次世界大战后,城市人口的大量外迁,城市住房趋于宽松。城市人口及工厂等的大规模外迁,也为城市更新与再发展创造有利的条件。

基于这一背景,20 世纪 60 年代起,美国进行了大规模的城市重建与更新运动。由于人口大规模外迁、城区不少住宅衰败而导致房地产大幅度贬值,城市当局以很低的价格成片地购置衰退地区的房地产进行撤除,交房屋开发公司进行再开发。城市当局以较低的成本在衰败地区进行规模巨大的城市更新,大规模的城市更新给城市带来一线生机。成片成片的衰败地区被夷为平地,经过美化后代之而起的是耸立的高层建筑群、宽阔而笔直的林荫大道、绚丽多彩的街心花园。进入 20 世纪七八十年代,美国城市吸引力有所增强,重建后的街区房地产有所升值,吸引富裕人口返回城市,城市学家把这一现象称为"再城市化"。

美国郊区化的社会效益还表现在新型的郊区邻里的形成,体现霍华德"公园城市"的思想。郊区空气清新,基础设施健全,富裕人口向郊区邻里汇集,郊区就与上层和中层的乡间别墅联系在一起,成为富人聚集区。[①] 郊区居住成了一种地位的象征,居民拥有自己的独户住宅、开着私家车。良好的生活环境吸引更多的富裕人口向郊区迁移,郊区富裕人口聚居区不断扩张。郊区新型的邻里带来了高质量的郊区生活。郊区化使中产阶级价值观念实现,抑制了城市非法的娱乐,有益于儿童的健康成长。郊区空气清闲、环境幽静。郊区化使郊区文化生活向城市看齐,郊区人也同城市人一样享受丰富多彩的文化生活。

郊区化使城乡生活趋同、城乡社会一体化得以实现。工业革命以来,城乡差距逐渐拉大,富裕的城市与贫困的乡村长期并存,形成所谓的城乡二元结构,美国工业化时期也不例外,而今日发展中国家异常突出,引起了社会的长期动荡。美国城市向郊区及广大农村地区的分散,使城乡间界限消失。在美国城市发达的地区,城市与郊区及城市乡村间的明显界限已经消失,就是南方这类相对落后的地区,城乡差别已经很小。美国大城市的郊区居民收入甚至

---

① Richard Harris and Peter J. Larkham, *Changing Suburs*, Taylor & Ffancis Group, 1999, pp. 5 - 7.

高于中心城市,非大都市区小城镇居民收入增加迅速。而且郊区及非大都市区居民收入的增加,为郊区及农村居民享受城市文化生活奠定了基础。

7.2　欧盟、日本城市化的效益

7.2.1　城市分散与大城市中心繁荣的维持

欧盟及日本的城市化模式突出的效益是,城市化在适度分散之时保持了大城市中心的繁荣,在相当程度是继续保持经济发展中心的地位。美国郊区化则是牺牲中心城市的繁荣而发展郊区及农村地区,在城市分散过程中,最突出的是城市经济空洞化而带来城市衰退及城市衰败,区域经济增长的中心从大城市移向了郊区,而欧盟、日本的大城市情况与此有很大的差异。第二次世界大战后,尽管城市分散成了发达国家的一种城市化潮流,分散型的城市化不可避免地对中心城市造成不同程度的冲击,但欧盟国家及日本的公共政策却尽可能地维持中心城市的繁荣,尤其是大城市的繁荣,以此维持大城市经济中心的角色。

在第二次世界大战后的郊区化进程中,欧盟各国政府十分重视保持大城市核心地区的繁荣。在制造业向大城市外围地区分散之时,城市经济的空洞化则是很难避免的,这种现象不仅发生在发达国家,也发生发展中国家。随着经济的空洞化,制造业外迁、富裕的人口外移、税基缩小,进而引起服务业外迁及城市经济的衰退与衰败。如果要避免中心城市衰退,需要继续保持城市中心的商业等服务业的繁荣,继续保持城市中心的人气与吸引力。总体而言,欧盟各国政府的政策有利于维系中心城市的服务业发展及保持城市化的吸引力,从而继续保持了中心城市的繁荣。

欧盟各国政府对高速公路投资十分谨慎,限制城市无止境地分散与蔓延,确保城市中心的繁荣。高速公路是分散型的交通工具,网络状的高速公路会造成城市无止境地分散与蔓延,无限制地分散了城市的经济功能,会造成城市中心在整个大都市区的弱势,也不利于中心城市的发展。在道路交通选择上,欧盟各国注重原有的轨道交通的使用,大规模地进行轨道交通的建设。欧盟轨道交通包括城际间的快速铁路、城市与郊区城镇间的重轨与轻轨、城市有轨电车等。高速公路网促进人口、厂商沿公路广阔的空间分散,与之相反,轨道交通是大众公共交通工具,有利于人口及厂商向特定空间聚集。

在城市道路交通选择上,欧盟国家也选择载客量大的大中型公交车,对私人小汽车进行限制,政策涉及三个方面。1. 征收燃油税补贴公共交通。美国人征收燃油税用于道路建设,结果刺激了私人小汽车的发展。欧盟国家征收高额的燃油税,导致其油价接近美国的两倍。油价高企,抑制了小汽车的需求。政府燃油直接用于公共交通补贴,提高公交服务质量,降低了票价,增加了公交车的需求。欧盟城市更依赖公交车出行。2. 实行公交车优先权,限制小汽车道路行驶。保护城市中心传统建筑与文化,欧洲不少城市规划出大片步行街,禁止小汽车通行。在步行街附近,建立公交车站。城市还普遍实施公交优权,建立公交车专用道,提高交通车速度与服务质量。3. 收取小汽车拥堵费、提高城市停车费用。欧洲一些城市还收取小汽车拥堵费,增加了小汽车进城费用;城市还收取较高的停车费,不少城市在边缘地带建立大型的停车场,对停车者收取一定的费用。

上述交通政策给城市居民出行带来了很大的方便,有利于公共交通发展。对私家车的限制,极大地增加了私家车出行成本,抑制了对小汽车的需要。发达的公共交通从城市核心地区延伸到小城镇及辽阔的农村地区,提高了公交车的通达性,为居民出行提供了很大的方便。公共交通体系中,城际列车的服务尤为引人注目。发达而便捷的铁路交通连接各城市,并通往乡村小镇,通勤铁路给居民上下班提供了方便。发达的公共交通大大减少了居民对私人小汽车的依赖,加之小汽车出行成本提高,不少城市、小镇的居民也放弃了对小汽车的需求。公共交通导向的政策使大量人口更乐意于居住在城市,确保了城市的继续繁荣。

在开发模式方面,欧盟各国限制美国式的蔓延开发。欧盟国家的城市大多设立了城市边界,边界外围则是受法律保护的农业用地及开放空间组成的绿带,目的是阻止城市向外围无止境地蔓延而吞并城市的绿色屏障,确保近郊对城市新鲜蔬菜、水果、肉制品、乳制品等农产品的供应,同时也减少农产品的远距离运输。在人口稠密的城市的外围,各国中央及地方政府精心设计了一系列的政策,尽可能地长期保护其农业用地,下级政府则认真贯彻其严格控制土地的政策,并实施一定的奖惩措施。

欧盟地方政府也制定一系列的政策措施,确保城市紧凑型开发。政府的土地保护政策对新发展所需土地进行严格限制,房地产商及企业开发优先在已定居地区内作为"内部填充"。① 这种开发模式使城市、城镇土地得以密集性使用,有效阻碍对外围农业用地及开放空间的破坏。在未发展地区进行新的用地规划时,政府则严格地实施组团式开发政策,以稠密的住宅区、工业园区、办公园区形式出现,不允许美国类似的独户住宅、工厂低密度分散在广阔的农田上。政府政策导向有利于产业集群式的发展,也有利于城市的繁荣。

而且欧洲国家富裕的居民崇尚古雅,更乐意选择居住于具有悠久历史的城市,他们选择那些古色古香的住宅,这对于保持大城市中心区繁荣意义重大。欧盟的城市闹市区依然完整地保留着数百年前的城市风貌,古色古香,居住古老建筑则成了市民的一种身份特征,因而不少富人选择城市中心居住。富人对居住邻里情有独钟,这种观念有利于城市核心地区繁荣的保持。富人在城市核心地区的居住,有利于继续保持城市核心地区的繁荣。

政府政策与价值观念,影响到欧洲人的定居方式。欧盟国家的居民总体上向特定的地区聚集,向城市、郊区城镇及村庄聚集。即使是工业地带,多以产业集群出现,工业地带的社会或城镇具有混合功能,促进了人口的聚集。美国大量人口则是沿着高速公路分散在独户住宅,分散化现象十分突出。欧盟各国政府的政策有利于有活力的人口留居城市,继续推动城市的发展与繁荣。

基于这些因素,第二次世界大战后在美国城市出现衰退之时,欧盟城市的繁荣仍然保持下来。在这里,古老的商店、酒吧、旅馆、餐馆、戏院、影剧院等鳞次栉比,窗明几净。闹市区传统的功能世代相传,经久不衰,直至今天仍然完整地保持下来。白天人们去上班之后,这里就成了其他社会成员购物和消遣场所。城市及周边地区的没有上班的家庭主妇来古老的闹市中心购物与交流,许多退休的老年人聚集于咖啡馆一天的时光。夜晚,上班族则去酒吧、戏院及电影院驱除一整天的疲劳。与宁静的郊区相比,古老的闹市区极富生气。

到了周末和节假日,古老的闹市区更是热闹非凡。人们工作一周之后,大量涌入大城市闹市区,闹市区顿时喧闹起来。他们有的进入各类商场购物,有的进入酒吧、咖啡馆与朋友交流。这时民间艺人及马戏团也会来闹市区献艺,

---

① Anita A. Summers, *Urban Change in the United States and Western Europe*, Washington D. C., 1999, p. 19.

儿童在父母的陪同下也来寻找自己的娱乐。城市及周边地区居民的购物与消遣,给闹市区带来了大量的收入。

第二次世界大战后,日本大城市也处于快速发展与繁荣之中。与欧盟国家不同,日本是通过资源的配置来支持大城市的优先发展。第二次世界大战后,日本政府肩负起领导经济的责任,在相当长的时间内,政府将资源优先向大城市配置。战后,日本政府将大工程项目布局在大城市及其附近。大的工程项目不仅强有力地推动大城市经济发展,而且所提供的就业吸引了大量的劳动力。

日本政府还在大都市区建立了发达的交通网络,大城市的轨道交通高度发达。日本明治维新之后十分重视铁路的建设,日本修建了发达的铁路网络,覆盖了城市与乡村地区,在东京等大城市高度集中。城际铁路在日本城市与乡村间公共交通扮演极其重要的作用。大城市与周边地区也实现了铁路交通公交化,大量的人口居住在大城市及其附近。在发达的铁路交通等设施的支持下,日本工业也向大城市及其附近聚集。东京、大阪、名古屋、福冈四大城市圈所临海部分称为四大临海工业带。制造业的高度集中为战后日本大城市的长期发展与繁荣提供重要的经济支持。

第二次世界大战后,日本大城市发展迅速。在城市众多经济机会的吸引下,日本人口大规模地从农村地区直接向大城市迁移,而中小城市的人口也不断地向主要大城市集中,结果使大城市持续膨胀与人口迅速增长。经过第二次世界大战后人口的长期增长,东京已成为世界人口最多的城市之一。1985 年,日本全国 1.21 亿人口当中,东京及其周边县即所谓"东京圈"的人口为 3027 万,占全国总人口的 25%;大阪圈为 1658 万,占全国的 13.7%;名古屋圈为 1381 万,占 11.4%,三大城市圈的人口达到全国总人口的半数。第二次世界大战后至 20 世纪 90 年代初,大城市的扩大推动了日本经济的迅速发展。

7.2.2 欧盟小城市、小城镇经济富裕

欧盟各国政策在维持大城市繁荣之时,也确保其中小城市及小城镇发展与富裕,这是欧盟国家城市化模式十分突出的社会效益。城市作为一个系统不仅是区域大城市,也包括等级的中小城市及小城镇;整个城市体系的经济繁

荣,也确保包括乡村在内的整个区域乃至国家经济的繁荣。但在城市化进程中,各等级城市存在着利益矛盾:要么牺牲小城市、小城镇的利益而发展大城市;要么牺牲大城市而推动郊区的发展,进而推动小城市、小城镇的发展,结果大城市因制造业功能外迁而经济空洞化。欧盟的城市系统的发展中较为成功地解决了这一难题,在城市化处于分散之时,确保了大城市的繁荣,同时也使小城市、小城镇经济获得发展,并推动农村经济的发展,促进了城乡一体化的进程。

尽管第二次世界大战后欧盟国家一直小心翼翼地维持大城市的繁荣,但小城市、小城镇也顺应城市化演进的趋势稳步地发展起来。第二次世界大战后,发达国家城市化总的趋势是由聚集走向分散,郊区与农村的城市化向前推进,欧盟各国也不例外。第二次世界大战后,制造业也从欧盟各国的城市向郊区及小城镇迁移,这一迁移有利于郊区及小城镇经济功能的发展,小城市、小城镇因而获得大城市分散出来制造业而发展起来。

与美国很相似,今日欧盟国家的大城市已很少见到工厂,工厂大多分散了到大城市外围地区,有的传统工业甚至走向消失。在大城市的郊区及邻近的小城镇,新出现的工业园区或工业地带聚集了大量的制造业厂商。在英国,传统制造业已从伦敦等大城市中心区分散出去,向伦敦及剑桥之间的小城镇走廊分散。制造业的分散有利于走廊地带的小城镇发展,在英国伦敦、利物浦、伯明翰等工业化时期的大城市经济空洞化之时,一大批小城市、小城镇却获得较快的发展。

德国情况与英国的大体相似。鲁尔地区是德国老的工业中心,工业化时期,鲁尔地区城市因煤炭、钢铁、煤化工等产业的兴起而崛起,成为德国的制造业中心。第二次世界大战后,随着制造业外迁,鲁尔地区的城市空洞化现象表现得十分突出。德国大都市区的人口增长实际上是发生在城市边缘及外围地区的小城镇。[①] 在原联邦德国较为落后的南部地区,出现了慕尼黑至斯图加特发展走廊。与英国的 M4 号公路十分相似,也是一些高新技术的发展走廊。慕尼黑至斯图加特走廊地带一系列的小城市、小城镇的崛起,使之成为德国新

---

① Anita A. Summers, *Urban Change in the United States and Western Europe*, Washington D.C., 1999, p. 302.

的经济增长中心。类似的情况发生在尼德兰、法国,制造业厂商向外移植为小城市、小城镇发展提供了经济支撑。

欧盟国家的小城市、小城镇的基础设施建设也促进其发展。交通设施的发展决定了城市的发展及其模式,发达的道路系统推动市镇的发展,欧盟小城市与小城镇十分重视道路的建设。工业化时期,欧洲国家修建了发达的铁路网络,铁路线连接中心城市,并把触角深入到中小城市及小城镇,大城市与小城镇联系十分密切,而作为聚集型的交通设施,铁路也有利于周边人口、商业及工厂在小城镇火车站附近聚集。

第二次世界大战后,欧洲国家的交通政策更是让小城镇交通设施锦上添花。在确保轨道交通优先发展的前提下,欧盟国家也适度地发展公路系统。这些公路系统尽可能避免与原有铁路系统形成"切喉"竞争,两者形成互补的关系。公路网的触角还通往一些没有铁路线的小城镇及乡村,成为后者联系大中城市的纽带。发达的交通设施使小城市、小城镇物流、人流十分便利,对其发展的推动力巨大。小城市、小城镇道路则以蛛网式存在并与大中城市网联成一起,有利于市镇均衡布局,形成对周边农村辐射影响力。

地方政府也十分重视小城市、小城镇的景观规划与建设,具有特色景观对其发展有着重要的十分意义。这一内容包括两方面:即古典建筑的保护与新城的建设。欧盟国家十分重视城市传统建筑的保护,它们将传统的古典建筑作为其十分重要的文化遗产及经济资源。政府出台了一系列的政策,严格保护古典建筑的原有风貌,不允许现代建筑在传统市镇入驻。在古典建筑集中的市镇,新建筑物的规划与建设十分谨慎,必须与原来的传统建筑相匹配,不能对原有市镇特色形成冲击,以保护市镇原来的历史风貌。因而欧盟国家小城市、小城镇古典建筑群保存完好,古色古香的建筑群吸引着富裕人口的定居,形成对地方经济的拉动。富有特色古典建筑群,促进了小城市、小城镇旅游业的发展,带动了相关服务业的发展。

新城建设也是欧盟国家小城市、小城镇建设的重要部分。为了防止人口增加而对城市古典建筑群的破坏,欧盟国家在大城市边缘及外围地区规划了一些新城。与传统小城镇有所不同,新城房屋多以高层建筑群的形式出现,有自己的产业支撑,对吸纳城市迁移出来的人口及农村溢出的人口有着重要的作用,同时起了保护了城市传统建筑群的功能作用。

欧盟国家的城市化模式在这一点上很值得推崇,它在维持大城市繁荣之时,也确保小城市、小城镇发展。欧盟是以社会市场经济或福利市场经济为主体的国家,政府理念与价值观在其发展过程起了主导作用,兼顾效益与公平,使各区域间、城乡得以协调发展。但欧盟国家的城市化模式也不可避免地产生其他一些消极的影响。

7.2.3　土地与矿产资源的节约

欧盟国家及日本的城市化模式的选择与本身资源禀赋相适应,有其自身的合理性。欧盟国家、日本土地与矿产资源十分短缺,人口密度大,在发展过程中资源的压力巨大,一直困扰着它们的发展。基于资源的角度考虑,欧盟国家、日本不能复制美国那样的分散与蔓延的城市化模式,它们的城市化模式是建立在资源极度短缺条件下的,并以可持续发展为基准,其深层的发展不仅考虑当代,而且必须考虑到惠及后代子孙的长远利益。

与美国相比,欧盟国家人口稠密,土地资源稀缺,在其长期的城市化演变过程中对土地资源的节约与保护则成为十分重要的工作。由于土地资源的短缺,工业革命后长期进程中欧洲国家粮食不能自给,对经济发展及社会稳定的负面影响很大。第二次世界大战后,各国对农业十分重视,欧盟成立后,则力求农业自给,不愿继续依赖世界其他地区提供粮食。基于这一思想,欧盟国家都十分重视城市化进程中的农业用地的保护。

第二次世界大战后城市化向郊区化演进,虽可带来巨大的经济效益,但却以消耗大量土地资源为代价,欧盟国家难以承受土地大量消耗的代价。战后美国郊区化进程中,开发商钟情于蔓延式开发,大城市像滚雪球一样地沿地平线扩张,高速公路网穿过绿色原野,独户住宅以低密度状态侵蚀城市外围的绿色屏障,郊区的蔓延不断地吞噬大量的良田。如果欧盟国家的城市化采取同样的模式的话,欧盟农业用地很可能大面积消失,农民也将无地可耕,农业经济会迅速萎缩,欧盟各国农业自给的目标将会搁浅,同时也会打乱整个社会经济发展的进程。

欧盟国家对美国式的郊区蔓延及大都市区"跳蛙式"的发展的严格限制,实际上是其迫不得已的选择。在今日不少发展中国家,城市化的推进过程中大城市摊大饼似的沿地平线蔓延,城市硕大无朋,吞食大量的农田,使粮食本来就短缺的现象更加突出,导致政府不得不花费大量的宝贵外汇进口大量的粮食,也很难保证普通市民的食物供给。食物的短缺及外汇大量地消耗,遏制自身的经济发展。在欧盟国家城市化进程中,政府的策略通过保护农业用地来保护农业生产,同时也保护未来的生存与发展空间。因此,战后欧盟国家在农业方面获得了巨大的成功,第二次世界大战前长期依赖粮食进口的大陆,战后基本上实现了粮食自给的目标。

其次,欧洲也是石油、铁矿等矿产极度短缺的大陆。欧盟国家进入工业化最早,经过长期的开发之后矿产资源已接近枯竭,矿产资源短缺现象更为严重。进入第二次世界大战后的后工业化时代,欧盟国家已无力承受大量的自然资源消耗,而且没有大量廉价的矿产资源供给,城市化模式及居住方式的选择也变得十分谨慎。城市蔓延、郊区化是以汽车文化和高速公路为基础的,大量的人口每天往返于郊区居住地区与工作地点之间,势必增加对石油等矿产资源的需求,这对于石油等矿产资源极度短缺的欧盟来说,其负面影响是极其深刻的。

欧盟国家中,仅英国与挪威的北海油田有一定量的石油储藏,但储藏量有限,远不能满足于欧盟各国的需求。何况欧盟各国都有自身的利益,石油生产国的石油也不可能廉价提供给其他国家。它们中绝大多数没有石油等矿产资源,所需要的燃油依赖于从国外输入。石油等矿产品进口的增加,势必消耗大量宝贵的外汇储备,导致贸易赤字的增加,也会对欧盟国家未来繁荣与经济发展造成巨大的冲击。

第二次世界大战后,欧洲成了对自然资源最为敏感的大陆,在世界大宗商品市场上显得最为脆弱。1973 年的石油危机期间,石油价格短期内从每桶3.01 美元上涨到 11.651 美元,上涨了 2.87 倍,引发了战后西方最大的一次经济危机,给西欧沉重打击。此后,世界又发生了两次石油危机,至 2007 年石油价格达到了 147 美元的高价。石油价格的不断高涨,也迫使欧盟国家对城市化模式选择十分谨慎,全力遏制大城市无止境地分散与蔓延,从而遏制了美国蔓延式的开发及"跳蛙式"的发展。

战后欧盟国家坚持紧凑型城市的发展,全力保持城市闹市区的繁荣。在传统的城市政府坚持"填充式"的发展,大力扶持公共交通,目的是把大量的人口集中于城市中心区及其附近,防止新的发展项目占用大量耕地及开放空间,确保城市核心地区的繁荣。城市商业区的繁荣有助于保持城市的吸引力,在一定程度上抑制人口大规模地向外围地区分散。在城市外围地区,政府则严格规划,对新用地采取组团式的开发。欧盟国家的城市发展策略在一定程度上限制了对小汽车及高速公路的需求,从而把土地及燃油的消耗降低到能够承受的范围。这一资源节约型的策略减少了非农土地的占用,确保了长期的食物供给与粮食的安全,也减少了欧盟国家对石油等矿产资源的依赖,对欧盟国家的可持续性发展影响深远。

日本情况与欧盟的十分相似,土地狭窄、耕地极度匮乏,需要精心选择的城市化模式对土地资源进行保护。与欧盟相似,日本也制定了严格的耕地保护的法律,郊区蔓延及分散型住宅模式在日本也遭到严格禁止,对耕地及开放空间起到一定的保护作用。但与欧盟国家相比,农业耕地保护不尽如人意。尽管日本在明治维新后受西方影响较深,但日本毕竟是一个传统的东方国家,其政府思维及国民价值观则是东方的。

日本城市发展过程中土地投机气氛浓厚,这一点与欧盟国家及美国都有很大的差异,欧盟国家是禁止土地与房地产的投机的。一个投机气氛浓厚的国度或地区,民众十分注重不动产的升值,而土地用于房地产与商业开发,会使其价格十倍甚至百倍的增加,从而带动房地产价格的暴涨。日本拥有世界最高的房价,与其国民投机习气有着密切的关系。在日本,投机商不断突破政策禁区,不断地圈占农业用地,耕地流失较为严重,农业也因此成为日本最为脆弱的经济部门。今日发展中国家情况也很相似,土地、房地产投机盛行,也导致耕地的大量消失。我国也不例外,温州商人在上海、深圳掀起的炒房获得巨额暴利,在全国起强烈的示范效应,房地产的炒作移到前端对土地的炒作,使我国耕地大量消失,也造成了房价的持续高涨,一些地方的政策还起推波助澜的作用。

与欧盟国家相似,日本城市化模式也有利于矿产资源的节约,日本也是世界矿产资源节约程度最高的国家。尽管日本也出现郊区化的分散趋势,但日本坚持紧凑型市镇的发展方向。政府大力持续发展公共交通,提高公共交通服务质量,降低了人们对小汽车的依赖。日本把汽车产业作为十分重要的支柱产业,日本拥有世界最大的汽车制造商,但日本汽车大部分用于外销,与产业政策并不矛盾。日本拥有发达的公共交通,尤其是铁路交通在通勤运输上扮演十分重要的角色,大量城市居民依赖于轨道交通上下班。紧密性的城市及便利的公共交通,大大节约了石油及其他矿产的消耗。

7.3 俄罗斯、印度城市化模式选择的效益

7.3.1 苏联时期工业化的快速推进

相对于其他大国,俄罗斯、印度城市化的效益并不十分明显,但两国城市化模式选择在相当程度上也同其资源禀赋及经济发展水平相适应。尽管两国资源较欧盟国家及日本丰富,但其低下的经济发展水平压缩了城市化模式选择的空间。在城市化进程中,它们更为迫切的任务是把国家快速地推进到工业化社会,强有力地提升整体经济水平,但在一定程度上却忽视了经济与社会效益,快速的工业化却没有给人民带来相应的实惠。

俄罗斯的城市化与其经济发展目标紧密地联系在一起,在其发展各个阶段一定程度上推动了经济的发展。1917年苏维埃共和国成立时,制造业主要集中在俄罗斯的欧洲部分的大城市,该国城镇及亚洲部分的工厂十分罕见。与欧美国家相比,欧洲部分的制造业也显得相当落后,国家工业化总体处在相当低的水平。苏联与周边国家在意识形态上迥然不同,周边国家充满着敌意。在这种特殊的国情下,苏联首要任务是大规模推进工业化进程。

苏联成立后,面临一个复杂而又充满危险的外部环境,西部地区的压力尤为突出,影响到苏联的工业布局。苏联有限的工厂集中西部大城市,如莫斯科、列宁格勒等大城市,西部地区又临近充满敌意的西方世界,易于遭到战争对攻击。在东部地区,自然资源十分丰富,具有发展重化工业的良好条件。苏联政府将新兴制造业基地布局在内陆腹地及东部地区,给未来战争留下一个巨大的回旋空间。

在这一背景下,苏联采取了从核心地区向内陆及边疆资源丰富地区分散的城市化,推动了内陆及东部边疆地区的工业化进程。在西部地区,苏联有意识地发展乌拉尔、外高加索等落后地区的工业,西部地区的制造业在核心地区的大城市之外获得较大的发展。伏尔加流域至外高加索地区及乌拉尔地区新的制造业基地。尤其是乌拉尔地区发展成为仅次于中央区、西北区的全国第三大工业区,也是极其重要的钢铁、重型机械等的重化工业基地。

在东部地区,政府加快了乌拉尔加山以东的西伯利亚及远东地区的开发,推动这一辽阔地区的工业化进程。尤其是在苏德战争爆发后,苏联政府将大量的制造业迁移到东部地区。辽阔的西伯利亚地区,1917 年之前还是一片不毛之地,但这一地区储藏着极其丰富的石油、煤炭等矿产资源。苏联成立后,政府对资源丰富的西伯利亚地区进行了大规模开发,西伯利亚地区的工业取得了长足的发展,石油、煤炭开采与石化工业发展十分迅速。此外还有黑色冶金、有色冶金等产业也获得实质性发展。

尽管苏联时期工业结构存在着突出的问题,但工业化的成就也是巨大的。苏联在相当短的时间内由一个落后的农业国发展成为较为强大的工业国,完成了由农业社会向工业社会的转变。强大的重化工业为苏德战争的胜利奠定了良好的基础,同时也为后来苏联与北约集团的抗衡提供了坚实的物质基础。苏联解体后,其工业遗产则成为俄罗斯国家工业的重要组成部分。

苏联解体后,俄罗斯经济转轨,工业化也在新市场经济的引导下发展。苏联时期的工业布局与结构仍有相当大的影响,原有的重化产业仍占主导地位,主要集中在能源、黑色冶金、化学和石油化工、机器制造等,建筑材料、轻工、食品、微生物等也获得较快的发展。俄罗斯产业结构不合理状况在一定程度上得以改变,对于提升城市化质量有着重要的意义。

7.3.2 俄罗斯城市化向辽阔的地区扩散

在苏联的社会经济背景下,以处女地带开发为导向的城市化模式使工业化向辽阔地区分散,在工业化水平提升之时也使城市化向极其广阔的空间分散。这一模式将城市发展及城市化向辽阔内陆与边疆地区推进,形成分散式的集中,在广袤无垠的土地上形成一个个的定居点,定居点成长为城镇或城市。对于拥有大量未开发的土地的苏联人来说,利益也是巨大的。苏联地域异常辽阔,尤其是东部边疆地区还处于未开发的境地,通过推动广大腹地及边疆地区的工业化进程,进而带动辽阔地区的城市和城镇的发展,使城市化由俄罗斯的中央区向辽阔的边远地区扩散。

1917 年之前,俄罗斯城市布局仍有很大的局限性,对整个国家的带动力仍很弱。这一时期国家的城市主要集中在其欧洲部分,内陆的伏尔加河流域至外高加索、乌拉尔等地区的城市、城镇稀少,而越过乌拉尔山脉进入西伯利亚、进入远东的边疆地区则大多是不毛之地。俄罗斯辽阔的地区市镇的稀少,劳动力十分匮乏,对落后地区开发与发展十分不利。在广袤无垠的原野上,居民定居点及市镇的发展就显得十分重要。

为了推进内陆地区的工业化,苏联政府也将市镇发展联系起来。中央政府将核心地区的人口大规模地向东迁移,推动了辽阔地区的城市发展及城市化的进程。随着工业化由中心向边缘地区的推进,俄罗斯内陆腹地及边疆地区市镇获得了长足发展。在莫斯科西南部的伏尔加河流域出现了较为密集的城市群,一直延伸到外高加索地区。乌拉尔新兴工业区也出现了较稠密的城市与城镇,改变了这一地区的乡村的格局。

大铁路线贯穿西伯利亚及远东地区,强有力地推动这一辽阔地区的城市发展。横贯西伯利亚至远东地区的铁路沿线出现了一系列节点,形成一个个的城镇;随着时间的推移,一些区位优越的城镇成长为重要的城市,如新西伯利亚、伊尔库茨克、赤塔、符拉迪沃斯托克等城市。市镇的发展提升了西伯利亚及远东地区辽阔地区的人气,改变了荒凉的不毛之地状况,实现了城市化与工业化的互动,加快了内陆、边疆地区的工业化进程。

苏联时期的城市化模式主要侧重于中小城市及小城镇的发展。这一时期,城市、城镇发展在边缘地区及边远地区最为突出,这些新兴的工业地区出现了众多的市镇。与西部地区城市相比,新兴地区的城市大多是中小城市或小城镇。众多的中小城市、小城镇推动了边缘地区的城市化进程,改善了这些地区定居条件,加快了辽阔的内陆与边疆地区的经济发展。

尽管社会经济发展水平不能提供城市化分散所需要的物质基础,但苏联特殊的国情与地理环境需要城市空间的分散,并在特定的历史时期进入了城市化的分散阶段。分散的城市化政策有力地推动苏联城市化的进程,将城市化从苏联中央区向辽阔的边缘及边远的边疆地区的扩散。随着边缘及边远地区的城市和城镇的发展,苏联时期的城市化水平出现了较大幅度的提升。十月革命以后,苏联的城市化进程十分迅速。1917 年,苏联的城市化率为18%,1985 年上升到65%,其中俄罗斯联邦的高达73%,与发达国家城市化水平接近,①但城市化质量仍有很大的差距。

---

① 纪晓岚:《苏联城市化历史过程分析与评价》,《东欧中亚研究》2002 年 3 月,第62—63 页。

7.3.3　印度城市现代工业体系的建立

就其十分落后的经济水平而言,印度城市化模式也带来一定的社会经济效益。作为一个十分贫困的发展中大国,独立后的印度所面临的发展问题与上述国家具有很大的差异。发达国家城市化带来的问题是富国的问题、富人的问题,富国问题重心在于发展质量与可持续发展,富人问题的重心则是环境与资源分配。印度的问题则是穷国与穷人的问题,面对众多饥肠辘辘人口,其优先发展的任务与目标具有很大的不同,温饱的解决则成为政府政策的首选。独立后,印度最迫切的任务是发展经济,加速推进国家工业化进程,印度获得了一定的成功。

独立后,印度经济十分落后,建设资金和资源匮乏,集中有限的资金及资源发展现代工业体系是其迫不得已的选择,发展的重点自然落在区位条件优越的沿海殖民地大城市。印度大城市带动战略有其合理性,与这一时期盛行的增长极理论一致。根据增长极理论,经济落后的国家或区域优先发展关键性的大城市,形成增长极,有利于带动周边地区的发展及强化对外竞争。

在经济发展初期,集中有限的资金和资源优先发展关键性的大城市,有利于获得最大经济的效益。聚集不仅产生规模经济效益,形成经济实力,而且可以吸引厂商投资,产生大量的创新活动,增强对周边地区的磁场辐射效应,而且也增大国家及城市经济的对外竞争力。基于此,发展中国家中普遍采取了这一城市化发展模式。

从这一目标看,印度工业化与城市化模式获得了一定的成功。印度的资源不足以推动众多市镇的发展,有限的财力也承担不起众多城市的基础设施建设,政府实施了少数大城市重点发展策略,将有限的资源集中于少数大城市,优先启动起工业化,促进其现代工业的发展。政府的资金大量用于大城市的基础设施建设,建立了较为发达的道路系统。20世纪90年代前,印度拥有亚洲最大的铁路网,而铁路是工业化时代的交通工具,有利于城市的聚集,尤其是有利于枢纽及终端大城市的发展。良好的基础设施使大城市的区位优势更加突出。如前所述,印度铁路布局是典型的殖民地布局,铁路线由港口大城市向内陆腹地放射,港口大城市周边铁路稠密,而内陆地区铁路稀疏。印度整个公路系统较为落后,内陆农村乃至小城市、小城镇道路等级不高。大城市发达的基础设施及良好的区位条件有利于制造业厂商向其邻近地区集中。

印度政府还将大量的工程项目布局在大城市及周边地区。在计划经济时代,印度政府仿效苏联的工业化政策,兴建了大量的国有工厂,这些工厂大多布局在大城市及其周围地区。大量的国有企业布局在大城市及邻近地区不仅为大城市带来大量的收入及经济机会,而且强有力地带动相关产业及服务业的发展。

大城市偏向的城市化政策及制造业的发展强有力地推动印度的工业化进程。独立后,印度大量工业继续向孟买、加尔各答等少数大城市集中,并在这些大城市建立门类较为齐全的工业体系,对于推动印度现代经济体系的形成与发展有着十分重要的影响。独立后,印度大部分工业品能够自给,许多工业品和技术还挤入国际市场。电器、机车、汽车、拖拉机等制造业基本上能够满足国内需求,船舶、棉麻纺织、钢铁、机械和电子等工业在国际上的影响日益增大。进入 21 世纪之后,印度经济发展速度加快,尤其是软件服务业获得了长足的发展,在今日世界占有一席之地。

综上所述,当代各大国城市化模式的选择是基于自身的资源禀赋、经济及社会发展水平等因素的,同时还与其城市发展水平存在着密切的关系。由于各大国社会经济发展的目标不尽相同,其选择的城市化模式对社会经济的效益也不尽相同。整体而言,城市化推动了各国的经济、社会发展,推动了工业化与现代化的进程,带来雄厚的物质基础,在不同程度上提高整个国家、整个民族的生活质量。因而不少西方学者将城市化与工业化称为现代社会的一对孪生子。

8 大国城市化进程中的负面影响比较

尽管各国城市化模式在推动了本国的经济与社会发展上有着重要的影响,但各国的城市化也不是尽善尽美的,也存在着诸多不和谐的地方,尤其是一些国家的负面影响巨大,对一国乃至人类社会的未来发展构成了严重的挑战。各国的城市化模式不同,其负面影响也不尽相同。尽管美国城市化强有力地推动经济的发展,但其负面影响也是巨大的,其城市化中的教训也是深刻的,这种模式在全球传播则表现为资源的不可持续性。欧盟国家、日本、俄罗斯、印度等国城市化模式也表现出各自的负面影响。各国城市化的负面影响,不尽相同,很值得后发展国家深思,也值得后发展国家根据其国情进行选择性的借鉴。

8.1 美国郊区化的负面影响及经济代价

8.1.1 中心城市经济空洞化

第二次世界大战后,美国城市化进入了大众郊区化时期,郊区化是以牺牲中心城市为代价的,对城市中心地区产生了巨大的冲击。在郊区化进程中,在城市功能向郊区分散之时,制造业、富裕人口及商业等传统服务业则从城市分散出去,最终导致大城市经济的空洞化。城市经济空洞化,城市税基严重萎缩,造成城市中心地区全面衰退,并对城市长期的发展产生消极的影响。第二次世界大战后,美国城市经济的空洞化表现在以下几个方面:

第一,制造业大量外迁,极大地降低了城市中心的发展动力。自工业化以来,制造业是经济发展的发动机,是城市发展的引擎。制造业发展是一国经济迅速发展的前提,也是城市经济发展的深厚基础。制造业能够带来产业结构效应,其发展及外销能为城市带来大量的收入,这些收入在本地消费的同时引起相关产业的连锁反应,促进本地非基础部门的发展。第二次世界大战后,制造业不断从美国大城市迁移出去,城市制造业急剧萎缩。图 8 - 1 是 1950—1983 年纽约市制造业岗位的变化。1950 年,制造业就业人员超过 100 万,1980 年则仅保留下 40 万。30 年间减少 60%。① 类似的情况也发生在欧盟的发达国家,在一些新兴的工业化国家也出现,但没有美国这样严重。制造业外迁对城市经济负面影响巨大,困扰着大城市当局。

第二,富裕人口大规模外迁,对城市经济产生消极的影响。大城市中心区环境质量下降及居住条件恶化,而郊区交通等基础设施改善及可达性增加,加之郊区环境优美,富裕的人口乐意选择大城市外围地区居住。从 20 世纪 50 年代起,美国中心城市人口持续减少,东部地区大城市人口减少最为突出。1950—1980 年,纽约市绝对人口减少最多,达 82.1 万,接近一个大城市的人口。圣路易斯人口减幅最大,达 47.1%,近半数的人口从城市迁移出去。② 虽然在 20 世纪 90 年代市中心稍有增长,但却不能扭转城市人口向郊区流动的趋势。从大城市迁移出去的人口一般是具有一定经济实力的人,他们能够支付通往郊区的昂贵的交通费及宽松住房费用,他们大多是城市中的上层及富裕的中产阶级。他们有雄心、富有企业开拓精神,他们的离开不仅使城市失去了城市发展活力,而且还带走了大量的资金,给城市带来一系列的负面影响。

第三,城市商业急剧萎缩。城市富裕人口是城市中极其重要的消费者,他们大规模外迁而导致城市商业顾客大幅度减少。尤其是在便利的交通支持下,郊区巨大的商业林荫道及商业中心不断浮现,猛烈地冲击城市中心的商业区,城市中心商业区黯然失色,生意日渐萧条,其商业份额在整个大都市区比重呈下降趋势。

第二次世界大战之后,美国城市商业中零售业减少十分突出,影响也是巨大的。从 20 世纪 50 年代起,美国大城市零售业持续减少。仅在 1963—1972 年,纽瓦克和克利夫兰等城市的零售业就减少了 30%。③ 因大量的人口外迁,大城市闹市区商店也失去了大量的顾客,导致零售业,商店纷纷关闭。工业化

① Mattei Dogan & John D. Karda,*The Metropolis Era*(2),California,1988,p.41.

② Mattei Dogan & John D. Karda,*The Metropolis Era*(2),California,1988,p.37.

③ Jon C. Teaford,*The Twentieth Century American City*,Baitimore & London,1986,p.142.

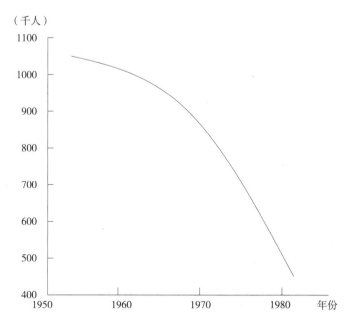

（千人）

图 8-1　纽约市制造业岗位变化（1950—1980 年）

资料来源:Mattei Dogan & John D. Karda,*The Metropolis Era*(2),California,1988,p.41。

时期,大城市出现了众多博物馆似的百货商店,第二次世界大战后这些百货商店纷纷关闭,沉重打击了大城市中心区的繁荣。

第四,制造业、人口及商业的大量外迁,影响到大城市实力象征的大公司总部的去留,而总部经济一直是大城市经济的重要部分。第二次世界大战后,随着制造业大量向外迁移,这些大公司所属的工厂具有分散性,很多分散到全国各地乃至于世界各地。[①] 大公司总部聚集于城市中心区的作用和影响下降,而且大公司总部还需要支持大城市高额的地租与重税,它们没有必要继续聚集于城市中心。在这种背景下,许多大公司总部选择外迁,这样可以减少大城市的高成本。

自 20 世纪 60 年代起,大公司总部开始从美国大城市撤离,20 世纪 70 年代趋于加速。1961 年,《财富》所列全球最大 500 家工业公司中有 151 家在纽

---

①　Mark Gottdiener & Ray Hutchison,*The New Urban Sociology*,Boston,2000,p.61.

约设立总部,1971 年减少到 79 家,1981 年更减少到 72 家。① 1965—1975 年期间,纽约市丧失了 100 多家大的有限公司总部。② 类似的情况也发生在芝加哥、费城和底特律等大城市。大公司总部撤离使城市地位大幅度下降。20世纪 80 年代中期,一些学者对纽约研究后认为纽约因大公司总部开始大量撤离而在全球乃至全美实力地位下降。③ 公司总部的撤离削弱了大城市总部经济的基础,从而引起了公司总部相联系的业务与经济的萎缩。

第五,制造业、人口及商业等的大量外迁,对在城市办公服务业维持与发展也构成消极的影响。工厂、商店及富裕的人口的大规模撤离,律师事务所、会计事务所等办公服务机构的业务急剧萎缩,在城市中心区生存受到极大的威胁。20 世纪 70 年代起,盐湖城、丹佛等城市的事务所纷纷关闭,它们随制造业、商业而向郊区迁移。城市事务所的关闭,意味着大城市经济的最后支柱受到侵蚀,大城市经济功能的损失难以挽回。

第六,上述城市功能的减少或丧失,导致大城市工作岗位的大幅度减少。虽然知识经济给城市注入了新的活力,也给城市增加了一些就业岗位,但由于制造业、传统服务业的大规模外迁,这些新的就业岗位远不能弥补城市就业岗位的损失,因而美国大城市工作总的岗位减少仍然是十分明显。第二次世界大战后,美国大城市工作岗位普遍减少,工作岗位的减少对城市经济的影响十分重要,剥夺了很多城市居民赖以谋生的手段。美国就业岗位的重心在大城市外围地区,而城市中心区失业严重。

作为经济发动机的制造业大规模外迁,加之富裕的中产阶级大量流失,在美国大城市经济中引起连锁反应。尽管第二次世界大战后美国城市金融、教育等知识为基础的服务业获得发展,但制造业及传统服务业的大量流失,极大地削弱了城市发展的基础,城市经济空洞化现象十分突出,困扰着大城市政府,引起了整个社会的关注。

8.1.2 大城市核心地区衰败与城市危机

在第二次世界大战后整个城市发展层面上,美国大城市经济空洞化的负

① Robert A. Beauregard, *Atop the Urban Hierachay*, New Jersey, 1989, p. 63.
② Alexander B. Callow, *American Urban History*, New York, 1978, p. 385.
③ Robert A. Beauregard, *Atop the Urban Hierachay*, New Jersey, 1989, p. 64.

面影响也集中表现出来。自工业化之后,制造业为主体的基础部门是城市赖以生存与发展的基础。根据西方城市经济学的理论,基础部门通过产品外销而获得大量的收入,用于城市新的投资及消费,从而推动城市非基础部门及服务业的发展,吸纳大量的人口就业。城市通过基础部门外销获得的收入,如同一个接一个的波浪推动城市的发展与繁荣。美国大城市制造业大幅度萎缩,城市税基大幅度缩小,开支却继续增加,而新增金融等服务业获得收入远不足以弥补制造业外迁带来的损失,城市发展趋于停止,最终其衰退及衰败在所难免。第二次世界大战后,美国大城市经历了长期衰退过程,许多城市衰败不振,其负面影响是极其深远的。

城市富裕人口大量外迁,严重恶化了大城市居住与生活环境。大城市高收入者大量外迁,中心城市住宅需求的减少,城市房地产投资回报率低,投资商把大量的资金从城市移出,进而影响到新建住房的供给及城市发展。第二次世界大战后,美国大量富裕的中产阶级从城市移往外围地区,同时房地产商将投资资金也移到外围地区,新建住房大多位于城市边缘及郊区,在城市外围出现大量的新建筑群。大城市中心区却缺乏投资资金的注入,城市政府投入城市建设的资金也很匮乏,结果破旧房屋大量集中,住宅更新十分缓慢。在城市发展过程中,城市旧房的撤除或维修与新房建设是同步进行的,城市房屋更新缓慢,新房过若干年就变成旧房,旧房继续使用,城市的衰败就难以避免。

在富裕人口郊区化进程中,城市房屋的向下淘汰也加速了大城市建筑的衰败。大城市经济空洞化,富裕人口外迁,房地产贬值,进一步刺激富裕人口外迁,房屋大规模向下淘汰。所谓房屋向下淘汰就是新住房是为城市上层和中间层修建的,过了若干年后,房屋质量降低,这些房屋就淘汰给新来的低收入者。第二次世界大战后,美国城市中产阶级大规模地向郊区流动,原有社区缺乏房地产商的投资与更新,原有的住宅就淘汰给城市新来的贫穷阶层。新来者大多经济拮据,难以对所继承的住宅进行更新,甚至连养护和维修也捉襟见肘。

美国地方政府的税收政策也对城市衰败起了推波助澜的作用。制造业、服务业及富裕人口大规模地向外流动,严重削弱了到城市税基。同时,城市开支却大幅度增加,迫使城市政府广开财源,尤其是增加对房地产等不动产的税收。第二次世界大战后,美国城市税收一般要高出郊区和其他地区50%。在这种情况下,美国大城市政府又不能像中央集权国家那样大量取之于国家或地方预算资助自己,城市财政困境状况难以改变。一些研究表明,由于城市税收增加、房地产因衰败而大幅度贬值,房地产所有者放弃年代久远的住宅在经济上就成为其最为合理的选择。[①] 这些因素加快了城市的衰败。

第二次世界大战后美国城市不少房主为了逃避城市日益增加的房地产税,放弃了住宅而移往郊区,致使成千上万幢大楼空空荡荡。20 世纪70 年代初,圣路易斯城区就有上万套住宅被放弃,约占该市房地产的4%,致使一些街区的80%—90%的大楼无人居住。[②] 纽约市一年放弃的住宅竟达四万套。放弃的住宅严重影响了市容,加速了大城市中心区的衰败。

第二次世界大战后,美国大城市一些街区的衰败现象触目惊心。纽约市的哈莱姆是一个典型的衰败区。20 世纪60 年代调查,哈莱姆住宅90%是30年前建筑的,几乎一半以上是1900 年前修建的。在所有住宅中,11%的失修倒坍,33%的破烂不堪。纽约市其他地区的衰败现象也很严重,布鲁克林、哈德森等地以往街区繁荣的痕迹都已经消失殆尽;在死气沉沉的工厂和住宅间,垃圾成堆,杂草丛生,遍地瓦砾。衰败地区破败建筑物相互影响导致城市衰败地区的蔓延,第二次世界大战后,美国城市衰败地区的蔓延引起了广泛的注意。

城市衰败地区的蔓延使原繁华的城市闹市区黯然无光。到20 世纪七八十年代,衰败导致美国许多城市的中心区失去了昔日的繁荣景象,门庭冷落。随着富裕人口的大规模外迁、商店和事务所的关闭,城市衰败地区扩张,城市商业区也冷落下来。尤其是在城市工作的人夜晚返回郊区后,许多城市的中心商业区变成了幽灵城。[③] 城市破败,抑制了城市中心功能作用的发挥,对中心城市的发展产生了极其不利的影响。

城市经济空洞化及城市衰败对城市所产生的冲击,最终引起了城市的危机。制造业、零售业及富裕人口大量向外迁移,城市经济的基础遭到严重削弱,城市税基迅速萎缩。与此同时,城市政府开支却大幅度攀升,尤其是20 世

---

① Edwin S. Mills & Brue W. Hamilton, *Urban Economic*, Illinois, 1989, p. 226.

② Jon C. Teaford, *The Twentieth Century American City*, Baitimore & London, 1993, p. 116.

③ Robert A. Beauregard, *Atop the Urban Hierachay*, New Jersey, 1989, p. 23.

纪六七十年代大规模的城市更新更是让城市负债累累,元气大伤,最终必然导致严重的城市危机。

20世纪六七十年代以后,美国大城市中心区发展进入一个恶性循环之中。这一系列的连锁反应源于城市经济的空洞化,其终结点则是城市财政危机及濒临破产。城市制造业、零售业及富裕人口大量迁出城市,城市所赖以生存与发展的基础遭到重创,城市繁荣遭到深重打击。更为严重的是,城市经济与社会运行机制也出了问题。

由于城市经济的空洞化,城市税基迅速缩小,对城市财政收入的负面影响是巨大的。以工作岗位外迁对城市的税基影响为例,1969—1976年间,纽约市制造业撤离而损失工业就业岗位54.2万,而每个工作岗位的损失使纽约市每年减少税收651—1035美元。[①] 以较高的计算,仅制造业工作岗位的减少,纽约市在1976年就损失税收5.61亿美元。何况工作岗位提供的税收仅是税基中很小的部分,城市还承受衰败所引起的诸如商店营业税、不动产税等税收的损失。

不动产税占美国城市诸种税收中的2/3,不动产税的减少对城市的负面影响更大。20世纪60年代,美国作者约瑟菲・S・克拉克研究发现,城市衰败猛烈地侵蚀着商业、工业设施及住宅等的不动产,造成留在城市中心区的不动产大幅度贬值。他观察到,城市衰败开始,服务业与工业随富裕人口一道撤离城市,与此同时,城市贫民窟加速扩散。[②] 城市贫民窟的蔓延又进一步使大城市房地产等不动产贬值。由于不动产受到侵蚀及大幅度贬值,城市税基遭到重创而迅速萎缩。

在税基萎缩之时,美国城市政府的公共开支却呈膨胀之势。第二次世界大战后,政府开支增加因素是多方面的,包括城市福利支出、公共设施维持费、政府部门的管理成本、城市更新费用等等。这些庞大的费用使城市财政负担日益增加。

第二次世界大战后,在美国大城市开支中福利支出的增加最为突出。20世纪初期,美国工业化推动了北方城市的繁荣,而南方地区仍然处在乡村的农

---

① Ivan Light, *City in World Perspective*, New York,1983,p. 422.

② Ray Ginger, *Modern American Cities*, Chicago,1969,p. 209.

村社会之中,贫困人口比重过大,北方城市与南方农村差距很大,城市示范效益强烈。工业化之后,南方地区农业也取得长足的发展,农村劳动力大量溢出,黑人青年失业率占有很大的比重。其次,大城市还存在大量的单亲家庭、老年人口等贫困的亚文化群。因此大城市贫困人口在其总人口中比重很大,贫困人口成了城市当局沉重的财政负担,政府不得不拿出巨款拯救穷人。1960 年,纽约市用于福利的开支仅 6700 万美元,1975 年增加到 9.11 亿美元,15 年间增加了 12.6 倍。[1]

第二次世界大战后,政府还对城市公共设施进行大量的补贴。大量的人口从城市迁移出去,城市公共设施的顾客骤然减少,缺乏原有的规模效益,有的公共设施甚至到了不能维持正常营运的地步。如第二次世界大战后大量富裕人口从城市撤离后,诸如地铁、公共汽车等城市公共交通设施的乘客大幅度减少,这些公司所收服务费不足以维持其正常的营业。为了维持城市公共设施正常的营运,城市政府不得不进行巨额的补助。美国城市公园、教堂等也大多是非营利性质的,其情况与城市公共交通设施很相似,文化的受益者是整个大都市居民,而其维持费用也落在城市政府身上。

第二次世界大战后,城市政府管理成本也呈上升之势。大城市治安环境的恶化大幅度增加了城市政府管理费用。大城市失业增加、贫困人口集中引起城市犯罪活动猖獗。第二次世界大战后,美国城市犯罪率呈上升趋势,城市犯罪率很高,而且城市越大则犯罪率越高。面对大城市犯罪活动的日益猖獗,城市政府被迫加强警察保护,相应的警察、法院、司法等部门的管理人员要增加,从而增加了城市政府管理成本。

税基的急剧萎缩及城市财政开支大幅度增加,导致许多城市财政入不敷出,赤字严重。1960—1975 年间,纽约市维持费增长了 260%,财政赤字十分严重。美国一些学者认为,财政巨额的赤字出现,迫使城市当局广开税源,政府只有加倍征税,才有可能平衡财政收支。[2] 到 1975 年,纽约市征收税收达 22 种,诸如通勤税、销售税、烟酒税、证券交易税等。[3] 即使征税范围有很大的

---

① Goldfield & Brownell, *Urban American*, Boston, 1990, p. 368.

② Ray Ginger, *Modern American Cities*, Chicago, 1969, p. 211.

③ Jon C. Teaford, *The Twentieth Century American City*, Baitimore & London, 1993, p. 143.

扩大,也难以解决城市财政的巨额赤字问题,而且无节制地扩大征税范围,必将使城市陷入灾难之中,纳税人也会"靠脚投票",加速从城市撤离。

从 20 世纪 60 年代起,美国各城市政府不断地发行债券、向银行举债,城市债务问题日益严重。1960 年纽约市短期债务为 4.67 亿美元,1974 年增加到 34.16 亿美元,1974 年底则达到 53 亿美元。① 1975 年初,纽约市整个财政实际上已经破产,银行拒绝接受纽约市的短期债券,城市因此陷入财政危机之中,地方政府不得不申请联邦政府的紧急援助。20 世纪 70 年代,美国不少大城市陷入财政危机之中。城市财政危机进而引发了其他危机,其中影响最大的是城市骚乱。20 世纪 70 年代年美国城市出现了一系列危机被城市史学家称为"城市危机"。

8.1.3 资源的浪费与生态环境的破坏

美国郊区化还造成资源的巨大浪费及自然景观的破坏,这是郊区化最突出的问题,也是学者们对郊区化持否定态度的最重要原因。资源浪费及自然景观的破坏,不利于城市及经济的可持续性,对未来社会经济的持续发展提出了难题,这是人多资源短缺的国家无法承受的。就是美国这样资源丰富的国家也感到问题的严重性,理论界与政府也试图采取措施抑制对资源的浪费及环境的破坏。美国对资源的巨大浪费加深了今日世界的资源与环境的危机,对未来世界的可持续发展构成严重威胁。

首先,美国郊区化所造成的资源浪费表现在经济资源的巨大浪费。经济资源浪费主要表现在公共设施的低效益。第二次世界大战后,美国公共设施效益总体低下。城市公共交通、公立学校、城市供水与排污等设施都出现了不同程度的低效益。随着郊区时代的到来,公共交通生存与发展出现了极其严重的问题。工业化时期,美国城市公共交通,尤其是轨道交通表现出极大的效益。这时的城市空间布局紧凑,人口密度大,街道狭窄,需要载客大的交通工具提供居民的出行。公共交通也具有高效、快速、廉价等特点,将大量的城市居民从居住地点运往工作地点。加之城市土地工作与居住混合使用,城市通勤距离短,城市居住与工作都十分方便。便利、廉价的公共交通帮助大量人口

---

① Jon C. Teaford, *The Twentieth Century American City*, Baitimore & London, 1993, p. 144.

移居城市,不断涌入城市的人口又增加了对公共交通的需求,刺激公共交通的进一步投资,公共交通表现出巨大的效益。

第二次世界大战后,人口大规模外迁使公共交通的乘客大幅度减少。城市中心人口大规模外迁,大都市蔓延呈低密度空间布局,对小汽车依赖增加,公共交通乘客大幅度减少。1950 年,美国城市公共汽车、铁路、有轨电车、地铁等公共交通工具的乘客达到顶峰,随后就持续减少。1950—1970 年的 20年间,公共交通乘客萎缩了 57.5%。①

公共交通乘客大幅度减少使其经营状况恶化,公共交通陷入恶性循环之中。乘客大幅度减少,公共交通效益大幅度下降,出现了亏损经营。为了维持公共交通的正常运转,城市财政不得不对公交进行巨额补贴。即使是这样,许多公交公司仍逃不脱破产的命运。20 世纪 30 年代,洛杉矶市公交十分发达,洛杉矶的太平洋电气铁路公司是世界最大的轨道交通系统,为 56 个城市的800 万乘客提供服务。这样庞大的公司也没有逃脱破产命运。②

城市的其他基础设施也表现出不同程度低效益。在工业化时期,城市人口迅速膨胀,推动了城市道路、供水和排污工程、供气供电工程、通讯等基础设施的发展。第二次世界大战后,随着人口大规模涌向郊区,人口聚集规模缩小,这些设施利用率显然降低,闲置现象十分严重。城市基础设施的低效益或闲置,造成城市资源的巨大浪费。

在教育设施方面,美国城市也出现巨大的浪费与低效益,主要表现在公立学校。工业化时期,城市公立学校培养了一整代美国人,并使移民逐步融入民族的主流文化之中。第二次世界大战后,大量的白人中产阶级从城市迁移出去后,公立学校生源大量减少,学校教学质量迅速下降。结果,城市公立学校江河日下,低教育质量更造成公立学校连维持都成了问题。

其次,美国郊区化对资源的浪费还表现在土地及矿产资源上。郊区化以大量消费土地与矿产资源为代价,这种浪费在其他国家郊区化进程中也不同程度上出现,但美国尤为突出,遭到理论界的普遍斥责。按人口比例,美国人消耗了远比其他国家更多的土地资源。土地的密集使用是城市经济的重要特

---

① Ivan Light, *City in World Perspective*, New York, 1983, p. 209.

② Ivan Light, *City in World Perspective*, New York, 1983, p. 210.

征,而郊区化的结果却与之相悖。大量的人口、工厂及机构聚集于城市中心及其附近,单位面积土地能够发挥最大的效用。郊区化则是以土地低密度使用为特征,人口、制造业及办公服务业等从城市中心区分散出来,在郊区及乡村原野上重新分散布局,占据了宽阔的土地空间,使原城市中心单位土地效用降低。更为严重的是,美国不少大都市区采取蔓延式开发,郊区向周边地区蔓延没有节制,缺乏必要的规划,导致土地更为惊人的浪费。蔓延开发模式让新的住宅在更为广阔的原野上分散,在城市外围地区,新住宅与旧建筑之间未开发的土地上则留下巨大的空间。① 这种空间布局造成土地效用极其低下,浪费十分严重。这些代价是其他国家承受不起的。

美国郊区化还导致石油等矿产资源的大量浪费。由于小汽车的广泛使用,美国在石油等矿产资源的消耗远大于其他国家。从国家的角度,美国人对石油资源的消耗高于欧盟国家四倍。② 据美国 20 世纪八九十年代资料,美国大都市人均石油消费量为欧洲大都市的四倍。③ 在阳光地带这类郊区蔓延地区,石油的消费量更是高于东北人口稠密地区。80 年代,南方的休斯敦人均消耗 567 加仑石油,人口相对稠密的纽约则仅消耗 335 加仑,人口高度稠密的曼哈顿仅消耗 90 加仑。④ 从这些资料中可见,分散与郊区化是以石油等矿产资源的大量消耗为条件的。同样,郊区化也引起美国社会对钢铁、橡胶及其他建材的巨大需求,造成美国人过高比例地消耗人类不可再生的自然资源,也对人类社会的可持续发展构成威胁。

美国郊区化进程中还对自然景观造成一定程度的破坏。城市摊大饼似的向周边地区蔓延,硕大无朋的大都市区使人十分压抑。郊区蔓延、跳蛙式的发展对自然景观的破坏令人触目惊心。近年来,旧金山的海湾及坦帕等地的原始森林被大量砍伐,湖泊、河流遭到严重污染,海滨地区因石油与污水发出阵阵的恶臭,并呈现出雾气沉沉。⑤ 郊区化蔓延吞噬了城市四周辽阔的原野,侵

---

① Anita A. Summers,*Urban Change in the United States and Western Eruope*,Washington D. C.,1999,p. 18.

② 彼得·霍尔等:《社会城市——埃比尼泽·霍华德的遗产》,第 130 页。

③ Dennis R. Jueld,*City Politics*,Harper Collins College Pulisher,1993,p. 240.

④ Dennis R. Jueld,*City Politics*,Harper Collins College Pulisher,1993,p. 241.

⑤ Mark Gottdiener,*The New Urban Sociology*,Boston,2000,p. 102.

蚀了美丽田园风光,自然景观破坏严重。城市通往郊区的快车道、州际高速公路切割了乡村原野的,打破郊区的宁静,郊区及乡村的旅游资源遭到一定程度的破坏。

8.2　欧盟、日本城市化对经济的负面影响

8.2.1　国内投资与国内市场需求相对不足

欧盟国家与日本的城市化问题也是突出的,但与美国的有很大的差异,前者的负面影响主要反映在市场空间上。它们的城市化选择是建立的资源的节约上,城市化不仅不能提供巨大的市场发展空间,反而抑制内部投资及消费需求。欧盟、日本战后郊区化发展不充分,影响到它们的投资水平。欧盟国家与日本对郊区及小城镇发展进行了限制,各国在大城市外围地区的投资十分谨慎。第二次世界大战后欧盟、日本没有经历美国那样规模巨大的公路与住宅的投资。投资的不足极大地抑制了消费需求,对工业市场的扩大产生了极其消极的影响。欧盟、日本内部市场需求的不足,长期困扰其经济发展,对外贸易依存度很高。尤其是进入20世纪末期后,世界贸易保护抬头背景下,两大经济实体发展趋于缓慢,甚至举步维艰。

与美国相比,欧盟国家公路投资规模黯然失色,公路等设施的投资被当代一些国家视作拉动经济的重要政策。第二次世界大战后,美国对郊区及乡村公路进行了巨额的投资,巨额的投资极大地带动美国的消费市场,强有力地推动美国经济的发展。相反,欧盟国家在交通设施方面更多的是维持原有的公共交通,如铁路、电车及地铁等,交通设施更新十分缓慢,公路交通发展受到很大限制,新型交通工具公路网络远不如美国发达。由于对郊区发展的限制,欧盟的郊区也没有产生相应的规模的巨大的供水、供电、排污工程的市场需求。

欧盟国家人均住房面积也远没有美国的大,新建住宅限制较多。相比之下,欧盟国家富人更乐意居住在城市中心区,城市中心区富人比重大。欧盟城市中心住宅向下淘汰没有美国那样普遍,不少富裕的人口仍然居住城市较旧的住宅里,从而限制了他们的居住面积。富人居住于城市,确保中心区的繁荣,城区房屋价值,新建住宅撤迁成本太高,从而限制了房地产开发,新建房屋大多位于城市边缘地带,新的开发又受到农业用地保护的限制。这些因素限

制了欧洲人居空间,也决定了欧洲人不能像美国那样占有巨大的居住空间。

郊区发展不充分,欧盟国家的汽车需求也受到很大抑制。欧盟国家私人汽车拥有量远低于美国,内部缺乏美国那样庞大的小汽车及卡车的消费群体。汽车消费的不足削弱了与之相关的石油、化工、橡胶、钢铁等工业的消费。由于汽车生产规模相对较小,欧盟制造厂商更为注重高档汽车的生产,汽车工业的大众化程度远不如美国,汽车工业对相关产业的带动也明显不足,而且其市场份额的很大一部分还在国外。

日本情况与欧盟国家十分相似。由于国土狭窄及资源的匮乏,日本选择了大城市重点发展的战略,对郊区及小城镇的开发力度不足,在其城市化进程中十分注重资源节约。与欧盟相比,日本人对公路、住宅的投资更为谨慎。日本小汽车的拥有量远不能与美国比,甚至还不能与欧盟相比。这些因素限制了国内投资,也限制国内市场的需要。与其他发达国家相比,日本市场显得更为狭窄,市场抗风险能力也最为脆弱。

8.2.2 对外贸易依存高及贸易摩擦频繁

由于内部市场相对狭窄,欧盟国家与日本严重依赖海外市场,尤其是国土资源十分狭窄的日本。战后,欧盟国家与日本经济经历了强劲的恢复性发展,但这在相当程度上是建立在对国外市场巨大的需求基础上的,美国军需订货市场及巨大的消费市场的影响尤为显著。由于经济发展极大地依赖国外市场,欧盟及日本对外贸易在其整个贸易中占有极其重要的地位。尤其是日本出口贸易拉动经济的作用十分明显,成为后发展的亚洲国家成功的典范,为亚洲国家普遍效仿。严重依赖出口而带来了巨大的对外贸易顺差,致使美欧、美日、日欧长期的贸易摩擦十分频繁。随着世界贸易保护主义抬头,世界经济也处于动荡之中。

欧盟国家的经济发展对国外市场一直具有很大的依赖性。第二次世界大战结束后,西欧国家遭到了严重破坏,发展资金极度短缺,美国出台了马歇尔计划,大规模对西欧国家进行援助。巨额的经济援助结束了资金短缺的状况,刺激了战后大规模重建与投资。随着战后经济的恢复,市场狭窄的西欧国家的市场问题十分突出。在这种背景下,欧共体成立,着手建立共同的统一市场。冷战时期长期的东西方对立产生了巨大军事需求,也有利于西欧经济持续发展。

由于内部市场相对狭窄,欧盟国家对外贸易在工业市场中占有很大的比重。欧盟十分重视成员国间贸易往来,内部一体化的市场形成对贸易巨大的市场保护屏障。不仅如此,欧盟成员国还将商品大量销往世界各地。欧盟国家大量的商品涌入美国市场,对美国工业品的本地市场产生很大的冲击,为此美欧之间贸易摩擦不断。

美欧之间贸易摩擦由来已久,而且领域十分广泛。20 世纪六七十年代,摩擦主要集中在汽车、钢铁等传统的工业部门,这些部门与郊区化所引起的巨大需求有着十分密切的关系。美国郊区化十分成熟,需求量大,市场容量大,成为国外商品倾销的首选地。欧盟国家郊区化发展不充分,限制本地市场的发展,企业产品销路受到很大的限制,迫切拓宽海外市场。对北美市场的倾销导致美欧激烈而频繁的贸易摩擦。近年来,美欧贸易摩擦在农产品上也日益激烈。针对美欧间的贸易摩擦,美国不时利用反倾销调查,通过征反倾销税等对欧盟进行制裁。

日本对海外市场的依赖性更是超过欧盟国家,日本对外贸易的摩擦更大。20 世纪 50 年代,日本经济遭到战争重创,国内贫困,市场需求不足。恰巧这时邻近的朝鲜战争爆发,美军的特需带来了巨大需求,强有力地刺激日本制造业的发展,同时也使日本经济迅速恢复。朝鲜战争及稍后的越南战争为日本经济恢复与发展提供巨大的市场,并在相当程度上刺激了战后日本经济起飞。

国内市场狭小,朝鲜战争之后,膨胀起来的日本制造业厂商将商品潮水般地销往世界各地。日本工业品大规模涌入发展中国家,到处挤压欧美各国传统的工业市场,日本与其他发达国家的贸易矛盾日益加深。同时,日本制造业厂商也将眼光盯住市场庞大美国市场及欧洲市场。从 20 世纪 60 年代起,日本商品开始大举进入美国与欧洲市场,其贸易额逐年增加。

日本选择了外向型的工业化政策,而且在对外贸易中多卖少买的原则,这与工业革命之前的重商主义没有什么区别。这一政策导致日本贸易顺差逐渐增加。以日美贸易为例,进入 20 世纪 60 年代中期之后,日美贸易总额出现了不平衡现象,其后逐年加大。1965 年,日本对美国贸易顺差为 5.9 亿美元,20 世纪 70 年代上升到几十亿美元,整个 20 世纪 90 年代基本上在 500 亿左右,进入 21 世纪之后则高达 800 亿。① 面对如此巨大的贸易逆差,美国人难以忍受,日美贸易摩擦也逐渐升级。

日本对美国巨额的贸易顺差,极大地冲击了美国的相关产业。从 20 世纪 60 年代起,日本廉价商品猛烈地冲击了美国的工业市场,如钢铁、纺织、汽车等工业品大举进入美国市场,加速了美国传统制造业的萎缩,造成大量的工人失业,最为突出的是美国汽车工业。第二次世界大战前,美国汽车工业在世界独占鳌头,汽车工业是美国支柱产业,汽车城底特律一片繁荣。战后,日本汽车大举进入美国市场,日本取代美国而成为世界最大汽车生产厂商,而底特律汽车工业逐渐萎缩,大量工业失业,城市失去了昔日的繁华。日本国内市场需求的不足,日本厂商将美国作为其商品的倾销地,迫使美国制造业厂商不断地向美国政府施压,美国政府对日贸易政策逐渐强硬,采取了强硬的制裁措施。

日本与欧盟间的贸易关系也是十分相似,日本与欧盟之间贸易摩擦不断。日本国内市场比欧盟的更为狭窄,日本更为迫切地开拓世界各地的市场,也包括欧盟国家的市场,日本倾其全力打开欧盟国家的市场大门。随着欧盟的扩大,日本逐渐扩大了欧盟市场份额。日本商品大举向欧盟国家倾销,给欧盟国家制造业带来了很大的负面影响。如日本汽车、家电等产品大量涌入欧盟及传统势力市场范围,对欧盟市场形成很大冲击。日本对欧盟贸易一直保持很高的顺差,日欧贸易摩擦也很大,迫使欧洲与美国一道对日贸易的态度日趋强硬。

8.2.3 日本农村发展滞后

日本城市化选择最大的负面影响则是农村发展滞后,农村居民相对贫困。日本似乎在走欧美早期工业化时期的路,城市的繁荣是以牺牲农村福利而实现的。繁荣的大城市将小城镇及广大农村的资源吸引过去,吸引了厂商大规模地向大城市迁移,给城市带来了众多的经济及就业机会,进而吸引农村富有活力的人口向大城市迁移。农村地区则因资源及富有活力人口流失而失去了经济活力,发展呆滞,居民贫困。第二次世界大战后日本农村也没有能够避免这一难题。

---

① 彭敬:《20 世纪 50 以来的日美贸易磨擦及其现实意义》,第 60 页。

如前所述,第二次世界大战后欧美国家已经成功地遏制了农村地区的衰退,并在相当程度上解决了农村的贫困问题。美国通过城市化向郊区及广大农村腹地的小城镇分散,强有力地推动农村地区的发展,进而使城乡一体化实现。19世纪末期,美国因城乡差距过多而引发了举国一致乡村反抗运动,随着农村的发展及城乡社会的趋同,如今这种运动已经销声匿迹。

城市化进程中,欧盟国家也成功地推动了农村地区的发展及富裕。欧盟国家大多选择了社会市场经济,北欧国家甚至选择了福利市场经济,尽管其在城市化进程努力保持大城市核心地区的繁荣,但各国在其发展过程中却始终确保社会的公正,尽力扶持农业与农村的发展。在政策强有力的扶持下,欧盟国家小城市、小城镇保持了相当的繁荣。小城市、小城镇的繁荣则为农村地区的发展提供了良好的条件,促进了农村的稳定、发展与富裕。

如前所述,日本城化市及其模式对地区发展十分不利。日本进入工业与城市社会较欧美晚一些,日本似乎在走欧美国家工业化时期城乡分裂而导致城乡差距拉大的老路。第二次世界大战后,日本大城市发展及城市化加速,小城镇及农村富有活力的人口不断地向大城市转移,城乡差距的拉大也是情理之中的。

更为重要的是日本大城市偏向的城市化政策长期忽视了城镇及农村地区的发展。在明治维新之后的相当时间内,为了追赶西方工业化国家,日本倾其全力发展大城市的制造业,忽略了农业及农村发展,城乡之间存在着很大的差距。第二次世界大战后,在国家主导的市场经济之下,这一政策赋予新的时代内容,日本产业投资重心更是向三大城市圈内的大城市倾斜,进一步拉大了城乡间的差距。

日本城市化模式及对区域经济的影响与欧美具有很大的不同。尽管日本GDP与欧美国家很接近,但其城乡差距要大得多,大城市的繁荣与农村的萧条并存。自明治维新起,日本经济就表现出一定程度上的二元经济特征,一直持续到20世纪60年代,工农收入差距一直维持在1.3∶1至3.1∶1之间。① 直到20世纪晚期,日本城乡地区仍保持相当大的差距。

---

① 张贵先:《城乡差距、农民非农就业与农民增收》,《财经问题研究》2006年3月,第81页。

城乡之间巨大的差距形成强烈的示范效应,进一步对日本农村地区产生有力的冲击。城乡间的差距导致农村地区富有活力的人口持续向大城市流动,致使呆滞的人口滞留在农村地区,尤其是农村老年人口比重很大。据统计,从1965—1998年,日本农业从业人口中65岁以上老年人的比例由13%上升到66%。① 大量缺乏活力进一步抑制了农村地区的发展,日本农业实际上处于类似发展中国家那样的不利环境之中,可以说是处于恶性循环之中。经济发展起来后,日本政府也对农业进行了巨额的补贴,但却没有扭转农村不利的局面。农村发展的困境是日本城市化最重要的负面影响。

8.3 俄罗斯、印度城市化的消极影响

8.3.1 小城市、小城镇发展缓慢

俄罗斯、印度的城市化总体适应它们的社会经济发展,但其消极影响也是很明显的。俄罗斯土地十分辽阔。发展空间巨大,不仅需要大城市,中小城市、小城镇的发展亦十分重要。同样,印度人口众多,少数大城市不能吸纳农村地区溢出的人口,因此,中小城市,尤其是小城镇的发展更显得重要。但在长期的进程中,俄罗斯、印度小城市、小城镇总体上发展缓慢,不利于带动广大农村地区的发展。

俄罗斯的城市缓慢发展是一个长期的过程,在这一进程大部分时间里并不利于小城市、小城镇的发展。传统上,俄罗斯是一个原料出口国家,原料的出口不利于城市的长期发展,尤其是对小城市、小城镇制造业发展更是不利。从西方工业化国家的城市发展看,小城市、小城镇经济中制造业比重高于大城市,制造业是这类城市赖以生存与发展的基础。沙俄时期,受到全球价格革命的影响,农产品及矿产资源价格上涨,俄罗斯长期向西欧出口原料,进口工业制成品,这种初级产品导向的工业化政策对城市化产生不利的影响,尤其是对原料产地的小城市及小城镇发展产生消极的影响。

十月革命后,苏联对工业化政策进行调整,推动了原料产地的市镇发展。

---

① 郭建军:《日本的城乡统筹发展》,网址:http://www. chinainnovations. org/cx05/ArticleShow. asp? ArticleID=1556。

苏联推行以制造业为导向的工业化政策,在原料产业大规模地建立大型工厂,这些工厂向特定的城市聚集,推动了城市发展,对小城市及小城镇发展也产生积极的影响。但苏联解体后,这种情况发生了很大的改变。俄罗斯国有企业经历了转轨与改制,不少工厂关闭。俄罗斯国家原料出口增加,而工业制成品出口比重降低,使整个城市系统发展蒙上很大的阴影。乌拉尔山脉以东原有的工业市镇多属于中小城市、小城镇,由于投资不足,制造业发展停滞,甚至萎缩,而经济机会的减少又迫使人口向西部大城市迁移,结果导致这一地区的小城市、小城镇发展趋于停滞,有的城镇甚至走向消失。

作为发展中国家的人口大国,印度小城市、小城镇应该在其城市化中扮演十分重要的角色,但印度小城市、小城镇发展也不尽如人意。确切地说,印度历届政府没有重点扶持小城市、小城镇的战略,至少扶持力度很不够。独立伊始,印度政府就像其他发展中国家一样实施大城市偏向的城市化政策,长期推行大城市优先发展的战略。印度政府将有限的资源集中发展大城市,有力地推动少数大城市的发展。大城市的优先发展吸引中小城市及广大农村的资源进一步向大城市集中,同时也使后者富有活力的人口源源不断流入大城市。但是少数大城市不能完全吸纳农村溢出的人口,处于农村汪洋大海的中小城市、小城镇的发展显得十分重要。

长期的大城市优先发展策略,却给小城市及小城镇发展带来极其消极的影响。印度政府长期的大城市偏向的政策在很大程度上剥夺了中小城市、小城镇发展的机会。这一政策与大多数发展中国家的相似,中央政府有力地推动重点区域经济的发展,也就是优先发展关键性的大城市,目的是形成增长极核,进而带动中小城市及农村的发展。但印度政府通过计划经济使经济资源向大城市聚集之时,也剥夺了中小城市、小城镇获得重要的经济资源的机会,也使其发展受阻。

独立后,印度中小城市、小城镇发展一直非常缓慢,这种状态在我国一些发达地区实际上已得到扭转。改革开放后,我国长江三角洲、珠江三角的中小城市、小城镇获得了较快的发展,兴起了一大批明星城市及城镇,强有力地推动其社会经济发展。同样的发展中国家,印度没有经历过类似的市镇发展。印度仍然沿用发展中国家普遍的发展模式,在大城市迅速发展的同时,中小城市及小城镇的发展仍然十分缓慢。

印度中小城市、小城镇发展落后首先表现在制造业发展不足。发达国家中小城市、小城镇是其制造业重心所在,但印度中小城市、小城镇则因资源向大城市聚集而制造业发展落后。不仅如此,中小城市、小城镇的公路等基础设施落后,也阻碍制造业厂商的选址,结果其制造业长期处于落后状态,制造业落后又反过来阻碍了中小城市及小城镇的发展。中小城市、小城镇发展滞缓,又抑制了印度城市化进程,使城市化长期处于一个很低的水平。

近年来,随着国外厂商进入,印度一些中小城市也出现了快速发展的迹象。由于劳动力成本低廉,20 世纪末欧美软件公司将部分业务外包到印度的班加罗尔,软件业等行业获得较快的发展。进入 21 世纪之后,随着班加罗尔房价的攀升及生活费的上涨,为了进一步降低成本,印度主要外包公司开始"转移阵地",将一些新项目建在小城市,而且将原有的一些项目迁往周边的小城市,推动了小城市及小城镇的发展。但是,班加罗尔周边小城市、小城镇的发展在印度不具有代表性,这种小城市、小城镇获得成功的实例很少,也主要是外资与技术引进推动的。

8.3.2　俄罗斯农村发展滞后与经济萧条

俄罗斯农村发展缓慢是由来已久的事,这与政府长期的农村政策有着密切的关系。俄罗斯的农村经历十分曲折,也很值得研究。沙俄时期的农奴制改革使农民获得了土地,加之世界性价格革命提高了农产品的价格,提高了农业生产的积极性,俄罗斯农业与农村获得了较为迅速的发展。在苏联时期,政府计划经济政策偏向推动城市工业的发展,但却牺牲了农业的发展及农村的利益。尽管政府禁止农村居民向城市迁移,保证了农村地区拥有足够的劳动力,有利于农业生产的稳定,但农民缺乏生产积极性,农业、农村发展仍然缓慢。苏联解体之后,俄罗斯的农村发展就显得更为复杂,发展十分缓慢。

俄罗斯国家进入工业化社会较之西方大国晚,因而工业化、城市化对农村地区的冲击也要晚一些。19 世纪后期的农奴制改革使俄罗斯开始步入工业化,俄罗斯大城市工业获得了较为迅速的发展,吸引一些农村劳动力进入城市工厂,推进了俄罗斯的工业化与城市化。

这一时期,俄罗斯农村经济也获得了较快的发展。沙俄后期,俄罗斯农业获得较快的发展。农奴制改革使农民获得了土地,农奴成为自由农民,获得了自由经营的手段,生产积极性得到很大提高。农奴制废除后,现代农场在俄罗斯出现,一些拥有宽阔土地的富裕农民开始推行机械化生产,成为俄罗斯最早的具有现代经营理念的农场主。这时的欧洲正经历价格革命,粮食价格普遍上涨,生产谷物可获得可观的利润,推动了俄罗斯农业发展。粮食价格上涨,刺激了俄罗斯国家对边疆地区的农业开发,大量移民涌向边疆地区,促进了农村地区的发展。沙俄时期,俄罗斯粮食不仅自给有余,而且还大量出口到欧洲国家,粮食输出成为了俄罗斯重要的经济部门。

苏联时期,俄罗斯农村发展十分复杂,总体发展缓慢。这一时期,农业发展受整个计划经济的影响,服从整个国家的工业化战略。苏联整个经济十分落后,处于工业化初期的原始积累阶段。为了实施赶超战略,国家需要农村提供足够的粮食支援城市工业的发展,同时也需要通过剪刀差形式从农业转移大量的收入支持城市工业的积累。因此,整个苏联时期,工业品价格昂贵,农产品价格十分低廉,农民失去了种植谷物的兴趣,农业生产长期徘徊不前,农村也十分贫困。

尽管如此,苏联政府还是不希望农业崩溃,希望维持农业生产以支持城市工业发展的格局。政府通过集体农庄将农民束缚在土地上,并使这一政策置于法律框架下,农民没有迁移的自由,从而保证农业生产有足够的劳动力。由于苏联土地极其辽阔,农村地区劳动力严重不足,政府还试图通过农业机械化生产而提高农业生产效率。政府向农村低廉或无偿提供农业机具,对于提高农业生产效益有一定的影响,也算是对农民的一种补偿。

将农民束缚在土地上尽管对国家整体发展产生消极的影响,但也在很大程度上也抑制了农村的衰退。整个苏联时期,人口的移动服从于国家计划经济政策的需要,不仅农村人口难以向城市流动,政府还将城市部分人口移往边疆及农村地区,边疆及农村人口出现一定程度的增长,确保农业生产中所需要的劳动力。这种制度下农民生产缺乏积极性,农业生产效率并不高,苏联粮食生产不能满足自给,全国实施低水平的食物配给制。

苏联解体后,俄罗斯农村情况发生了根本的改变,农村发展并没能好转,反而处于更为不利的境地。苏联解体后的相当一段时间,俄罗斯经济下滑,政府财政困难,政府对农业生产及农业机具投入严重不足。1991年,俄罗斯对传统的集体农庄和国营农场进行了私有化改造,俄罗斯国家预算用于农业和农村发展支出的比重逐年降低,1991 年曾占 19.8% ,1993 年降为 7.6% ,1999 年降低到 1.5% 。不少为农业服务企业停产,农业生产手段落后。在此背景下,农业生产滑坡,农民收入也呈下滑的趋势。

如前分析的那样,农民收入减少及农村发展缓慢拉大了城乡之间的差距。进入 21 世纪,俄罗斯农村人均收入要比城市低 40% 左右,农业领域劳动力的平均工资每月约为 1500 卢布,只相当于俄居民平均最低生活标准的 60% 。由于资源向大城市集中,经济机会也向城市转移,致使俄罗斯农村失业率也远远高于城市,许多农村地区的失业率在 15% 以上。在俄罗斯一些农村地区,两成以上的家庭仅靠土豆、面包等最基本食品维持生活。在最贫困的乌斯季奥尔达布里亚特自治区,居民平均收入水平仅为莫斯科的 1/13。[①]

城乡之间巨大的差距促使大量农村人口流入城市,加速了农村地区的衰退。苏联解体后,俄罗斯农村人口源源不断地向大城市流动。随着俄罗斯西部大城市的发展,西伯利亚、远东地区人口大规模地向西部大城市迁移。人口外迁使农村人口大幅度减少,不少村庄趋于消失。据近年人口调查数据表明,在俄罗斯 15.5 万个村庄中,有 1.3 万个已废弃,3.5 万个村庄的居民人数不足 10 人。俄罗斯农村充满着萧条,与欧美国家富裕的农村形成鲜明的对比。[②] 大城市偏向的城市化模式加速了俄罗斯农村地区的萧条与衰退。

8.3.3 印度严重的大城市病与农村贫困并存

印度社会具有发展中国家的典型特征,是一种畸形的城市化模式,城乡对比十分强烈,且十分严重的城市病与乡村病并存。大城市偏向的政策造成大城市持续膨胀,在大城市获得迅速发展之时,城市病也日益严重。更为严重的是,城乡二元结构强烈,相对繁荣的城市与贫困的农村并存,社会极化现象突出。作为一个人口超过 10 亿的大国,国家发展需要惠及农村地区,而印度农村发展滞后,存在着普遍的贫困使社会矛盾突出,极大地阻碍了整个社会经济的发展。

在长期的进程中,印度大城市偏向的城市化政策造成了少数几个大城市

---

① 《俄罗斯农村现在什么样》,网址: www.xxr0312.com/news/05102/russian.htm-16k。

② 《俄罗斯农村现在什么样》。

持续膨胀,印度的加尔各答、孟买及新德里等大城市进入世界人口规模最大的城市之列。印度大城市病在以下几个方面表现得尤为突出:

第一,大城市人口密度过大。印度大城市人口密度排列世界的最前列。在2007年《福布斯》评出20个人口最稠密的城市中,印度拥有5个,占1/4,其中孟买排列第一,密度为每平方公里29650人;加尔各答排列第二,密度为每平方公里23900人。此外,德里、金奈、班加罗尔等城市密度也很高。① 人口密度过大,极大地影响了印度大城市的居住环境,房荒现象异常严重。住宅是耐用商品,修建周期较长,投资大。在较短的时间内,人口大规模涌入城市,城市新修住房远远跟不上城市人口的增长,原有住房难以满足人口突然增长的需求,城市住宅供给严重短缺,最终会出现许多粗制滥造的建筑群。城市土地资源短缺,也不能提供大规模住宅建设的需要。不仅如此,许多贫民连最廉价的破旧房屋也租不起,他们在城市空地搭建起简易住房,在城市边缘地带出现了一些临时搭建简易住房群,这类住宅在今日发展中国家是城市的棚户区。印度的孟买、加尔各答、新德里等大城市都近半数的人口住在棚户区或贫民窟,居住环境十分恶劣。

第二,城市污染严重。印度工业不发达,城市污染主要是城市水资源的污染。印度大城市十分庞大,人口众多,国家贫穷,无力对城市生活用水进行大量处理。城市居民还将生活用水直接排入河里,而河流下游的居民则饮用上游居民排出的污水。在整个印度,80%的城市污水直接流入河道而未经任何处理,水资源污染十分严重,尤其是印度的母亲河恒河,印度很大一部分人直接或间接从受污染的恒河取水。印度研究人员认为,从供游泳的角度看,恒河水里大肠菌数量要高出3000%,更何况是饮用水。恒河已被列入世界污染最严重的河流之列,当地居民饮用和在烹饪时使用受污染的地下水导致了许多健康问题,例如出现腹泻、肝炎、伤寒和霍乱等疾病。②

印度大城市还饱受交通拥挤等城市病的蹂躏。由于人口密度大,印度大

---

① 《福布斯》评出20个人口最稠密城市,网址:www.china.com.cn/news/txt/2007-12/17/content_9391807.htm-29k-。

② 印度环境污染令人窒息,网址:news.h2o-china.com/information/world/597401184115240_1.shtml-27k-。

城市交通十分拥挤,印度首都新德里的交通日益恶化,拥堵不断加重,已成为世界上交通最拥挤的城市之一。印度的孟买、加尔各答等人口密度更大的城市更为拥挤。交通的拥挤增加了企业产品的运输费用,同时也使劳动力的通勤费用大幅度提高,不利于工业与服务业的发展。

第三,印度大城市偏向政策造成的最大负面影响还是农村发展滞后及所带来的贫困。印度政府将所掌控的经济资源向大城市集中,从而使广大农村发展的资源十分短缺。2001 年,印度仍有大约 40% 的村庄没有通公路。① 此外,农村还缺少必要的电力供应系统。在印度农村,还有 70% 的地区尚未通电,这种现象在发展中国家较为普遍。

发达的公路系统与农村电力系统是农村发展的必要条件,也是当代大城市制造业向小城镇及农村腹地分散的前提,是城乡统筹发展的重要条件。印度农村的这两项基础设施十分落后,抑制了农村地区的制造业的发展。占印度人口 70% 的农村地区制造业十分落后,即使是小的工厂企业也为数甚少。这一点与我国东部地区乡镇企业的兴起形成了极其鲜明的对比。

印度农村地区土地高度集中,加重了农村地区的贫困。占印度农村人口总数 10% 的人拥有半数以上的土地,而占农村人口总数 80% 的贫雇农却只拥有 23%—25% 的土地。土地的高度集中使农村无地人口比重很大,导致了农村失业与半失业现象十分严重。由于农村地区存在着大量的剩余劳动力,农业生产效率极其低下,农村居民收入普遍很低,贫困现象严重。按联合国每人每天支出 1 美元的绝对贫困标准计算,印度的贫困人口约为 3.9 亿人,庞大的人口生活在贫困线以下,且大部分集中在农村地区。1983 年,印度农村人口的 40% 处于贫困线之下,而农业劳动力中的 75% 为穷人。农村的贫困、绝望与大城市的繁荣形成了鲜明的对比,农村人口迫切希望向外流动,以改变其命运。庞大的农村人口对印度大城市形成了巨大的压力,而且随着时间的推移压力,压力则会继续增加。

综上所述,尽管各大国城市化模式的选择是由其社会经济发展水平等综

---

① 李文云:《印度扶贫新举措》人民网,网址:www. people. com. cn/GB/paper464/2407/373858. html-10k。

合力量所决定的,但各国的城市化也不可避免地产生一些负面影响。就后发展国家或地区而言,对大国城市化的负面影响的分析与研究具有十分重要的理论与现实意义。在后发展国家或地区的城市化进程中,应尽可能避免其负面影响,使城市化及社会经济得以健康发展。

9 大国城市化的经验与教训

大国城市化模式给后发展的国家或地区提供了极其宝贵的经验。城市化模式的选择受到诸多因素的影响,最终又对各自的社会经济产生不同的影响。城市化不仅与社会经济发展、市场机制、资源禀赋、人口规模等联系密切,同时城市化模式的选择还得考虑城市化的可持续性,考虑社会公正问题,注意区域和谐发展及城乡统筹发展。各大国城市化模式影响也十分复杂,最终要考虑到对社会经济长远发展的影响,并向城市化成熟方向推进,进而推动城乡社会一体化,使社会经济发展趋于繁荣与和谐。

9.1 大国城市化模式选择与经济效益及政治基准

9.1.1 城市化与经济效益

进入工业化社会之后,城市化与工业化就成了现代社会的一对孪生子,它们相互作用,有力地推动经济与社会的发展。正因为如此,国外学者认为,城市成功之时也是国家经济之时。在长期的城市化演进过程中,各国、各地区城市化政策与模式不可避免地要涉及经济效益与社会公正等问题,这也是政府宏观经济政策需要正视的问题。在各国城市化进程中,经济效益与社会公正、和谐一直是理论界、政治家及社会工作者十分关注的问题,这些问题一直困扰着经济与社会的发展。

人类进入工业化之后,经济发展仍然处于初期阶段,人们更多地关心经济发展问题。由于经济发展水平低,贫困人口比重大,社会矛盾十分突出,政府政策的重心是怎样推动经济的发展,以弱化日趋激化的社会矛盾。以之相应的城市化模式应适应经济快速发展,获取良好的经济效益也就成了城市发展及城市化政策的首选。

从经济发展的角度,在工业化与城市化初期大城市的优先发展也具有必然性。工业化前夕,城市规模很小,无规模效益可言。进入工业化之后,交通的通达性提高,城市可迅速地到达边缘地区,并与远方的市场连接起来,聚集经济在城市骤然出现。随着城市发展与扩张,大城市很快就显示出较高的经济效益来,而且这一时期的城市规模越大,聚集经济效益就越明显。在这一背景下,19世纪西方工业化国家普遍采取自由放任的经济政策,让农村人口不断地涌入城市,受经济利益驱动农村人口更多地选择进入大城市。后发展的国家的情况有所不同,由于经济较为落后及资源有限,它们将经济资源集中于城市发展工业,优先发展大城市,形成极核点。工业化与经济发展初期,大城市因而获得了优先的发展,一些大城市处于迅速膨胀之中。

进入工业化社会后,欧美大城市也获得前所未有的增长,出现了城市"巨大症",表现出极大的效益,成为国家经济繁荣的重要标志。这一时期,美国、英国等国盛行自由放任的经济政策,客观上有利于资源、资金、人口向效益高的大城市流动。在城市聚集经济效益的作用之下,工厂大规模地在城市选址,城市众多的经济机会则刺激人口不断地从农村地区向城市迁移。资源与人口向城市集中,带来更大的经济效益,从而推动更大规模的聚集。如此人口、工厂、商店等一波接一波地向大城市中心及其附近聚集,大城市超先发展并形成了增长极核,效益十分明显,所带来的强有力的示范效应为后发展国家所依效。后发展国家则运用政府主导的市场力量推动大城市的发展。

19世纪晚期,美国芝加哥的崛起是工业化时期欧美大城市扩张的一个缩影。19世纪初,芝加哥仍是美国中西部的小镇。19世纪中期后,中西部铁路网建成,芝加哥成为重要的交通枢纽,区位优势日益突出,对中西部辽阔地区产生巨大的聚集的影响,大量制造业厂商向芝加哥汇集,外向型经济获得迅速扩张,成为芝加哥发展十分重要的基础部门。随着芝加哥基础部门大规模扩张,相关产业及服务性行业也大量发展起来,带来了滚滚的财源。从制造业厂商外销带来的巨额收入继续投入相关工业及服务业中,又带来新的厂商与劳动力的聚集,城市经济波浪式地延续下去,使芝加哥处于急剧扩张之中,强有力地推动城市发展。到19世纪晚期,芝加哥人口突破百万,到1910年猛增到

200万,半个世纪增长了19倍。①

　　在城市聚集经济效益的作用下,19世纪晚期类似芝加哥这样的大城市在欧美各国大量出现,这一时期称为西方城市史上的大都市时代。都市时代,欧美国家十分重视经济发展及大城市发展,地方政府创造条件将大城市周边的郊区及农村不断地并入大都市区,强有力地推动大城市的扩张。在这一背景之下,欧美各国大城市大量涌现,如美国的纽约、费城、波士顿,欧洲的伦敦、巴黎、柏林等。大城市的发展激发了城市居民的自豪感及雄心,其所产生的示范效应刺激了次级城市的扩张,更多的中等城市跻身于大城市行列。欧美大城市的发展与扩张也为后发展的国家提供了重要的楷模。

　　后发展的日本积极地向西方学习时则表现出强烈的东方色彩,政府承担起领导工业化与城市化的责任。日本仿效早期西方工业化国家的城市化模式,优先推动大城市的发展,这一政策第二次世界大战后一直延续了数十年,至今仍在继续。大城市偏向的城市化模式确给日本经济发展带来了巨大的效益,日本经济发展也因此获得了空前的成功。为了赶上西方工业化国家,日本政府采取了政府主导的市场经济,将国家控制的资源集中于东京、大阪、名古屋等少数几个大城市,并指导与出台政策支持私营厂商向这些城市集中。大量的资源集中,大城市及邻近地区迅速地建立起发达的基础设施,尤其是大众交通工具轨道交通。

　　发达的基础设施促进了大城市的人流与物流,引起了更大规模的集中,强有力地推动日本大城市的扩张。时至今日,东京也发展成为全球最大的城市之一,大阪、名古屋等城市规模巨大。大城市制造业的迅速发展把日本带入世界工业及经济大国的行列,并在战后短期内成为第二大经济强国,创造了日本神话。日本的成就为世人瞩目,为新兴的工业化国家及奋起直追的发展中国家所效仿。这些国家也仿效日本重点发展自己关键性的大城市。

　　在整个历史的长河中,俄罗斯的城市化却不太成功,可以认为城市化道路很曲折,政策的摇摆,走了不少弯路后又从头走起。苏联时期,政府采取将资源、人口从西部核心地区向内陆腹地及边疆的中小城市、小城镇分散政策,实际上不是很成功。这种分散与第二次世界大战后发达国家经历的分散并无相

---

① Mattei Dogan & John D. Karda, *The Metropolis Era*(1), California, 1988, p. 60.

似之处,发达国家的大城市分散是建立在经济高度发展、大城市已经饱和的基础上,需要通过城市功能的分散而给整个国家带来更大的效益。苏联的分散是基于军事战略考虑的,总体而言经济上缺乏效益。

苏联解体后,俄罗斯国家取消了计划经济,转向了市场经济,城市化模式的选择也服从于市场经济的运行。20世纪最后10年,俄罗斯经济滑坡,联邦财政十分困难,政府在推动经济发展及城市化时,更为注重经济效益与发展速度。这一时期,俄罗斯政府实施"休克疗法",采取了激进的西方式的自由主义市场经济。

在市场经济作用下,俄罗斯资源向区位条件优越的地区流动,大城市就成为其首选。政府采取了大城市偏向的城市化政策,自20世纪90年代起,俄罗斯的经济资源向西部核心地区集中,尤其是莫斯科、彼得堡等大城市。经济资源的集中,使近一二十年来莫斯科等大城市获得了迅速的发展,这一趋势仍将在相当长的一段时间继续下去。

这一政策对中小城市、小城镇,尤其是边远地区产生巨大的冲击。苏联计划经济时代,俄罗斯中小城市、小城镇获得了长足发展,尤其是西伯利亚及远东等边疆地区,改变了俄罗斯国家的经济地图,内陆腹地与东部边疆地区改变沙皇时期的不毛之地的印象,以新兴的工业地区的开工出现。苏联解体后,东部地区资源及富有活力人口流向了西部核心地区,西伯利亚及远东地区不少小城镇及村庄处于萎缩之中,一些工业城镇及村庄甚至走向消失。在发展进程中,俄罗斯的城市化很难说是成功的。

与大多数发展中国家一样,独立后印度政府一直十分注重效率与发展速度,一定程度上采取了西方国家工业化时期相似的城市化政策,只是这一政策长期由政府直接领导。鉴于大城市是制造业及经济发展中心的角色,政府则采取了大城市偏向的政策,并把这一政策推向极点。与西方工业化国家不同,印度发展资金及资源十分短缺,政府只有选择少数几个关键性的大城市作为其发展的重点。政府经济资源向大城市集中,包括基础设施建设资金,国有企业及重大工程项目等。与此同时,私营及国外企业也向大城市地区集中。资源向大城市集中为其带来大量的经济机会,吸引了农村及小城镇人口不断地向大城市流动,使印度少数大城市持续膨胀,印度大城市的经济也表现出它自己的效益。进入21世纪之后印度经济明显加快,大城市作用明显,但印度大城市对整个国家带动十分有限。

9.1.2 城市化与区域城市均衡发展

工业化与城市化模式的选择不仅仅是通过大城市的优先发展而获得效益,还需要更多的内涵。这一内涵包括绝大多数人同享现代工业化城市化社会的文明成果,不仅需要少数地区、少数城市的效益,而且更需要社会的公正。城市化模式的选择在获得巨大的经济效益及大城市快速发展的同时,也需要兼顾区域协调发展,需要兼顾各等级城市及统筹城乡地区发展。尤其是社会经济发展到一定的阶段之后,大城市增长极核经过较为充分的发展并趋于饱和时,在交通及通讯设施改善条件下,大城市外围的郊区、中小城市及小城镇的投资也不是没有效益的。只不过这时的经济效益转移到大城市外围地区的数量众多的次级市镇,效益的侧重点则转向整个区域乃至整个国家。对于大城市外围地区的发展,各大国政策有所差异,因而影响也不尽相同。

大城市的优先增长给工业化带来了巨大的刺激,强有力地推动了大城市的经济发展,但大城市的效益也有很大的局限性。相对于整个区域而言,大城市空间狭窄,如果缺乏次级市镇作为中介,难以带动外围及辽阔的农村地区的发展。而且,大城市规模达到一定程度后,城市问题日益突出,边际聚集成本日益增加,最终会带来聚集的不经济。这种情况下,很难保证大城市继续发展仍能够带来效益,实际上大城市无限制扩张却带来日益增加的负面效益。第二次世界大战后,欧美各国大城市分散政策不仅是考虑弱化大城市病,更为重要的是将经济发展的重心移到大城市边界之外的地区,协调区域经济的发展,通过大城市外围地区的发展而提升整个区域及至整个国家的社会经济水平。

工业化时期,聚集效益在发生大城市,而小城市、小城镇及广大农村是没有效益的,发展滞缓,大城市分散的目的之一就是推动后者的经济发展,使区域发展趋于协调、和谐。工业化后,大城市占有过多的资源而剥夺了小城镇及农村地区的发展缓慢,非均衡发展拉大了城乡差距,激化了城乡矛盾。面对这一格局,20世纪的长期发展进程中,美国联邦政府将发展重心移向大城市外围地区,推动次级市镇快速发展,使区域城市趋于均衡。联邦政府通过大规模的公路投资而提高大城市外围的通达性,将大城市与较小的市镇紧密连接在一起,使制造业等经济功能向郊区、公路沿线的中小城市及小城镇转移,有力地推动这些地区的发展。区域内各等级城市得以均衡发展,城市化扩散到农村腹地极其广阔的空间。

在政府均衡发展政策支持下,大城市外围地区也表现出巨大的效益。政府通过基础设施投资,极大地改善了大城市外围的交通条件,通达性提高,公路沿线土地大幅度升值,中小城市、小城镇自然而然地发展起来,同时表现出巨大的经济效益。这种效益表现为郊区次级中心成为美国新的庞大的制造业基地,中小城市、小城镇制造业也大幅度增加,经济增长的中心转到外围地区。不可否认,在郊区、中小城市发展过程中,牺牲了大城市核心地区的利益,甚至也在一定程度上引起了大城市经济的衰退。一些学者认为,这种衰退是进步的衰退,牺牲局部的利益而换取整个区域及国家的发展,经济发展空间得以空前扩展。总体而言,美国区域发展政策还是在自由市场经济框架下实施的,区域发展趋于协调。

欧盟国家情况与美国大体相似,但也略有不同。欧盟与美国的市场经济取向具有很大的不同,欧盟国家多为社会市场经济或福利市场经济国家,更多地考虑到区域均衡发展问题,这种政策同时也考虑到兼,'城市、小城镇及广大农村的发展。工业化时期,欧洲工业化国家的大城市增长十分显著,伦敦、巴黎、柏林等发展为国际大都市。各国制造业厂商在大城市高度集中,带来了大城市繁荣,但也带来了十分严重的城市病,并对小城市、城镇的发展带来一些消极的影响。

进入 20 世纪之后,欧洲国家也十分注意小城市、小城镇的发展来分散大城市部分经济功能及人口。与美国有所不同,第二次世界大战后的欧盟国家在推动小城市、小城镇发展之时,也尽可能保持大城市的繁荣。各国有限地发展高速公路、经营好轨道交通,使轨道交通延伸到乡村小镇。在中小城市、小城镇获得较大发展的同时,大城市的繁荣在很大程度上继续维持,区域内各等级城市得以均衡地发展。尽管这种政策对整个国家经济发展的推动不如美国,但欧盟国家的城市政策却使城市体系内经济发展更为协调,中小城市、小城镇发展之时仍维系着大城市的繁荣,而不是牺牲大城市、以其衰退为代价的。

作为政府主导型的市场经济国家,日本更有可能推动区域经济的协调发展,但政府则更注重效益与发展速度,忽视区域经济的协调发展。进入 21 世纪末期,日本大城市获得了充分发展,并趋于饱和,大城市问题突出,但日本中小城市、小城镇发展却相当缓慢。尽管日本出台了扶持北海道等边缘地区的政策,但作用仍十分有限,大城市仍处于强势扩张之下,小城镇及农村地位依旧。造成这种格局的原因是大城市区位条件好,在政府政策下占有国家绝大部分资源,而中小城市、小城镇处于边缘化状态,资源的供给不足。

俄罗斯与印度的城市化仍然停留在大城市优先发展阶段,城市系统的非均衡化发展仍会继续。两国大城市经过较长时期的扩张,仍然处于强势扩张之中。在资源配置上,政府仍优先考虑大城市及周边地区,而中小城市、小城镇资源供给受到很大的限制。而且大城市聚集的势能强劲,仍会吸引外围地区资源大规模聚集,中小城市、小城镇资源供给仍是问题。两国国土辽阔、人口多,更需要发展中小城市、小城镇,推动城市化进程,更为重要的是通过中小城市、小城镇的发展带动广大农村地区的发展,促使区域经济均衡发展。

9.1.3 城市化与城乡地区一体化

从社会公正与社会生产率的角度,农村地区发展及城乡一体化应该是城市化的重要内容。城市化不仅仅推动城市与城镇的发展,也不仅仅是创造一个繁荣、富裕的城市社会,更为重要的是应创造一个公正、和谐的城乡社会。具体而言,大城市获得长足发展之后,需要城市化从聚集走向分散。在这一进程中,将大城市部分功能从中心地带向边缘及广大农村扩散,强有力推动农村的发展,使农村同享现代物质文明的成果。与此同时,在农村地区大面积地消除贫困,建立一个富庶的农村社会,进而达到城乡社会一体化。

工业化以后,城乡差距拉大,冲突持续不断,一直困扰着城乡社会。工业化之后,城市日益繁荣,城市居民具有雄心与自豪感,他们将其繁荣的城市作为其"领地",顽强地抵制农村居民进入城市,并对新来者充满着敌意。农村地区充满着贫困,贫困的农村居民向城市流动遭到城市居民顽强的阻碍,也引起了乡下人的敌意。潜在的迁移者的未来也存在着诸多不确定性,妨碍了农村人口向城市的迁移。城乡之间存在的巨大的反差导致城乡间的剧烈冲突,不仅影响社会的稳定,而且不利于整个区域乃至整个国家的经济协调发展,长期为政治家及社会各界所关注。这一问题在今日发展中国家仍十分严重。

从工业化时期,欧美各国城乡间存在很大的差距。城乡之间巨大差距持续了相当长的一段时间,给城乡社会带来了深远的影响。这一时期,农村居民收入少,贫困十分严重,文化生活单调,而且还承受着孤独的折磨,与富裕的大城市形成了鲜明对比。城乡之间的巨大差距吸引了大量的农村人口流出,引起了农村地区普遍的衰退,人口大量减少。

19世纪末期,美国农村地区人口的减少引人注目。大量青年人口移入城市,农村地区人口增长缓慢,甚至出现了负增长。在东北部和中西部乡村州,人口损失最为明显。1890年统计揭示了一些乡村州人口损失程度:宾夕法尼亚州人口损失了五分之二,佛蒙特州人口损失了四分之三;新英格兰地区1502个乡村镇区中,有932个少于前十年的人口。[①] 由于农村地区人口大量的移出,原有的住宅被放弃,不少农场、村庄乃至小城镇空空荡荡,其衰败之景十分惨淡。英国等欧洲国家的农村情况也出现了类似的情况,工业化之后英国学者对荒凉的乡村的描述,大体反映了英国及欧陆地区城市化对乡村地区的冲击。

由于城乡巨大的差距,乡村处于长期动荡之中,城乡间充满着敌对,城乡冲突十分激烈。工业化前后,城乡地区差距所引起的冲突由为已久。早在美国建国初期,代表乡村利益的总统托马斯·杰斐逊就对城市进行了猛烈的抨击,其影响深远。杰斐逊认为农业接近于大自然,符合传统的道德规范。杰斐逊极其痛恨城市商人社会,他说,城市重商主义导致奢侈和贪婪,毒害了社会道德观念,产生十分恶劣的影响。[②]

进入工业化后,城乡差距继续拉大,城乡冲突更趋激烈。在美国,民主党总统候选人布赖恩是这一时期的乡村集团的代表人物,1896年,他在民主党全国代表大会上发表了著名的反城市化与工业化的演说,在全美引起了巨大的反响。布赖恩的演说代表了这一时期欧美国家城乡之间的冲突,城市利益集团与乡村利益集团冲突十分激烈,同样反映在政权的选举上。城市繁荣造成了乡村衰落,城乡间存在着巨大的经济反差,富裕的城市向贫困的乡村显示强烈的示范效应。这种思想也反应了在工业化和城市化冲击下乡村社会的痛苦与敌意。工业化时期,乡村政治的敌意与宣传引起乡村对城市及国家政权

---

① Jon C. Teaford, *The Twenty Century America City*, Baltimore and London, 1993, p. 69.

② Albert N. Cousins, *Urban Life*, New York, 1979, p. 565.

的普遍的不满,最终演变成声势巨大的乡村运动,使城乡冲突更趋激烈,同时也不利于社会的稳定与持续发展。

针对城乡巨大差距带来的负面影响,随着经济发展及社会趋于富裕,欧美各国十分重视乡村发展与城乡社会的和谐。为此,各国增加了对农村地区发展的扶持力度。第二次世界大战后美国联邦及地方政府投入了巨额资金,修筑了通往郊区的快车道及通往乡村的高质量的公路,政府还完善了农村电力系统。农村公路系统及电力系统大为改观,为大城市制造业等经济功能继续向农村地区分散腹奠定了坚实的基础,促进了农村地区的非农产业的发展。

在诸多扶持农村发展的政策中,城市化向大城市外围地区扩散的政策影响最大,这一政策惠及了幅员辽阔的农村地区。由于政府诸多扶持政策及城市化向辽阔的农村地区扩散,第二次世界大战后美国农村获得了较为迅速的发展,城乡间界限消失,城乡社会趋同。在城市化非常成熟的地区,大城市的郊区居民收入超过中心城市,非大都市区的小城镇居民收入也大幅度提高。农村居民收入大幅度增加,农村生活逐渐向城市看齐,城乡生活趋同。

欧盟国家的城乡社会一体化也表现得十分突出。第二次世界大战后,欧盟国家农村地区十分很富裕,城乡之间的生活差距不大。欧盟国家的农村社区建设了整齐的住宅群,宛如一幢幢的郊区别墅,沿着社区街道开设的商店、旅店、餐馆等显示出农村社会富庶。由于欧盟对农业进行了巨额的补贴,农民收入与城市居民差距不大,而且农村居民中相当大的部分是兼职农民,他们还兼职到城市从事制造业与服务业的工作。家庭成员中从事不同的工作,有的从事农业,有的则非农工作。他们居住在农村,但他们的就业与生活却与城市有着密切的联系。城乡间的就业与生活的融和,创造了一个富裕的农村社会,缩小了城乡间的差距,进而推动了城乡社会经济的一体化。

日本、俄罗斯、印度等大国的城市化并没有带来欧美国家相似的城乡社会的和谐,很难说是后发展国家的楷模。从这些国家的城市化模式及历程看,这些国家更多地关注增长极核的出现及经济发展速度,而社会公正与和谐则处于次要的地位。尽管日本社会已十分富裕,完全有能力实现农村地区的富裕,但日本国内资源极其匮乏、忧患意识极为强烈,作为政府主导的市场经济的国家,政府更关注资源发挥的效益及经济发展速度,结果在相当程度上忽略了农村的发展,致使城乡之间存在着很大的差距,这种现象在发达国家并不多见。

俄罗斯与印度情况有所不同,由于经济仍落后,为了在较短时间内摆脱落后状况,国家更为关心经济发展速度与效益。大城市作为制造业与经济增长的中心而备受政府的重视,政府将经济资源优先向城市配置,尤其是向大城市汇集,从而剥夺了农村发展的机会,农村贫困问题严重,拉大了城乡间的差距。苏联解体后,俄罗斯因城乡差距拉大而农村人口大量的流失,农村地区则出现衰退之势。印度农村人口众多,尽管人口的流出并未引起农村的衰退,但农村却十分落后,贫困人口比重很大,加大了印度本已经饱和的大城市压力。俄罗斯与印度巨大的城乡差距使城乡社会很不和谐,与现代社会格格不入。城乡间的巨大的差距激化了内部固有的城乡矛盾,导致城市与乡村、中心与边缘的激烈冲突,甚至以恐怖血腥的冲突形式而出现,不仅引起了农村地区的动荡,而且给城市带来了很大的不安全感。

9.2 大国城市化模式选择的资源基准

9.2.1 城市化与自然资源的可持续发展

当代城市化模式的选择应考虑到自然资源、经济资源、人口资源等因素,充分地考虑发展的可持续性。自然资源的丰富程度支撑着城市化速度与质量,也确保其发展的可持续性。土地辽阔、资源丰裕的国家拥有城市化发展的巨大的空间与资源,它们在选择城市化模式及推进城市化进程时有很大的回旋余地,而且这一类国家也需要将城市化推进到辽阔的空间,推动整体经济的发展。土地匮乏、矿产资源短缺的国家就缺乏这样的有利条件,它们必须面对资源短缺的问题,因而在城市化模式选择上更注意资源的节约与可持续性。各大国在城市化模式的选择充分地考虑到各自的环境与资源状况,但全球化背景下,各国对资源的占有也是紧密联系的,对资源的浪费也会牺牲全人类的可持续性发展。

在城市化模式的选择过程中,美国拥有巨大的回旋余地,它的城市化模式具有可借鉴,但不可复制。美国国土十分辽阔、资源异常丰富,美国人在选择城市发展及城市化时不太注意资源的节约,相反他们更注意发展速度与效益。前工业化时期,美国人将定居点选择在农业腹地,由于农业采取粗放性的经营模式,土地肥力很快消失,他们抛荒原来的土地而向新的地区寻找土地,进而又选择新的定居点。在这一进程中,土地资源遭到破坏,而定居点很难成长为城镇与城市。到了工业化时期,美国人口大规模地向城市流动,农村地区流失严重,致使不少乡村荒无人烟,造成土地资源的巨大浪费。

随着大城市病日益严重,聚集成本增加,美国新的城市化选择更是优先考虑厂商的利益与居民的效用。城市拥挤导致聚集成本大幅度增加,降低了厂商效益,增加了居民的居住与生活成本。厂商要降低成本及费用,需要降低城市土地的承载力,降低人口密度。美国大城市的郊区及农村广有土地,可供大城市的厂商及人口分散之用,同时分散所需要的道路设施也会占用大量土地,美国人毫不吝啬地使用这些土地,结果大城市郊区及农村的农业用地大量被转变为工业用地与住宅用地,耕地随之大量消失。

美国分散型的城市化也依赖于极其丰富的矿产资源作为支撑。美国是一个自然资源十分丰裕的国家,境内蕴藏着十分丰富的煤、铁、石油等矿产资源,在近年石油价格高涨的背景下,美国人还利用其丰富的农产品生产生物柴油和乙醇。人口、制造业迁往郊区、乡村,需要建设大量道路、住宅,还依赖大量小汽车提供服务,为此会消耗大量的矿产资源。美国得天独厚的资源为此提供了支持。美国选择分散型的城市化,郊区化发展得很充分,与其丰富的自然资源有着十分密切的关系。世界仅有少数几个国家拥有如此丰富的土地与矿产资源,但即使是这样,这些国家经济也没有美国那样发达,他们大多需要向外出口其矿产品而换取外汇,以进口其生存与发展所需要的物质资料。

俄罗斯也具有美国这样丰富的土地与矿产资源,它可以为分散型的城市化提供广袤的土地及丰富的矿产资源的支持。正因为其丰富的土地与矿产资源,在苏联时期,政府急于采用分散型的城市或逆城市化来开发荒无人烟的处女地。但是20世纪初,俄罗斯整个经济发展水平仍然很低,城市化仍处于低水平的均衡阶段向初期的聚集阶段演变,城市化分散缺乏经济基础。在这种情况下,逆城市化并不成功。

苏联解体,俄罗斯国家又重新回到城市化聚集阶段。人口继续向大城市集中,俄罗斯正复制欧美国家工业化时期的城市化道路,这主要还是从经济发展速度及效益着想的。在转轨过程中,20世纪90年代,新的俄罗斯政府选择了自由市场经济,企业与居民选择了"靠脚投票",向条件优越、效益高的大城市流动,自由流动成了大城市扩张与膨胀的重要力量。

在自然资源方面,欧盟国家远没有美国、俄罗斯那样条件优越,它们选择了适合自身的可持续发展的城市化模式。欧洲的城市化甚至可上溯到古希腊、古罗马帝国时期,经过中世纪的黑暗到文艺革命时,欧洲城市化又重新启动,农奴开始逃离农村而进入城市。18世纪晚期起的工业革命使英国在19世纪中期完成了由乡村国家向城市国家的转变,现在的欧盟则是最早实现城市化的地区。进入20世纪之后,欧洲大城市扩张趋势出现逆转,伦敦人口停止了增长。第二次世界大战前后,欧洲大城市出现了分散的趋势,城市化进入了分散阶段。

但是欧洲的资源禀赋与美国、俄罗斯等具有很大的不同,历史的经验使欧盟国家对城市化模式的选择十分谨慎。古代欧洲的城市的繁荣可上溯到古希腊时代,到古罗马时期城市繁荣达到了顶峰。罗马帝国时期,罗马管辖下的现今欧盟土地上就出现了一系列的城市,有的城市已相当繁荣及城市达到了一定的规模。据 Jerome Carcopimo 估计,罗马人口超过了 100 万,在罗马帝国繁荣时期高达 160 万。[①] 但是,罗马帝国时期的城市是建立在对外掠夺资源及财富的基础上,随着资源与财富供给链断裂,整个城市体系崩溃,罗马城逐渐走向衰退。

基于历史的经验,资源的短缺不允许欧盟大城市无止境地蔓延。各国政府采取了对城市化模式进行调控的政策,使城乡社会发展得以持续。欧盟国家土地狭窄、人均土地资源远低于美国、俄罗斯,而且矿产资源十分匮乏,欧盟国家的土地、矿产资源不能支持美国那样的城市化分散。尽管当代发达国家城市化转向逆城市化是其必然趋势,但欧盟国家经历不起美国那样的郊区蔓延及"跳蛙式"的发展。欧盟国家对城市化发展进行控制,在推动中小城市发展之时,也对大城市的郊区发展进行约束,使其向周边地区蔓延受到严格限制,避免其占用大量的耕地,同时也避免大城市功能过度分散使大城市经济衰退。因而,欧盟国家的城市化分散的程度远不如美国,其分散受到很大的限制。欧盟国家的城市化模式受到一些新兴的国家关注。

日本自然资源比欧盟国家更为短缺,日本政府对城市化调控也更为强烈。日本来到现代社会较西方国家迟,日本在学习西方之时,也小心翼翼地选择自

---

① Jerome Carcopimo, *Daily Life in Ancient Rome*, New Yok, 1971, p. 24.

己的经济发展政策及城市化模式。日本土地狭窄且多山,适宜于农耕及人居的土地十分有限,日本的城市化模式很难像美国那样大规模地向郊区地区分散,欧盟节约型的城市化模式更值得日本借鉴,但也没有完全复制欧盟的模式。日本平原少,可供中小城市、小城镇发展的空间也不多,如果要支持欧盟国家成熟的中小城市、小城镇群的发展代价也是巨大的。日本的贫瘠的矿产资源也不足以支撑城市化大规模地分散,郊区化需要汽车文化支撑,日本不能选择美国、甚至欧洲那样的汽车文化。日本选择大城市优先发展的战略,很大程度上是基于国内贫乏的土地及矿产资源的现实考虑的。日本的城市化模式选择也有利于社会经济的可持续性发展。

与其他国家相比,印度的自然资源处于中间地位。印度拥有较为辽阔的土地及一定储量的矿产资源,但对于人口众多的印度而言,资源也是很贫乏的。印度经济发展水平仍然很低,城市化仍停留在城市化初期阶段,以聚集为主。这一时期的城市化主要是人口、工厂及各种机构向城市蜂拥而入,结果大城市日益膨胀。由于印度人口众多,少数几个优先发展的大城市很难吸净农村地区溢出的剩余人口,中小城市及大城市郊区的适度发展显得十分重要。但是印度政府要利用现有的资源去推动城市化演进,其难度远远超过发达国家。

9.2.2 城市化与经济发展水平

城市化还得考虑各国的经济资源的支持,城市化模式的选择与经济发展水平有着密切的关系。在城市化大规模推进过程中,政府及厂商需要大规模地对基础设施进行投资。在众多基础设施中,最为迫切的是道路建设,包括城市通往远方市场的大铁路与航空港、城乡之间的公路系统、城际便利而廉价的公共交通、城市与郊区间的快车道、城市内部公共交通等。此外,城市发展还需要为住宅、供水、排污等大量投资。因此,城市发展及城市化的推进需要强大的经济资源作为支撑。发达的国家城市化模式的选择余地大,而落后的国家城市化选择的空间小,它们更多地考虑利用有限的经济资源推动城市化同时,也推动工业化的进程。

美国是经济最为强大的国家,其城市化与郊区化也最成熟。自19世纪晚期起,美国经济获得了迅速发展。这一时期,美国钢铁、水泥、电力等工业获得迅速发展,为基础设施大规模建设提供了足够的建材及动力支持。第二次世界大战后,美国率先进入后工业化时代,美国经济实力更为雄厚,新兴的电子、信息技术进入了美国经济与生活之中。尤其是计算机信息技术的广泛使用,美国人依赖于计算机在郊区工作与生活,对美国城市化演变产生了更为深远的影响。

强大的经济实力还有助于国家从境外购进大量的矿产资源,支持郊区化的进程。尽管美国矿产资源十分丰富,但其郊区化所带来分散是以小汽车的广泛使用作为支撑的。对小汽车的依赖需要消耗巨大的石油资源,美国本土的石油不能满足其需求,需要从国外大量进口。与汽车文化密切相关的公路及低层建筑也需要大量的钢铁等建材,为此,美国仍需要进口大量的建材,美国因此花费大量的美元购买所需要资源。基于强大的经济,美国人在选择城市化向郊区化转变没有太多的顾虑。

欧盟也是一个巨大而富裕的经济实体,但总体经济发展水平与美国仍有一定的差距,在进行经济决策及城市化选择时多了几分考虑。工业化时期,欧洲钢铁、电力等工业也获得迅速发展,为这一时期的城市发展及城市化提供了雄厚的物质基础。但第二次世界大战后煤、铁等资源趋于枯竭,钢铁工业、水泥等传统工业走向衰退,不能完全提供郊区化所需的建材。另一方面,与美国相比,第二次世界大战后长期进程中欧盟经济发展相对滞缓,郊区化的发展需要石油等能源资源量大,需要巨额的外汇支付进口,各国力不从心。基于经济的原因,欧盟国家不能选择美国类似的汽车文化。美国发达的信息技术将工作地点与生活地点融合,并布局在郊区和乡村地区,欧盟的信息技术还没有达到美国这样的水平。欧盟选择了一条有限分散的城市化模式,也是基于自己的经济实力考虑的。

日本是全球第三大经济实体,基于经济实力、发展水平的角度城市化模式选择的余地也较西方工业化国家小一些。第二次世界大战后,日本工业化才大规模地进行,日本来到工业化社会要比西方国家要晚,日本刚进入工业化社会,欧美国家则向后工业化社会过渡,经济已经高度发达。由于进入工业化时期晚,日本的城市化也要晚于欧美国家。第二次世界大战后,当欧美各国城市化由聚集走向分散时,日本农村人口还大规模向大城市聚集。

在作为经济支撑的制造业中,日本民族精于模仿,创新能力不足,也影响到城市化模式的选择。早期工业化发展中,日本效仿西方,大力发展制造业,尤其是机械加工、钢铁等工业,并使其技艺达到极致。进入后工业化时代,日本计算机、信息技术等新兴产业落后于欧美国家,进而影响到居民的住宅选择,日本没有出现美国那样大量的人口利用计算机在郊区及小城镇住宅工作的现象。日本经济很大程度上是外向型的,主要依赖于制造业产品的外销而获得收入,用于支撑经济及城市化的发展。尽管日本经济发达,日本国民具有高储蓄率,但其经济基础的脆弱性影响城市化的选择,日本人却不愿将大量经济资源投入郊区化与逆城市化发展中,也不愿将大量外汇用于汽车文化。长期进程中日本人更愿意选择居住在大城市,这一点与政府的大城市偏向政策相吻合。

俄罗斯国家经济发展水平与美、欧、日都有很大差距,经济落后必然影响城市化模式的选择。俄罗斯土地异常辽阔,矿产资源十分丰富,需要通过城市化分散来促进内陆及边疆地区的开发,但俄罗斯经济资源不足以支持城市化向辽阔地区的扩散。在广袤无垠的原野上修建较为稠密道路的网,需要巨额资金支持,俄罗斯缺乏这样的财力。为了推动整个经济的快速发展,苏联时期有限的经济资源重点投入内陆及边疆地区城市与城镇的开发。苏联解体后,俄罗斯经济资源则向西部地区大城市集中,如莫斯科、彼得堡等城市,大城市的优先发展十分明显。

印度是诸大国中经济最落后的国家,也是今日世界最为贫穷的发展中国家之一,落后的经济不仅阻碍了工业化的进程,同时也使城市化模式的选择面狭窄。印度农村人口众多,土地辽阔,印度政府缺乏足够的财力将铁路、高质量公路修建到辽阔的农村地区。在第二次世界大战后长期历程中,印度政府将有限的经济资源向大城市集中,中小城市及农村经济资源供给短缺。在经济资源贫乏的条件下,印度采取大城市偏向及抑制农村人口向城市流动的双重政策,这种充满矛盾的城市化模式阻碍了印度的城市化进程,致使城市化水平仍停留在很低的水平。

9.2.3 城市化与人口规模

人口是经济发展中的重要资源,从另一个侧面上看也是经济发展的负担,城市化模式的选择还与国家或地区的人口规模有着十分密切的关系。城市发展过程中需要一定的人气,需要把农村地区的人口吸引到城市,尤其是富有活力的人口,城市发展及城市化离不开人口的流动。但城市规模不是无限的,在特定的环境下,城市容纳空间及城市化还受到自然资源、经济发展、政府管理水平等诸多因素的制约。在一定的经济发展及管理水平之下,人口规模扩张,资源短缺现象突出,人口大规模流动加速了经济与社会的变迁,带来一系列的问题,会使城市社会关系更趋复杂,引起城市社会的冲突,进而加剧社会动荡。因此,各国的农村人口的城市化进程中,必然会根据各国的具体情况采取不同的政策,引导城市化的进程,从而影响到城市化模式。

从人口规模及人口增长速度的角度,美国城市化进程中问题较少,政府对城市化模式的演变干预很少,基本上是自由放任,美国城市化也自由地沿着城市化发展的主线向前推进。在早期工业化时期,美国工业化与城市化遇到的最大问题是人口的规模小,劳动力缺乏。美国国土面积为900多万平方公里,而这一时期的美国人口仅为数千万,实在是地广人稀。随着19世纪工业化大规模推进,城市新兴的工厂需要大量的劳动力,城市工厂需要将农村的人口源源不断地吸引过来。美国人口大规模地从农村向城市迁移,从而推动工业化与城市化的浪潮。农村人口大量流失,也导致了美国农村劳动力的不足,刺激农村劳动力价格上涨,对农业生产也带来了消极的影响。更为严重的是,农村人口的大量流失引起了农村的萧条,刺激乡村政治家的强烈不满及农村普遍的敌意。

随着工业化与城市化的推进,大城市逐渐兴起,这一时期美国本土移民已不能满足城市工厂对劳动力的需求。城市厂商希望更多的廉价劳动力向城市迁移,他们把眼光转向国外。为了获得更多的廉价劳动力,地方政府与厂商不择手段实现这一目标。在东部地区,尽管大量的农村人口已进入了城市工厂,但随着工业化的猛烈扩张,劳动力仍然不足,城市劳动力价格昂贵,增加了厂商的生产成本,增加了美国制造业国际竞争难度。在这种情况下,城市政府及企业家派出代理人去欧洲进行宣传,吸引了大量移民来美国。1860—1910年,两千多万外国移民进入美国城市,东部大城市获得了迅速扩张。

进入20世纪后,美国人口获得大幅度增长,人口的多数已定居于城市,东北部及中西部大城市的膨胀尤为引人注目,城市发展面临方向性的转变。第二次世界大战后,美国人口突破了两亿,大城市因人口剧增而变得日益拥挤,大城市外围地区则拥有巨大的发展空间。美国人口开始从大城市向郊区及小城镇流动,推动了城市化向极其广阔的空间扩散。21 世纪初美国人口突破了3 亿,但就其辽阔的土地来说,人口压力并不是很大,在城市化演变过程中阻力很小。美国城市化由分散走向聚集,又由聚集走向分散,在这一进程中人口得以自由而充分地流动。美国人一直保持高度的流动性,第二次世界大战后的郊区化时期,美国流动性仍很大。1977 年,美国学者唐恩斯和拉契曼(Downs and Lachmannn)经过大量的研究后估计,美国每年流动的人口约为总人口的20%。[①] 人口规模与国土面积相比,美国具有可供流动的巨大的空间。

欧盟国家的情况比美国复杂,人口压力一直较大,没有美国那样巨大的人口迁移空间。从中世纪晚期起,欧洲国家就存在着相当大的人口压力。这一时期兴起了农业革命,农村人口迅速增长。从 18 世纪中叶开始至 19 世纪中叶的一个世纪里,英国人口增长三倍,接近 3000 万人。欧陆地区的法国、德国的人口增长也较为迅速。由于各国国土面积小,欧洲国家人口压力是相当大的。

由于人口规模大,欧洲境内移民流动性也受到一定限制,流动性就不如美国。文艺复兴后,欧洲人口就加快了向城市迁移的步伐,但城市移民受到不少限制。如英国圈地运动时期,政府立法对失地农民流动进行限制,迫使不少人向美洲迁移。另一方面,欧洲土地狭窄,尤其是大城市有限,城市空间狭窄,难以容纳农村溢出的日益增长的人口,因而欧洲境内人口流动性远不如美国。在工业革命后的长时间里,欧洲人口大规模向境外迁移。在郊区化阶段,相对较弱的流动性也影响人口从城市中心向郊区流动,欧盟国家郊区化程度也不如美国成熟。

尽管如此,工业化之后的欧洲人口缓慢地向城市流动,在较长时间里完成了城市化。西欧境内分割为众多的国家,其中英国、法国、德国、意大利、西班牙等国人口规模较大,其他是一些中小国家。在这种情况下,大城市仅出现在大国的首都,如英国的伦敦、法国的巴黎、德国的柏林等。中小国家人口规模小,即使是首都的城市规模也不大,它们的城市以中小城市、小城镇为主体。工业化之后,欧洲国家间移民规模也很小,欧洲各国农村人口在向大城市流动

---

① Donald B. Rosenthal, *Urban Revitalization*, London, 1980, p. 68.

的同时,也向中小城市、小城镇迁移。这一流动格局构成未来中小城市、小城镇繁荣的重要基础。尽管如此,工业化时期欧洲国家的大城市发展还是十分引人注目的,但其扩张程度远不如美国。

第二次世界大战后,在城市聚集向分散转变过程中,人口从大城市向外围地区分散受到一定程度的抑制。尽管欧盟人口多于美国,但就相对狭窄的土地资源而言,显得庞大。人口大规模地从大城市向郊区、中小城市、小城镇分散受到了限制,欧盟国家承受不了土地资源的消耗,欧盟有限的土地还需要为庞大的人口提供食物需求。

日本也是人口众多的国家,就其十分狭窄的土地资源而言,人口压力更大。明治维新之后,日本开始步入了工业化社会。庞大的农村人口在流向大城市时,日本人痛苦地感觉到,在当时经济与交通条件下,他们为数甚少的几个城市不能容纳农村源源不断涌来的人口。在这种情况下,日本发动对外侵略战争,通过对外殖民来减轻国内人口的压力,大量人口涌入朝鲜及中国东北地区。

第二次世界大战后,日本战败,对外移民的道路被堵塞,而且大量的海外日本人回到本土,日本农村人口向城市迁移又回到正常的轨道。随着日本工业化的推进,庞大日本农村人口不可避免地向城市流动,与美国早期的城市化的人口流动一样,他们直接向大城市迁移。经过战后长期迁移,日本成为高度城市化的国家。尽管今日日本大城市已饱和,但面对狭窄的国土,庞大人口向大城市郊区、中小城市及小城镇分散缺乏空间。一方面需要考虑土地的保护,另一方面,分散也需要大量的经济资源支持。日本选择大城市偏向的城市化模式也同其庞大的人口规模有着密切的关系。

俄罗斯人口超过 1.5 亿,也是人口大国,但从辽阔的地域的视角看,人口规模并不大。俄罗斯人口流动具有十分广阔的空间,问题的关键是庞大的人口在幅员辽阔地区流动也是一件不容易的事,需要巨大的财力进行支撑。苏联时期,国家试图通过政府力量,将西部核心地区人口分散到边疆地区,但效果并不好,其经济代价高昂。苏联解体后,政府资源向大城市集中,也促使人口向中心地带的大城市聚集,俄罗斯重新走上集中型的城市化。

印度是诸大国中人口规模最大的国家,在城市化进程中遇到的问题最多,其城市化模式选择的空间也最小。人口规模巨大、资源短缺、经济落后。在这样条件下,庞大的人口要从农村流向城市并不是容易的事。由于有限的资源向少数几个大城市集中,中小城市、小城镇资源短缺,难以获得迅速的发展。人口众多,少数大城市的容纳能力十分有限,结果印度绝大多数人口仍游离于城市之外。尽管近年经济发展加速,但城市化仍步履维艰。印度最终选择了城市化滞后的道路及大城市偏向的模式,印度的城市化仍然任重而道远。

9.3 大国城市化模式影响的综合述评

9.3.1 美国郊区化:当代最成熟的城市化

城市化模式的选择存在着诸多因素,但城市化选择最终还得落实在经济发展上,其对经济发展的推动作用尤为重要。从经济发展的角度,美国郊区化是当代世界最为成熟的城市化,揭示了各国未来城市化的趋势,但却不能完全复制。成熟的城市化使社会经济充满着活力,长期强有力地推动区域及国家的经济发展,而且城市化向极其广阔的空间扩散,促进城乡社会经济一体化。与其他大国比较,第二次世界大战后长期发展过程中,美国经济总体较为迅速,美国城市化表现出强有力的经济活力。美国城市化也存在着不尽如人意的地方,尤其是对资源的巨大消耗是不可持续的,进入 21 世纪以来,美国一些州也积极通过紧缩城市的发展,借以医治城市蔓延所带来的消极影响。①

美国郊区化延伸了美国人强烈的开拓精神,使第二次世界大战后美国经济长期发展充满着活力。第二次世界大战后,在美国城市、郊区和农村三大部分中,郊区是经济最活跃的地区。在衰退的城市经济暗淡无光之时,郊区经济却光芒四射。第二次世界大战后,位于大城市郊区的电子、信息等高技术产业的发展十分迅速,成为美国经济发展的新的发动机,也使美国经济发展充满活力,2001 年美国经济总量超过世界的 1/3,科研产出则占世界的 40%。郊区化在第二次世界大战后美国经济的贡献中起着决定性的作用,郊区科技园区及工业园形成了新兴的高技术研究、开发和生产的中心。

美国一些学者通过大量资料的研究后认为,第二次世界大战后美国的郊区化与消费增长紧密连接在一起,而消费增长则是战后美国经济长期发展的

---

① Alexander C. Denman ect, *Land Use Policy*, Nova Scien Publisher, Inc. , 2009, pp. 12 – 15.

重要基础。郊区住宅及由此产生的家具、家电工业、郊区道路的发展,有力地带动建材等一系列的相关工业发展,使战后美国市场需求十分旺盛①。郊区化所带来的旺盛的需求不仅有力地推动美国的经济发展,而且对世界经济发展作出重要的贡献。美国社会需求的扩大与萎缩不仅影响到美国经济,而且对全球经济的发展产生巨大的影响。

公路等基础设施对美国经济产生的拉动作用巨大。因郊区化发展的需要,第二次世界大战后全美进行了规模巨大公路投资。战后美国城乡地区修建了数百万公里的公路,其中大部分是高速公路或硬表面的高等级公路。此外,郊区及乡村地区还修建了巨大的供电、供水、排污等工程。庞大的基础建设产生了对水泥、钢材等建材的巨大需求。水泥、钢铁等建材工业的发展又影响到一系列的相关工业的发展,并对整体经济发展产生深远的影响。

汽车、航空等工业的发展在推动美国经济长期发展的同时,也推动了全球经济。第二次世界大战后汽车、航空工业等在美国经济发展中具有极其重要的影响。郊区发展所产生的巨大需求,使汽车工业成为美国重要的产业,甚至可以说是极其重要的支柱产业。在短途运输中,公路代替了铁路,分散型城市的郊区扩张对汽车产生巨大的需求,使美国成为全球最大的汽车生产与消费生产国。汽车工业还带动相关工业的发展,诸如石油、化工、橡胶、钢铁等工业。汽车工业在美国经济发展具有举足轻重的地位。美国巨大的汽车消费也为全球的汽车厂商提供了巨大的市场,为全球汽车工业及相关产业的发展作出了重要贡献。

第二次世界大战后,航空工业在美国制造业中的作用也是巨大的。在远距离的运输中,航空运输取代了铁路的作用。美国飞机制造厂商以西海岸分散型城市西雅图和洛杉矶为生产中心,生产的飞机大量销往美国各地,同时也凭借着其巨大的生产规模和较低成本将飞机大量销往世界各地。航空工业带动了诸如轻型材料等工业的发展,而战后轻型材料工业在高技术产业发展中具有重要的地位。同时,航空工业也为美国带来了大量的收入,强有力地推动了美国西海岸一系列分散型城市的发展。

在房地产及其相关产业的发展方面,美国郊区化影响也是巨大的。第二

---

① Richard Harris & Peter J. Larkham, *Changing Suburbs*, New York 1999, p. 35.

次世界大战后,美国郊区进行了规模巨大的房地产投资,美国人的房屋拥有率远比其他国家高,人均住宅面积也远比欧盟国家的大,而且新建房屋比重大。尤其是在城市外围地区和郊区,分散着大量的新建住宅。房地产商在郊区新建了大量独户住宅,出售给富裕的城市中产阶级。郊区房地产的发展带动了建筑业的发展,郊区房地产的发展对战后美国建筑业及建材工业起到巨大的推动作用。

郊区房地产业及相关产业带来了巨大需求,使房地产成为了美国工业的重要支柱产业。第二次世界大战后经济周期发展表明,当房地产市场萧条时,整个国家经济会受到严重的危害。2008 年起,美国房地产市场出现了危机,房屋需求下降、价格暴跌,房地产市场趋于崩盘,引发了金融业的次贷危机,导致雷曼兄弟银行等大批国际著名的银行倒闭。美国金融危机席卷全球,深深地伤害了美国经济,也损害了全球经济。美国郊区化不仅影响美国经济,也对全球经济产生很大的影响。

郊区化还将美国人一代代的开拓创新精神发扬光大,对新兴信息技术和其他高新技术产业的影响巨大。20 世纪初,美国学者熊彼得出版了《经济周期理论》一书,论述企业家在现代社会经济的作用。熊彼得认为企业家是这样一种人,他们引进新的技术、新的产品;实行新的组织管理形式,促进新开发资源的发展。因而熊彼得认为企业家群体的存在,是促进创新及推动社会进步的先决条件。美国工业化时期的钢铁大王卡耐基极其形象地形容了企业家和社会的关系,他认为,百万富翁(企业家)好比一只只蜜蜂,社会好比蜂箱;企业家能在蜂箱中酿出蜜糖来,对社会做出最大的贡献。[1] 卡耐基对企业家在社会中作用的描述很有说服力。

人口与社会的流动所产生的企业家精神为美国人培养了一代代的企业家。工业化时期,洛克菲勒、卡耐基等闻名全球的企业家,他们的工作极大地推进美国的工业化进程,工业化时期美国工业后来居上。美国早期西进运动中所培养出的重要的价值观念及企业家精神,在后来的城市化,尤其是郊区化进程中继续保存下去。郊区化带来了人口的巨大流动,"靠脚投票"的选择使

---

[1]　Edward Chase Kirkland, *Dream and Thought in the Bisiness Community*, Chicago, 1964, p.145.

美利坚民族的开拓精神发扬光大,由此产生了新的企业家精神。这些重要的价值观念与开拓精神,使人们对未来充满着希望,使整个社会奋发向上。尤其是在知识爆炸的时代,这一新的企业家开拓精神更使美国人从中受益匪浅。

第二次世界大战后,大批富有雄心、有开拓精神的企业家迁移到郊区,高新技术产业在郊区获得了巨大的成功。美国旧金山附近的硅谷、波士顿的128号公路走廊成为世界第一、第二大电子工业中心。此外,位于美国郊区的通信、生物、精细化工等高技术产业也在世界占有领先地位。欧美学者对高新技术产业的布局的研究上可以看出郊区化影响。彼得·霍尔(Peter Hall)通过一系列研究发现,高新技术产业布局有这样一些特点:高新技术产业大多集中在一些工业地区,具有发达的基础设施,从城市边缘向外分散,拥有发达的教育系统,尤其是有组织的研究机构、大学等存在,它们大多布局在传统的工业城市之外,且具有创新的环境等。①

从上述这些特点看,高新技术产业多布局于传统工业城市之外,尤其是郊区。波士顿的128号公路走廊、旧金山附近的硅谷和加利福尼亚的奥伦治县等,都是著名的高新技术集中地区。美国加利福尼亚州的电子工业、计算机、航天、航空等高技术产业也大多分散在该州主要城市的外围地区。

9.3.2　欧盟、日本城市化:经济发展的推力不足

第二次世界大战后长期进程中,欧洲与日本严重依赖美国经济发展及消费的增长。美国经济成了西方国家乃至世界经济的晴雨表,当美国经济高涨、消费市场繁荣时,欧洲及日本出现了巨大的市场机遇,其经济处于快速发展之中;当美国经济处于经济周期低谷时,消费不振,欧洲和日本经济也会步入衰退。重要的原因是这些国家内部消费市场相对狭窄,对经济的推动不足,严重依赖于外部市场。第二次世界大战后,欧盟及日本的郊区化程度低,国内投资与消费需求受到很大抑制。需求不足极大地制约国内工业市场发展,制造业厂商严重依赖于海外市场,贸易摩擦大。即使是这样,经济也缺乏长期发展的驱动力。

---

① Anita A. Summers, *Urban Change in the United States and Western Europe*, Washington D. C. , 1999, p. 60.

20 世纪 50—70 年代,欧洲、日本经济发展迅速,是其经济发展的黄金时代。第二次世界大战后初期,百废待兴,欧洲、日本重建带来了巨大的需求,为工业市场扩张提供了巨大的空间,经济迅速恢复与发展。这一时期,海外市场扩张对欧洲、日本经济发展也起了十分重要的作用。50 年代起,朝鲜战争、越战及东西方间长期的冷战,为欧洲、日本的制造业提供了巨大的市场,刺激了经济的发展。这一时期,发展中国家制造业还处于很低的水平上,还不能构成对西方工业化国家的威胁,新兴的市场空间几乎为工业化国家所垄断。战后,发展中国家经济也走上自己的复兴之路,其经济发展也为欧洲及日本提供日益扩大的市场。

欧盟国家及日本选择的城市化模式,造成内需的不足,各国严重依赖于海外市场,但是海外市场具有很大的不确定性,欧盟、日本发展的基础十分脆弱。基于经济利益,各国贸易保护主义随时抬头,自由贸易的门也会悄悄地关闭。由于欧盟国家、日本将美国作为其商品的倾销市场,商品潮水般地涌向美国,欧美、美日之间贸易上的矛盾很大。日本因对美国巨大的贸易顺差而产生越来越大的摩擦,迫使美国进行贸易制裁。1985 年 9 月 22 日,美国与英、法、德等国迫使日本签订了《广场协议》,日元大幅度升值。《广场协议》签订后,日本对外贸易受到很大的挤压,而国内又没有建立起巨大的消费市场作为替代,结果日本制造业生产受阻。20 世纪 90 年代,日本爆发了极其严重的危机,对整个亚洲经济造成很大冲击,其后日本步入了严重衰退之中,日本经济元气大伤。

战后,欧盟国家经济总体而言比美国大为逊色。20 世纪五六十年代,欧洲国家经济因战后重建而经历了较长时期的恢复与发展,进入 70 年代以后,出现了停滞的趋势。八九十年代,欧盟国家经济复苏,其增长率也仅为 2.5%,低于美国一个百分点。进入 21 世纪后,欧洲经济发展更是不敌美国。1991 年,美国人均 GDP 高出欧盟国家 42%,到 2001 年则高出 54%。欧盟国家长期消费与投资不振,使美欧间经济差距逐年拉大。

第二次世界大战后,郊区化使郊区成为新的制造业基地及增长中心,美欧间郊区化程度所存在的巨大道路成为其经济发展水平差距拉大的重要原因。这一差距对欧盟国家经济产生的差异性影响如下:

第二次世界大战后,欧盟国家对郊区化限制也限制了经济的长期发展。

欧盟对郊区发展进行限制,限制了对道路等基础设施的需求。在交通设施方面,欧洲国家更多的是维持原有的公共交通,如铁路、电车及地铁等,交通设施更新十分缓慢。同美国相比,欧盟国家公路建设规模黯然失色。不仅如此,在欧盟城市的郊区及农村地区也没有产生美国那样的规模的巨大的供水、供电、排污工程的需求。因此,战后欧盟国家的钢铁、水泥等传统制造业因需求不振而逐渐萎缩。德国鲁尔地区、法国东北部等地曾经是欧陆钢铁工业中心,因市场不振及资源短缺而导致钢铁工业衰退。在经济上,产业衰退产生了累积因果关系,进而引起一系列的连锁反应,极大地制约了欧盟的经济发展。

与美国相比,欧盟国家的汽车工业也相形见绌。郊区发展受限,从而限制了对汽车的需求。西方工业化国家及一些新兴的工业化国家也把汽车工业视作其支柱性产业,汽车工业在产业链中具有很大的前向、后向关联作用,能够带动大批相关产业的发展。欧洲汽车制造业在欧洲缺少美国那样庞大的消费群体,对其汽车工业的发展极其不利。因而,欧盟国家汽车厂选择的不是美国那样的大众化生产,生产规模不能与美国底特律汽车制造厂相比,而且对国际市场存在着巨大的依赖,尤其是对美国市场具有很大的依赖性。由于生产规模较小,欧盟国家的汽车制造厂商更注重高档汽车的生产,汽车工业对相关产业的带动也远不如美国。

在航空工业方面,欧盟也不能同美国匹敌。在第二次世界大战后的长期发展中,欧洲航空工业不敌美国西部分散型城市的航空工业。为了与美国波音等航空公司竞争,欧洲航空公司在20世纪末期经过整合与重组,重组后的空中客车公司获得了稳步发展,但与美国的波音公司还是存在着一定的差距。欧洲航空工业对相关工业的影响也不如美国。

欧盟国家人均住房面积小于美国,新建住宅受到较多限制,对房地产的拉动受到很大抑制。相比之下,欧盟国家许多富人更乐意居住在城市中心区。城市中心新建住宅拆迁成本太高,而且政府对中心区传统建筑进行了严格保护,拆迁也十分困难,因而新建住宅大多位于城市边缘地带。欧盟国家城市中心住宅向下淘汰没有美国那样普遍,不少富裕的人口仍然居住城市中心传统住宅里。这种居住模式限制了城市房屋的需求,从而限制了房地产的开发。欧盟国家房地产难以像美国郊区房地产那样产生对经济的拉动作用。

与美国相比,欧盟国家的地域流动小,企业创新精神也大为逊色。地域流动的不足,不利于社会地位的流动,社会也缺乏活力,死气沉沉。在新经济时代,缺乏新的企业开拓精神,致使欧洲在全球高科技领域的竞争中处于不利的地位,这也是欧洲在第二次世界大战后落后于美国的重要原因之一。

9.3.3 俄罗斯、印度城市化:面临向分散型城市化演变

俄罗斯、印度的城市化模式是其社会、经济及自然资源等诸要素综合力量作用下的选择,在一定程度上推动了社会经济的发展,但其消极影响也是巨大的,而且于整个国家的未来发展也十分不利。进入 21 世纪后,随着社会经济的进一步发展,社会趋于富裕,政府思维方法及政策导向也会发生相应的变化。在经济发展初期,政府更注重效益而忽视了公正,经济发展起来后应更多地考虑社会公正。通过城市化扩散而推动中小城市、小城镇及广大农村地区的发展,促进城乡社会经济一体化。而且随着交通及通讯的发展,将发展的重点移到大城市边界之外的地区也不是没有效益的,尤其是随着大城市聚集成本的增加,大城市的郊区、中小城市乃至小城镇通达性提高后也会表现出巨大的效益。

20 世纪,俄罗斯城市化模式是其社会、经济等诸要素作用下的综合产物。经过苏联计划经济时期的工业化与城市化的发展,俄罗斯人痛苦地感觉到他们的经济仍然相当落后。在这种背景下,处于转轨时期的经济更多地考虑经济效益,考虑经济发展的速度。在计划经济时代,兼顾内陆腹地及边疆地区的发展导致资源的分散,缺乏效益,相应的城市化也没有带来应有的经济效益。

鉴于经济的落后,苏联解体初期新的俄罗斯政府引入了西方的市场经济,引导城市化发展。俄罗斯政府实施"休克疗法"的改革,俄罗斯经济下滑,人民生活水平下降。在此背景下,政府十分注重经济发展,尤其经济效益及发展速度。俄罗斯放弃了扶持内陆及边疆地区的城市化政策,进而采取了大城市偏向的政策。政府通过预算使大城市获得更多的经济资源,有意识地扶持大城市优先发展。

俄罗斯独立后,俄罗斯大城市迅速发展起来。俄罗斯大城市集中在其西部地区,莫斯科、圣彼得堡等中心城市尤其引人注目。西部大城市迅速扩张,城市繁荣,在累积效应之下,资源继续向这些城市汇集,人口也源源不断地涌

来。尽管大城市的优先发展表现出巨大的效益,但城市问题成堆。土地及房地产价格却飞涨、城市犯罪及恐怖活动等形成了的直接冲击,大城市发展何去何从遭到质疑。西伯利亚、远东地区等边远地区的中小城市、小城镇及广大农村地区人口大量流失,他们不断地向西部大城市迁移。中小城市、小城镇及广大农村地区人口的大量流失,不仅是影响到这些地区发展,而且也给俄罗斯国家的未来稳定与发展蒙上了巨大的阴影。

印度情况与俄罗斯也大体相似,印度更早采取大城市偏向的政策。尽管印度政府也设法通过各种政策阻止农村人口大规模地涌入城市,但是农村的贫困还是迫使大量的人口涌入大城市,而且印度的情况比俄罗斯复杂得多。印度面对两方面的压力,一是大城市持续膨胀,拥挤不堪;二是农村地区十分贫困,而且人口日益膨胀,必将继续向大城市涌来,但是印度现有的大城市已经饱和,已进入世界最为庞大的城市之列,不能继续大量容纳农村溢出的剩余劳动力。

进入 21 世纪之后,两国都面临城市化模式的转变问题。人类已经步入了21 世纪,政府的公共政策不仅要考虑效益、速度,而且也应该考虑到社会公正问题。小城市、小城镇及广大农村地区的发展长期被忽视,谈不上社会公正,社会也很难和谐。长期的大城市偏向政策不仅会造成大城市无止境地蔓延与膨胀,而且不利于中小城市、小城镇及广大农村的长期发展,不利于整个区域乃至整个国家的发展。这种城市模式还会带来极其严重的社会问题,引起城乡冲突及乡村的动荡。

对于俄罗斯与印度而言,城市化由聚集走向分散是不可回避的,同时也是社会经济发展的需要。少数几个大城市的优先发展,难以带动内陆腹地的众多中小城市、小城镇的发展,同时也使农村地区边缘化。作为人口与地域大国,俄罗斯、印度,更需要推动广大内陆地区的发展,它们需要将城市化从大城市核心地区向边缘地区推进。在这一进程中,大城市人口、工厂等向中小城市、小城镇分散,通过中小城市、小城镇的发展而建立发达的城市网络系统,将城市辐射影响扩散到内陆广大农村地区,进而协调城乡地区的发展。

综上所述,各大国城市化模式是其社会、经济、自然环境诸要素综合力量作用下的选择。各国在选择城市化模式时,应综合考虑现有的经济水平、人口、自然资源等,以此做出不同的选择。美国城市化模式是最为成熟的城市化,长期强有力地推动经济发展。欧洲、日本城市化模式也是其诸要素综合力量的反映,虽然其经济发展动力不足,但在资源贫乏的条件下具有可持续性。俄罗斯、印度的城市化仍然处在城市化初期的聚集阶段,边缘地区及广大农村发展受到很大的束缚,城市化未来有必要向极其广阔的空间分散。

10　大国城市化模式的启示与
中国城市化道路

进入 21 世纪以来,中国城市化充满着机遇与挑战,我国理论界对此十分关注。笔者研究与比较当代大国城市化模式,目的在于借鉴它们的经验与教训,为中国城市化发展提供重要启示。中国城市化水平略高于印度的水平,城市化模式及历程与印度、俄罗斯有一定相似之处。经过 20 世纪 80 年代以来城市化的长期聚集,中国各省区大城市的极核特征凸显,在带来城市经济活力之时,城市问题也日趋突出。城市蔓延已对食物安全构成威胁,强大的大城市中心对郊区、小城镇及农村的发展也产生了诸多不利影响。在此背景下,中国城市化面临或正经历新的转变,即城市化由聚集阶段向分散的郊区化或逆城市化方向演变。通过对大国城市化模式的比较,导出未来中国城市化演进的方向:城市化将由大城市中心向郊区、中小城市及农村腹地的小城镇渐次推进,将农村纳入城市化影响之下,使城市化向极其广阔的空间扩散,实现整个区域乃至整个国家的城市化。面对城市化的机遇与挑战,政府城市化政策应做相应的调整,借鉴其他大国城市化成功的经验,并吸取其深刻的教训,促使城市化健康发展。

10.1　中国城市化道路与发展问题

10.1.1　中国城市化沿革及城市化驱动力的演化

中国城市化道路在争论中向前推进,城市化历程也不平坦,至今仍处在较低水平上,而且各区域城市化发展也很不平衡。中国是一个发展中的大国,城市化背景十分复杂,城市化进程中所出现的问题具有世界的共性,同时也具发展中国家的特点及中国本身的特点。中国城市化有这样一些特点:1. 起步很晚与经济落后;2. 道路蜿蜒曲折;3. 城市化进程中社会结构复杂,利益集团冲突激烈;4. 人口规模庞大、资源相对贫乏。这些因素对城市化发展及政府的城市化政策产生巨大的影响,从而又影响到中国的城市化道路及进程。

20世纪50年代新中国成立初期,中国城市化才开始步入正轨,相距欧洲工业化国家一百多年的时间,城市化进程中出现的问题也更为严重。尽管两千多年前中国已出现了一定规模的城市,但农业社会还没有开始现代意义上的城市化,城市人口比重很小,城市功能也很单一。1840年中国步入了近代社会,但到1949年的100多年的时间里一直处于战乱之中,城市化几乎停滞状态,延缓了中国城市化的步伐,同时也因为工业化与经济的极端落后等因素而使中国城市化步履维艰。20世纪50年代内战结束后,中国城市化提速,但是1950年中国的人口基数为5.5亿。① 1950年美国人口为1.51亿,是同期中国的27%。② 这一时期中国庞大的人口中90%生活与居住在农村地区。

欧美各国城市化加速时期,人口基数很小,城市化带来的问题较少。城市化初期,各国人口在3000—5000万之间。美国国土面积与中国大体相似,城市化初期人口规模很小。1850年,美国人口为2319万,1870年为3855万,这几千万人口在美国后来大规模的城市化进程中是很容易转移的。③ 而且在农村人口向城市迁移过程中,社会冲突相对缓和,城市化障碍也并不明显。加之这一时期工业化的快速推进,政府也没有必要限制向城市移民;相反,城市企业家需要大量的廉价劳动力,希望更多的农村人口移入城市。欧洲各国人口规模要小一些,城市化的推进也很顺利。

欧美城市化进程中也实现了人口增长类型的平稳转变。19世纪中期前后,欧美大规模工业化与城市化推进之时,人口处于高出生率时期,但这时医疗技术落后,人口高死亡率也很高,而且这一时期人口基数也很小。随着医疗技术的进步,人口增长进入了第二阶段高出生率及低死亡率,各国已完成了由乡村的农业社会向城市的工业社会的转型,从而轻松地卸去了庞大的农村人

---

① 中国人口信息网:1949—2003年全国主要人口数据,网址:http://www. cpirc. org. cn/tjsj/tjsj_cy_detail. asp? id=3885。

② From Wikipedia, the free encyclopedia: Demographic history of the United States,网址:en. wikipedia. org/wiki/Demographic_history ... 2010-3-25-。

③ From Wikipedia, *the free encyclopedia*: *Demographic history of the United States*.

口的包袱。随着社会发展，人们生育观念发生了变化，发达国家人口迅速进入了低出生率与低死亡率阶段，人口增加缓慢，实现了城市化的良性发展。

中国的情况与之迥然不同。20世纪50年代初，中国人口5.5亿，是欧美城市化初期任何一个国家的10倍以上，且90%人口仍然居住在农村地区。庞大的农村人口使城市化一开始就背上了异常沉重的包袱，而且中国人口增长类型与发达国家城市化加速时期的具有很大不同。20世纪50年代，随着医疗技术的进步，中国人口死亡率大幅度下降，人口出生率却高居不下。中国人口增长类型迅速进入低死亡率与高出生率阶段，对城市化的人口压力陡然增大，而城市经济异常落后，消化庞大的农村人口十分困难。在这种背景下，庞大的农村人口滞留在农村地区，造成人口爆炸性地增长，而且这一增长势头又延续了半个多世纪。

1949年给中国城市化带来了良好的机遇。中央政府十分重视工业在经济发展中的重要性，意识到工业化与城市化相互推进的影响。政府将社会经济工作的重心转移到城市，开始迅速地推进城市化的进程。整个20世纪50年代，政府角色到位，政府不仅是规划师，而且肩负起制造业厂商及销售商的责任。建立了大量的管理机构，并在城市安排了大量的工业项目，并对一些重点城市进行扩建。

政府通过上述这些政策为城市与城镇新创造了大量的就业岗位，大规模地推动城市化的进程。20世纪50年代初，中国城市新增了众多的就业岗位，从农村吸纳了大量剩余劳动力，城市人口迅速增加。50年代，城市人口年增5%以上，1959年高达13%，城市人口的增长率远远超过农村人口。1950—1960年间，中国城市化水平提高了一倍，接近20%。城市化快速推进是中国迈向城市国家的极其重要的一步，但50年代后期的城市化速度及社会变迁过快，面对蜂拥而来农村人口，城市经济还不能完全消化掉，整个社会经济也没有完全为此作好准备，从而使城市化具有反复，后来道路也不平坦。

新中国成立后，中国采取苏联类似的计划经济模式，中国的城市化在计划经济指导下运行，决定了道路的曲折性。20世纪50年代后期城市化过速发展带来了一些严重的问题，政府政策也发生很大变化。60年代后，中国城市化逆转，由聚集转向分散，人口从大城市向小城镇及农村迁移，这一政策与苏联时代十分相似。城市化的这一逆转并非是建立在社会经济发展的基础上，这一时期中国经济还不能支持城市化由聚集走向分散,而是对前期过速发展的修正。决定城市化的分散是非市场的力量,政府仍通过计划经济实施这一政策。

20世纪80年代前的长期进程中,计划经济也同我国非城市化理论连接在一起,成为中国城市化的主流理论。这一理论将"城市病"与大城市联系在一起,认为城市病是资本主义特有的现象,经济的无计划性造成大城市人口膨胀,诱发了严重的城市病。为了遏制大城市膨胀,必须抑制城市人口的增长,把人口有计划地从大中城市疏散出去,以减轻大城市人口压力。政府部门采取积极与消极的非城市化政策,一方面,有关部门积极地把城市人口迁移出去,另一方面则通过户籍制消极地把农村人口堵截城市之外。这一政策对中国城市化产生了长期的深远的影响,尤其后者至今的影响仍然是巨大的。

20世纪80年代前,地方政府积极地进行人口的外迁。50年代起,城市有文化的青年不断被迁往小城镇支援农村建设,这一迁移延续到70年代。自50年代到70年代中期,城市迁往农村的人口数以千万计。据《中国青年报》估计,1950—1964年期间城市迁移到农村的青年人累计为4000万左右。[1] 1968年以后的10年中,又有1700万大中学生去边远的农村落户。当时上海人口为550万人,1968—1976年间送走了129万人,达整个人口的23.4%。[2] 1966—1976年间,中国城市化水平则由18%降到17.7%。城市化这一逆转,对中国城市化的负面影响是深远的,当时中国城市化还没有成熟到进入分散的阶段。

地方政府城市移民进行堵截,影响更为深远。在城市居民中,对进城农民堵截具有广泛的基础。20世纪50年代起,地方当局就开始对进城农民进行堵截。1949年,上海市政府下令把"盲目"进入城市的乡下人遣送回乡,仅在1955年4月,上海就遣送了4.3万农民。[3] 上海市的政策开了堵截农村人口的先河,起了强烈的示范作用,其他城市纷纷仿效。为了阻截进城的"流",1958年颁布了户籍制,堵截农村人口向城市的迁移成为制度。直到今天,这

---

[1] R. Kirkby, *Urbanization in China*, Columbia University Press, 1985, p.38.

[2] R. Kirkby, *Urbanization in China*, Columbia University Press, 1985, p.39.

[3] R. Kirkby, *Urbanization in China*, Columbia University Press, 1985, p.34.

一制度仍对农村人口的流动产生一定的阻碍作用。

20世纪80年代之后,中国城市化进程加快。1978年后,政府对城市化政策进行了较大调整,城市化出现加快的步伐。"下乡知青"、"下放"干部及其家属纷纷返回城市,高校毕业生、退伍军人大量涌入城市定居,城市人口增长较为迅速,城市化水平回升。更为重要的是,农村及小城镇人口也开始大规模涌入城市打工、经商及开办企业,他们中不少人在城市定居下来。中国城市化水平迅速提高,2009年达到46%。①

中国城市化发展在地域上存在很大不平衡,20世纪80年代之后这种差距呈拉大之势。中国经济区域间的非均衡化发展导致各省区经济发展水平差距拉大,经济发达的沿海地区城市化水平大高于全国平均水平。2005年,上海为88.3%、北京77.5%、广东55%、辽宁54.2%,西部的云南为23.33%、贵州23.87%。② 即使是相同区域内的亚地区城市化亦有很大的不平衡,中心地带城市化水平高,而边缘地区城市化水平则低得多。

80年代之后,城市化快速推进之时,政府角色发生了变化。经济的发展是地方政府最重要的角色,推动制造业、服务业的发展带来众多的就业与经济机会成为政府义不容辞的责任。随着经济的发展,地方政府建筑工程师角色逐渐加强,城市化驱动力由制造业逐渐向政府与房地产双重驱动演化,城市化面临新的问题。

80年代初期,我国经济十分落后,城市及城镇政府非常重视制造商及市场的作用。地方政府设立开发区或工业园区,积极引进制造业厂商,提供廉价地租、税收优惠及良好的基础设施等政策支持,推动厂商聚集。政府政策强力推动了地方工业化的进程,为市镇服务业的发展奠定了雄厚的物质基础。城市制造业的发展推动了城市规模的扩张,进而扩大了城市市场规模。与此同时,地方政府积极营造良好市场条件,包括改善城市市场条件,引进商家,促进了城市商业的发展。

90年代之后,地方政府角色悄悄地发生变化,逐渐改变了城市化的驱动力。一些学者提出了经营城市的理念,提出通过土地运作来提供城市发展的

---

① 新华网,网址:http://news.xinhuanet.com/fortune/2010-03/30/content_13269228.html。
② 网址:http://www.kesum.com/Article/rddt/200902/103279.html。

资金。这一理念对建设资金短缺的城市产生了重要的影响,并迅速地影响了城市发展及城市化政策,也改变了中国城市化的驱动力。在演变过程中,政府与房地产双重驱动的角色日益加强,对今日中国及未来的城市化产生了极其深远的影响。

10.1.2　区域中心城市的膨胀与城市问题日益严重

20 世纪 80 年代之后,中国各区域城市化实际上实施的大城市重点战略,大城市获得了优先发展,这一战略与印度的大城市偏向政策有一定的相似之处。80 年代之后相当一段时期,国内盛行的增长极理论,为大城市偏向的城市化政策提供了理论依据。据当时的经济发展水平,中央政府确立了区域的增长中心,国家层面的增长中心放在沿海开放地带,尤其第一区域的第一等级的城市与直辖市上。各省区也确立了自己的经济增长中心,并将发展的重点放在中心城市,尤其是省城的发展上。

80 年代之前长期形成的交通发展对后来的大城市的膨胀有着十分重要的影响。传统交通工具火车在中国大城市交通运输扮演十分重要的作用,这时的中国大城市是典型的火车时代的产物,火车站控制着整个城市的布局,城市围绕着火车站向外放射,城市空间结构严重过时。这种交通的选择与增长极战略连接在一起,大城市中心聚集功能则更趋强大,影响到中国大城市空间结构的演化。

80 年代之后,中国大城市规模急剧扩大、膨胀。在城市发展中,地方政府不仅希望通过大城市的优先发展而带来更大的效益,同时政府的短期行为也表现得十分突出。从节约经费角度,地方当局在大城市边缘地区不断地规划与开辟小区,结果造成大城市像滚雪球一样地向四周蔓延,城市中心区越来越强大,变得硕大无朋,城区密度也日益增大。

新中国成立之后半个多世纪,北京市区面积不断地向四周蔓延,已发展成为同心圆的巨型城市。1949 年,北京成为中国首都,北京作为中国顶级城市的地位加强,通往华北、东北、西北乃至全国各地的城铁线经过北京,北京成为全国最大的铁路枢纽之一,北京火车站发展成为全球最大的火车站,从而奠定了北京铁路时代紧凑型城市的基础。随着北京地铁的建设,尤其是 20 世纪80 年代之后公路环路的推进,北京市区面积扩张加速,城市规模膨胀,城市越过了三环路、四环路,不断蚕食地四周的绿色空间,吞食城市边缘大片大片的良田,城市面积成倍增加。20 世纪 50 年代初,北京建城区面积为 109 平方公里,到 90 年代末扩展到 480 平方公里。① 北京市区的膨胀是今日中国各区域大城市扩张的典型范例。

经过近 30 多年的扩张,各区域乃至各省区中心城市迅速膨胀,极核特征十分突出。在城市化聚集阶段,大城市具有中小城市难以比拟的社会经济效益,包括如聚集经济效益、规模经济效益、优位经济效益及外部经济效益等。这些效益所产生巨大的能量把中小城市、城镇及农村地区的资金、原料及人力资源等生产要素吸引过去。

20 世纪 80 年代之后,中国各地大城市处于猛烈的扩张与膨胀之中。中国数以亿计的农村及小城镇人口向大中城市蜂拥而来。全国大中城市的流动人口中占其全部人口的 30% 左右。20 世纪末期,北京市流动人口超过 300 万,上海、广州等城市也在 300 万左右。进入 21 世纪之后,在大量涌入城市之时,二代移民日益引人注目。

大量的人口涌入城市使大城市人口骤然增加。上海、北京、武汉、重庆等一大批城市人口超过 1000 万或接近 1000 万,其规模远远超过发达国家城市化初期的大城市,与今日印度的孟买、加尔各答等城市相似。各省区将中心城市向大都市方向推进,其增长也十分突出,呈膨胀之势。在这种情况下,城市系统内大城市人口比重逐渐上升。到 1995 年,大城市人口约占中国城市人口的 36%,在整个大中小城市及小城镇城市体系中,城市人口结构逐渐呈倒金字塔形。发展中国家相似的巨型城市已在中国显现,并对中国社会经济表现出双重的影响。

城市大规模的扩张的确给大城市的发展带来了巨大的活力。从欧美大国发展历程看,工业化之后大城市成了经济发展的火车头。大城市众多的经济效益,吸引工厂纷纷向城市集中并创造了前所未有的物质财富。工厂、商店及各种机构等向城市中心地区集中,给城市带来了众多的经济机会,给城市居民带来了较高收入,同时也带来了较高质量的城市生活。在这一巨大的活力的推动之中,20 世纪 80 年代之后的中国大城市持续而迅速地扩张。

① 彭兴业:《首都城市功能研究》,北京大学出版社 2000 年版,第 143 页。

20 世纪 80 年代之后,大城市的持续扩张与膨胀也产生了日益严重的"城市病"。与印度等发展中国家一样,农村人口短期内向大城市流动过猛,城市人口高度集中,城市功能欠缺,城市基础设施也显落后,等等,这些导致城市社会经济变迁过速,进而造成社会局部失控及经济的无序发展,最终也带来了严重的城市问题。中国大城市问题在以下方面表现尤为突出:

第一,大城市污染日益严重。尽管各城市为形象工程投入了巨资,大城市生态文明得到重视,但我们还是没有避免发展中国家大城市膨胀下日益污染问题。大城市所特有的巨大的人流、物质流是其污染的最大源泉,加之厂商与居民行为不当,加重了城市的污染。20 世纪 90 年代初,一些媒体报道,世界污染最严重的城市中,中国占有五个。

中国大城市污染远较工业化时期的欧美城市严重,而且治理也更为困难,中国城市布局及功能结构有着密切的关系。长期以来,中国大城市规划缺陷很大,城市用地缺少长远规划。城市当局很少对城市各种功能与活动进行严格的分区规划,住宅、商业及各种机构在市区互相混杂在一起。20 世纪 80 年代,上海市区还聚集数千家工厂,且市区人口与商业等服务业高度集中。80年代以后,中国各地区工业超常规地向大城市邻近地带集中,以接近城市的地利而获取聚集经济效益,地方政府还有意识地使工厂向大城市邻近地区集中。上海市及邻近的长江三角洲地区聚集了中国最为庞大的工业体系。工业向大城市集中的现象在今日中国各地具有一定的普遍性。

在利益的驱动下,中国仍有不少工厂把天空作为免费排放废气天然场所,而且随着大城市汽车的增加,汽车排出的尾气也日益增加,大城市大气污染趋于严重。我国大城市大气中二氧化硫、烟尘及悬浮微粒等各项指标均大超过世界卫生组织的安全标准。尤其是工业城市污染更为严重,市区及近郊工厂的天空雾气沉沉。由于大气中二氧化硫增多,中国一些城市酸雨危害日趋严重,威胁到居民身体健康,并带来一定的经济损失。

大城市水源污染也是十分严重的。大城市工厂大多把污水直接排入河流和湖泊,城市居民生活废水也排入河流之中。水中大肠菌、溶解氧、氨氮等有机物严重超标,而且还含有大量的有毒化学物质和重金属,城市河水已不具有饮用价值,致使城市饮用水资源更加稀缺。2007 年春夏之交,长江三角洲的太湖因污染而导致藻类水生植物疯涨,流域饮用水弥漫着奇臭,沿岸居民饮用水重度污染。中国大城市的河流污浊、许多呈墨黑色,严重破坏了城市原有的自然风光,也破坏了城市极其重要的旅游资源。

第二,中国大城市交通状况日益恶化。由于各省区城际交通费用高昂,居民在各城市间流动成本很高,增加人们选择大城市定居的潜势,也加大了大城市交通的负载。另一方面,20世纪80年代以后,各地大城市进入大规模的旧城改建时期,城市中心附近高层建筑林立,市区人口密度日益增加。加之市区向外扩张,街道面积大幅度增加,街道上汽车成倍增加。在这种情况下,各大城市开始对市区道路进行了大规模的改造,将原有的较为密集的狭窄的道路撤除,改建为道路较为稀疏的宽阔大道,巨额的道路投入并没达到疏导与分流车流量的目的,反而吸引更多汽车涌入,造成城市交通更加拥堵。

笔者曾经就这一问题对欧洲国家道路进行过考察。西欧各国城市道路狭窄而稠密,各城市道路汽车流量很大。当汽车进入城市之后,就分散到城市蛛网式的稠密道路中,很少发生拥塞现象。尽管中国经过改造后的道路拓宽,道路数量却增加缓慢,一条宽阔的大道单位时间内的汽车流量小于同样面积的两条道路。而且中国大城市特有同心圆也使进入城市车辆大多选择穿越市中心,加大市区的负担。这也是80年代之后中国城市改造之后城市交通骤然拥挤不堪的重要原因之一。旧城大规模的改造在欧洲各国是十分谨慎的,更不能在城市重建中强化同心圆结构。紧凑型的发展应该提倡,但城市的密集也应该有一个度;过密的人口与过多的汽车也会妨碍城市交通的通达性。

近一二十年来城市交通战略也不符合中国的国情。长期以来,中国大城市很少对小汽车发展加以限制,有的甚至把城市小汽车战略与现代化联系起来,认为小汽车越多城市越现代化。与大型公共汽车相比,小汽车人均道路占有面积大得多,很不经济。小汽车战略推行之后,中国大城市交通犹如雪上加霜。从80年代起,中国街头的小汽车日益增加,尤其是进入21世纪之后,各类优惠政策出台,小汽车潮水般地涌入城市街道,大城市的交通也每况愈下。在中国大城市出行,常常看到排着长龙的汽车像蜗牛似的蠕动,城市居民从一个城区到达另一个城区常需要花费一两个小时的时间。交通的拥挤给大城市居民、厂商带来了巨大的经济损失。小汽车耗能高,美国式的汽车文化并不符合中国国情,与中国人多资源匮乏的国情不相符,中国也承受不了巨大的石油等矿产资源的消耗。

第三，中国大城市犯罪呈上升的趋势，且日益复杂化。20 世纪 80 年代之后，随着大量的人口涌入大城市，城市失业人口也呈增加之势，城市贫困现象引人注目，城市社会秩序受到一定的冲击，犯罪活动呈上升趋势。大城市街头小偷小摸、入室盗劫司空见惯，甚至出现"打家劫舍"。城市居民防范水平逐渐提高，公寓层层安装防盗门、防盗窗，犯罪分子同样可以进入室内囊括一空。街头暴力抢劫、城市居民安全感下降。进入 90 年代以后，中国各地城市犯罪活动逐渐带有黑社会性质，这些黑社会大多有流动人口参与，其犯罪活动触目惊心。进入 21 世纪之后，进入城市打工、定居的第二代长大，他们仍然游离于城市主流文化之外，他们中不少人参与城市犯罪。日益恶化的社会治安极大地威胁到城市居民的生命与财产安全，在一定程度上恶化了城市投资环境。

第四，资源匮乏已成为困扰着中国大城市发展的极其严重问题，中国城市化面临巨大的资源短缺的挑战。水资源的匮乏，极大地制约着大城市经济的发展。随着工业化和城市化的发展，大城市水资源枯竭现象日益突出。大城市人口增加，市郊农业用地及湿地因城市扩张而大量消失，大城市及周边地区自然蓄水能力大幅度降低。不仅如此，工业废水、生活污水对水源的污染，使有限的饮用水资源更加匮乏。

进入 21 世纪之后，中国大城市的水资源短缺问题更趋严重。黄河流域是中国水资源最为短缺的地区之一，黄河下游的山东境内每年都会出现长时间的断流现象。因水资源极度短缺，不少城市长期对水的使用进行限量。许多城市因此不得不放慢工业化进程，不少工厂因供水问题而陷入停工停产境地，经济损失十分严重。大城市不得不从遥远的地区引水，增加了农村地区供水的压力，而且大城市的供水成本也十分昂贵。近年来，水资源一直丰富的西南的大城市也出现了水荒现象，供水也开始成为问题。

能源的短缺也增加了大城市发展的难度，中国城市化的可持续发展必须面对这一严峻的问题。经济发达的地区的资源短缺现象最为突出，在长江流域的城市燃料供给长期短缺，居民生活必需的燃料难以保证。寒冬腊月，长江流域气温下降到零度以下，城市居民的电力取暖受到限制。能源短缺，极大地影响到大城市供电，一些城市不得不采取分区停电方法，严重影响到工厂正常的开工。进入 21 世纪后，中国石油成为世界第二大石油消耗国，同时石油进口量迅速增加，相继取代德国及日本成为世界第二大石油进口国。进入 21 世纪之后,国际石油价格也不断攀升,在 2008 年创出了历史最高价格,近年来虽有一定回调,但仍保持很高的价格水平。中国大城市交通运输成本大幅度上升,现行的高耗能交通模式面临巨大的挑战。

中国大城市发展中最为短缺的资源还是土地,与欧盟及日本十分相似。中国人口基数太庞大,各省区大城市也为数有限,汪洋大海似的农村人口向少数大城市聚集点涌入,政府与开发商对城区土地进行密集性的填充式地开发,城市绿色空间大量消失。即使是这样,大城市空地很快消耗完毕。各大城市不断完善道路设施,从城区密集性地向周边农业用地及绿地放射,大城市沿着这些道路迅速地扩张与蔓延,蚕食了城市边缘大量的良田及绿地。城市与邻近地区的土地极度匮乏,价格不断上涨。上海市区土地甚至达到了每亩数千万元的高价。

土地价格的大涨给地方财政带来了巨大的收入,给大城市发展带来了深远的影响。土地价格的持续上涨,地方政府通过经营城市土地而获得巨额的收入,导致政府加强了对城市发展及城市化的干预,大城市发展的驱动力逐渐由制造业转向房地产。土地价格的持续上涨推动了房地产价格的不断攀升,增加了厂商生产成本与居民的生活费用。

上述这些问题给中国大城市中心的厂商带来了巨大的外在成本,城市出现了聚集的不经济。同样这些问题也增加了大城市居民的居住与生活费用,引起福利水平下降,进而降低了大城市生活质量。严重的城市问题影响到大城市厂商的对外竞争,也影响城市中心的居住与生活质量,增加了大城市的进一步发展的难度。

10.1.3 中小城市、小城镇发展及问题

由于对人口大规模流入大城市心存恐惧,中国理论界不少学者主张将城市化的重点放在大城市外围地区,其中最著名的是"小城镇重点论",有的学者还主张中等城市重点论。地方政府也对发展中小城市,尤其是小城镇寄予厚望,希望借此帮助消化农村庞大的剩余劳动力。实际上,中国绝大部分地区的中小城市发展不理想,小城镇的发展更是不尽如人意。尤其是在中西部地区,这类市镇经济发展滞后,制造业比重低,失业与半失业现象引人注目,税基薄弱,财政入不敷出,在吸收农村剩余劳动力上作用有限。中小城市及小城镇

发展滞后,存在外部的冲击与本身所固有的规模和结构方面的问题。

中国地域辽阔、人口极其庞大,在中国城市化的发展进程中,中小城市及小城镇具有极其重要的作用。中国农村人口超过 8 亿,超过欧盟与北美的总人口,现有大城市很难、也不可能完全吸净庞大农村人口。而且中国现有的大城市已日趋饱和,土地等资源十分有限,日益恶化的大城市病也降低了吸纳能力,政府财力也很难在短期内建立更多的大城市。在吸纳农村剩余劳动力及城市化方面,中小城市及小城镇仍然具有十分重要的作用。因此,在城市化进程中,各级政府十分重视中小城市、小城镇发展。早在 20 世纪 80 年代,中国《规划法》中就明确中国城市规划原则:严格限制大城市增长,合理发展中等城市,加速小城镇的发展。

由于经济发展水平存在着很大的差距,我国城市发展水平及城市化具有很大的非均衡性,东西部差异很大。东部省份城市体系规模结构多呈序列式,其内部发展较为均衡。经济发达的江苏省,城市体系规模结构是呈典型的序列式。1996 年,江苏省拥有 200 万以上的城市 1 个,100—200 万的城市 1 个,50—100 万的城市 3 个,20—50 万的城市 17 个,20 万以下的城市 22 个。江苏省城市首位度低于 2,属序列式城市规模结构体系。近年来,随着长江三角洲经济外向型经济的加速发展,苏南地区的苏州、无锡城市十分迅速,将经济发展的触角向苏北地区推进,江苏省的城市系统更趋均衡化。江苏省城市可谓是等级大小有序,分布均匀有致,是一种理想的城市体系。在经济发达的前提下,这种城市体系有利于地区间均衡、合理地利用整个区域的资源,且经济、社会效益高。

但西部地区城市体系规模结构却与之有很大的差距,其内部的发展也很不平衡。长期以来,西部省区的城市体系规模结构则多呈首位式。西部各省区首位城市首位度普遍高于 2.5,缺少中等城市,由大城市直接支配一批小城市及众多的城镇。例如,1998 年,贵阳市两城区人口 105 万,如果将近郊城镇人口计算在内,则人口规模更大,而贵州次级城市人口在 20—30 万之间,在往下就是小城市。贵阳市是典型的首位城市,而且随着近一二十年贵州省大中城市带动战略的实施,首位城市贵阳市的扩张更为迅速。云南也存在着类似的情况,在整个城市体系中昆明市表现出"一城独大"。四川省情况也很相似,成都也是典型的首位城市。中国中部地区的城市体系规模结构与西部省区也很相似。

中国各省区都具有相当的地域与人口规模,大城市之外的各等级城市的发展也是十分重要的,尤其是第二等级、中等城市等角色有待提升。尤其是在辽阔的中西部地区,第二等级城市发展缓慢,经济空洞化现象突出。这种状况源于各区域及各省区内部资源的配置及城市发展的很不均衡,不少省区中心城市加速发展之时,次级市镇的发展却受到很大的抑制,而且中等城市大多则是各省区第二等级的城市。

各省区次级城市功能单一,功能角色的定位也有问题。东方城市的定位与西方国家的城市功能具有很大的差异,中国的城市尤为突出。中国大城市除各省区的行政功能外,其大城市特有的功能综合化使大城市经济功能也很明显。各省区次级城市大多不是经济发展的产物,是地州一级政府所在地城市,是地方行政的中心,其主要功能是行政管理,即对管辖下的县进行行政管理。城市的这种功能定位对制造业的发展产生十分不利的影响,加之大城市工业产品的冲击,制造业的发展十分缓慢。

西方城市一开始就是经济发展的产物,尤其是中小城市经济功能突出。中古世纪结束,欧洲城市的复兴与这一时期的市场发展存在着密切的关系,商业市场与手工业作坊成城市的两大经济支撑。到了现代,城市仍然保持着强有力的经济功能。在欧美各等级城市产业比较中,中小城市及小城镇制造业高于大城市。大城市经济功能综合化,服务业所占比重日益增大,而制造业比重则逐渐缩小。中小城市、小城镇人口及资源有限,经济功能偏向于制造业,其产业也向特定的产业集中,形成专业市镇,工厂城等。近年来,笔者在欧盟国家中小城市调研时发现,在中小城市的边缘及邻近地带,往往会出现一些工业地带。工业地带的工厂是这些市镇的经济支撑。一些城市仍以工业城镇的形式而存在。

在长期进程中,中国小城市及小城镇大多发展却不理想。国家对小城市及小城镇的扶持可上溯到 20 世纪 50 年代初期,上海、北京及各省的大城市都陆续建立了卫星城。这一时期经济发展水平低,基础设施落后,还不足以支撑城市化的分散,卫星城发展出现了许多问题。尽管政府投资巨大,但城市人口不愿分散到卫星城。20 世纪 50 年代,上海市投入了巨资,建起了金山、安亭、宝山等 7 座卫星城市,这些城镇的发展十分缓慢,到 20 世纪 90 年代这些卫星城总人口不过 50 万,其中仅有十分之一的人是从城区迁去的,仅占城区总人口的 0.7%。而且这些城镇的人口依赖于城市中心就业,80% 的的人每天要往返于城市上下班。卫星城本身并没有起到分散城市人口的作用,每天钟表针似的摆动,增加了交通设施的负荷。这些卫星城最终成为小城镇人口进入城市的跳板,增加了大城市发展的困难。

20 世纪 80 年代之后,地方政府实际上也增加了对小城镇的扶持力度,但各地小城镇的发展仍不理想,小城镇重点战略徒有虚名。小城镇发展十分缓慢,经济相对呆滞,地方就业机会有限,失业也较为严重,社会治安也不尽如人意。另一方面,在大城市的冲击之下,小城镇财力却每况愈下,尤其是中西部不少城镇则处于负债经营。小城镇功能单一,一般是县级以下的政府所在地,主要是小级别的地方行政中心。城镇制造业甚微,商业落后,税基薄弱,长期寄生农业发展,城镇管理功能需要上级部门税收转移支付才能维持。

在上述背景下,小城镇发展步履维艰。小城镇难以吸引大量富有雄心的人口,更难获得这部分人口流入而带来的投资。不仅如此,本地富有雄心的人口也向外流动,带走了大量资金。更为严重的是,地方工商业的呆滞也将大量的较高文化素质人口向外推。80 年代以来,小城镇考入高等院校的学生毕业后很少回到小镇,而外地文化素质高的人口更不愿迁入小城镇,小城镇人口素质难以提高。在科技高度发展的今天,较低人口素质使小城镇在外部世界竞争中处于不利的境地。不仅如此,小城镇较有活力的人口也不断外出寻找机会,大量的青年男女涌入大中城市寻找工作,结果呆滞的人口继续留下。小城镇缺乏活力,经济发展缓慢,其深层原因表现如下:

第一,小城镇缺少规模效益。根据城市经济学理论,城市的发展要求有一个最低临界值。尤其是在城市增长初期,城市发展依赖于制造业的支撑,而城市新建的工厂需要一个最低销售额支持。市场达到这一临界值,才能给聚集区居民带来比较利益,工厂投资才有利可图。90 年代中期,联合国区域发展中心一项研究指出,城市经济存在一个人口规模为 25—30 万的最低临界值。中国小城镇远低于这一城镇规模。

经济城市经济学理论,最低临界值原则提出厂商增长的两个条件:一是规模经济,二是发达的对外交通运输,而这两点正是小城镇所缺少的。较大的城市市场容量大,能为本地厂商扩张提供有利的条件,厂商扩大,边际成本下降,厂商生存和发展能够获得保障。小城镇市场容量小,厂商生产规模难以确保,无规模效益可言。发达的交通可以提高小城镇的可达性,改变厂商的市场规模状况,并推动城镇外向型企业的发展,但中国小城镇交通相对落后,不利于厂商将产品销往本城之外的地区,企业规模条件难以改变,城镇企业发展不易。

第二,小城镇发展还受现有的发展基础的约束。根据城市经济学的初始利益棘轮效应,城市发展受现有的基础的影响,这些基础包括市场条件、资本投入及基础设施等。资本雄厚、工业发达及基础设施好的城市,能为未来发展创造更好的条件。小城市及小城镇市场狭窄与限制因素多、资金投入不足、基础设施极为落后,地方吸引能力弱,影响到厂商和个人在区内选址,使其在与大中城市竞争中处于不利的境地。

第三,在要素的供给方面,小城镇也处于不利的境地。根据城市经济学的循环累积因果关系,繁荣的城市中心具有巨大的吸引能力,把资金、原料、人才等要素从经济凋敝地区吸引进来,使后者得不到这些要素的供给而处于"萎缩效应"之中。在与经济发展密切相关的诸要素中,熟练劳动力、资金、原料、信息等的供给,小城镇始终处于弱势。

上述这些因素使中国小城市与小城镇与大中城市的竞争中处于十分不利的境地,这也是小城市、小城镇发展滞缓的重要原因。农村人口对外迁移之时,大多选择直接流往大城市及其附近,小城市及小城镇难以获得农村地区富有活力的人口及资源,而且自己的高素质人口、资源等还大量向外流动。小城市及小城镇的发展不尽如人意。

10.1.4 大城市的郊区开发与突出的问题

20世纪末期,大城市膨胀而导致城市病恶化,中国的城市化也开始由聚集走向分散,一些地方郊区化初露锋芒。鉴于城市化演变的主线,一些地区对城市化政策进行了重要的调整,将当代发达国家城市化模式逐渐应用于实践之中。在中国一些发达地区及内陆大城市,政府有意识地将城市化由聚集转向分散,将其发展的重点转向大城市的郊区、中小城市及城镇,这一导向预示着中国城市化未来走势。在这一政策的转变中',郊区开发及郊区城市化引人注目,地方政府所采取的政策如下:

第一，郊区发展驱动力发生重要而戏剧性的变化，经济功能也出现耐人寻味的变化。20世纪80年代之后，各地大城市开始注意郊区现有城镇的发展，进入90年代之后，郊区城镇的发展呈加速之势。在80年代，中国城市的郊区主要是农业附庸及卧室郊区，在一些经济发达的大城市，郊区也建立一些工厂，总体而言经济功能不足，郊区仍需要依附于城市而发展。

80年代之后，城市注意到郊区经济功能营造，郊区经济功能逐渐增加。为了提升大城市郊区的经济实力，郊区政府十分重视郊区制造业的发展。郊区政府积极创造条件，吸引制造业厂商的入驻。80年代起，沿海大城市的郊区获得了制造业厂商大量的投资，外商更是集中在沿海大城市附近的郊区及小城镇投资。内陆大城市的郊区的制造业也获得较快发展，当地政府同样也采取优惠政策吸引厂商的入驻。

郊区制造业的发展还得益于大城市原有的制造业向外分散。从20世纪90年代起，中国一些大城市有意识地把市区制造业迁移出去。90年代之后，北京市区原有的工厂大量消失。进入21世纪之后，北京市启动了将四环路大量的工厂向外迁移的规划。上海市区制造业的分散比北京更为彻底，上海市将内环线内的制造业逐渐地向内环线外及外环线外的地区分散。中国各省区中心城市大多采取北京与上海类似的政策。制造业的分散有利于工地升值与环境的改善，对于构建现代大都市区与城市产业升级意义深远。

90年代之后，中国各大城市市区制造业迁移出去之后，大多向郊区地区汇集，形成郊区新的工业区。不仅如此，一些大城市还在郊区新建了大批的工业园区，为郊区制造业的发展创造了良好的条件。上海市制造业持续向郊区分散，民营企业、外资企业在郊区发展起来，郊区制造业获得了迅速发展，1998年，郊区的企业数和工业总产值都已占到全市工业总产值的70%，上海工业郊区化现象十分突出。中国其他大城市郊区的制造业也获得了类似的发展，郊区经济实力获得了快速扩张。

进入21世纪之后，郊区经营理念悄悄地发生了变化。通过拍卖土地而经营城市的理念也影响到郊区的发展，政府也将郊区化的驱动力由制造业转向房地产。一些经济较为富裕的郊区城镇中心仿效市区的建设，将低层建筑大量夷为平地，建成多层与高层建筑群，并将原来狭窄的街道改建为宽阔的大道。郊区扩张普遍采取将农业用地大量转为非农用地，政府通过拍卖土地而获得了大量的建设资金。郊区的这种新的开发模式对郊区长远发展并不利，在土地开发过程中相当一部分郊区缺乏制造业发展，郊区居民依赖于城市中心提供就业，税基薄弱，甚至还造成对环境的破坏。

第二，通过城市蔓延而向郊区推进，使郊区不断地并入城市，结果郊区的开发变成了城市的扩张，使城市中心变得硕大无朋。为了节约基础设施的投入，大城市普遍在城市边缘及近郊地区开辟住宅小区，这实际上是欧美国家城市化初期大城市扩散常用的策略。严格地说，这不是一个郊区城市化政策，但新开辟的地区属于原大城市的边缘与近郊地区。小区开发出现在20世纪80年代后期，在90年代末逐渐达到高峰，进入21世纪之后不少城市仍沿用这种外延式的城市发展战略。房屋开发商在各地大城市边缘及近郊地区征用了一些农业用地，然后规划成新建筑物集中的地区，形成住宅小区。

从房屋开发商的角度，住宅小区的开发是很成功的，他们从中受益匪浅。在开发之初，规划小区多位于农田之中，接近于大自然。同时，小区也接近市区或处于近郊地区，离市中心工作地点与商业区不远。在这种情况下，房屋开发商对小区进行了大量的宣传和炒作。这些炒作大多是赞美小区既能享受乡间的自然风光，同时也能利用城市设施所提供的便利，因此房屋开发商大多将这些小区冠名为"花园小区"。这种炒作与美国工业化时期房地产商对近郊地区的宣传如出一辙。经过房屋开发商的炒作，这些"花园小区"房屋价格暴涨，开发商从中获得厚利。

地方政府也从小区的开发中受益匪浅。小区地近市区，可利用现在的道路等设施，可节约大量的基础投资，因而也得到地方政府的大力支持。而且随着大城市边缘的开发，边缘地区土地大幅度升值，地方政府从土地经营中获得了巨额收入，并将这些收入用于城市预算之中。边缘小区的居住者也获得一定实惠。小区不少居民原居住于城市中心区，住房十分拥挤，环境嘈杂，他们移居边缘地区之后，获得了宽松的住宅及宁静的环境。而且由于小区地近市区的区位条件，居民可利用市区交通设施去工作与购物，工作与生活都较为方便。

尽管如此，城市边缘与近郊小区的无序开发也带来十分严重的问题。这种开发直接结果是导致大城市面积的快速扩张。在开发过程中，边缘地区新开发的小区迅速地并入市区，近郊的小区则逐渐向市区靠近，最终也同市区连成一片,大城市面积迅速膨胀,城区像摊大饼一样地沿地平线蔓延,城市最终也变得硕大无朋。这种开发最终也成为强大的城市中心发展的战略,这种过时的城市结构进一步激化了大城市固有的矛盾,城市交通拥挤等城市问题更加突出。

第三,在离大城市一定距离的地区开辟"新城"。"新城"建立也是郊区城市化的重要内容,在统筹、协调城乡发展中有着重要的影响。一些大城市为了减少对城市中心地区的压力,在远郊开辟了新的城镇。这种新城很类似国外的卫星城,目的在于避免中心城市像摊大饼似的沿地平线蔓延,并在一定程度上堵截了农村及小城镇人口直接涌入大城市中心,一些省区对这种"新城"寄予厚望。

国外卫星城的规划所带来的影响十分复杂,问题也由来已久。工业化推动了大城市的持续膨胀,由此带来了日益严重的城市病,引起了理论界及政府对大城市膨胀及问题的思考。20世纪初,霍华德"花园城市"的理论,为卫星城设置奠定理论基础。第二次世界大战前,欧洲国家已尝试卫星城的建设。作为第二次世界大战的主战场,欧洲逐渐树立了较为强烈的政府干预社会经济的思想,战后欧洲各国通过强有力的政府干预,启动了较大规模的新城——卫星城建设。

欧洲很快经历了"卫星城苦恼",社会经济付出了沉重的代价。第二次世界大战后,在大城市远郊建立卫星城市的思潮受到欧洲各国的欢迎,因而建立卫星城的实践也就进入了空前的阶段,大城市不久就尝试到"卫星城的苦恼"。在卫星城的发源地英国,卫星城的发展带来了诸多意想不到的问题。在伦敦,战后二十年的卫星城建设中花去10亿英镑,建起了八座卫星城,这在当时急需建设资金的英国来说是一笔巨大款项。但是卫星城市并没有达到疏散人口的目的,建好的卫星城的人口中,90%以上是从大城市以外的地方迁去的,这些人仅把卫星城当作进入伦敦的跳板。由于耗资巨大,分散人口的效果不佳,英国政府不得不停止卫星城的规划。

我国各地"新城"情况也大体相似。第二次世界大战前期间,中国已经进行了卫星城建设的深度,最早卫星城是南京的大厂区。20世纪90年代之后,我国一些大城市在远郊地区进行了"新城"的规划与建设,为此地方政府在基础设施上投入了巨额的资金。在不少地区,新城出现了严重问题,引起了广泛的注意。地方巨额的投入对经济的拉动甚微,不仅如此,"新城"反而成为巨大的经济"陷阱",有的地方财政甚至不堪重负。

20世纪90年代起,西部一些大城市也进行了大规模的新城建设。这些城市在经济较为落后的条件下,规划并筹建"新城","新城"取之于地方预算,在地方经济十分拮据的条件下投入了巨额资金,希望缔造高品位的"新城",以便分散城市大量人口,并以此吸引外地商人的投资。随着时间的推移,期待与现实差距甚远。除地方宣传及房地产商炒作外,制造业厂商却裹足不前。一些城市居民购买了新建房屋,但大多却是用于投机,新城一幢幢孤零零的大楼,显得冷冷清清。新城的居民大多是迁移而来小城镇退休职工及打工者,同时也有部分不能支付城区高房价的人,"新城"成了穷人卧室郊区,社会治安差,投资环境受到很大的影响。不仅如此,地方城市政府还为此负债累累,财政实际上处于破产的边缘。这些"新城"大多仅有卧室的功能,依赖于城市中心提供就业与商业服务,很难吸引城市人口来此定居,结果却成了外地居民进入城市的跳板。

10.2 综合成本不断上涨下的城市化模式

10.2.1 城市化演变与郊区城市化的演进

遵循大国城市化的轨迹,进入21世纪后,中国城市化也逐渐由聚集走向分散,城市化理论与政策面临重大调整。中国城市化整体水平仍较低,而且中心城市也普遍患上了"巨大症",大城市日趋饱和,城市问题异常严重。在此背景下,少数大城市的膨胀不能吸纳源源不断涌来的农村人口,我们不能复制印度畸形的城市化道路。中国未来城市化发展需要顺应城市化发展规律,拓宽城市和城镇发展空间,把城市化推进到极其辽阔的地区,为庞大的农村人口的城市化提供容纳空间。城市化的这一调整应借鉴大国城市化的经验,在城市化可持续发展的框架下,将渐次城市化扩散到大城市的郊区、中小城市及农村腹地的小城镇。在这一进程中,首先应推进大城市郊区的发展。

郊区具有地近大城市的区位优势,优先接受大城市的影响,郊区城市化是中国城市化演进的重要内容。经过经济发展初期的大城市长期聚集后,城市化转向扩散阶段,首先将城市功能及影响扩散到大城市的郊区。随着交通设施延伸到农村,郊区扩张与成熟,中小城市、小城镇及农村腹地也开始接受大城市的辐射影响,成为城市影响地区,城市化整体水平大幅度提高。中国城市化应遵循城市化演变的这一规律,沿着城市化的这一主线向前推进。简单地谈论重点发展大、中城市或小城镇实际上是没有意义的,城市化的发展应使绝大部分人口受益。

鉴于世界各地大城市膨胀所带来的诸多问题,20 世纪 80 年代之后,一些省区尝试通过小城镇重点推进城市化的进程,结果这一战略很不理想。从大国城市化历程看,农村腹地的小城镇发展是建立在郊区城市化之后,郊区城镇或郊区次级中心得到了充分发展,形成中心城市及郊区共组的现代大都市或大都市区,大都市强有力辐射影响着农村的发展。在此基础上,地处农村腹地的小城市及小城镇也渐次发展起来。

因此,在中国未来城市化发展中,郊区继中心城市之后将成为城市化的重心,城市化向郊区城市化演变。郊区化可在相当程度上解决今日中国城市化过程中十分棘手的问题,表现在以下方面:

第一,将庞大的人口引向大城市外围地区,减轻城市中心的压力。20 世纪 80 年代后,中国人口开始向城市涌来,进入 21 世纪之后,农村、小城镇人口流动形成巨大的洪流,直接涌向大城市中心区。一些大城市拥有数以百万的流动人口,人口逼近千万或突破,不堪重负,城市问题异常严重,城市居民对外来人员普遍充满着敌意。在这种情况之下,继续让人口涌入大城市中心,日益加重了城市固有的社会经济问题,并激化了城市内部矛盾。城市化重心由大城市中心向外推移已成为必然选择,将外来人口引向大城市外围地区,郊区地近大城市,可起到拦截大量的外来人口的作用,并减轻农村人口城市化对大城市核心地区的压力。

第二,分散大城市过度集中的功能,降低环境压力。中国大城市不仅人口密度大,而且功能异常集中,城市中心环境压力巨大。大城市有必要通过其功能分散而促使大城市过密人口向外围分散。在分散过程中,新的制造业厂商应在大城市外围选址,传统制造业也应从城市中心区分散出去,毗邻的郊区可率先承接大城市分散出来的制造业而成为城市的生产基地。随着制造业在郊区的重新汇集,服务业也会在郊区发展起来,部分城市人口也会随工作岗位而向郊区迁移,从而降低城市环境的压力。大城市功能的分散而降低环境压力的现象在欧美各国表现得十分突出。

第三,建立幅员较为辽阔的大都市,推动大都市区经济发展,并对大都市外围产生重要的影响。狭窄的城市空间难以容纳众多的城市人口、工厂及机构,将广阔的郊区纳入大都市区范围,城市空间容量将大幅度增加。与狭窄的城市相比,巨大的郊区一改农业附庸的地位,成为制造业中心及经济增长的中心,进而给服务业的发展提供经济支撑,使郊区日益成为就业的重心所在,郊区人口密度增加,城市性质日益突出。在此基础上,组团式、分散型、多中心的现代大都市区出现,将城市化及城市影响地区扩散到大城市边界之外的辽阔空间,推动规模巨大的都市经济的发展。

第四,实现大城市核心地区的产业转换与升级。大城市制造业等生产功能逐渐向郊区等地转移,大城市中心产业转换与提升成了当代城市发展的重要组成部分,从而将城市由生产中心向智力中心转变,这也是中国大城市发展的方向。在城市传统制造业及服务业移向郊区及小城镇后,人口也随工作而向外迁移,为城市知识为基础的服务业让出生存与发展的空间。郊区城市化为城市产业重组与升级奠定了重要的基础,郊区制造业发展提供支持。

上述原因表明,城市化向郊区推进是中国未来城市化的必然趋势。郊区城市化可降低大城市中心地区的压力,减轻现代"城市病",并将经济增长的重心由狭窄城市中心转移到郊区幅员辽阔的空间,扩大整个大都市对更为辽阔地区的辐射,成为城市化继续向极其广阔空间扩散的重要基础。在这一过程中,大城市中心产业得以重组与升级,推动整个大都市的发展。郊区城市化在中国未来的城市化进程中具有极其深远的影响。

10.2.2 中小城市、小城镇崛起趋势与路径

中小城市及小城镇发展是城市化向扩散过程中一个极其重要、不可分割的组成部分。中国是一个大国,像印度那样仅依靠少数大城市、大都市区的发展,不可能完全吸纳农村溢出的劳动力及人口,中小城市及小城镇发展在城市化进程中具有不可替代的作用。进入21世纪之后,中国城市化具有速度快、大城市规模巨大、农村人口十分庞大、资源匮乏等特点。尤其是中国农村人口庞大,其人口总量超过北美大陆及欧盟总和,已经饱和的大城市或大都市已不能吸净农村溢出的剩余人口。在郊区化的同时,中国城市化必将继续向大都市区边界之外的地区扩散。

在这种情况下,区域中低于中心城市的次级市镇依次成为城市化发展的重心,欧美发达国家城市化是遵循这一主线演进的,这一演进也符合中国的国情。中国各区域城市发展水平存在着很大的差异,城市规模结构也不一样。东部一些发达省市城市规模结构呈序列式,城市规模大小分布均衡、有序,特大城市之下是大城市,而大城市之下则众多的中小城市、小城镇。但是其他省区城市发展处于一个较低的水平上,尤其是中西部各省区,区域城市规模结构体系的首位特征十分突出,这种城市结构在发达国家的城乡一体化推进过程中已不多见。

各省区首位城市规模日益扩张,中等城市数量少,有的甚至缺乏中等城市,而由大城市或特大城市直接支配众多的小城市和小城镇。首位城市规模巨大,城市问题十分突出,聚集成本过高,而且由于大量人口、工厂等聚集于大城市中心及其附近,包括郊区在内的整个大都市的生态压力日益增大,尤其是水资源十分短缺。在这种情况下,城市化有必要突破大都市边界而继续向外扩散,将发展的重心渐次移到次级城市、乃至农村地区小城镇。

中国不少省区处于第二等级的城市规模是中等城市,而中西部一些省区甚至缺乏中等城市,由大城市直接支配小城市。这种城市规模结构体系与20世纪80年代之后这些地区的社会经济水平大体一致。通过大国城市化模式的分析,发展中国家或地区经济落后的条件下下,首位式城市结构体系有利于集中有限的资金和资源,可获得最大经济效益。对于经济落后区域而言,发展关键性的大城市,有利于对外竞争。

大国城市历程与模式分析,非均衡的发展也是阶段性的,区域内的城市发展差异过大也会抑制整体经济的发展。在初期的城市化中,强大的大城市中心能带动周边地区的发展,但大城市的过度集中也会造成周边地区的衰退。强大的中心城市所具有强烈的引力场作用,把区域内较低等级城市的资源、资金及充满活力的劳动力吸引过来,遏制次级市镇的发展,不利于大城市向周边广阔的腹地扩散。因而首位式城市结构的发展是阶段性的,土地广阔的地区最终将向序列式城市结构过渡。欧美发达国家经济发展到一定阶段后,政府就有意识地通过政策导向,使区域城市规模结构体系逐渐向序列式发展。

区域城市规模结构体系由首位式向序列式演变也是城市化进一步发展的需要。在这种情况下,第二等级城市需要合理的发展与扩张,以带动更为广阔的空间发展。这一类城市能具有大城市与小城市和城镇间连接作用,首位城市通过第二等级的城市辐射与小城市、小城镇及辽阔农村经济连成一体,进而带动整个区域的经济发展。

在整个城市体系形成过程中,中等城市发展成了推动小城市、小城镇发展的重要基础。在城市化理论上,中国一些学者提出小城镇重点论,尽管实施存在着诸多问题,但却有一定的道理。在人口庞大及地域辽阔的中国,小城市、小城镇发展在城市化进中具有极其重要而不可替代的作用。中国现有大城市已趋于饱和,进一步增加吸纳能力十分困难,中等城市数量也有限,发展潜力也受到一定限制。在这种情况之下,小城市、小城镇的发展就具有十分重要的意义,它们可容纳农村地区溢出的相当大的一部分人口,同时也可减少农村人口,进而降低其生育率,起到拦截农村人口进入大城市的蓄水池作用。

在较高等级的城市与农村地区之间,小城市、小城镇还具有中介作用,尤其是在推动农村地区城市化及带动农村地区的发展上更是具有不可替代的影响。较高等级的城市通过小城市、小城镇将其辐射影响扩大到广大的农村地区,将农村地区纳入城市工业市场。农村地区亦可通过小城市、小城镇将其农产品及乡镇厂商产品销往城市市场,带动农村地区的发展。同时,小城市、小城镇还可吸纳部分农村人口,降低农业生产的"人地比例",进而提高农业生产效率,在解决"三农问题"方面亦有一定的作用。因此,小城市小城镇在中国城市化发展中具有十分重要的作用,但这一作用仍没有充分发挥出来。

10.2.3　城市化扩散与城市空间系统网络化

城市网络系统是城市化的成熟阶段的重要标志,也是中国城市化由初期阶段向成熟阶段发展的重要形式。根据弗雷德曼的理论,城市空间组织发展遵循这样路径:区域大城市向外扩散、郊区的崛起、中小城市的扩张与小城镇发展,整个区域内的城市化继续向前推进,区域经济较为发达地区城市集中,出现规模巨大的城市群,即大城市圈或集合城市,在此基础上最终建立起发达的城市网络系统。城市网络系统的建立在区域城市体系与城市化进程中具有十分重要的影响。城市经济的发展及城市化的目的不是以牺牲边缘地区利益而推动中心地带的发展,而是通过包容增长而推动城乡地区协调发展及城乡地区一体化。

　　与发达国家一致,中国大城市及大都市扩散过程中,出现了众多大城市群或大城市圈。一些著名的大城市圈具有庞大的规模,如沪宁杭、京津唐和珠江三角洲等大城市圈。各区域也出现了一些规模较小跨省区的城市群,各省区甚至出现一些小区域的城市群。众多大大小小的大城市圈、城市群的兴起,标志着中国城市发展进入了一个新的阶段,形成了未来发达的城市网络系统的重要基础。

　　尽管中国大城市圈或城市群的规模不亚于欧美发达国家的集合城市或大城市圈,但质上还是存在很大的差别。发达国家的大城市圈是建立包容性发展的基础上的,是一系列城市、郊区和乡村的集合体:城市化向郊区和乡村传播和渗透,城市与郊区及城市与乡村间界限模糊不清;城乡间经济融为一体,城乡生活水平趋同;大城市圈内城市间具有明显的专业化分工,相互间产业互补。中国大城市圈、城市群仍有以下几点重要差异:

　　第一,中国大城市圈、城市群空间影响相对狭窄,对农村影响力弱,城市化扩散滞缓。中国城市空间结构存在突出的问题,城市群内部的城乡间仍处于较为封闭的状态。大城市拥有繁华的商业中心、豪华的高层群及巨大的现代化工厂,显示出城市的繁荣与富裕;境内郊区及乡村小城镇大多缺乏城市气息,具有浓厚的乡村特色,城市和郊区间界限分明,差异巨大,毗邻的乡村经济呆滞。城市群内城市与郊区、城市与乡村行政分离,城乡间经济利益的分割,城市对乡村的示范效应强烈。

　　第二,大城市圈、城市群内城乡差距巨大。就是城市最发达的长江三角洲,城乡之间差距也很大。2006 年,浙江省城镇人均收入为 18265 元,而农村人均纯收入仅为 7335 元,城镇人均收入是农村的两倍以上。① 城市群内城乡间分割,缺乏包容性增长,妨碍城乡经济一体化的实现。在文化生活方面,城乡隔离使城市群内城乡之间差别巨大。长江三角洲的上海、南京、杭州等是中国最为繁华的城市,拥有丰富多彩的城市文化生活,是国外新文化向内地传播的窗口,对全国城乡文化生活形成强有力的示范作用。但这里的城市文化对毗邻的农村影响较弱,广阔的农村地区大多仍处于相对封闭之中,农村生活质远不能与城市相比,仍未摆脱其固有的封闭、孤独。

---

　　①　网址:www. zj. xinhuanet. com/zjgov/2007−01/23/con...2007−1−23−。

第三,圈内城市间产业缺乏类似的国外的明显的城市分工与协作。中国城市群内城市间的产业同构现象十分严重,形成了发展的阻碍。城市之间行政分割,利益不一,导致各城市间互相封锁及资金流向利润高的产业,结果城市产业同构现象严重。在长江三角洲地区,各城市的专业化分工并不明显。上海市是一个门类齐全的综合城市,产业专业化特征不明显。上海四周的大中城市尽全力把资金投入效益高的部门,造成各城市间以激烈竞争代替协作。如纺织、汽车工业,苏州、无锡、常州等城市与上海展开了激烈的竞争。苏州和无锡同样为电子、食品工业等产品进行了激烈的竞争。

大城市圈、城市群内众多城市和城镇不是市镇简单地汇集,各城市间应建立经济上的互补与协作关系。大城市圈并不是简单的城市与城镇的集合体,城市产业同构,城市间缺乏产业分工与协作,会降低整个城市系统的经济效益,削弱整个区域发展的势能。大城市圈形成应以产业的互补和协作为基础,各城市以一类主要产业为基础,各城市间进行产业互补,各城市都可获得产业的规模经济,并在巨大的区域空间获得聚集经济,形成产业集群或庞大的经济实体。这种结构优点在于:可以在一个巨大的区域范围内对各个城市产业进行合理规划和建设,避免了大城市圈内庞杂的工业活动过度向某些城市集中,也避免城市间产业同构与恶性竞争。各城市发挥其特长,又互相依赖,是现代城市分工与组合的合理选择。

在此基础上,发达的大城市圈、城市群产业间的协作与互补,推动城市化向广阔的空间进一步扩散,最终形成发达的城市网络系统。在发达的城市网络体系内,城市空间结构趋于网络化、均衡化、多中心化,区域大中城市之间产业互补,处于网络之中的小城市和城镇,在接受大城市的辐射影响之时,可以获得大中城市特有的规模经济效益,其发展潜势得以增加,周边的农村地区也接受城市的影响,从而加快农村地区发展及城市化进程。

10.3 城市化演进中的政策导向

10.3.1 区域城市体系演进与规划

中国城市化总体趋势也会遵循城市化规律演进,并沿着大国城市化的主线推进,但也需要政府强有力的政策支持。各大国在城市化及城市系统演进过程中十分重视严格的规划,中国也应该借鉴其规划的经验。不仅如此,中国城市化还有自身的特点,人口众多、城市化水平较低、区域中心城市规模过大、人均土地少及矿产资源相对匮乏等,需要对不适应城市化长期可持续发展的政策进行调整,要对城市化发展进行总体规划,并制定法律强制执行。

中国不少省区制定了自己的城市化规划,但大区域的城市化战略规划并不明晰,实际上近似于无序发展。各省区中心城市急剧膨胀,在核心地区及附近服务业、制造业及行政管理等功能异常集中,人口规模庞大,拥挤不堪。大城市的郊区则集中于房地产的蔓延、无序开发,通过土地经营及房地产驱动推动郊区城市化,结果挤占郊区制造业等经济功能发展空间,服务业发展的基础微弱,居民严重依赖于城市中心提供就业,通勤费用过高,失业人口比重较大。区域次级城市及小城市、小城镇开发中问题也十分严重,代表地方特色的传统建筑大量消失,土地经营变成了房地产的开发,制造业发展与选址考虑不周,居民就地就业不易。这些问题对城市本身及城市化产生极其消极的影响。

面对一系列问题,应加强整个区域城市系统及城市化的规划工作。欧洲各国对城市化的规划工作十分重视,包括土地使用、旧城区传统建筑保护、郊区住宅区建设、区域产业带的设置等,通过规划进行产业分工与协作。大城市中心重点发展知识为基础的服务业,郊区、小城市及小城镇则以制造业为经济支撑。地方政府规划详细地指导区域各等城市及农村的产业布局与发展,并通过法律严格执行,这对于整个城市系统及区域城市化发展意义深远。

市场的盲目性也会导向市场失灵,缺乏政府强有力规划会导致各等级城市的功能混乱及无序的竞争。市场经济使城市土地竞争具有很大的盲目性,并对各等级城市的主要功能造成相当大的负面影响,有的负面影响甚至是难以弥补、永久性的。完全由市场力量决定土地的经营,在城区土地价格不断上涨的驱使之下,房地产商会想方设法撤除城区传统低层建筑物,然后修建千篇一律的现代高层建筑群,将彻底破坏城市传统文化与文明,城市旅游资源会消失殆尽,于城市产业的升级与整个城市系统的发展十分不利。这种错误决策在20世纪60年代美国城市更新时期十分突出,对城市传统文化及旅游资源造成了巨大的破坏。

80年代之后,这种现象在中国城市发展过程中也很普遍。近二三十年的城市建设中,苏州传统的古建筑大量从人们的视线消失,代之而起的是现代化的高层建筑,而闻名于世界的旅游资源苏州园林则大面积消失,苏州旅游业遇到了周边的周庄等地区强有力的竞争。同样问题也出现北京及全国各地的大城市。市场力量在加速城市的发展方面具有一定的积极意义,但"市场失灵"也损害城市传统文化,使城市特色逐渐消失,从而损害城市的长远利益。尤其是随着城市制造业向外围地区的分散,城市特色的消失对城市旅游业等新的经济发展带来巨大的损害,城市经济空洞化更为突出。

在这种情况下,地方政府具有不可推卸责任与义务,制定详细的城市发展规划。规划应严格按各等级城市主要功能及产业分工的原则进行,通过城市布局及土地经营政策支持城市经济功能,确保可持续发展。各区域应制定相关的法规,各等级城市在其发展中应予严格遵守。法规应以城市化演变的规律作为依据,尤其是应以现代城市产业发展作为基准,而绝对不是房地产驱动为导向。

在现阶段中国城市化进程中,区域城市系统的规划应确保经济可持续发展。大城市中心制造业分散之后,城市产业进行重组,由制造业生产中心转变为智力中心,规划中应尽量保留传统文化资源。郊区城镇应以大都市的次中心形式出现,其主要功能应由农业附庸、卧室郊区转变为制造业基地,郊区用地应偏向于工业,而不是房地产;郊区的都市农业也应获得发展。中小城市及小城镇应改变目前的行政管理为主的状况,尽力增加经济功能,使之成为中国未来的城市化重心所在。利用现有的铁路,尤其公路交通,通过土地经营及政府协调,规划及推动沿线制造业走廊的形成与发展,使之成为整个区域城市化发展的深厚基础。

10.3.2 大城市中心产业重组与土地使用政策

大城市产业分散与重组是现代城市发展的必然趋势。美国、欧盟国家、日本等经历城市分散、郊区化之后,大城市中心区已很难见到工厂,传统的城市中心由制造业中心转变为智力中心,城市由生产产品转变为生产与经营知识,并从中获得大量的收入以支撑城市经济继续发展。中国大城市也正遵循这一轨迹发展,大城市不可避免要通过产业重组与升级支持整个城市系统的发展。大城市功能与产业的演变过程中,城市土地使用也会发生新变化,原来工厂所占有的土地再分配模式影响到大城市的未来。在这一产业重组与升级过程

中,城市中心及附近的制造业重新布局,原因主要有以下几个方面:

第一,大城市土地租金日益提高,迫使制造业厂商向外迁移。随着城市的聚集,城市核心地区土地价格日益上涨,而现代工厂趋于大型化,产品的装配需要在一个巨大的水平上完成,需要广阔的水平空间。大城市中心土地租金上涨迫使土地集约型的厂商趋向于选择离市中心较远的地方。制造业集中于大城市已缺乏效率,把制造业分散到外围土地租金低廉的交通走廊附近更有效率。工厂移出大城市核心地区,为城市产业重组让出空间,土地配置效益有望得到提高。

第二,劳动力机会成本高也是大城市产业重组的重要原因。20 世纪 90 年代起,中国大城市房屋价格持续攀升,进入 21 世纪之后则呈加速上涨之势。房地产的上涨抬高了劳动力的生活成本,从而引起了工资水平的上升。因而,大城市住房及生活开支远大于郊区及中小城市,制造业厂商需要为此付出更高的工资,增加了厂商生产成本。中国大城市的工资水平远高于郊区及中小城市。中国工资水平依次是上海、深圳、北京、广州,排列前面的是国内的发达的大城市。各省区中心城市工资水平也远高于郊区及中小城市。聚集于大城市中心厂商需要为劳动力付出更高的工资,与其他地区相比,大城市优势遭到削弱,在工资成本上还处于弱势。

第三,日益严重城市问题带来了聚集不经济及环境恶化等问题,迫使大城市产业重组。20 世纪 90 年代起,中国大城市交通因拥挤而日益恶化,增加了运输成本与通勤成本。同时,工厂还得为其在城区带来污染付出大量的费用,或为控制污染而投入大量的资金进行技术改造。即使是这样,许多大城市也不允许污染大的工厂留在城市附近。

上述原因迫使中国大城市及附近的工厂做出艰难的选择。一是提高产品价格,希望通过提高价格而获得更高的收入,实际上近年来我国不少制造业厂商选择了这一战略,产品悄悄地提价。但是这种存在着很大的风险,大城市工厂遇到了大城市之外地区及国外同行激烈的竞争,使生产的优势很快消失。二是维持亏损或微利经营状况,希望工厂经营能够出现转机。但在经营成本不断上涨的情况下,工厂举步维艰,不少工厂最终走向破产,近年来我国大城市不少制造业厂商因经营未能得到调整而走向倒闭。三是迁出工资高及聚集成本高的大城市核心地区,这种选择则为国外经验所证实的一条可行的出路,金融危机之后,中国大城市厂商也无可奈何地走向了上这一道路,不少厂商从东部大城市迁移出去,在我国中西部,甚至东南亚低薪地区重新布局。虽然迁移使制造业厂商重新焕发生机,但大城市经济却加速空洞化,国外学者把这一迁移称为"进步的迁移",但对中国大城市厂商的外迁的评论仍为时过早。

基于发展环境的变化,中国大城市发展政策正处于调整与转变,而土地经营政策则是这一政策的核心。20 世纪 80 年代前,中国城市没有出现土地市场。土地使用不是根据效益配置,起主导作用的是城市决策人的偏好,结果造成城市用地中制造业、仓储等用地比重过大。80 年代之后,非市场的力量使制造业继续无效率地向城市核心地区及附近聚集,比较优势让位于门类齐全的工业体系。90 年代中期,北京市二环路的商业厂商所创利税,竟达同一地段工业厂商的近 20 倍。制造业向城市中心聚集导致的产业结构不合理,使土地配置低效率,大城市中心的土地重新配置在所难免。

90 年代中期后,城市土地经营理念开始发生变化,地方政府开始将其在城区控制的土地进行拍卖,让市场力量决定土地的配置。这一政策打破了过去土地经济模式,政府将土地拍卖获得的收入用于城市建设,通过经营土地获得了大量的资金,并将这些资金用于城市的建设之中,在一定程度上解决了城市建设中资金不足的问题,达到"以地养城"的目的。房地产商人将获取的土地用于房地产的开发,城区建起了高层建筑群。

城市土地经营政策的变化也引起了城市化驱动力的演变,也给大城市可持续性发展带来了问题。城市土地经营中应优先考虑长远的税收、就业、发展与环境等方面的要素,而近二十年来的中国大城市土地经营在很大程度上偏离了这一原则。90 年代之后,大城市不少工厂关闭,通过拍卖土地大多落入房地产商的手中,房地产商将其用于新的住宅建设。

土地拍卖及房地产导向的经营政策具有很强的短视行为,大城市功能定位模糊,损害了大城市长期发展的基础。这种政策造成大城市财政对土地的严重依赖,地方政府热衷于拍卖土地。在制造业厂商迁移出去之后,地方政府将土地卖给房地产商人,房开商又将土地用作高层住宅的建设,沿街建筑底层也用作商业,新增城市经济功能仅此而已,但商业收入也仅是城市内部循环,对城市发展影响微弱。

不仅如此,这种土地经营政策还造成对传统城市文化的破坏,导致旅游资源的大量消失。拍卖土地可获得巨额收入,刺激地方政府与房开商一起陆续撤除城区衰败房屋或传统建筑集中地区,建起高层建筑群,结果导致"千城一面",各大城市传统的地标退出人们的视线,而城市特色也消失殆尽,城市传统的人文环境及旅游资源也大量随之消失,对城市再发展造成灾难性的破坏。

在城市经济功能转型中,应发挥市场与政府的双重调控作用。在大城市制造业分散之后,城市土地使用的短视性不能推动城市经济功能的顺利转型,结果城市出现了经济空洞化现象,会恶化城市发展的环境。在城市长期的税基萎缩之时,城市就业岗位萎缩,而人口却源源不断的涌入,城市失业人口增加,社会矛盾突出。政府可从整个城市的长远利益出发,对大城市未来的经济功能进行整体规划,让土地等资源优先转向代表城市未来发展的经济部门,即知识为基础的服务业、金融服务业及高新技术制造业,这些产业能够为城市带来大量新的收入。地方政府政策可做以下调整:

第一,在制造业转移出去之后,大城市应寻找的新的替代性产业,提升功能结构,增大城市发展潜力。从欧美国家大城市功能转变的轨迹看,战后大城市由制造业中心向知识中心的转换,提升了整个大都市区的功能结构。进入21世纪后,中国大城市普遍实施"腾笼换鸟"的政策,将城市制造业转为商业及住宅用地。一些大城市知识密集型产业获得较为迅速的发展,产业结构得到一定调整。知识密集型产业属知识经济,其发展使大城市核心地区转变为智力与技术中心,功能由生产工业品转向生产、分配知识,管理和经营技术。大城市核心地区功能角色转变过程中,贸易发挥了越来越重要的作用。与过去不同,大城市核心地区出口知识资源,进口工业品。知识资源在输入地应用时,逐渐被回收并转付给知识输出的城市的经营者。知识水平的提高对输出城市的发展也产生很大的影响,新的知识在应用过程中又流回输出城市,产生回波效应。

第二,在城市功能重组过程中,大城市核心地区需要保护和开发知识资源。从大国城市化经验看,知识资源的储存是大城市向智力中心转变的基础。中国大城市是文化、知识的中心,拥有众多的大学、科研机构、高素质的人口及传媒机构,构成了本身知识资源的优势。知识资源的优势与自然资源有所不同,城市优势的确立依赖于人造的环境。为了保持在国内甚至国际市场的竞争能力,以及保持在广阔的区域内的知识资源的优势,大城市需要提供高质量的居住环境,以便在全国及乃至全球争夺高素质的劳动力。

第三,制造业从大城市核心地区分散出去之时,大城市需要集中力量发展服务业,通过服务业扩张而带来新的收入,推动可持续发展。随着生活水平的提高,人们用于闲暇消费的费用和时间会相应地增加,刺激城市旅游业的发展。与乡村的影响旅游不同,城市旅游业发展依赖于其丰富的人文资源,需要保持城市历史人文环境,保持城市传统特色。在服务业中,银行、保险等金融服务业是中国大城市正迅速发展的部门。大城市核心地区医疗设备,医疗水平都比中小城市、小城镇及乡村地区高得多,医疗、保健等服务业有着极其广阔的市场前景。随着经济的发展,对小城镇及农村病人的吸引力将会增加,因而医疗服务业有着巨大的经济发展潜力。工程技术、设计以及广告、报刊等传媒产业,在我国城市核心地区未来发展中作用也越来越重要。随着高等教育的大众化,教育及相关产业链也越来越引起城市政府的重视。城市的产业转换与升级有着广阔的空间。

10.3.3 郊区发展及次级中心功能演进

从欧美城市化历程看,郊区发展及郊区化是城市化演进的必然趋势。郊区化及郊区城镇发展在整个区域城市化进程中有着极其重要的影响,郊区城镇地位及功能的演进是郊区发展的关键。在这一发展过程中,城市性质的郊区发展成为大都市区的重要组成部分,推进大都市区空间的扩张。郊区城镇的扩张,以次级增长中心的形式出现,它们承接了大城市中心分散出来的功能,并与城市中心展开了激烈的竞争,使经济增长的中心由城市中心移向了郊区,并带动遥远的农村腹地的发展。中国的大城市应制定相关政策,推进郊区发展及郊区次级中心形成与功能结构的演进,其政策如下:

第一,地方政府需要制定大都市的分区规划,并对郊区进行功能分区。中国大城市郊区大多近似于无序发展,缺乏长远经济规划。郊区大多热衷于房地产开发,卧室功能突出,增大了对城市中心就业的依赖,加大了对道路设施的压力,而且郊区也很难获得经济上的提升。城市政府应将长远的经济发展置于优先地位,进行功能与经济结构进行分区规划。郊区化初期,郊区城镇规模普遍不大,资源有限,功能很难综合化。在这种情况下,郊区可集中其资源与人力,使郊区经济功能专业化,城市政府应对郊区城镇进行分区规划,即有利于郊区经济功能的发展,又防止其与城市中心及其他郊区进行无序竞争。

随着郊区规模扩张,郊区城镇以大城市外围的次级中心的形式出现,与城市中心的竞争在所难免。随着大城市郊区的发展,小城镇及农村人口也会源源不断地涌入毗邻大城市的郊区地区,同时也出现城市中心向外迁移的人口,郊区城镇规模处于扩张之中。近一二十年,中国大城市的郊区城镇扩张迅速,很多郊区的规模不亚于一个中等城市,在经济专业化的基础上郊区功能也将向综合化方向发展,有的甚至开始与大城市中心展开了发竞争。城市中心与郊区次级中心构成的大都市区向城市的更高的层次发展。

第二,在经济功能发展过程中,郊区应坚持制造业优先发展原则。从战后大都市功能演进的角度,欧美大城市的郊区已从卧室郊区及农业附庸转变制造业生产的中心,成为大都市经济增长的中心。郊区发展及走向富裕是依赖于制造业经济的增长,而不是像早期郊区那样建立在房地产开发之上。

近10多年,笔者对中国大城市的郊区功能进行了一定的调研,所发现问题很值得深思。大城市的郊区普遍热衷于房地产的开发,进行了大规模的房地产开发。郊区政府将土地大面积地出售给房地产商,而对郊区城镇长期的经济发展缺乏考虑。贵阳市金阳新区可看这类郊区开发的一个缩影。1996年,在贵阳市近郊金阳开建新城,整个规划偏向于房地产的开发,而与之配套的基础设施也是规划的重要内容。

随着金阳新区扩张,一些突出的问题出现。2004年,贵阳市政府机关整体搬迁到金阳新区,金阳发展加速,如今金阳新区已初具规模,新城出现了较为密集的高层建筑群,其房地产价格也呈逐年攀升之势。新建高层建筑大量涌现,但金阳给人印象仍是一座空城。尽管新建楼盘大多销售出去,但入住率低。由于采用政府与房地产驱动的城市化模式,金阳几乎没有制造业,所提供的就业仅是政府及相关服务业所产生的少量就业。尽管金阳已经具有容纳数十万人口的规模,但当地人不能就近就业,致使新建住房大多闲置,新城空空荡荡。

在郊区城镇发展过程中,制造业经济具有极其重要影响,甚至是有决定性影响。制造业厂商大多是基础部门,制造业厂商把货物销往本城以外的市场上,为当地带来大量的收入,这笔收入会在当地服务部门中消费掉,进而产生新的收入和就业,为服务业的发展提供经济支撑,为郊区带来大量的就业机会。这一原则符合郊区土地经营原则,为郊区城镇带来源源不断的税收,促进地方就业及长远的发展,而且也减轻去城市中心区的交通压力。

贵阳市郊区的小河镇的发展值得关注,可视为落后地区城市郊区制造业发展的一个良好的范例。20 世纪 80 年代,小河仅是一个人口仅有几万人的小镇,贵州省有意识地将一些军工企业迁移到小河,一些民营企业也到小河落户,小河镇区机械加工工业获得了迅速的发展,给城镇发展带来巨大的活力。进入 21 世纪后,贵阳市启动了小河—孟关装备制造业生态工业园建设,加速这一地区的工业化进程。制造业发展从该城之外的地区带来了大量的收入,有力地带动小河地区相关产业与服务业发展。制造业与服务业的发展,产生了大量的就业岗位,大量的外来人口向小河迁移。21 世纪初,城镇迅速的发展,人口增加了十几万人,达到一个小城市的规模。与此同时,房地产也迅速升温,居民收入也迅速地向城区看齐。制造业及经济功能的增加是郊区城镇发展的深厚基础。

10.3.4　中小城市及小城镇功能演进与政策导向

城市化进程是一个空间的扩散或扩张过程,地方政府应因势利导推动城市化继续向大都市区外围推进,使城市化重心渐次移向中小城市及广大农村腹地的小城镇,城市化发展更具有包容性。城市化从大城市中心向郊区扩散,形成中心城市与郊区共同组成的大都市区,在此基础上,城市化及大城市功能继续向大都市外围的中小城市及农村腹地的小城镇扩散。中小城市及小城镇应遵循其功能与产业结构演进的规律,推动经济与社会发展。

在城市经济功能上,中小城市及小城镇与大城市存在着很大的差异,而前者更依赖于制造业的发展。国外学者在对各等级的城市研究中发现,城市规模与服务业比重成正比,与制造业比重成反比,即大城市服务业比重大、制造业比重小,而中小城市及城镇制造业比重大、服务业比重小。

各等级城市产业比重也可从城市经济学上进行论证。大都市区容量大,如果把资源集中到一两种产业上,就会限制城市本身的发展。成熟的大城市及其郊区不仅具有发达的制造业,而且还有发达的第三产业。大城市的各郊区城镇在制造业产业有一定的分工,而城区第三产业也十分复杂,包括政府管理、贸易、服务等部门。因此,大都市易于形成综合性城市,综合城市是指那些集制造业、商业、金融及其他服务业等众多功能为一体的大城市。城市经济学家研究发现,处于良好区位的大城市容易发展为综合性城市。处于铁路交通枢纽或终端的工业城市逐渐发展,城市容量增大,城市功能随之增加,逐渐演变为综合城市。

从城市经济学的角度,中小城市、小城镇更容易形成专业城市,制造业比重大。中小城市、小城镇人口规模小,市场空间也相对狭窄,从而限制了商业等服务业的发展空间,其生存与发展依赖于制造业的发展。中小城市、小城镇人口和资源都有限,如果劳动力和资源分散,很难形成规模效益;如果向某一产业集中并进行专业化生产,可获得规模效益。工厂集中逐渐形成专业城市和专业城镇,即工业城市与工业城镇。因此,制造业发展在中小城市及小城镇的发展中具有极其重要的影响,单一的服务业不足以支撑其发展。地方政府在中小城市及小城镇的发展中应采取制造业导向的经济政策:

第一,增强城市的经济功能,增加城市制造业的比重,推动工业化的发展。这些等级的城市应将居住与就业结合起来考虑,使城市发展具有深厚的基础,城市居民也能安居乐业。依赖于服务业支撑这些等级的城市发展缺乏深厚的经济基础,它们需大力发展制造业,以此带动服务业而增加其就业岗位。地方政府有必要出台一系列推动制造业发展的政策,包括发展规划、发展刺激和发展调控,并主动接受大城市的辐射影响。

发展规划提供一种原则与规则的框架,在理论上及实验中影响到不动产的演进及土地使用的变化,服务于协调基础设施和发展刺激的公共投资。就城市而言,土地的规划与使用十分重要。在发展规划中,对非生产性的土地规划与使用应很谨慎。土地资源是不可再生的资源,城市及周边的土地大量用于房地产的开发,现阶段可以从经营土地中获得大量的建设资金,但在未来发展中却产生可持续性的问题。城市土地资源极其稀缺,大量土地用于房地产的开发,必将影响到城市制造业及服务业土地供应,城市经济空洞化难以避免。城市化的推进是必然趋势,需要确保涌入城市的农民工安居乐业,从而减少城市社会动荡。

在发展规划中,城市政府应优先考虑产业发展的土地供应。尽管较为落后的地区现阶段对制造业等功能对土地需求不大,但也要着眼于未来,应预留一定比例的土地用于今后产业的发展。基于欧洲的经验,在还没有开发的前提下,预留的土地仍维持现状,保持作为农业用地,等条件成熟后再进行经济开发。中国城市与城镇的外围土地的保护十分困难,房地产希望将这些土地用作房地产的开发,地方政府应通过土地立法进行保护,并对其土地使用做出明确的规定,对违规行进行重罚。

在制定发展规划之后,要进行相应的发展刺激和发展调控。这一政策的实施涉及公共政策与公共管理,与规划策略、管理权力、发展活动等有着密切的关系。政府应将公共政策优先服务于,包括基础设施及工业地带、招商引资、税收优惠、企业融资及公共服务等一系列的服务。通过这些政策为上述类型的城市制造业的发展创造一个良好的投资环境,吸引厂商的入驻。

第二,促进城市产业专业化,形成专业城市和专业城镇。中小城市及小城镇长期发展依赖于制造业,而其制造业的发展则依赖于产业专业化的推动,专业城市或城镇的形成具有十分重要的意义。专业城市指以一两种产业为龙头产业的城市,如从事机器制造、轻纺、化工及农产品加工等。工业化时期,美国各区域的第二等级的城市都具有很强的专业特征,如中西部地区各专业化城市:汽车城底特律、钢铁城市匹兹堡、面粉加工基地明尼波里斯等。小城市和小城镇的专业化更为突出,如匹兹堡的钢铁工业带动了四周的城镇发展,形成一连串的"工厂城"。这些城镇与匹兹堡就钢铁生产及深加工进行了分工与合作,分别从事冶炼、轧钢及板材的半成品加工。

中国不少地区仍处于工业化初期或中期,城市和城镇专业化特征并不突出。区域城市产业同构现象十分严重,城市间无序竞争激烈,制约着整个区域的发展。同一区域内区域各城市不顾客观条件,试图建立起门类齐全的工业体系。在资源接近的情况下,导致区域各城市产业同构,影响专业分工与专业城市及专业城镇的形成与发展,最终导致整个区域经济的低效益,抑制了产业的升级。

中小城市及城镇应着重发展主导产业,进行制造业专业化布局。发展经济学家艾伯特·赫希曼认为,区域发展的目标不是在各方面同时推进,而应当挑选和集中力量发展主导产业,主导产业是能起强烈的连锁反应并且在技术上互相依赖的"战略部门"。主导产业在区域生产总值中占有较大比重,要求区域产业具有较高的专业化水平,通过它的超前发展能够带动整个地区经济发展,并且能促使产业结构现代化。而城市主导产业则是指那些专业化水平高,在城市生产中占有较大比重,通过它们的超先发展带动整个城市经济的发展,并促使城市产业结构现代化。各区域通过主导产业的发展而形成专业城市及专业城镇,并带动相关产业的发展。基于专业市镇发展的思路,城市政府可采用下列政策:

第一,对主导产业实行发展战略倾斜。这一战略要求把主导产业放在建立城市经济体系和模式的首要位置,实行重点倾斜发展。城市人力、物力、财力投入要优先满足和保证主导产业的需要,为主导产业的发展创造有利的条件。对城市主导产业实行倾斜发展,一方面能够集中有限的资金和物资于城市主导产业,另一方面则可以通过重点倾斜,以主导产业的关联作用而带动整个城市经济的发展,促使城市经济增长与产业结构成长,形成合理经济格局。

第二,制定合理的城市产业政策,促进主导产业的发展。城市产业政策主要包括两个方面的内容:一是选择合理的城市主导产业;二是制定各种措施鼓励和促进城市主导产业的发展。城市主导产业的调控措施主要包括财政、金融、税收等方面。

10.3.5 城市化政策与城市网络系统的构建

从大国城市化历程中可见,城市化政策对城市化模式及演进有着极其重要的影响。基础设施在城市化发展与演进过程中具有十分重要影响,尤其是交通设施。交通设施的发展带来了巨大的人流、物流,关系到城市的兴起,决定着郊区、中小城市及小城镇崛起,影响到城市化演进的轨迹:由均衡至非均衡,再由非均衡到均衡,最终向网络化方向发展。从大国交通发展与城市化的演变看,各类交通工具的选择对城市化发展及城市化模式有着不同的影响,中国交通选择应建立在推进城市化空间的扩散及可持续性的基础上,需要相应土地经营模式相配套。

铁路交通将远方的市场与城市连接在一起,奠定了庞大的紧凑型城市发展的基础。铁路运输出现后,为厂商及居民向城市聚集提供了重要的条件,在城市空间向外拓展中却有一定的局限性。由于铁路远距离运输的特征,火车只能在车站装卸货物及运输乘客。从运输成本的角度,工厂聚集在火车站附近,居民也在这些工厂附近定居。在短途运输落后的条件下,如果工厂在远离火车站的城市边缘地区及郊区选址,其生产成本的增加必然使企业家望而却步。在原料及产品运输过程中,工厂不得不考虑经过火车站的二次装卸的成本及火车站至工厂的二次运输成本等,这些成本费用的增加抑制了工厂在远离火车站的地方选址。

铁路虽然极大地推动城市的发展,但城市聚集空间拓展与扩散还有赖于城市交通一系列进步,电车等轨道交通推动了城市的扩张。针对铁路时代日益增加人口聚集于城市中心的问题,20 世纪初欧美市内交通发展生一系列的进步,高架铁路、电缆车、地铁、电车等出现,最终形成了高架、地面、地下发达的立体交通系统,推动了城市空间的拓展与扩散。发达的市内立体交通线伸向城市各个角落,把城市边缘地区纳入市内交通能够快速到达的范围,城市边缘不断地并入城市中心区。随着市内交通线向外延伸,城市边界不断地向外推移,原来的郊区和城市中心区连接在一起。市内交通的革命推动了早期的小城镇向现代大都市转变,城市规模迅速扩张。

第二次世界大战后,轨道又获得进一步发展,主要表现在两个方面。一是铁路交通公交化,城际列车作用十分明显,城际列车在相邻城市间运行,起到城市与郊区城镇的通勤作用。这类城际列车多是"重轨"列车,载客量大。二是轻轨列车的问世。今日世界,越来越多的城市修建了轻轨,轻轨线路从市中心延伸到郊区城镇,在城市与郊区间起了重要的通勤作用。新型的轨道交通具有载客量大,速度快等优点,有利于人口在郊区分散过程中仍保持一定的聚集规模。但缺点也很突出,投资巨大、需要一定客流量,在人口较为稀少的城镇很难有效益。

汽车时代到来及高速公路网络形成后,推动城市化向极其广阔的空间扩张,奠定了城市网络系统发展的基础。汽车与公路使城市化方向发生了转变,由聚集阶段向分散的郊区化与逆城市化转变。公路尤其是庞大高速公路四通八达,纵横交错,深入到穷乡僻地,城市功能向大都市外围地区分散,城市化也向外猛烈扩散,小城镇及农村腹地纳入城市化影响之下。区域城市系统由非均衡再走向均衡,形成了空间广阔的城市网络系统。

中国是一个大国,人口十分庞大,空间极其广阔,少数大中城市难以实现城市化发展目标,需要推动城市向 Fredman 的网络空间组织系统发展,使城市化影响深入到广大农村。要实现这一目标,需要合理交通及土地使用模式。中国人口众多,中国土地资源及矿产显得贫乏,进入 21 世纪,资源匮乏已成为制约经济发展的重要瓶颈。随着城市化的推进,不少地区近似于无序发展,耕地大面积消失,大城市近郊已无地可耕,致使蔬菜、肉类等农产品价格暴涨。进入21世纪后,中国矿产品的短缺表现大宗商品进口激增,破产资源的安全问题更为突出。随着新兴国家需求的提高,21世纪后石油、铁矿石等大宗商品价格持续暴涨,增加了中国发展的压力。基于这些因素,中国城市化处于两难之中,分散不可避免,但城市化也需要可持续性。

进入21世纪之后,中国各地公路发展加速,为城市化发展奠定了良好的基础,也提出了新的发展问题。国家主要高速公路干道、各省区高速公路编织了一个庞大的高速公路网络,分别连接了省际主要城市及各省区的主要城市。等级较低的公路则将各省区的众多城镇连接起来,触角深入到边远的农村地区,逐渐将城乡地区连接起来,推动城市化空间扩散,同时也产生了城市化聚集与扩散模式的问题。

地方政府十分重视公路沿线土地的利用与开发,而开发方向值得思考。在经济发达地区,地方政府很有远见,政府把沿线土地开发与就业、税收、发展等问题结合起来。一些地区公路沿线形成发展走廊,制造业在一些特定的地区集中,形成密集的工业园区。这种土地经营与布局原则兼顾就业、税收、发展及环境等关系,既为地方发展带来了税收与就业,同时也保证沿线农业用地继续存在,使沿线的环境在开发过程得以很好地保护。

但是,公路扩张过程中所带来的一些问题应给予高度关注。公路扩张及小汽车文化引起了美国类似的城市蔓延,问题的关键是中国缺乏美国那样庞大的耕地与资源。正如本项目所论述的那样,城市住宅沿公路蔓延,吞噬了大量宝贵的良田,我们面临食物短缺的威胁。大量小汽车的出现也提出了中国石油安全问题,而我们面临着石油供给的枯竭。我们需要对不可持续的发展战略进行调整。

欧盟国家的交通与土地使用模式更符合中国的国情,城市化模式很值得学习和借鉴。基于可持续性发展思路,节约型的交通模式应成为首选。中国城市应将公共交通作为交通发展的重点,有意识地鼓励使用公共交通。地方政府的公共政策侧重于有效地利用现有铁路网,开通城际间通勤铁路线,尽可能对公共交通进行补贴。城市应着重发展轨道交通,尤其是轻轨列车,这类交通工具具有运客大、耗能低、污染低、速度快等优点,对城市发展及郊区聚集区的形成与扩张有着重要影响,同时也可避免大城市无止境的蔓延。

高速公路发展过程中应避免助推蔓延式开发。在高速公路发展过程中,沿线土地因通达性提高而大幅度升值,不少地方采取沿公路线蔓延式开发模式,不仅吞噬了大量土地资源,而且破坏了沿线自然景观。20世纪未,贵阳市修建一条通往花溪的快速路,目的是开发当地的旅游业。花溪及大道沿线青山绿水,是贵阳市著名的旅游景点,原生态保护完好。花溪大道修建后,住宅不断蚕食沿线的良田与绿地,最终形成贵阳市区到花溪的住宅走廊,花溪大道沿线青山绿水不复存在。类似的情况在中国各地大量存在。

在高速公路发展过程中,中国国情客观要求最大限度地节约土地资源。在欧盟国家,高速公路沿线的发展倾向于紧凑型或组团式开发。公路沿线的土地使用经过严格的规划,住宅向特定的村庄聚集,工业也向特定的地带集中,形成公路线上的节点或串珠。住宅与产业向特定的地区聚集确保公路沿线的开发有利于小城镇的发展,同时也保护了公路沿线的农业用地及生态环境。

基于上述思路,将我国城市化向极其辽阔的地区扩散,推动区域城市网络系统的形成。在轨道交通及高速公路连接区域主要城市的基础上,推动城市人口及功能向大城市周边城镇分散式聚集,形成中心城市与郊区次级中心共组的多中心的大都市。通过铁路与公路网络将城市化扩散到中小城市,进而促进了农村人口及资源向小城镇汇集。在此基础上,构建区域城市网络系统,使城市化扩散到广大农村,促进城乡一体化的发展,由此而解决我国城乡之间十分棘手的"三农"等重大问题,推动城乡社会和谐发展与共同繁荣。

综上所述,自工业革命革命以来,城市化与工业化成为推动社会经济的主要力量,而城市化按一定规律演进,作为一个后发展国家,中国城市化理应借鉴其他大国成功的经验,并避免沉重的社会经济代价,使之能够稳妥推进,并促进城乡一体化实现。各区域应顺应城市化演进的规律,将城市化由大城市中心向其郊区、次级城市及农村腹地的小城镇推进。在这一进程中,依次推动大都市、区域大城市圈或城市群、区域城市网络的形成。对此,地方政府的公共政策不可避免地进行调整,对整个区域进行强有力的规划,制定各等级市镇的产业政策,通过可持续的土地经营及资源配置而实现这一目标;基于可持续性思维,大力发展轨道交通及公路交通,避免城市蔓延而吞噬大量耕地及绿地,促进交通沿线产业节点及发展走廊的形成。通过这些公共政策强有力地推动区域乃至整个国家城市化的实现。

主要参考文献

1. *Urban Studies*, University of Glasgow, 1985—2006.

2. *Regional Studies*, Regional Studies Association, 1990—2006.

3. *Conference on Demography and Urbanization in Eastern Europe*, 1976 Los Angeles.

4. *International Geographical Union: Urbanization in Europe selected papers in English, German and French.*

5. Albert N. Cousins, *Urban Life*, New York, 1979.

6. Alexander B. Callow, *American Urban History*, New York, 1971.

7. Alexander C. Denman ect, *Land Use Policy*, Nova Scien Publisher, Inc. , 2009.

8. Arthur Meier Schesing, *The Rise of City*, Chicago, 1971.

9. Anita A. Summers, *Urban Change in the United States and Western Europe*, Washington, D. C. , 1999.

10. Arnold R. Hirsh, *Urban Policy in twentieth century*, New Jersey, 1993.

11. Ashok K. Dutt, *Challenges to Asian urbanization in the 21st century*, Boston, Kluwer Academic Publishers, 2003.

12. Aahutosh Panday ect, *Urbanization & Globalization in India*, Rablication, 2008.

13. Becky M. Nicolaides and Andrew Wiese, *The Suburb Reader*, New York, 2005.

14. Beni Chibber Rao, *Urban Economic Development*, Washington D. C. , 1992.

15. Blake Mokelvey, *The Emergence of Metropolitan America*, New Jersey, 1983.

16. Blake Mokelvey, *The City in American History*, University of Cambridge, 1969.

17. Carl N. Degler, *Affluence and Anxiety*, Illinois, 1975.

18. Carl Mosk, *Japanese industrial history: technology, urbanization, and economic growth*, Armonk, New York, M. E. Sharpe, 2001.

19. Claude S. Pischer, *The Urban Experience*, San Diego, 1984.

20. Croom Helm, *Suburbia*, London & Sydney, 1986.

21. Dennis R. Jueld, *City Politics*, Harper Collins College Pulisher, 1993.

22. Divin, *America, Past and Present*, Scott, Foresman Company, 1990.

23. Donald A. Henderson, *Urbanization of Rural America*, Nova Science Publishers, 1998.

24. Donald B. Rosenthal, *Urban Revitalization*, London, 1980.

25. Daniel J. Elazar, *Building City in America*, Hamilton Press, 1987.

26. Erich Goode, *Sociology*, New Jersey, 1984.

27. Edward Chase Kirkland, *Dream and Thought in the Bisiness Community*, Chicago, 1964.

28. Edwin S. Mills & Brue W. Hamilton, *Urban Economic*, Illinois, 1989.

29. Evelin Hust, *Urbanization and governance in India*, New Delhi, 2005.

30. Goldfied & Brownell, *Urban American*, Boston, 1990.

31. Greenwood Press, *Suburbia Re-examined*, New York, 1989.

32. Gary M. Walton and Hugh Rockoff, *Hishory of American Econmy*, San Diego, 1979.

33. Ivan Light, *City in World Perspective*, New York, 1983.

34. Jallen Whitt, *Urban Elits*, Princeton University, 1982.

35. James W. Hughes, *Suburbanization Dynamics and the Future of the City*, New Brunswick, 1974.

36. James Q. Wilson, *City Politics and Publicy Policy*, New York, 1988.

37. James W. Hughes, *Uburbanition Dynamics and the Future of the City*, Rutger University, 1994.

38. Javier Moncclus, *Culture Urbanism and Planning*, Polytechnic University, 2006.

39. James Q. Wilson, *City Politics and Public Policy*, New York, 1988.

40. Jeane Lowe, *Cities in A Race with Time*, New York, 1968.

41. J. Palen, *the Urban World*, New York, 1987.

42. Jon C. Teaford, *The Twenty Century America City*, Baltimore and London, 1993.

43. Jon C. Teaford, *The metropolitan revolution*, Columbia University Press, 2005.

44. John B. Rae, *American Automobile*, Chicago, 1969.

45. John M. Levy, *Urban America—Processes and Problems*, New Jersey, 2000.

46. John M. Levy, *Urbanization of Rural America*, New Jersey, 2000.

47. John M. Levy, *Urban and Metropolitan Economics*, New York, 1985.

48. John, Adams etc, *City and Their Vital Systems*, Washington D. C. , 1988.

49. John Wiley, *Metropolis on the Move*, New York, 1967.

50. John M. Blum, *The National Experience*, New York, 1977.

51. Judson R. Landis, *Sociology*, Great Britan, 1988.

52. Katharine L. Bragbury, *Urban Decline and the Future of American City*, Washington, D. C. , 1982.

53. Kenneth Fox, *Metropolitan America*, University Press of Missippi, 1986.

54. Leo Van Den Berg, *Urban Europe A Study of Growth and Decline*, Oxford, 1982.

55. Leonnard I. Ruchelman, *Cities in the Third Wave*, Rowman & Littlefeld Publishers, Inc. , 2006.

56. Mark Adraban, *Urban Socielogy*, New Jersey, 1979.

57. Mark Baldassare, *Cities and Urban Living*, New York, 1983.

58. Mark Gottdiener, *The New Urban Sociology*.

59. M. Christine Boyer, *Dreaming the Rational City*, Massachecs etts, 1990.

60. Mattei Dogan & John D. Karda, *The Metropolis Era*(1), California, 1988.

61. Mattei Dogan & John D. Karda, *The Metropolis Era*(2), California, 1988.

62. Martin Joseph, *Sociology for Everyone*, Glasgow, 1988.

63. Mark Gottdiener, *The New Urban Sociology*, Boston, 2000.

64. Mark Baldassare, *Cities and Urban Living*, New York, 1983.

65. Mark Clapson, *Suburban Century-social change and urban growth in England and US*, Oxford, 2003.

66. M. Gottdiener, *City in Stress*, London, 1986.

67. Michael Lewis, *Urban America: Institution and Experience*, New York, 1973.

68. Peter D. Salins, *New York Unbound*, Manhattan Institute, 1988.

69. Pritirekha Daspattanayak, *Urbanisation and economic development in India*, New Delhi, Rajat Publications, 2000.

70. Ray M. Northan, *Urban Geography*, New York, 1989.

71. Ray Ginger, *Modern American Cities*, Chicago, 1969.

72. Ray M. Northan, *Urban Geography*, New York, 1979.

73. Ranvinder Singh Sandhu, *Urbanization in India : sociological contributions*, New Delhi, Sage Publications, 2003.

74. Raquel Pinderhughes, *Alternative Urban Futures*, Lanbam, 2003.

75. R. Kirkby, *Urbanization in China*, Columbia University, 1985.

76. Richard D. Binghan and John P. Blair, *Urban Economic Development*, London, 1984.

77. Richard N. Current, *American History*, New York, 1972.

78. Richard Harris & Peter J. Larkham, *Changing Suburbs*, New York 1999.

79. Richard V. Knight and Gary Gappert, *Cities in a Global Society*, London, 1989.

80. Robert A. Beauregard, *Atop the Urban Hierachay*, New Jersey, 1989.

81. Robert A. Wilson & David A. Schulz, *Urban Sociogy*, New Jersey, 1978.

82. Robert W. Burchell, *Sprawl Costs*, Washington D. C. , 2005.

83. Rudie W. Tretten, *City in Crisis*, California, 1970.

84. R. Kirkby, *Urbanization in China*, Columbia University Press, 1985.

85. R. W. Vickerman, *Urban Economic*, Oxford, 1984.

86. Salins, *New York Unbound*, Manhattan, 1980.

87. Saskia Sassen, *City in World Economy*, Pinc Porge Press, 1993.

88. Sam Bass Warner, *The Urban Wilderness*, New York, 1972.

89. Sean Deannis Cashman, *America in Gilded Age*, New York & London, 1988.

90. Sylvia Flieis Fava, *Urbanism in World Perspective*, New York, 1968.

91. Victor F. Sit, *Chinese Cites*, New York, 1995.

92. Yuri Kazepov, *Cities of Europe*, Blackwell Publishing, 2004.

93. Zane L. Miller & Patroia, *The Urbanization of Modern America*, San Diego, 1987.

94. A. W. Evans:《城市经济学》,上海远东出版社 1992 年版。

95. 奥利弗·吉勒姆:《无边的城市》,中国建筑工业出版社 2007 年版。

96. J·K·巴顿:《城市经济学》,商务印书馆 1984 年版。

97. 彼得·霍尔等:《社会城市——埃比尼泽·霍华德的遗产》,中国建筑出版社 2009 年版。

98. 彼得·马赛厄斯等:《剑桥欧洲经济史——第八卷》,经济科学出版社 2004 年版。

99. 保罗·切希尔等:《区域和城市经济学手册——应用城市经济学》,经济科学出版社 2003 年版。

100. 布赖恩·贝利:《比较城市化——20 世纪的不同道路》,商务印书馆 2008 年版。

101. 彼得·卡尔索普:《区域城市》,中国建筑工业出版社 2006 年版。

102. 彼得·霍尔:《城市与区域规划》,中国建筑出版社 2008 年版。

103. 池元吉:《世界经济概论》,高等教育出版社 2006 年版。

104. 蔡秀云:《产业经济学》,经济日报出版社 2007 年版。

105. [美]埃德温·S·米尔斯等:《区域和城市经济学手册——城市经济学》,经济科学出版社 2003 年版。

106. 爱德华·P·辛克尔爱:《美国商务》,经济科学出版社 2000 年版。

107. 高强:《日本美国城市化模式比较》,《经济纵横》2002 年 4 月。

108. 高珮义:《中外城市化比较研究》,南开大学出版社 2004 年版。

109. 高德步等:《世界经济史》,中国人民大学出版社 2005 年版。

110. 郭建军:《日本的城乡统筹发展》,网址:http://www.chinainnovations.org/cx05/ArticleShow.asp? ArticleID=1556。

111. 郭笑撰:《西方城市化理论、实践与我国城市化的模式选择》,武汉大学出版社 2006 年版。

112. 海斯:《世界史》,生活·读书·新知三联书店 1975 年版。

113. 汉斯·于尔根·尤尔斯等:《大城市的未来》,对外贸易教育出版社 1989 年版。

114. 胡以男、叶琳:《日本经济》,中国商务出版社 2006 年版。

115. 赫广义:《城市化进程中的农民工问题》,中国社会科学出版社 2007 年版。

116. 何顺果:《美国城市史》,北京大学出版社 1992 年版。

117. 何凌权:《有序城市化是中国可持续发展的必然选择》,《世界经济情况》2005 年 11 月。

118. 黄梅波:《世界经济学》,复旦大学出版社 2007 年版。

119. 何念如、吴煜:《中国当代城市化理论研究》,上海人民出版社 2007 年版。

120. 《日本城市化中的耕地变动与经验》,《中国人口·资源与环境》2003 年 1 月。

121. 李天德等:《世界经济研究》,四川大学出版社 2000 年版。

122. 李林杰:《日本城市化发展的经验借鉴与启示》,《日本问题研究》2007 年 3 月。

123. E·E·里奇:《剑桥欧洲经济史》,经济科学出版社 2002 年版。

124. 廖朴编著:《亚太城市的公共空间》,中国建筑出版社 2007 年版。

125. 李庆余:《美国现代化道路》,人民出版社 1994 年版。

126. 骆玲等:《城市化与农民》,西南交通大学出版社 2006 年版。

127. 刘传江:《中国城市化的制度安排与创新》,武汉大学出版社 1999 年版。

128. [美]刘易斯·芒福德:《城市发展史——起源、演变和前景》,中国建筑工业出版社 2004 年版。

129. 潘海啸译:《未来的城市交通》,同济大学出版社 2006 年版。

130. 季铸:《世界经济导论》,人民出版社 2003 年版。

131. 冀东生等:《中国人口流动态势与管理》,中国人口出版社 1995 年版。

132. 纪晓岚:《苏联城市化历史过程分析与评价》,《东欧中亚研究》2002 年第 3 期。

133. 翁君奕:《非均衡增长与协调发展》,中国发展出版社 1996 年版。

134. 彭兴业:《首都城市功能研究》,北京大学出版社 2000 年版。

135. 鹏飞:《丰富的俄罗斯自然资源》,网址:www. chinarussia-info. com/ReadNews. asp? NewsID=1580−58k−。

136. H·钱纳里:《工业化和经济增长的比较研究》,上海人民出版社 1996 年版。

137. 斯皮罗·科斯托夫著:《城市的形成》,中国建筑工业出版社 2005 年版。

138. 夏普、雷吉斯特、格里米斯等:《社会问题经济学》,中国人民大学出版社 2000 年版。

139. 明臧旭恒等:《产业经济学》,经济科学出版社 2005 年版。

140. 马约生:《论日本早期的城市化》,《扬州大学学报》2006 年 3 月。

141. 马焕明:《日本"政府主导型市场经济"体制的建立与运营》,《日本研究》2006 年 3 月。

142. 马莉莉:《转轨之路——俄罗斯经济模式演变研究》,陕西人民出版社 2005 年版。

143. 米歇尔·米绍:《法国城市规划》,社会科学文献出版社 2007 年版。

144. 吕玉印:《城市发展的经济分析》,上海三联书店 2000 年版。

145. 宋林飞:《西方社会学》,南京大学出版社 2000 年版。

146. 唐顺彦:《英国与日本的土地管制制度比较》,《世界农业》2001 年 5 月。

147. J·M·汤姆逊:《城市布局与交通规划》,中国建筑出版社 1989 年版。

148. 魏后凯等:《现代区域经济学》,经济管理出版社 2006 年版。

149. 王红军:《美国建筑遗产保护历程研究》,东南大学出版社 2009 年版。

150. 王旭:《美国城市发展模式:从城市化到大都市区化》,清华大学出版社 2006 年版。

151. 王芳、俞路:《变迁中的俄罗斯城市化进程研究》,《南方人口》2006 年 2 月。

152. 汪冬梅:《日本、美国城市化比较及其对我国城市的启示》,《中国农村经济》2003 年 9 月。

153. 许学强、周一星、宁越敏:《城市地理学》,高等教育出版社 1997 年版。

154. 余南平:《俄罗斯住房政策与住房市场现状和未来》,《俄罗斯研究》2005 年 1 月。

155. 詹克斯:《紧缩城市——可持续发展的城市形态》,中国建筑出版社 2004 年版。

156. 张伯里:《世界经济学》,中共中央党校出版社 2004 年版。

157. 沃纳·赫希:《城市经济学》,中国社会科学出版社 1990 年版。

158. 赵晓雷:《城市经济与城市群》,上海人民出版社 2009 年版。

159. 周建华、贺正楚:《日本农业补贴政策的调整及启示》,《农村经济》2005 年 10 月,第 173 页。

160. 詹姆斯·E·万斯:《延伸的城市》,中国建筑工业出版社 2007 年版。

后　记

　　本书源于我的博士论文《经济发展中的大国城市模式比较研究》,论文是四川大学经济学院学位答辩的优秀博士论文,2008 年获教育部资助,是多年对城市化研究的积累。从南京大学读研起,我开始从事发达国家城市化的研究,侧重于城市化成熟阶段——郊区化的研究。进入四川大学读博士后,师从于世界经济专家李天德教授。在李先生的精心指导下,我将研究转向今日世界大国的城市化模式。

　　在南京大学读硕士期间,笔者系统性地阅读了南京大学中美文化中心图书馆、北京图书馆的城市经济和城市化方面的大量的英文原著,这些资料为后来的研究打下坚实的基础。离开南京大学之后,我继续中外城市化的比较研究,2002—2003 年,接受国家留学基金资助到欧洲留学,对瑞士、法国及德国等国的城乡地区进行了较为广泛的实地调研,实实在在感觉到城市化转向郊区化或逆城市化的巨大影响。

　　第二次世界大战后,欧洲国家制造业不断地向城市外围迁移,经过长期的分散之后,在城市中心已看不见工厂。德国、法国等国城市的制造业已经分散到郊区的工业地带,城市核心地区则留下了一些商业及办公服务业。

　　制造业从高地价的大城市迁往外围地区,这种现象也是一个世界性的现象,在发展中国家的新兴工业化国家也十分普遍。在新加坡考察时发现,该国的炼油工业布局在外岛上,外岛离新加坡市区有一定的距离。今日中国大城市也出现了类似的情况,房地产价格大幅度上涨,20 世纪晚期,工厂开始从大城市迁移外围地区,进入 21 世纪后新一轮的房地产价格上涨,沿海制造业厂商正向中西部生产成本低廉地区转移。

　　在欧洲的调研中,笔者注意到人口从城市中心迁移出去后,大多在郊区次级中心、铁路沿线的中小城市和城镇定居,有的还分散邻近的农村。20 世纪

80 年代之后,欧洲大城市人口减少十分明显,郊区城镇、铁路沿线的小城市和城镇的人口却获得较大增长。第二次世界大战后,大量的人口涌入国际城市日内瓦,造成城市拥挤、环境恶化及房价大幅度攀升,生活费用大幅度提高。日内瓦居民迁往附近的尼恩(nyon)等小城市。乘通勤火车从尼恩到日内瓦城区仅需要十几分钟,而且尼恩还有通往日内瓦的高速公路,交通十分便利。类似的情况也发生在欧洲其他城市,如法兰克福等城市。

我实实在在地感觉到,欧洲大城市长期的城市中心土地"填充式"发展的负面影响也很突出。紧凑型的城市发展使大城市十分拥挤。白天进入城市中心工作、购物及旅游的人使城市中心显得十分嘈杂。这种现象在苏黎世、日内瓦、米兰等城市感受特别强烈,城市中心区建筑趋于破败,拥挤的人群令人压抑。这些与欧美社会学家对大城市的评价相一致。

但是,西欧紧凑型城市发展规划确保了城市发展的可持续性。欧洲国家通过立法在城市边界外围建立绿化带,绿化带由森林与农田构成,禁止住宅及厂商对绿化带的入侵,从而遏制了城市蔓延式开发。在欧洲旅游,感觉森林、耕地交错,沿公路延伸到远方,生态优美。大城市郊区、中小城市、小城镇则风光绮丽,充满着田园诗般的感觉。

西欧国家城市空洞化现象虽然不像美国那样严重,但空洞化现象也较为突出。通过接触与大量的观察后,笔者发现在傍晚城里工作的人返回郊区和小城镇的住宅之后,城市中心商业区显得空空荡荡,简直成了欧美国家作家笔下的"幽灵城",这种情况在我国一些城市也开始出现。在郊区化进程中,西欧国家的城市也在无可奈何地步美国城市的后尘,一定程度上也处于衰退之中。

在西欧小城镇和乡村的考察中,可以感觉城市文明成果向乡村的扩散与影响。郊区化进程中,城市经济向小城镇及农村分散,城乡差距相差甚微。通往乡村的通勤铁路和公路将城乡地区连成一片,在发达的城市网与交通网作用之下,广大农村成了众多城市辐射影响之下的巨大郊区。乡村居民也不是传统意义上的农民,其职业与家庭经济结构具有城市与乡村的混合性质。乡村家庭的部分成员仍从事农业,部分成员则到城市上班,或到郊区工厂工作。还部分以兼业形式出现,农忙时在农场工作,而农闲时在到工厂上班。许多乡村居民拥有自己舒适的住宅、小汽车。城市与乡村的物质与文化生活趋同,乡村居民不必也不想向城市中心迁移。相反,郊区及乡村田园诗般的环境,吸引着城市居民的外迁。从西欧经验中可见,城乡社会经济的一体化不仅使城市经济可持续发展,而且推动了乡村的繁荣。

国内同行的城市化研究成果对本书研究思路产生一定的影响,我也有一定成果面世。研究前后,系列论文在《城市发展研究》、《开发研究》、《城市开发》等CSSCI或核心期刊发表,这些文章多次被国务院发展研究中心网、中国经济信息收录。近几年,作为第一负责人还主持并完成了国家社会基金项目两项、国家教育部规划项目两项、贵州省政府经济类重大项目多项,在人民出版社等出版社出版专著4部,获贵州省人民政府社科奖四次。上述工作为本书的完成奠定了坚实的基础。

我的博士论文是本书核心部分,在论文整个撰写过程中,凝聚了导师李天德教授的大量心血,我在此表示衷心感谢。同时我感谢贵州财经学院院长陈厚义教授、副院长蔡绍洪教授长期支持与帮助,使我得以尽心对城市化领域进行深入研究。由于笔者理论水平仍有不足、所取资料可能欠全面,本书可能会有一些缺憾,请同行专家给予指正。

徐和平

2011 年 1 月 6 日

责任编辑:于宏雷
封面设计:徐 晖
版式设计:程凤琴

图书在版编目(CIP)数据

经济发展中的大国城市化模式比较研究/徐和平 著.
　-北京:人民出版社,2011.11
ISBN 978－7－01－010198－9

Ⅰ.①经…　Ⅱ.①徐…　Ⅲ.①城市化-对比研究-世界　Ⅳ.①F299.1

中国版本图书馆 CIP 数据核字(2011)第 172542 号

经济发展中的大国城市化模式比较研究

JINGJI FAZHAN ZHONG DE DAGUO CHENGSHIHUA MOSHI BIJIAO YANJIU

徐和平　著

人民出版社 出版发行
(100706　北京朝阳门内大街 166 号)

涿州市星河印刷有限公司印刷　新华书店经销

2011 年 11 月第 1 版　2011 年 11 月北京第 1 次印刷
开本:710 毫米×1000 毫米 1/16　印张:21.5
字数:340 千字　印数:0,001-3,000 册

ISBN 978－7－01－010198－9　定价:45.00 元

邮购地址 100706　北京朝阳门内大街 166 号
人民东方图书销售中心　电话 (010)65250042　65289539